Wildnis

2. Schreibwettbewerb an den
Schulen im Landkreis Augsburg

Herausgegeben vom
Landkreis Augsburg

Projektleitung: Armin Falkenhein, Landratsamt Augsburg
                 Peter Dempf, Justus-von-Liebig-Gymnasium Neusäß

Covermotiv: Composing durch Lisa Schwenk
                 © Christina Li (Fuchs), Ruslan Kim Studio (Hintergrund),
                 Benutzung unter Lizenz von shutterstock.com

Bibliografische Information der Deutschen Nationalbibliothek
Die Deutsche Nationalbibliothek verzeichnet diese Publikation in der
Deutschen Nationalbibliografie; detaillierte bibliografische Daten sind
im Internet über http://dnb.d-nb.de abrufbar.

ISBN 978-3-95786-216-7
© Wißner-Verlag Augsburg 2019

Liebe Leserinnen und Leser,

die Erstauflage des Schreibwettbewerbs an den Schulen im Landkreis Augsburg im vergangenen Jahr hat uns gezeigt, wie ideenreich und begabt unsere Schülerinnen und Schüler sind. Es sind wunderbare Geschichten, Gedichte und Erzählungen entstanden. Die besten von ihnen wurden in einem Lesebuch zusammengefasst und bereiten so auch den nachfolgenden Generationen viel Freude. Auch in diesem Schuljahr haben wir wieder dazu aufgerufen, Texte einzureichen – diesmal zum Thema „Wildnis".

Rund 700 Beiträge wurden von unserer fachkundigen Jury bewertet – gut 250 davon haben es in das zweite Lesebuch geschafft, welches Sie nun in Händen halten. Die Fantasie und Kreativität der jungen Nachwuchsautorinnen und -autoren sind bemerkenswert. Sie haben das Thema „Wildnis" auf ganz unterschiedliche Art interpretiert, wodurch einzigartige und individuelle Texte entstanden sind.

Ich freue mich, dass wir viele junge Menschen im Augsburger Land dazu motivieren konnten, ihren Gedanken freien Lauf zu lassen und sich intensiv mit dieser anspruchsvollen Aufgabe auseinanderzusetzen. Sicherlich konnten sie so wertvolle Erfahrungen sammeln, die sie auch im Schulalltag weiterbringen.

Mein Dank gilt allen, die zur Entstehung dieses Lesebuchs beigetragen haben – den Organisatoren des Schreibwettbewerbs, den Jurymitgliedern, dem Wißner-Verlag und natürlich allen Schülerinnen und Schülern, die ihre Beiträge eingereicht haben.

Viel Spaß beim Lesen wünscht

Ihr

Martin Sailer
Landrat

Wilde Begeisterung

Wer sich in die Wildnis begibt, beginnt ein Abenteuer. Egal wie viel Ausrüstung mitgenommen wird, wie genau die Route geplant wird oder ob Gefahren lauern: Was auf dieser Tour passieren wird und wie dieses Abenteuer endet, ist ungewiss.

Die jungen Autorinnen und Autoren, die mit ihren Geschichten zu diesem Buch beitragen, haben sich gleich zweimal in die Wildnis gewagt – in ihrer Phantasie und mit dem wohl eigentlichen Abenteuer: mit ihrer Schreibe-Reise. Auch hier konnte keiner von ihnen voraussehen, welche Hürden sie überwinden müssen. Und niemand konnte wissen, ob sie ihr Ziel, eine packende und gut erzählte Geschichte zu formulieren, wirklich erreichen.

Wie bei einem echten Abenteuer mussten sie ihren Mut und ihr schriftstellerisches Geschick nutzen, um ihre Vorstellungen von Wildnis spannend und einfallsreich zu schildern. So haben sie es geschafft, dass Menschen und Natur, Gefühle und Abenteuer auch in unseren Köpfen lebendig werden.

Im Namen der LEW-Bildungsinitiative 3malE möchte ich all den Schülerinnen und Schülern herzlich danken, die sich am Wettbewerb beteiligt haben. Wir gratulieren zu Eurer Begeisterung, zu Eurem Talent und zu Eurer Energie!

Ich wünsche uns allen ein fröhliches, spannendes und wildes Lesevergnügen.

Norbert Schürmann
Vorstandsmitglied der Lechwerke AG

Bildungsinitiative der Lechwerke AG:

Inhalt

Gefahr für die Füchse

Es war einmal in einem bunten Wäldchen. Es war nicht besonders groß, aber auch nicht so klein. In der Mitte des Wäldchens wuchs ein riesiger Kastanienbaum, der größer war als alle anderen Bäume. Unten zwischen den Wurzeln befand sich eine Höhle. Es war aber keine gewöhnliche Höhle! Nein, es war ein Fuchsbau. In diesem Fuchsbau wohnten sechs Füchse. Mama-Fuchs, Papa-Fuchs und vier kleine Fuchs-Babys. Die Mutter erkannte man an einem kleinen weißen Fleck am buschigen Schwanz. Papa-Fuchs war das größte Tier und hatte ein besonders rot glänzendes Fell. Zwei Kinder ähnelten der Mutter, zwei dem Vater.

Vor dem Kastanienbaum befand sich eine kleine Lichtung, wo viele Sonnenstrahlen hinkamen und die Erde erwärmten. Dort lagen die Eltern und genossen die Sonne. Die Fuchskinder tobten miteinander und versuchten den Schwanz der anderen zu erwischen. Zurzeit war es Frühling und alle Tiere im Wäldchen fühlten sich wohl, weil der lange Winter endlich vorbei war.

Na ja. Nicht alle fühlten sich wohl, denn in letzter Zeit gab es Flintenschüsse, obwohl es in dem kleinen Wäldchen verboten war zu schießen. Die Polizei wollte sich darum kümmern! Aber sie hatten den Wilderer noch nicht gefunden. „Der ist zu geschickt", sagte Oberwachtmeister Peters.

Nur Luna Sommerwald konnte helfen. Luna war ein zehnjähriges Mädchen, das in der Nähe des Wäldchens wohnte. Sie spielte immer auf der Lichtung und war deshalb mit den Füchsen befreundet. Sie verstand jedes Wort der Tiere und hatte die Schüsse auch gehört. Luna hatte sich fest vorgenommen, die Füchse zu beschützen.

Am nächsten Morgen beschloss Luna, sich mit einer Videokamera, die sie sich von ihrem Vater geliehen hatte, in der Nähe der Höhle auf die Lauer zu legen. Und tatsächlich: Plötzlich hörte Luna ein lautes Knacken im Unterholz. Im nächsten Moment knallten wieder laute Flintenschüsse durch den Wald. Sie ging in Deckung, nahm aber trotzdem alles mit der Kamera auf. Der Wilderer schoss und schoss, doch die Füchse hatten sich in der hintersten Ecke der Höle versteckt. Dort waren sie zum Glück sicher.

Nachdem die Schüsse aufgehört hatten, traute sich Luna wieder aus ihrer Deckung und rannte so schnell sie konnte nach Hause. Dort zeigte sie die Aufnahmen ihren Eltern, die sofort die Polizei verständigten, weil sie den Wilderer erkannten. Es war ihr Nachbar, Herr Möller, der keine Freunde und nicht mal eine Frau hatte. Die Polizei machte sich sofort auf den Weg zu Herrn Möller und nahm in fest. „Sie sind verhaftet", sagte Oberwachtmeister Peters zu Herrn Möller und schleppte ihn in den

Streifenwagen. Bevor die Polizei mit dem Wilderer wegfuhr, kam Herr Peters noch einmal zu Luna: „Danke dir, Luna! Ohne deine Hilfe hätten wir das nie geschafft. Du bist ein sehr mutiges Mädchen!"
Alle waren glücklich, außer Herrn Möller. Der schimpfte so heftig, dass er nicht nur zu einem Jahr Haft verurteilt wurde, sondern zu fünf Jahren. Luna war froh, dass der Nachbar eine Strafe bekommen hatte und sie so die Füchse beschützen konnte. Nun konnte die ganze Fuchsfamilie wieder ohne Gefahr die Tage auf der kleinen Lichtung genießen. Und Luna besuchte die Füchse in den Ferien fast jeden Tag.

Lia Schmitz
Laurentius-Grundschule Bobingen, Klasse 3c

Die Welt der Tiere

Viele Tiere lebten in einem wunderschönen abgelegenen Paradies, wo wunderschöne Pflanzen wuchsen, die Früchte trugen. Ein Wasserfall, der die Stille der Natur unterbrach, sprudelt aus einer Quelle hervor, Vögel zwitscherten im Sonnenschein und andere lebensfrohe Tiere tummelten sich dort. Doch es war nicht das einzige Besondere auf dieser Insel, denn die Tiere konnten miteinander sprechen. Es gab immer Frieden und genug essen für jedes Lebewesen. Doch sie bemerkten, dass bald etwas Schreckliches passieren würde. Und so kam es auch eines Tages. Schwarze Wolken machten sich am Himmel breit und ein unerträglicher Lärm durchbrach die Stille der Natur. Ein weiser, alter Adler sprach zu den besorgten Tieren: „Jetzt ist die Zeit gekommen, wo die Menschen unser Paradies entdeckt haben und sich darauf ansiedeln wollen."
Einige Jahre später war die Insel nicht mehr wiederzuerkennen. Die saftig grünen Wiesen waren durch Straßen ersetzt worden, überall standen Häuser statt Palmen. Am Strand gab es nur Hotels und überall, wohin das Auge reichte, lag Müll herum. Das Schlimmste jedoch war, dass überall Autos fuhren und Industriefirmen standen, die durch ihre schädlichen Abgase die Luft verpesteten. Viele Tiere starben an Nahrungsmangel, bekämpften sich gegenseitig, um zu überleben, und traurig war es mit anzusehen, dass sie nicht mehr sprechen konnten und keine Lust mehr am Leben hatten. Kein Mensch interessierte sich mehr für die Natur, außer eine Tierpflegerin, die mit Mühe das Blatt wendete. Sielt einige Reden, sammelte Spenden für kranke Tiere und öffnete den Menschen ihre Augen. Viele verstanden jetzt erst was sie angerichtet hatten und dass es so nicht weitergehen konnte. Nur zusammen als Team schafften Mensch und Tier ihre Welt vorm Untergang zu beschützen. Sie

entwickelten Elektroautos, um den CO_2-Ausstoss zu optimieren, und am Ende lebten Mensch und Tier friedlich zusammen. Doch man sah immer noch die Spuren der Vergangenheit.

Yannik Merz und Andreas Helch
Staatliches Gymnasium Königsbrunn, Klasse 7b

Der wilde Garten

Frau Irma sonnte sich auf der Gartenbank. Vögel zwitscherten. Bienen summten. Frau Irma freute sich. Hinter den Büschen spielten Kinder. „Schön ist es hier", sagte Frau Irma.
Plötzlich hörte sie eine Stimme. „Ich bin der neue Nachbar. Mein Name ist Reinlich." „Hallo", sagte Frau Irma. „Ihr Garten ist peinlich!", rief Herr Reinlich über den Zaun. „Warum?", fragte Frau Irma. Jetzt legte Herr Reinlich los: „Die Bäume sind zu hoch. Die Hecke ist zu breit." „Aber dort wohnen die Vögel", erwiderte Frau Irma. „Ihre Vögel verschmutzen meine neue Terrasse. Ihre Vögel machen Geschrei. Ihre Vögel wecken mich schon um fünf Uhr. Äpfel, Birnen und Blätter fallen auf meinen schönen Rasen. Weg mit den Bäumen und Büschen! Und weg mit der alten Hütte!" Tante Irma sagte aufgeregt: „Aber dort wohnen die Fledermäuse!" „Genau, das Ungeziefer feiert bei ihnen Party", rief Herr Reinlich. Vor Aufregung bekam er einen roten Kopf. „Es muss alles ordentlich und sauber sein!", fügte er hinzu. „Jetzt hole ich meine Motorsäge und dann machen wir Ordnung!" „Nein", jammerte Frau Irma. „Nein! Nein! Nein!", rief es von überall und die Kinder kamen aus allen Ecken. Ein kleiner Junge rief: „Papa, lass den wilden Garten in Ruhe. Es ist schön hier!"

Gemeinschaftsarbeit
Christophorus-Schule Königsbrunn, Klasse 3a

Meine kleine Wildnis

Wildnis und Abendteuer ist für mich schon der Wald, den ich vom Garten meiner Großeltern aus vor Augen habe.
Manchmal sind nur durch dichte Nebelschwaden die Umrisse erkennbar und manchmal wirkt er fast schwarz und unheimlich. Im Frühjahr beeindruckt er durch die verschiedenen Grüntöne und wenn wir dann losziehen, mit einem Rucksack auf dem Rücken und eintauchen in dieses Grün, fühle ich mich frei und glücklich.
Bei einem dieser Streifzüge im vergangenen Jahr, überquerte eine Rotte Wildschweine unseren Weg in einem Abstand von etwa zehn Metern.

Erschrocken blieben wir stehen, welches die einzige richtige Reaktion war. Die Schweine beachteten uns gar nicht und wir konnten weitergehen. Es ist sehr wichtig, sich über das richtige Verhalten gegenüber Tieren zu informieren. Nur so ist ein friedliches Miteinander möglich. Ebenso wichtig ist es, Gebiete zu erhalten, in denen Natur wirklich Natur sein darf.

Felix Hörmann
Staatliche Realschule Zusmarshausen, Klasse 5c

Giftnatter und Jaguar

Eines schönen Tages bei sonnigem Wetter wachte ein Jaguar auf und er ging zum Wasserfall, denn er hatte Durst. Dort trank er Wasser und ging zu einem schönen Platz, um sich hinzulegen. Da kam auf einmal eine schwarze Giftnatter. Sie wollte ihn beißen. Auf einmal biss die Schlange zu, aber dem Jaguar machte das Gift nichts aus. Der Jaguar schlug die Schlange kräftig, so dass der Schlange ein Zahn herausgerissen wurde. Sie verlor den Kampf mit dem Jaguar und machte sich dann davon. Die Schlange ließ den Jaguar daraufhin endgültig für alle Zeiten in Ruhe.

Katharina Redetzke
Helen-Keller-Schule Dinkelscherben, Klasse 6G

Wildnis

Das Huhn, das durch den Dschungel lief und der Adler, der von oben rief: „Mit Moos bedeckt so liegt es da und fühlt sich an, so wunderbar. Der Affe tanzt den Sambatanz, der Fuchs den Buggi, das Huhn den Chuck, Chuck, Chuck und ruft dabei ‚luck, luck, luck'."

Moritz Lenz
Staatliches Gymnasium Königsbrunn, Klasse 5e

Die Wildnis

Die Wildnis ist herrlich, aber auch gefährlich.
Die Tiere sind klein, aber auch fein.
Man sieht eine Maus, aber kein Haus.
Es gibt Affen und Giraffen und obwohl es
dort so wild ist, gibt es keine Waffen.
Im Dschungel gibt es Menschen nicht, aber auch
kein grelles Licht.
Es gibt gute frische Luft und einen angenehmen Duft.

Die Tiere fressen, aber nicht in Hessen.
Die Wildnis ist schön, liegt aber nicht in der Rhön.
Das ist mein Reim, so soll es sein.

Markus Kob, Finn, Simon und Tim
Staatliches Gymnasium Königsbrunn, Klasse 5d

Eine aufregende Nacht in der Wildnis

Hallo, ich bin Marie und möchte euch von meinem aufregenden Traum erzählen.

Es war Montagmorgen und ich gähnte laut, als mein Wecker klingelte.

Heute werden wir in die Wildnis zum Campen fahren. Ich freute mich schon sehr darauf. Als wir endlich im Auto saßen, konnte ich gar nicht stillsitzen. Während meine Schwester laut Musik hörte, sah ich gelangweilt aus dem Fenster. Nach zwei Stunden hatten wir unser Ziel erreicht. Ich sprang freudig aus dem Auto und atmete ganz tief die Waldluft ein. Als ich mein Zelt aufgebaut hatte, lief Lino, unser Terrier, mit wackelndem Schwanz um mich herum. Ich nahm ihn an die Leine und ging mit ihm spazieren. Wir folgten einem schmalen Pfad, der uns zu einer Lichtung führte. Wir machten kurz Rast. Die Sonne war schon längst untergegangen, als wir unseren Zeltplatz wieder erreichten. Müde ließ ich mich in meinen Schlafsack fallen. Plötzlich hörte ich von draußen ein lautes Kratzen. Erschrocken riss ich den Reißverschluss auf, weil ich dachte, es sei nur Lino, der an meinem Zelt kratzte. Aber vor mir stand nicht Lino, sondern ein riesengroßer Braunbär. Ich zuckte zusammen und schrie so laut es ging, aber es hörte mich keiner. Ich lief schnurstracks zum Zelt meiner Eltern, aber da war niemand. Plötzlich hörte ich hinter mir ein lautes Brummen. Es wurde immer lauter. Ich drehte mich um und hinter mir stand der Bär. Er schaute mich mit seinen großen, braunen Augen an. Ich nutzte den Moment der Verwirrung und rannte los. So schnell es ging, rannte ich in den dunklen, schwarzen Wald hinein. Nach ein paar Metern blieb ich stehen und drehte mich um. Es war kein Brummen mehr zu hören. Gedankenverloren ging ich den Weg zurück. Ich hatte den Bären völlig vergessen. Meine Gedanken kreisten nur um meine Eltern und mein Zimmer. Wie schön wäre es jetzt gewesen, wenn meine Mama mich umarmt hätte, so wie sie es immer tat. Als ich den Zeltplatz erreichte, merkte ich erst, wie müde ich war. Erschöpft ließ ich mich zum zweiten Mal auf meinen Schlafsack fallen, von meinen Eltern war noch immer keine Spur zu sehen. Endlich schlief ich ein. Am nächsten Morgen hörte ich laute Stimmen. Ich machte den Reißverschluss auf und sah, wie meine Eltern ihr

Zelt zusammenbauten. Ich ging zu ihnen und fragte, wo sie denn heute Nacht gewesen seien, aber sie meinten nur, das sei ein Geheimnis. Kopfschüttelnd packte ich mein Zelt zusammen und stieg ins Auto.

Nathalie Neff
Staatliche Realschule Zusmarshausen, Klasse 6b

Eine Nacht im Wald

An einem schönen Freitagabend gingen mein Papa und ich in den Wald. Wir hatten uns schon vorher einen Platz zum Schlafen ausgesucht, wo wir nun übernachten wollten.

Unsere Rucksäcke waren vollgepackt mit Essen, Schlafsäcken, Decken, Kleidung und vielem mehr.

Als wir losgingen, war es schon sehr dunkel – eine sternklare Nacht. Überall funkelten helle Punkte am Himmel. Als wir unseren Schlafplatz erreicht hatten, bauten wir im Licht des Mondscheins unser Lager auf. Dazu benötigten wir eine Plane, die wir zwischen die Bäume spannten. Als das geschehen war, holten wir unsere Schlafsäcke und legten sie auf den weichen, moosigen Waldboden. Dann, als alles aufgebaut war, machten wir ein kleines Feuer in einer Metallbox und legten uns in unsere kuscheligen Schlafsäcke, da es mittlerweile schon -5 Grad hatte. Als das Feuer langsam ausging und ich schon halb am Einschlafen war, erzählte ich noch meinem Papa: „Der Wald ist so schön, mir gefällt, dass es so ruhig und die Waldluft so gut ist."

Die Laute des Waldkauzes begleiteten uns in der Nacht.

Am frühen Morgen bewunderten wir den wunderschönen Sonnenaufgang, der uns Wärme und einen unvergesslichen Ausflug inmitten der Wildnis bescherte.

Jonas Grünwald
Staatliche Realschule Zusmarshausen, Klasse 5c

Der verwunschene Wald

Ich lag im Bett und öffnete meine Augen. Plötzlich war ich in einer Höhle, die steil nach unten ging. Als die Höhle zu Ende war, sah ich einen verwunschenen Wald. Hier gab es viele Bäume und viele sonderbare Fresspflanzen. Ich nahm Geräusche von seltsamen Wesen war. Auf einmal sah ich eine Fee. Sie sagte: „Fürchte dich nicht! Die Fresspflanzen sind harmlos, wenn man sie in Ruhe lässt." Hinter mir hörte ich eine Stimme, die böse knurrte: „Was willst du hier?" Ich drehte mich um und schaute in die Augen eines Wolfes. „Ich weiß gar nicht, wie ich hierhergekommen bin. Bitte tu mir nichts!", rief ich. Die Fee antwortete: „Keine Angst, in dieser Welt ist jeder lieb." Beide zeigten mir die Pflanzen und Tiere des verwunschenen Waldes. Dort erlebte ich einen spannenden Tag. Als ich wieder aufwachte, dachte ich: „Was für ein spannender Traum!" Doch was war das? In meiner Hand lag der Glücksstein, den mir die Fee geschenkt hatte. War also alles doch kein Traum gewesen?

Mila Staude
Grundschule Fischach-Langenneufnach, Klasse 3a

Der spannende Spaziergang

An einem grauen Novembertag hatte mein Papa vorgeschlagen, wir könnten doch einen Spaziergang zur Scheppacher Kapelle machen. Also zogen meine Eltern, meine Schwester und ich uns an und liefen los Richtung Wald. Es lag ein sehr langer Weg vor uns. Überall hörte man ständig etwas rascheln und viele zwitschernde Vögel. Wir liefen auch an einer Wiese vorbei, die ganz aufgewühlt war. Mein Papa erzählte mir, dass dies die Wildschweine machen, da sie so Nahrung suchen. Als wir wieder auf einen ganz geraden Waldweg kamen, flüsterte mein Papa auf einmal: „Ist das da vorne nicht ein …" Ich klammerte mich fest an meine Mama und traute mich nicht mehr weiterzulaufen. Das Wildschwein bemerkte uns natürlich und sauste ganz schnell in den dichten Wald. Dann sind wir auch weiter zur Scheppacher Kapelle gelaufen. Auf dem Heimweg habe ich immer wieder geschaut, ob ich das Wildschein nochmal sehe, aber es kam nicht mehr. Irgendwie war ich froh, aber gesehen hätte ich es schon noch gerne. Als wir endlich Zuhause waren, hat Mama einen Kinderpunsch gemacht und ich habe Opa gleich die Geschichte vom Wildschwein erzählt.

Magdalena Schaller
Grundschule Gessertshausen, Klasse 2b

Die Dschungeldoku

„Kim, machst du bitte mal den Fernseher aus. Es ist schon spät und morgen ist wieder Schule", trällerte Mama im Vorbeilaufen. „Aber ich möchte die Dokumentation über die Wildnis noch zu Ende schauen", widersprach ihr Kim daraufhin. „Nein, mach den Fernseher jetzt bitte aus!", sagte Mama in einem lauteren Ton als vorher. Kim machte den Fernseher aus und ging schlecht gelaunt nach oben. Sie machte sich fürs Bett fertig und ging schlafen.

In der Nacht träumte sie aber etwas ganz Komisches über den Dschungel und die Dokumentation, die sie gerade erst im Fernsehen gesehen hatte. Nur kurze Zeit später klingelte schon ihr Wecker und sie machte sich fertig für die Schule. Doch irgendetwas erschien ihr anders als sonst. Sie hatte nur ganz kurz geschlafen und wunderte sich auch, warum ihre Mutter nicht in der Küche war. Normalerweise bereitete sie ihr jeden Morgen das Frühstück zu.

Fertig angezogen für die Schule, öffnete Kim die Tür und stand plötzlich im Dschungel! Um sie herum wuchsen ganz viele Palmen, viele bunte Blumen und noch andere Pflanzen, die Kim aber nicht kannte. Sie traute ihren Augen kaum.

Ihre Beine steckten in grasgrünen Gummistiefeln mit rosa Punkten und sie war wie im Sommer mit kurzen Hosen und T-Shirt bekleidet, obwohl es doch eigentlich Januar und bitterkalt draußen war.

Vorsichtig ging sie durch den Dschungel und sah sich neugierig um. Hoch oben in den Baumwipfeln sah sie fünf Affen, die sich von Liane zu Liane schwangen.

Gerade rechtzeitig konnte sie einem kleinen Kolibri ausweichen, der ihr um den Kopf schwirrte. Er war rosa-grün gefleckt. Sie konnte ihn einen Moment beobachten, wie er im Flug mit seinem Schnabel Blütensaft aus einem Blütenkelch trank.

Fasziniert lief Kim ein Stück weiter in den Dschungel und kam an einen See, der glasklar vor ihr lag. Eilig lief sie zum See, schlüpfte aus ihren Gummistiefeln und hielt ihre Füße in das Wasser. Es war herrlich.

Plötzlich streifte ihre Füße etwas Kaltes und Glitschiges. Erschrocken beugte sie sich nach vorn und entdeckte einen Schwarm bunter Fische im Wasser unter ihr. Sie zog ihre Füße schnell aus dem Wasser und ließ sie in der Sonne trocknen. Dann zog sie ihre Gummistiefel wieder an und marschierte weiter.

Auf einer kleinen Lichtung entdeckte sie eine Löwenfamilie, die faul in der Sonne lag. Kim versteckte sich hinter einem umgefallenen Baumstamm und beobachtete, wie die Kleinen immer aufgeweckter wurden und zu spielen begannen. Ihre Anwesenheit bemerkten sie nicht.

Der Dschungel war so still. Keine Eltern und auch keine nervigen Geschwister. Keine Schule, keine Lehrer und keine Hausaufgaben. Einfach entspannt und vor allem wunderschön.

Auf einmal bebte der Boden leicht und an ihr rauschte eine Herde Elefanten vorbei. Kim erschrak so sehr, dass sie rückwärts über den Baumstamm purzelte. Erst jetzt hörte sie, dass Irgendetwas bimmelte. Dann bemerkte sie, dass ihr Wecker klingelte und ihre Mama schon in der Tür stand und ungeduldig rief: „Kim, kannst du jetzt mal den blöden Wecker ausmachen. Du weckst sonst noch das ganze Haus auf."

Kim stand auf, machte den Wecker aus und ging maulend an ihrer Mama vorbei ins Bad. Und als sie dieses Mal nach unten in die Küche kam, stand schon das Frühstück bereit. Angezogen für die Schule, öffnete sie die Haustür und stand in der eisigen Kälte. Sie wunderte sich, wo der Dschungel hin war. Auf der anderen Straßenseite hörte sie jemanden ihren Namen rufen. Es war ihre Freundin Klara, die auf sie wartete. Kim ging zu Klara und beide liefen zur Bushaltestelle. Also war alles leider doch nur ein Traum gewesen.

Hannah Zammer
Mittelschule Zusmarshausen, Klasse 7aM

Bunte Blumen im Traum

Ich bin im Schlaf, im Traum und auf einer Wiese mit wunderschönen Blumen.

Wo kommt ihr her, warum verirrt ihr euch in meinen Traum?

Ich habe einen besonderen Geruch in der Nase.

Ich liebe Blumen und träume von diesen schönen Gewächsen. Wie auf einer Wolke gehe ich durch diese bunte Blumenwiese. Plötzlich taucht ein zartes Wesen aus dem Blütenmeer hervor und kitzelt meine Nase.

In diesem Moment wache ich auf und stelle fest, dass ich leider nur geträumt habe.

Mohamad Haji
Christophorus-Schule Königsbrunn, Klasse G8a

Rettung in der Wildnis

Was war das für ein jämmerliches Jaulen? Das Geräusch war so laut, dass ich aufwachte und wissen wollte, woher das seltsame Geräusch kam.

Also machte ich mit auf den Weg und suchte nach dem jämmerlichen Jaulen. Draußen war es kalt, dunkel und unheimlich. Trotzdem lief ich weiter in den dunklen Wald hinein. Ich begegnete einem Reh und einem Dachs. Beide blickten mich mit großen Augen an und fragten mich: „Wo willst du hin?" „Ich bin auf der Suche nach dem fürchterlichen Jaulen", antwortete ich. Sie deuteten mit der Pfote auf einen Bau unter einem alten Baum. Mit zitternden Knien näherte ich mich dem Bau. Das Geräusch kam tatsächlich aus dem Bau. Mit großen Augen sah mich ein kleiner, niedlicher Fuchs an. Er fragte mich: „Bist du meine Mama?" Ich antwortete: „Nein, ich bin nicht deine Mutter, aber ich kann dich mit zu mir nach Hause nehmen." Der kleine Fuchs antwortete: „Ja, gerne, mir ist kalt und ich bin so allein." Ich nahm ihn mit in mein Bett und als ich die Augen öffnete, fragt ich mich: „War das alles nur ein Traum?"

Noah Lutzenberger
Grundschule Langerringen, Klasse 4

Die Tour durch die Wüste

Der Vogel fliegt durch die Wüste und das Kamel schnüffelt an der Erde und das Chamäleon macht sich bunt und der Regenwurm löst die Erde und die Schlange zischt.

Liam Kuhn
Laurentius-Grundschule Bobingen, Klasse 2b

Elfchen: Rehe

Rehe
Fressen Gras
Rehe sind süß
Ich sehe sie gerne
Cool!

Leonhard Hegele
Helen-Keller-Schule Dinkelscherben, Klasse 3G

Die Suche nach dem goldenen Tempel

Es war einmal in einer dunklen Grotte im Wald, da lebte ein kleines Opossum namens Freddy. Es spielte fast jeden Tag an einem wunderschönen Bach. Als Freddy am Abend anfing, in seinem Lieblingsbuch zu lesen, hörte er von der Decke herab eine komische Stimme.
Da war eine Fledermaus. Freddy fing an zu zittern. Die Fledermaus sagte: „Hallo, ich bin Hans, die Fledermaus, und wie heißt du?" „Ich heiße Freddy", sagte Freddy. Sie schliefen zusammen in der Grotte ein. Am nächsten Tag gingen sie zu dem Bach, dort spielten sie Verstecken. Als Freddy Hans gerade gefunden hatte, sahen sie auf einmal vier Heinzelmännchen. Freddy und Hans sagten im Chor: „Wer seid ihr?" „Wir sind Biel, Bob, Berni und Bert", sagten sie wie aus einem Munde. „Hallo, ich bin Freddy und das ist Hans", sagte Freddy. Nun spielten sie zusammen Verstecken. Danach waren sie so müde, dass sie einschliefen. Als sie

aufwachten, sahen sie einen Fuchs. Freddy sagte: „Was willst du hier?"
Der Fuchs sagte: „Ich bin Gilbert, ich will doch nur mit euch spielen." Also
spielten sie den ganzen Tag. Plötzlich hörten sie ein Geräusch. Ein For-
scher hatte in der Nähe sein Lager aufgebaut. Da sah Gilbert ein Sand-
wich, daneben lag eine Karte. Gilbert verwechselte die Karte mit einer
Teigtasche, weil die Karte zusammengerollt war. Also schnappte sich
Gilbert beide Sachen. Er wollte gerade in die Karte reinbeißen, da rief
Freddy: „Nicht reinbeißen, das kann man nicht essen!" Gilbert meckerte:
„Was ist das denn dann?" Freddy nahm die Karte und sagte: „Das ist eine
Karte." Nun kamen auch Hans und Biel, Bob, Berni und Bert.

Hans schaute neugierig auf die Karte. Sie sahen ein rotes X. Da rief Gilbert: „Das ist eine Schatzkarte, sowas haben Piraten immer." Da sagte
Freddy: „Dann sind wir die Waldpiraten." Da rief Hans plötzlich: „Dann
brauchen wir ein Floß! Piraten haben ja immer so ein Floß aus Holz." Nun
bauten sie ein Floß, eigentlich ein kleines Schiff. Es hatte sogar einen
Keller, eine Küche mit einem Lager mit Essen und einen Schlafraum. Also
setzten sie es auf den kleinen Fluss. Hans saß im Ausguck, Bill, Bob, Berni
und Bert waren Köche, Gilbert war Schiffszimmermann und Freddy
Kapitän. Nun machten sie sich auf den Weg zum großen X.

Plötzlich zog ein Gewitter auf. Es war hart, das Boot über Wasser zu
halten. Auf einmal war das Ende vom Fluss ein 20 Meter hoher Wasserfall. Sie stürzten in die Tiefe. Sie lenkten das Schiff mit Mühe ans Fluss-
ufer. Freddy zog die Schatzkarte raus. Er sah, dass man jetzt bis zu einem
Felsen gehen musste, der aussah wie eine Maus. Sie mussten einfach
geradeaus gehen, dann rechts. Als sie beim Felsen ankamen, machten
sie eine Rast, dann gingen sie weiter. Sie kämpften sich durch den Wald.
Auf einmal war vor ihnen ein Tempel. Er sah aus als wäre er aus Gold.
Freddy rief: „Los, lasst uns reingehen." Als sie drinnen waren, liefen sie
erst mal geradeaus. Auf einmal standen sie in einer Sackgasse. „Ich weiß,
was wir machen müssen", sagte Hans. „Und was?", fragte Freddy erfreut.
Da rief Bob auf einmal: „Hier irgendwo muss ein Geheimschalter sein!"
„Das wollte ich sagen", meckerte Hans. Sie suchten nach dem Schalter.
Da rief Freddy: „Ich hab ihn!" Freddy drückte den Schalter. Auf einmal
öffnete sich ein Geheimgang. Also gingen sie weiter, da sahen sie ein
paar andere Tiere. Freddy erkannte sie sofort. „Die Panzerknacker", flüsterte Freddy. Da holte Gilbert ein Paar Säbel aus Holz hervor. „In den
Kampf mit Gebrüll!", rief Gilbert. Freddy konnte ihm in letzter Sekunde
die Hand vor den Mund halten. „Wo hast du die Säbel her?", fragte Freddy sauer. „Ich dachte, weil Piraten auch immer Säbel dabeihaben, könnten wir auch Säbel gebrauchen", antwortete Gilbert. „Dann in den

Kampf!", rief Freddy. Die Panzerknacker holten sofort ihre Säbel heraus. Es war ein harter Kampf, doch am Ende gewannen Freddy, Gilbert, Hans und Bill, Bob, Berni und Bert. Als sie weitergingen sahen sie einen Schatz. Sie brachten ihn nach Hause und wurden richtig reich.

Maximilian Kraus
Grundschule Altenmünster, Klasse 4a

Die Wunder der Natur

Eines Tages wanderten unerschrockene Jugendliche in den dunklen Wald hinein. Sie hörten das Rauschen des mächtigen Lechs. Das Wasser hatte noch einen langen beschwerlichen Weg vor sich. Anschließend gingen sie weiter in das dunkle Dickicht, das der Wind durchdrang und die Blätter zum Rascheln brachte. Die weißen Schneeflocken fielen auf sie herab, während sie weiter die Wildnis durchstreiften. Das schmutzige Wasser der Pfützen auf dem Weg saugte sich in ihre Stiefel hinein. Sie hörten dunkles Donnergrollen von den Autos, die über die nasse Brücke fuhren. Als erstes befürchteten sie, dass es anfängt zu gewittern. Sie sahen noch viele andere motivierte Wanderer auf ihren Weg durch die unberührte Wildnis. Dann gingen sie zurück in die Zivilisation und sie wärmten sich dort wieder auf.

Georgina-Lynn Malcolm, Mikail David Elci,
Eylül Gümüs und Zena Isa Ibrahim
Anna-Pröll-Mittelschule Gersthofen, Klasse 8abM

So ist Wildnis für mich

Wildnis ist für mich ein Wald mit vielen, vielen Tieren. Zum Beispiel mit Füchsen, Rehen oder anderen Waldbewohnern. Wenn ich mit meiner Mama und meinen zwei besten Freundinnen Elisa und Annika im Wald spazieren gehe, fühle ich mich frei. Meistens kommen unser Welpe Lucy und unser sehr alter Hund Barney mit. Denen gefällt es im Wald sehr gut. Denn im Sommer ist es dort durch die vielen Bäume angenehm kühl. In manchen Wäldern gibt es Wege, auf denen man Rätsel zum Thema Natur lösen kann. Spannend finde ich es, wenn man im Frühling ein Reh mit einem Rehkitz sieht, die gemeinsam über die Lichtung hoppeln. Beide Hunde sind oder waren Rettungshunde und kennen sich daher sehr gut im Wald aus. Nach einem stressigen Schultag gehe ich gerne in den Wald, um mich zu entspannen und die Stille zu genießen. Schade ist es lediglich, dass immer mehr Müll im Wald zu sehen ist. Dies macht mich traurig und auch ein wenig wütend. Denn er ist eine Gefahr für die Tiere, die im Wald leben. Wenn wir wollen, dass die Wildnis im Wald weiterhin besteht, müssen wir aufpassen, dass sie nicht von ein paar Wilden zerstört wird.

Hannah Siefener, Elisa Karl und Annika Forster
Leonhard-Wagner-Gymnasium Schwabmünchen, Klasse 5a

Foxy findet eine Freundin

Es war einmal vor langer Zeit, da lebte in einem kleinen Wald eine Fuchsfamilie. Foxy war die jüngste Füchsin der Familie. Sie war eine gute Jägerin. Für den Wald war Jäger Klaus Pit zuständig. Er war ein großer Fallensteller. Alle Tiere fürchteten ihn und seine Katze Bubbles sehr. Bubbles war eine gute Späherin. Sah sie ein Wildtier, meldete sie dies ihrem Herrchen und er konnte es erschießen. In letzter Zeit sah man den Jäger überall im ganzen Waldgebiet.

Foxy war größer geworden und ging nun alleine auf die Jagd. Als sie gerade einen Hasen jagte, hörte sie von Weitem einen Hilferuf: „Hilfe, er verfolgt mich, er meint, ich bin ein Fuchs, hilf mir." Foxy rief: „Folg mir." Foxy brachte das andere Tier in ihren Bau. Sie sagte: „Ich bin Foxy, was bist du für ein Tier, du schaust aus wie ein Fuchs." „Ich bin Sirina. Ich bin ein Hund, aber jeder meint, ich sei ein Fuchs, weil mein Fell so rötlich ist. Hast du was zu essen für mich? Ich hatte seit Tagen nichts mehr. Du hast aber eine schöne Höhle", antwortete Sirina. „Hier hast du ein Stück Fleisch und nein, es ist nicht meine Höhle. Sie gehört meinen Eltern. Ich bin gerade dabei mir eine eigene Höhle zu suchen. Unten am Fluss habe ich einen eigenen Bau für mich entdeckt. Wo wohnst Du?", fragte Foxy.

„Ich habe kein Zuhause. Ich lebe mal hier und mal dort", erwiderte Sirina. „Wenn du willst, können wir ja zusammen in die Höhle am Fluss ziehen", schlug Foxy vor. Weil in der Höhle Platz für zwei war, wohnten Sirina und Foxy dann zusammen in der großen Höhle.

Klaus Pit stellte Fallen im ganzen Wald auf. Der Jäger war im Wald, damit er die gefangenen Tiere gleich mitnehmen konnte.

Foxy und Sirina streunten durch den Wald, als Foxy in eine Falle lief. Sirina konnte weder mit der Schnauze noch mit den Vorderfüßen das Türchen öffnen. Sie rannte um die Falle herum und versuchte sie umzuwerfen, als sie plötzlich den Jäger kommen hörte. Klaus Pit nahm die Falle mit in seine Forsthütte und sperrte Foxy in den dunklen Keller. Sirina rannte zurück in die Höhle, als sie ein Geheul hörte. Sie sah, wie die Katze Bubbles in einer Falle saß. „Befreie mich, sonst bekomme ich Ärger", rief die Katze aus der Falle heraus. „Gut, ich helfe dir, aber nur,

wenn du mir hilfst, meine Freundin Foxy zu befreien", verlangte Sirina.
„Abgemacht!", schimpfte Bubbles.
Zusammen heckten sie einen Plan aus. Bubbles sollte Klaus Pit ablenken und in den Wald locken. Sirina schlich ins Haus und befreite Foxy. Am nächsten Tag lockten Foxy und Sirina den Polizisten, der immer um drei Uhr seine Mittagspause am Waldrand machte mit lautem Geheul zu einer Falle. In diesem Moment kam gerade der Jäger Pit um die Ecke. „Fallen aufstellen ist hier verboten", erklärte der Polizist, „Kommen Sie mit auf die Dienststelle." Der Jäger Pit bekam großen Ärger und gab das Jagdgebiet auf. Foxy und Sirina lebten nun zufrieden im Wald in der Höhle am Fluss.

Miriam Vogele
Staatliche Realschule Zusmarshausen, Klasse 6c

Wilde Westliche Wälder

An einem schönen Sonntagmorgen im Herbst sagten Mama und Papa zu mir und meinen Schwestern, dass wir heute einen Ausflug machen würden. Es sollte in den Wald gehen. Am Nachmittag fuhren wir mit dem Auto zum Wald. Ich war gespannt, was für Tiere und Pflanzen ich sehen würde. Da sagte mein Papa: „Alle aussteigen, wir sind jetzt da."
Meine Mama hatte etwas zu essen mitgenommen. Noch war es warm und die Sonne schien. Nun liefen wir auf einem Feldweg in Richtung Wald. Am Wegesrand standen viele Birken. Wir machten uns einen Spaß und flochten den Birken Zöpfe – sie erschienen uns wie Mädchen mit langen Haaren. Bald erreichten wir den Wald. Wir hörten Vögel zwitschern und das Rauschen der Bäume. Papa erklärte uns, dass hier im Wald früher eine Burg gestanden hatte. Der Burgstall Rauenberg. Geheimnisvoll!
An einer Stelle war ein Abhang. Den stiegen wir vorsichtig hinunter. Nun gingen wir durch viele kleine Nadelbäume hindurch. Als wieder größere Bäume kamen, stiegen wir durch hohes Gras. Es war sehr aufregend. Als wir das hohe Gras durchquert hatten, ging es wieder nach oben. Dort oben sah es aus wie im Wunderland. Ich erblickte eine Lichtung und alles glitzerte von dem Sonnenlicht, das durch einen Nebelschleier zur Erde schien. Um dort hinzugelangen, musste ich durch ein Gebüsch steigen, wo viele Dornen waren. Meine Eltern und Geschwister blieben zurück. Ein paar Meter weiter vorne war ein tiefer Graben. Ich rief meinen Papa und fragte ihn: „Könnte hier der Burggraben gewesen sein?"
„Gut möglich", rief mein Vater. Ich wollte gerade zu ihm zurückgehen, als

ein Reh blitzschnell an mir vorbeisprang. Ich erschrak mich fürchterlich und lief zu meinen Eltern zurück. Ich zitterte, sie beruhigten mich. Der Schrecken stand mir noch eine Weile ins Gesicht geschrieben.

Wir verließen den Wald. Vorbei an den Birkenmädchen gelangten wir wieder zu unserem Auto. Der Nebel legte sich immer dichter über die Felder. Es war Abend geworden. Heute muss ich noch oft an meine Begegnung mit dem Reh denken.

Anna Emilia Gerstmayr
Grundschule Dinkelscherben, Klasse 4a

Das Geheimnis des Waldes

„War das jetzt in Wirklichkeit oder habe ich nur geträumt?", dachte ich mir, als ich im Wald aufwachte und auf etwas Glänzendes in meiner Hand schaute. Aber alles der Reihe nach …

Alles begann damit, dass ich, der feige Adalbert, den niemand mochte, in die Gang vom coolen Tim aufgenommen werden wollte. „Du? Du Feigling, du Nichtsnutz willst in meine Gang!", grölte Tim und seine Freunde lachten mich aus. Ich antwortete zögernd: „Ja, ich will in deine Gang." Darauf lachten sie noch lauter. Doch zu meinem Erstaunen sagte Tim: „Du darfst meiner Gang beitreten, aber natürlich nur mit einer Mutprobe. Du musst eine Nacht im Wald überstehen. Oder hast du etwa Angst?" Er grinste von einem Ohr zum anderen, als ob das für ihn ein Spaß wäre. Es war das Fieseste, was er als Mutprobe aussuchen konnte. In diesen schaurigen, wilden Wald. Natürlich gab ich nicht zu, dass ich große Angst hatte, aber ich stellte mir schon vor, wie ich von einem Bären in Stücke gerissen wurde.

In derselben Nacht lag ich dann im Wald. Meine Eltern waren überzeugt davon, dass ich bei meinem Opa übernachtete. Es war sehr neblig und die Bäume sahen wie unheimliche Riesen aus. „Warum habe ich mich nur darauf eingelassen?", fragte ich mich, als ich noch nicht wusste, was mich erwarten würde. Mein Schlafsack wärmte mich, aber ich zitterte bei jedem Geräusch wie Espenlaub. In der Hand hatte ich die Taschenlampe, die ich von meinem Opa zum Geburtstag bekommen hatte. Als ich ein Rascheln hörte, versuchte ich, meine Taschenlampe anzuschalten, aber ausgerechnet jetzt war die Batterie leer. Nachdem noch ein Zweig knackte, hielt ich es nicht mehr aus und rannte weg. „Egal wohin, Hauptsache weg von diesem schaurigen Ort!", dachte ich. Plötzlich stolperte ich über eine Wurzel und fiel in eine Pfütze. Ich versuchte, wieder aufzustehen, doch die Pfütze zog mich in sich hinein. Panik überfiel mich, aber ich konnte mich nicht wehren, weil der Sog zu stark war. Ein paar Sekunden später stand ich auf einer hell erleuchteten Wiese. Das Gras schimmerte golden und eine leichte Brise wehte. Da kam auf einmal ein kleiner Elf vorbei. Ich traute meinen Augen kaum und fragte verwundert: „Bin ich im Himmel?" „Nein", antwortete der Elf freundlich, „du bist im Elfenreich. Ich bin übrigens Tori." Ich erwiderte: „Angenehm, ich bin Adalbert." Tori schlug vor, zu seinem Haus zu gehen. Als wir ankamen, war ich vom Anblick überwältigt. Das Haus sah aus wie ein Fliegenpilz, nur zehnmal so groß. Wir tranken zusammen Tee, der nach dem Rezept von Toris Urururoma zubereitet worden war, und aßen leckeren Himbeerkuchen, den uns die Nachbarn von Tori ein paar Minuten zuvor vorbeigebracht hatten. Tori bot mir an, für immer hier zu bleiben. „Im Elfenreich gibt es keinen Streit und keinen Müll. Bleib doch hier, du bist sehr willkommen", sagte er. Aber ich konnte nicht, ich hatte ja noch die Mutprobe. Tori schenkte mir noch ein Abschiedsgeschenk, einen goldenen Stern, original von den Elfen. Ich bat ihn, mich zurück in meine Welt zu bringen. Darauf nahm er einen Grashalm von der Wiese, riss ihn in der Mitte entzwei und murmelte etwas Unverständliches. Kurz danach wurde mir schwarz vor Augen.

Als ich im Wald aufwachte, bemerkte ich, dass es schon hell war. Die Sonnenstrahlen berührten die Wipfel der Bäume und der Tau glitzerte im Morgengrauen. Ich stand an der Stelle auf, an der ich die Geräusche gehört hatte. Hatte ich das alles nur geträumt? Aber ich hielt doch den goldenen Stern in meiner Hand. Egal! Vor dem Wald erwarteten mich schon Tim und seine Gang. „Bravo", sagte Tim, „du bist jetzt ein Mitglied meiner Gang." Ich freute mich sehr und überlegte, ob ich noch eine Nacht im Wald, meinem neuen Lieblingsort, verbringen sollte. Vielleicht ist die Wildnis ja doch nicht so wild.

Michael Peil
Staatliches Gymnasium Königsbrunn, Klasse 7a

„Eines Tages werden unsere Träume wahr"

Es waren einmal drei gute Freunde. Elena, Rafael und Rebecca. Wie jedes Jahr verbrachten sie ihre Ferien zusammen. Ihre Eltern hatten nie genug Geld, um die Kinder in ferne Länder zu schicken, um dort Sprachkurse zu besuchen bzw. um ihre Fremdsprachenkenntnisse zum Glänzen zu bringen. Das Geld reichte auch nicht aus, um sich irgendwo an einem wunderbaren Strand zu entspannen und das Leben zu genießen. Seit Jahren verbrachten die drei Freunde ihre Ferien in Bayern. Sie hingen immer miteinander ab, weil die Ferien oft sehr lang und teilweise sehr langweilig waren.

Für alles muss man im Leben bezahlen. Wenn man außerhalb seines Zuhauses Spaß haben will, braucht man dazu Geld. Ins Kino, Schwimmbad, Eis essen, Döner oder Pizza essen – man muss alles bezahlen. Die Welt funktioniert so. Geben und nehmen – theoretisch. In der Praxis – kaufen und bezahlen.

Egal wie traurig es klingen mag, wenn man nicht genug Geld hat, gehört man nicht dazu. Inklusion hat irgendjemand gesagt. Also muss man nach Möglichkeiten suchen, um aus der schlechten Lage rauszukommen. Man muss lernen und wenn das Kind genug Glück im Leben hat, wird das Kind den eigenen Kindern einen besseren Start sichern. „Es findet dann keine Reproduktion statt." Man kann unendlich viel von sozialer Ungleichheit sprechen, von Gerechtigkeit und Ungerechtigkeit. Das ist aber nicht Sinn der Sache, sich hier zu beklagen. Die Kinder hatten Ferien und sie wollten die Zeit genießen.

Eines Tages entschieden sich die drei Freunde, schwimmen zu gehen. Aber nicht ins Schwimmbad, sondern in einem Fluss, wo es nichts kostet. So liegt man den Eltern nicht auf der Tasche.

Das Wetter war toll, strahlend blauer Himmel. Die Vögelchen zwitscherten und sie hörten das Rauschen des Flusses. Man konnte sich an der Schönheit der Natur erfreuen. Langweid am Lech war der Ort, an den sie sich begaben. Sie gingen am Lech entlang, um ein Plätzchen zu suchen und den ganzen Tag dort zu verbringen. Sie hatten genug zu essen und die Eltern wussten, wenn sie zusammen sind, bräuchten sie sich keine Sorgen zu machen. Sie passten aufeinander auf.

Sie gingen weiter und suchten flache Steine, um sie später auf der Wasseroberfläche hüpfen zu lassen. Rebecca fand einen besonderen Stein. „Den Stein werfe ich nicht ins Wasser", sagte Rebecca. „Er ist zu wertvoll." „Du kannst ihn sogar an einen Steine-Sammler bzw. Mineralogen verkaufen. Sieht fast wie ein Pyrit oder Markasit aus", fügte Elena hinzu. Da staunte sogar Rafael: „Dein Stein sieht wie ein echter Goldklumpen aus." Die rötlich-gelb glänzende Oberfläche des Steines begeisterte die Kinder. Sie standen im Kreis und begutachteten den Fund von Rebecca.

Danach ließ sie sich am Ufer nieder und Elena und Rafael fingen an die Steine hüpfen zu lassen, während Rebecca sich hinlegte, um sich an ihrem Fund weiter zu erfreuen.

In einem Augenblick war alles anders. Das konnte Rebecca nicht deuten. Zwar hatten Elena und Rafael weiter im Wasser gestanden und darüber gestritten, wer sein Steinchen weiter geworfen hatte. Aber irgendetwas hatte sich verändert. Die Lechbrücke war verschwunden. Man hörte keine Autos mehr. Das merkten auch Elena und Rafael, die Rebecca fragend anstarrten. Sie waren ganz ruhig und lauschten, als hätten sie auf eine Antwort gewartet. Auf einmal sah Rebecca, wie ihr Stein anfing noch intensiver als vorher zu leuchten. Er war so heiß, dass sie ihn fallen lassen musste, sonst hätte sie sich die Hände verbrannt. Sie erschrak und fing an, nach Hilfe zu rufen. Beide Kinder sprangen aus dem Wasser, um nach der Freundin zu schauen. Sie wunderten sich und verstanden die Welt nicht mehr. Der Stein lag auf dem Ufer und leuchtete wie ein Stern.

Die Kinder merkten nicht, dass sie beobachtet wurden. Hinter einem Baum versteckte sich ein Fuchs. Er guckte die Zweibeiner genau an. Mit einem Satz sprang der Fuchs aus seinem Versteck, lief zu dem Stein, schnappte ihn und lief mit seiner „Beute" weg. Rafael, der sportlichste, jagte dem Tier nach. Nach ein paar Schritten hatte er ihn am Schwanz gepackt, so dass das Tier den Stein fallen ließ. Rafael wunderte sich, als der Fuchs ihn begrüßte. „Angenehm dich kennenzulernen. Ich heiße Fuchs ‚Scharfes Auge' und du bist, wie ich gehört habe, der Rafael. Und jetzt gibt mir bitte meinen Stein zurück." „Deinen Stein?", staunte Rafael. „Der Stein gehört Rebecca. Sie hat ihn doch gefunden. Und du böser Wicht wolltest ihn einfach klauen und weglaufen. " „Es ist nicht, wie du denkst. Der Stein gehört mir und er hat euch hierher gebracht. Einiges ist schief gelaufen. Unsere Sensoren haben schlechte Arbeit geleistet. Ich habe gar keine Kinder hier erwartet, sondern drei berühmte Wissenschaftler, die mir bei einer Aufgabe helfen sollten. Ihr habt das nötige Know-How nicht, seid zu nichts zu gebrauchen. Einfach Kinder." Der Fuchs verdrehte die Augen und drehte sich beleidigt um.

Rafael staunte. Er sprach mit einem Fuchs, wie auch Rotkäppchen mit dem Wolf gesprochen hatte. Unsinn. Er machte die Augen zu und probierte sich zu konzentrieren, wie er es beim autogenen Training gelernt hatte. Geister, Fabelwesen und magische Steine – an so etwas glaubte er nicht. Er war ein bodenständiger Junge. Er machte die Augen auf und sah den Fuchs vor sich stehen. Nochmal machte er die Augen zu und öffnete sie wieder. Der Fuchs war weiter da und sagte noch dazu: „Hör auf, ständig mit den Augen zu blinzeln. Du machst mich nervös. " Rafael fing an zu denken. Der Stein hat uns hierher gebracht. Wo? Wo sind wir? Was für Wissenschaftler? Bin ich verrückt? Ich spreche mit einem Fuchs. Wie in einem Märchen. Ich bin in der Zeit teleportiert worden, wie in dem Film *Zurück in die Zukunft*. Das ist unglaublich.

„Du, Scharfes Auge, könnten wir dir nicht zufällig helfen?" „Nein. Ihr seid Kinder, keine Wissenschaftler." „Dann muss du uns helfen zurück in unsere Dimension zu kommen." „Ja, das stimmt", sagte der Fuchs. „Eine andere Sache liegt mir auf dem Herzen. Ich muss auch damit fertig werden." Auf einmal war der Fuchs sehr traurig. Ganz große Tränen flossen aus seinen Augen. „Die Menschen in eurer Zeit haben viele gute Sachen gemacht. Sie haben Medikamente erfunden, die das Leben nicht nur von Tieren, sondern auch von Menschen retten und verlängern. Manche Leute vergessen, dass man in einer Symbiose mit der Natur leben muss. Es werden Wälder zerstört. Wald ist aber etwas Wunderbares. Sogar euer Schriftsteller Hermann Hesse wurde von einem dichten Wald am Luganersee inspiriert und das beeinflusste seine Kreativität. Wälder sind die Atmungsorgane der Welt, die nicht nur Sauerstoff produzieren. Sie sind das Zuhause für viele Lebewesen. Ihr habt bestimmt in der Schule gelernt, dass Wälder schädliches CO_2 speichern. Wenn die Wälder zerstört werden, wird sich die schädliche Emission von CO_2 erhöhen. Wenn die Menschen die Klimaerwärmung stoppen wollen, müssen sie die Emission von CO_2 begrenzen. "

Rafael vergaß für ein paar Sekunden, dass er mit einem Fuchs sprach. Der Fuchs war einmalig. Er hatte ein Wissen wie ein Wissenschaftler. Der Fuchs sprach weiter: „Manche Menschen haben noch keinen Respekt gegenüber der Natur entwickelt. Sie schmeißen alte Reifen und alte Kühlschränke an den Waldrand. Denken nicht darüber nach, welche Folgen das haben kann. Es gibt aber viele Menschen, die bereit sind, die Natur zu retten. Es gibt einige, die Bienen retten wollen. Es entwickelt sich eine bestimmte Denkweise, nicht nur die Natur auszurotten, sondern sie mit Respekt zu behandeln. Ihr seid ein Teil der Natur. Jetzt aber los, wir haben keine Zeit. Ich muss meine Aufgabe erfüllen und bei der Gelegenheit werde ich euch zurückschicken. Erst muss ich aber noch herausfinden, wie das geht, euch in eure Dimension zurückzuteleportieren, meine ich. Und jetzt gehen wir los. Wir haben nicht so viel Zeit und meine Kinder warten auf mich, die muss ich noch versorgen", sagte der Fuchs und ging los.

Die Kinder gingen schweigend hinter dem Fuchs her. Die Stimmung war bedrückt. Rebecca unterbrach die Stille. „Es stimmt, die Leute verschmutzen die Umwelt, holzen die Wälder ab und stattdessen bauen sie neue Industriegebiete. Trotz alldem gibt es nicht für alle Menschen einen sicheren Arbeitsplatz." Die Kinder gingen schweigend weiter. Sie wussten, dass auch ihre Eltern davon betroffen waren. Sie hatten keinen sicheren Arbeitsplatz und die Kinder mussten darunter leiden. Sie wussten auch, dass sie die Eltern sehr lieb hatten. Sie waren davon überzeugt, dass, wenn man in der Schule gut lernt, bessere berufliche Chancen haben würde.

Nach gewisser Zeit fragte Rafael erneut: „Aber warum brauchst du die Wissenschaftler? Könnten wir dir nicht behilflich sein?" Das Schweigen des Fuchses war rätselhaft. Rafael fing an zu singen: „Muss nur noch kurz die Welt retten, danach flieg ich zu dir. Noch 148 Mails checken. Wer weiß, was mir dann passiert. Denn es passiert so viel …" Das war das Lieblingslied seiner Mutter. Elena hatte Rafael streng angeschaut. Sie sagte: „Trödel nicht. Und hör auf mit dem blöden Gesang. Gehst du schneller, oder willst du hier für immer bleiben?" Rafael lief hinterher. So ein Mist, dachte er. Ich wollte immer etwas Besonderes machen. Auch die Welt retten wäre eine spannende Geschichte. Aber der Fuchs braucht Wissenschaftler, nicht uns, um seinen Plan durchzuführen. Aber was für ein Plan war das? Wie will der Fuchs seine Kinder versorgen, warum macht die Mutter das nicht? Sie gingen durch den Wald. Es war kein leichter Weg. Die Kinder stolperten immer wieder und fielen hin. Sie waren es nicht gewohnt, so weite Strecken zurückzulegen. Trotzdem liefen sie dem Fuchs ohne zu meckern hinterher.

Als sie an eine Lichtung kamen, lauschte der Fuchs und fing unerwartet an zu laufen. Sogar Rafael hatte dieses Mal Probleme, dem Fuchs zu folgen. Erschöpft und außer Puste erreichten sie den Fuchs. Er saß in einem Gebüsch und beugte sich zu einem kleinen Fuchsbaby. Das war anscheinend sein Kind. Der Fuchs fing an zu erzählen: „Meine Frau und meine Kinder sind vergiftet worden. Sie haben das Wasser aus dem Bach getrunken. Eine Fabrik, die in der Nähe ist, lässt Schadstoffe in den Bach fließen. Viele Tiere sind gestorben. Ich will mein letztes Baby retten." Rebecca nahm den kleinen Babyfuchs in die Arme. Er machte nicht einmal die Augen auf, aber er lebte. Sein Atem war sehr schwach. In ihr wuchs sehr große Wut. Am besten sollte sie in die Fabrik gehen und den sterbenden Babyfuchs dem Direktor zeigen. Sie fing an zu weinen, weil sie so berührt, betroffen und gleichzeitig hilflos war. Die Tränen flossen dem Babyfuchs direkt ins Maul. Rebeccas Augen waren voller Tränen. Sie konnte den Kleinen nicht einmal genau sehen. Alles war verschwommen. Irgendjemand rief ihren Namen und zerrte an ihren Schultern. „Rebecca!" Sie rieb ihre nassen Augen und sah Rafael und Elena vor sich sitzen. „Der Babyfuchs. Wir müssen etwas tun. Der Kleine darf nicht sterben", schluchzte sie. „Was ist los mit dir? Was für ein Fuchs? Hast du was Böses geträumt?" Rebecca schaute die Freunde erstaunt an. „Wo ist der Fuchs?" „Was für ein Fuchs?" In diesem Moment sah sie zwei erwachsene Füchse am Waldrand. Sie starrten die Kinder an.

War das der Fuchs ‚Scharfes Auge' mit seinem Sohn? Hatte der Babyfuchs überlebt? War er erwachsen geworden? Hatten Tränen und

Liebe ihm geholfen? Hatten die Füchse sie angelacht? Die Füchse drehten sich um und verschwanden im Wald.

„Ich habe mich entschieden. Ich will Tierärztin werden", sagte Rebecca. „Ich will Biologie studieren", fügte Elena hinzu. Rafael lachte und sagte: „Einen Rechtsanwalt könntet ihr nicht zufällig gebrauchen? Ich stehe euch gerne zur Verfügung."

Die Sonne ging unter. Die Natur schien friedlich und zufrieden zu sein. Die drei kleinen Wissenschaftler der Zukunft gingen ruhig nach Hause. Man muss nicht weit fahren, um etwas Schönes zu erleben oder zu träumen.

Rebecca lag am Abend im Bett und dachte darüber nach, was sie erlebt oder auch geträumt hatte. Aber die zwei Füchse am Waldrand? Sie waren doch echt gewesen und hatten sie angestarrt. Rebecca war müde und ihr fielen fast die Augen zu. „Eines Tages werden unsere Träume wahr", sagte Rebecca zu sich selbst und machte das Licht aus.

Rafael Abel (Klasse 5b), Helena Stromer (Klasse 5b),Elena Kriegel (Klasse 5d),
Olesia Nagovicyna (Klasse 6c),Tim Bannach (Klasse 7b)
Paul-Klee-Gymnasium Gersthofen, Klasse OGS – Offene Ganztagsschule

Ein Abenteuer im Wald

Es waren einmal zwei Geschwister namens Anne und Lea. Sie liebten die Natur und beschlossen, eine Woche in den Wald zu gehen mit Übernachtung. Als sie alles zusammengepackt hatten, ermahnte sie die Mutter: „Passt gut auf euch auf; und du, Anne, hör auf deine große Schwester Lea!" „Ja, klar, Mama!", antwortete Anne.

Dann zogen sie los in den Wald hinein. Da sagte Lea: „Los, da entlang, Anne!" Die zwei Geschwister spielten, wer mehr Blätter sammeln konnte. Das machte ihnen viel Spaß. Plötzlich bemerkten sie, dass sie Hunger hatten und holten ihre Brotzeit heraus. Als sie mit dem Essen fertig waren, bauten sie ihr Zelt auf. Dann machten sie es sich im Zelt gemütlich. Mitten in der Nacht hörten sie ein Geräusch. Anne flüsterte ängstlich: „Was ist das, Lea?" „Ich weiß es auch nicht, Anne, aber lass uns nachschauen!", antwortete Lea. Als sie nach draußen gingen, sahen sie ein kleines Reh. „Das ist ja süß!", rief Anne. „Ja, das stimmt", sagte auch Lea. Plötzlich sagte das Reh: „Könnt ihr uns helfen? Der Schatz des Waldes wurde gestohlen. Der Schatz beschützt den Wald!" „Ja klar helfen wir! Los, wir suchen ihn!" Sie stapften durch den Wald und suchten den Schatz. Nach einer Stunde rief Anne: „Da ist eine goldene Spur! Wir müssen nach links!" So liefen sie nach links! Dann rechts, gerade aus, wieder links und noch einmal rechts. Das dauerte dreißig Minuten lang. Plötzlich war die goldene Spur wieder da und sie folgten ihr! Jetzt wollte Anne wissen: „Warum ist der Schatz so wichtig?" Das Reh antwortete: „Der Schatz mit seinen Zauberkräften beschützt den Wald vor den Bösen!" „Vor welchen Bösen?", wollte Lea wissen. „Vor unseren Gegnern vom Nachbarwald. Sie haben keinen Schatz und sind bedroht", sagte das Reh. „Ich habe eine Idee!", rief das Reh. Es gab einen Laut von sich und es kamen alle seine Freunde. Alle stellten sich um den Wald herum auf, so dass der Dieb nicht entkommen konnte. Und da plötzlich tauchte ein Fuchs auf. Er weinte bitterlich und rief: „Es tut mir so leid, ihr kriegt euren Schatz natürlich wieder zurück! Aber unser Wald ist vom Aussterben bedroht!" „Ich habe eine super Idee!", rief das Reh. Alle zusammen gingen zur Wiese, die die beiden Wälder trennte. Mit Hilfe des Schatzes wuchsen wie von Geisterhand Bäume, so dass aus beiden Wälder ein Wald wurde und der Schatz alle beschützte. „Danke, dass ihr uns geholfen habt!", bedankten sich die Tiere. „Gern geschehen!", sagten Lea und Anne. Sie verabschiedeten sich und gingen glücklich nach Hause!

Michaela Rößle
Grundschule Altenmünster, Klasse 4a

Tagebuch – das Rehkitz

Liebes Tagebuch,
heute war ich bei Oma Klara und Opa Basti. Es war total cool. Ich habe mit den beiden Ziegen, Bärli und Schnee, auf dem Feld getobt. Bärli kann jetzt ganz tolle Kunststücke; sich verbeugen, rückwärtsgehen, er kann sich sogar im Kreis drehen! Wie ich so rumtobte, habe ich im Gras eine Mulde entdeckt. Ich habe die Ziegen schnell in ihre Boxen gebracht und bin zu Opa gerannt. Ihm musste ich die Mulde zeigen. „Maria, das war ein kleines Kitz", hat er gesagt. Da hörten wir ein Fiepen. Wir gingen in die Richtung, aus der es kam. Da! Mitten im Gras vor unseren Füßen lag ein kleines Reh. Aber es lief nicht weg! Es kauerte sich nur noch mehr in die hohe Wiese.
Opa holte Handtücher und Handschuhe und hat mir erklärt, dass man das Kitz nicht anfassen darf! Die Rehmutter rieche dann den Geruch des Menschen und würde das Kitz verstoßen. Als wir dann vorsichtig das Kitz zum Hof getragen und das kleine Reh ordentlich angeschaut haben, sahen wir es; das kleine Kitz war verletzt. Am linken Bein eiterte es. Ich war total schockiert! Das Reh tat mir furchtbar leid. Auch Opa zog die Luft ein. „Sieht gar nicht gut aus, gar nicht", meinte er. Er reinigte die Wunde und ich durfte das Bein dann verbinden? Oma und ich haben

dem kleinen Kitz einen Sensor ans rechte Vorderbein gemacht, so können wir immer sehen, wo es sich rumtreibt. Das kleine Reh haben Oma und ich dann wieder auf das Feld gebracht. Ich hoffe, Bambi (so habe ich unseren Schützling genannt) wird bald wieder ganz gesund.

Aber das war heute noch nicht alles!

Oma Klara hatte noch Kuchen übrig und mein Bruder sollte den Kuchen den Hühnern bringen. Ja, ich sollte Eier holen, weil mein Bruder Kilian nicht alle tragen konnte. Als wir die Tür zum Hühnerstall aufmachten, waren die Hühner ungewöhnlich wild und im Stall. Komisch, die Hühner waren untertags doch immer draußen. „Maria, da ist der Fuchs im Freigehege", hatte mein Bruder festgestellt. Wir hatten schreckliche Angst und liefen schnell zu Oma. Sie schnappte sich einen Besen und lief in den Hühnerstall. Sie zählte besorgt ihre Hühner. ALLE DA! Dann ging sie ins Freigehege und verscheuchte den blöden Fuchs. Er wollte aber nicht gehen. Ich habe Opa Basti geholt und der ist dann in den Stall geeilt, hat die Freigehegetür aufgemacht und die Türklappe zu den Hühnern geschlossen. Dann hat er einfach ein Ei von den Hennen genommen und es draußen auf die Wiese geworfen. Der Fuchs ist tatsächlich darauf reingefallen und aus dem Gehege geschlichen.

Da fiel mir unser kleines Kitz ein, das hilflos und mit einem wunden Bein, allein auf dem Feld war. Opa und ich scheuchten den Fuchs in Richtung Wald, der gegenüber unserem Feld lag. Oma sah beruhigt auf den Computer, der mit dem Sensor des Kitzes verbunden war. Sie sagte: „Alles ist gut. Es scheint so, dass das kleine Reh im Ziegengehege ist. Hat jemand vielleicht die Tür dort offengelassen?"

„Ja, ich!", rief mein kleiner Bruder. Oma und ich haben die Tür danach verschlossen und dem Kitz was zu fressen hingestellt. Oma meinte, dass wir morgen den Tierarzt anrufen sollten. Hoffentlich geht es dem Kitz, bald wieder gut – Gute Nacht!

Marie Sophie Kraus
Staatliches Gymnasium Königsbrunn, Klasse 5e

Die große Verletzung

Eines Tages ging ich in den Wald. Da sah ich eine Eule an mir vorbeifliegen, sie ließ sich auf einem Ast nieder. Ihr Gefieder war braun-schwarz gefleckt. Plötzlich ertönte ein lauter KNALL! Das Tier flog vor Schreck gegen einen Ast und fiel zu Boden. Ich lief zu der Eule, um nachzusehen, ob sie sich verletzt hatte. Ihr Flügel war ganz schief. Ganz vorsichtig nahm ich sie in die Hand und brachte sie zu meinen Eltern. Wir fuhren mit dem Vogel zu einer Tierklinik, dort schiente man den Flügel und behielt ihn, bis dieser verheilt war. Dies dauerte ziemlich lange, ich besuchte die Eule, die den Namen Amanda bekam, fast immer in dieser Zeit. Als es endlich soweit war und sie wieder fliegen durfte, fuhr ich mit meinen Eltern und einem Mann aus der Tierklinik in den Wald. Amanda breitete ihre Flügel aus und schwebte davon. Sie drehte eine Runde über unseren Köpfen und verschwand dann im Wald. Ich bin mir sicher, sie hat sich damit bei uns für die Hilfe bedankt. Alle Tiere sind wichtig und sollte ihnen etwas passieren, ist es toll, wenn ihnen geholfen wird.

Emilia Baumeister
Grundschule Dinkelscherben, Klasse 3a

Die herrliche Natur

Hallo liebes Tagebuch, ich erzähle dir nun von meinem Wochenende. Viel Spaß beim Zuhören.

Freitag:
Am Freitag, als ich von der Schule heimgekommen bin, habe ich meine Hausaufgaben gemacht und mit meinen Freundinnen Marie und Maia gespielt. Doch am selben Abend habe ich eine eigenartige Box gefunden. Du kannst dir ja bestimmt schon denken, dass ich nicht widerstehen konnte, sie zu öffnen. Also tat ich das natürlich auch sofort. In der Box waren allerdings nur Bilder. Da war ich schon etwas enttäuscht, denn schließlich war dies die schönste Box, die ich je gesehen hatte. Die Kanten waren mit Gold bestäubt, der Deckel hat je nach meinen Gedanken die Farbe gewechselt und auf der Kiste selbst war eine wunderschöne Blumenwiese. Ich hatte also eher erwartet, dass in der Box ein ganz besonderer Schatz drin ist, wie zum Beispiel ein Edelstein, ein Diamant oder sogar eine goldene Krone oder so. Aber wie schon gesagt, nur Fotos. Nichtsdestotrotz wollte ich diese Fotos mal genauer anschauen, und ich war so begeistert …
Auf den Fotos waren wunderschöne Tiere und Naturausschnitte zu sehen. Dies alles war soooo wunderschön! Nach diesem Erlebnis habe ich meine Eltern überredet, morgen mit mir in den Siebentischwald zu gehen. Also machten wie dies dann auch.

Samstag:
Heute Nacht habe ich nochmal von den Bildern geträumt, von denen mit dem Rehkitz, mit den Alligatoren und von denen mit den Bergen. Es

war soooo schön. Aber jetzt mussten wir uns fertig für den Wald machen. Ich zog mich also an, wir frühstückten und fuhren los. Im Wald angekommen, liefen wir entlang eines kleinen Baches. Man hörte ein paar Vögel singen, ein paar Enten quaken und das Geplätscher des Baches. Und wenn man ganz still war, hörte man auch die beiden Rotfuchsbabys, die hinter einem Busch tobten. Die waren so süß! Wir sahen sogar ein kleines Rehkitz mit seiner Mutter, ich konnte gar nicht aufhören zu staunen. Leider mussten wir bald wieder nach Hause, denn es war schon Abend geworden.

Sonntag:
Heute wollte ich am liebsten gleich wieder in den Wald, aber meine Mama meinte, ich sollte doch mal nachschauen, ob ich auch bei uns im Garten so ein Naturwunder finde. Dies bezweifelte ich zwar, aber was soll's – schauen kann man ja mal. Und tatsächlich, sich sah die schönsten Schmetterlinge, süße Eidechsen, Raupen und eine kleine niedliche Fledermaus. Also man findet die schöne Natur sogar vor der eigenen Haustüre. Ich hoffe, dass dir mein Wochenende gefallen hat.

Lisa Torscher
Staatliches Gymnasium Königsbrunn, Klasse 5e

Wildnis-Rätsel

Was ist groß und lebt in der Wildnis?
Es ist grau und ist mein Lieblingstier.
Was lebt in Afrika, Asien und sogar im Augsburger Zoo?
Es ist ein Vegetarier und sehr intelligent, spielt liebend gerne im Wasser.
Es ist vom Aussterben bedroht, da es wegen seiner Stoßzähne aus Elfenbein gejagt wird.
Jetzt weißt du bestimmt welches Tier ich meine: der ELEFANT!
Deshalb muss man die Elefanten vor den brutalen Wilderern schützen, die ihnen die wertvollen Elfenbeinstoßzähne bei vollem Bewusstsein ausreißen und sie dadurch einen qualvollen Tod erleiden lassen.

Michael Witt
Leonhard-Wagner-Realschule Schwabmünchen, Klasse 5b

Die kleine Füchsin Lena

Die kleine Füchsin Lena ist einem Reh hinterher, weil sie ja auch etwas zu essen braucht. Sie ist immer noch auf Suche nach einem Schlafplatz.

Gerade ist der kleine Fuchs um die Ecke gebogen, da sieht sie eine Herde voller Hirsche. Gleich dreht sie sich wieder um und rennt in die andere Richtung. Da sieht Lena eine Höhle und huscht hinein. Sie schaut noch ein bisschen in die Gegend. Und schläft kurz danach ein, weil es ja auch ein aufregender Tag war.

Joy Lynn Buder
Helen-Keller-Schule Dinkelscherben, Klasse 4b

Die Wildnis

Es war einmal ein Wald mit den herrlichsten Farben. In dem Wald gab es auch viele Tiere. Eins davon war ein Fuchs. Eines Tages spürte er, dass eine Schneeflocke auf seine Schnauze fiel. Da wusste er, dass es höchste Zeit war, Nahrung zu suchen. Aber er sollte auf der Hut sein, damit ihm der Jäger nicht auf die Schliche kommt. Plötzlich hörte der Fuchs ein Rascheln. Der Fuchs war ratlos und erschrocken, wer das sein könnte. Es könnte ja der Jäger sein? Und es war auch der Jäger, der sich in einem Busch versteckte, um den Fuchs zu erlegen. Der Fuchs hatte ziemliche Angst. Der Jäger lud schon sein Schießgewehr. Dann hörte er ein sehr lautes Geräusch, das aus dem Busch kam. Peng! Doch dem Fuchs ging es gut, weil er schnell weggerannt ist. Er flüchtete auf eine schöne Lichtung, auf der es sehr viele Pflaumen und Himbeeren gab und es sehr still war. Dort konnte er gut im Winter überleben. Ja, so ist die Wildnis, sie ist gefährlich! Von jeder Seite kann dir etwas passieren!

Elisa-Marie Haisch und Anna Wolf
Grundschule Fischach-Langenneufnach, Klasse 3a

Ausgesetzt in der Wildnis

Es war einmal eine gemeine Familie, die wohnten in der Wildnis in einer Hütte. Sie hatten einen Baby-Bär als Haustier.
Aber der Bär machte viel zu viel Unordnung und die Familie wollte den Bären loswerden. Aber es war viel zu schwer, den Bär loszuwerden, deshalb mussten sie sich etwas überlegen. Am nächsten Tag hatten sie eine Idee und alle überlegten, ob die Idee passen würde. Die Familie hat sich darüber Gedanken gemacht, ob es auch so klappt, wie sie es sich vorstellen würden. Sie gingen mit dem Bär spazieren und dachten nochmal über die Sache nach. Als sie am Waldrand ankamen, setzten sie den Bären ab und gaben ihm noch etwas zu fressen. Dann rannten sie ganz schnell weg. Der Bär fraß seine Fische auf und schaute herum, weil

niemand mehr da war. Und dann kam auf einmal ein kleines Mädchen vorbei und schaute den Bären an, weil er ganz alleine da war. Das Mädchen fragte den Bären, warum er ausgesetzt worden sei. Der Bär sagte: „Weil ich in der Hütte zu viel Unordnung mache." Das Mädchen fragte den Bären, ob er mit ihr komme und der Bär antwortete: „Ja, ich möchte gerne mitkommen. Als sie an der Hütte von dem Mädchen ankamen, freute sich der Bär, dass er wieder jemanden hatte, mit dem er spielen, kuscheln und schlafen konnte. Das Mädchen und der Bär hatten ein gutes Leben zusammen.

Marissa Riegl
Franziskus-Schule Gersthofen, Klasse 8b

Wilde Ecke im Garten

Eines Tages saß ich auf dem Sofa und schaute aus dem Fenster. Plötzlich kam ein Fuchs in den Garten. Ich war ganz still. Er schlich vorsichtig und um sich blickend herum. An der Blumenwiese blieb er stehen. Dann war ich erleichtert. Der Fuchs war bald wieder im Gebüsch verschwunden. Ich schaute mir neugierig die Stelle mit den Blumen von meinem Papa an, wo gerade noch der Fuchs gestanden hatte. Die Bienen summten und alles war so friedlich. Als der Sommer langsam zu Ende ging, fand Mama die Ecke nicht mehr schön. Papa blieb keine andere Wahl, er holte den Rasenmäher und mähte die Blumen in der Ecke ab. Der Fuchs wird uns dann wohl nicht mehr besuchen. Andererseits finde ich es auch schade, er war so süß. „Eila!", ruft meine Mama. Ich muss ins Bett. Ich hoffe, ich sehe den Fuchs irgendwann mal wieder.

Eila Maier
Grundschule Gessertshausen, Klasse 2b

Aufgepaßt!

Wir wollen aufmerksam machen
auf Tiere und andere Sachen.
Pflanzen und Bienen sterben aus,
dabei sind Wald und Wiese deren Zuhaus'.
Städte werden größer, Wälder immer kleiner,
das ist viel gemeiner.
Die Menschen passen nicht auf,
sie werfen Müll einfach hinaus.
Früher war die Wildnis nicht überrannt,

sie ist doch wertvoll wie ein Diamant.
Heute achten sie viele nicht mehr,
das ist nicht fair.
Wildnis ist das Zuhaus' für Tiere und Pflanzen,
dort hausen seltene Käfer und Wanzen.
Wir hoffen, das Gedicht lässt euch nachdenken!

Lisa Lammich und Lena Zacher
Leonhard-Wagner-Gymnasium Schwabmünchen, Klasse 5a

Der Fuchs

Rot
Der Fuchs
Er ist weich
Ich finde ihn wunderschön
Freude

Marie Yüksel
Helen-Keller-Schule Dinkelscherben, Klasse 5

Delphin

Delphin
ein Säugetier
lebt unter Wasser
Schwimmt den ganzen Tag
Wasser.

Fabienne Burmester
Helen-Keller-Schule Dinkelscherben, Klasse 6G

So unterschiedlich und doch so gleich

Ein Elefant, eine Ameise, ein Löwe und ein Affe
sie sind so unterschiedlich aber eins haben alle gemeinsam:
Die Wildnis ist ihre Heimat,
die Natur ist ihre Mutter,
die Savanne, der Wald oder der Dschungel sind ihr Leben,
sie sind so unterschiedlich und doch so gleich.

Annika Paesler
Grundschule Stadtbergen, Klasse 4b

Von einer Wildnis in die andere

Hi, ich bin Lotta. Ich bin 15 Jahre alt, um genau zu sein, fast 16, nämlich genau in drei Tagen. Mein Geburtstag wird bestimmt der schlimmste Tag meines Lebens. Warum? Mein kleiner nerviger Bruder benimmt sich jeden Tag wie ein verrückt gewordener Affe. Meine Mutter hat nichts anderes im Kopf als ihr Aussehen und zieht sich jeden Tag die peinlichsten und buntesten Klamotten an, so als wäre sie ein Papagei. Und mein Vater ist andauernd nur mit seinem Job beschäftigt. Wenn er abends doch einmal daheim ist, dann liegt er müde, schimpfend und bewegungslos auf dem Sofa wie ein altes Krokodil, vor dem man Angst haben sollte.

Am Morgen meines Geburtstages wache ich sehr früh auf und beschließe, den Tag mit etwas Verbotenem zu beginnen. Ich schleiche mich in den Garten zu dem großen, uralten Baum, der dort steht. Dieser Baum hat einen hohlen Stamm, und seit ich denken kann, ist es mir nicht erlaubt, ihn zu betreten.

Heute tue ich es. Ich knacke das Schloss, das meine Mutter zur Sicherheit angebracht hat. Langsam gehe ich hinein. Da merke ich, dass der Baum auf der anderen Seite noch eine Tür hat. Das wusste ich nicht. Egal, heute ist mein Geburtstag und ich bin mutig. Ich öffne die Tür und gehe hindurch. Wow, ich bin in einer anderen Welt gelandet! Überall wachsen ungewöhnliche und große Pflanzen, bunte und wunderschöne Blumen und riesengroße Bäume. Ich höre das Zwitschern von unglaublich vielen, verschiedenen Vögeln, die ich noch niemals gesehen habe. Ich laufe immer weiter in die unbekannte Wildnis.

Als ich mir alles eine Zeit lang angeschaut habe, fällt mir ein, dass ich schleunigst zurückgehen sollte, bevor meine Mutter merkt, was ich gemacht habe. Ich drehe mich um, aber ich kann den Baum nirgendwo mehr sehen. Ich laufe und werde ganz nervös und ängstlich, aber ich finde den Baum einfach nicht.

Plötzlich fasst mich jemand an meiner Schulter. Ich erschrecke mich fürchterlich und schreie laut: „Ahhhhhh, Hilfe!"

Auf meiner Schulter sitzt ein Affe und sagt zu mir: „Keine Angst, kleines Mädchen. Ich möchte dir helfen."

Ich wundere mich, warum der Affe sprechen kann, bin aber zu ängstlich, ihn zu fragen. Stattdessen flehe ich ihn an: „Bitte, bitte, zeig mir den Weg zum hohlen Baum. Ich möchte nach Hause. Heute ist doch mein Geburtstag." Der Affe sagt nichts, läuft vor mir her und ich folge ihm ohne nachzudenken. Auf dem Weg sehen wir gefährliche Schlangen. Schnell rennen wir gemeinsam los. Da sagt der Affe zu mir: „Bleib immer dicht hinter mir. Hier in der Wildnis gibt es viele gefährliche Krokodile. Und die Papageien sind meist nicht besonders lustig, wenn fremde Leute hier herumlaufen." Verängstigt folge ich dem Affen und endlich stehen wir wieder vor dem hohlen Baum. Ich bin sehr erleichtert. Bevor ich mich bei ihm bedanken kann, ist der Affe in der Wildnis verschwunden.

Schnell öffne ich die Tür zum hohlen Baum und bin wieder in meiner Welt. Da höre ich ein lautes „Happy Birthday!" Ich mach die Augen auf und sehe sie alle vor mir stehen: meinen Bruder, den Affen, meine Papageienmutter und das alte gefährliche Krokodil.

War das nur ein Traum?

Carlotta Friedrich
Staatliches Gymnasium Königsbrunn, Klasse 6e

Vögel

Vögel
Im Wald
Vögel essen Vogelfutter
Ich sehe sie fliegen
Super!

Stephanie Rößle
Helen-Keller-Schule Dinkelscherben, Klasse 3G

Die kleinen Bewohner des Waldes

An einem langweiligen Ferientag, kurz nach meinem Geburtstag, hatte ich Lust auf einen Waldspaziergang. Ich hatte zu meinem Geburtstag ein Perlenarmband bekommen und trug es seitdem jeden Tag. Als ich durch den Wald ging, blieb ich mit dem Armband an einem Ast hängen. Das Armband riss und die Perlen fielen auf den Waldboden.

Als ich mich bückte, um die Perlen aufzusammeln, entdeckte ich zahlreiche Lebewesen. Da liefen Ameisen hintereinander her, Käfer krabbelten vorüber und eine Schnecke knabberte an einem Blatt. Die Ameisen trugen Tannennadeln. Je länger ich auf diese Stelle sah, umso mehr konnte ich entdecken. Das Moos sah aus, wie ein eigener, winzig kleiner Wald, in dem tausende kleine Tierchen lebten.

Ich stellte mir vor, selbst so ein kleines Lebewesen zu sein und mich in dieser Welt mit den anderen Insekten anzufreunden. Ich würde den Ameisen helfen, Tannennadeln zu ihrem Armeisenhaufen zu tragen. Ich würde die Schnecke fragen, ob ich auch mal ein Stück von ihrem Blatt kosten dürfte und ich würde mit dem Käfer um die Wette krabbeln.

Plötzlich stand ich vor etwas großem Runden. Eine Perle von einem Armband. Jetzt fiel mir wieder ein, was ich auf dem Waldboden suchen wollte. Ich sammelte alle Perlen ein und ging nach Hause, wo ich die Perlen wieder zu einem Armband auf eine Schnur fädelte.

Mit meinen Gedanken war ich aber bei den kleinen Bewohnern des Waldes.

Jasmin Reh
Mittelschule Zusmarshausen, Klasse 7aM

Ich im Gablinger Wald

Ich gehe in den Wald. Im Wald ist es kalt und dunkel. Nach einer Weile komme ich an einen Fuchsbau. Auf einmal springt ein Fuchs heraus. Nun schleckt er mich sanft ab. Dann streichle ich sein weiches Fell. Als nächstes kommen zwei Fuchskinder aus dem Bau. Außerdem kommt Mamafuchs auch noch aus dem Bau. Zum Schluss gehen wir alle zusammen durch den Wald.

Louis Benedikt Dürr
Grundschule Gablingen, Klasse 2a

In Afrika

Letzten Frühling waren meine Mama, mein Papa und ich in einer Steppe in Afrika. Dort wollten wir zwei Tage übernachten. Ich freute mich sehr darauf, alles dort zu erkunden und lief sofort mit meinen Eltern los. Als Erstes sahen wir eine Herde Zebras, die an einer Oase tranken. Da es aber schon dämmerte, mussten wir bald unser Zelt aufbauen. Während mein Papa und ich uns um das Zelt kümmerten, kochte meine Mama Nudeln mit Tomatensoße über dem offenen Feuer. Leider musste ich nach dem Essen gleich ins Bett.

Mitten in der Nacht hörte ich ein Geräusch. Es war ziemlich laut und klang wie ein Rascheln. Meine Beine zitterten während ich den Reißverschluss öffnete. Da stand ein Baby-Zebra vor meinem Zelt. War das spannend! Plötzlich sprach es zu mir. Es erzählte, dass es Lina hieß und fragte mich, ob es mir die Steppe zeigen sollte. Ich war sehr aufgeregt und kletterte schnell auf den Rücken. Die ganze Nacht ritten wir durch die Steppe. Lina zeigte mir, wo die Elefanten schliefen, andere Zebras und Palmen. Es war so schön in der Steppe. Aber irgendwann musste ich zurück ins Zelt. Lina brachte mich heim und verabschiedete sich mit einem sanften Stupser in meinen Bauch. Ich kuschelte mich in meinem Schlafsack und schlief müde ein.

Am nächsten Morgen wachte ich auf und lief sofort zu meiner Mama. Ich erzählte ihr ganz genau, was in der Nacht passiert war. Von den Palmen, den Elefanten und allen anderen Tieren. Lachend antwortete meine Mama: „Du hattest heute Nacht aber einen abenteuerlichen Traum, Antonia!" Von wegen! Meine Mama konnte gerne glauben, dass ich all das geträumt hatte. Aber ich war mir ganz sicher, dass das Abenteuer mit Lina kein Traum gewesen war.

Antonia Hölzl
Grundschule Thierhaupten, Klasse 3a

Die Wildnis

Die Wildnis ist wunderschön.
Der Wind streift durch meine Haare als wäre er ein leiser Fön.
Im Wald ist es kühl und es gibt viele Schatten,
da vergisst man ganz schnell all seine Macken.
Du läufst in das Herz des Waldes ganz schnell.
Vor dir wird es ganz hell.
Du sagst: „Geh fort von hier."
Vor dir steht ein süßes Tier.
Vögel pfeifen hin und her.
In der Wildnis Ruhe zu finden ist nicht schwer.

Niklas Stegmayr
Grundschule Altenmünster, Klasse 4a

Mein Entdeckerwald, mein Freund

Hinter meinem Haus ist unser Garten, von dort aus gelangt man in einen riesengroßen Wald. Meine Schwester und ich haben schon viele Rehe gesehen. Sie sind sehr scheu, aber manchmal kommen sie uns auch in unserem Garten besuchen.

Sie äsen von Mamas Hibiskus die Knospen ab und knappern am wilden Wein. Wenn sie uns aber hören, rennen sie wie der Blitz zurück in den Wald. Ganz selten sehen wir auch Hasen oder Füchse. Im Herbst kam ein Dachs in der Dämmerung in unseren Garten und er wühlte in den heruntergefallenen Äpfeln nach Insekten. Einmal bin ich sehr erschrocken, als ich im Wald spielte und ein paar Meter entfernt von mir ein Wildschwein vorbei rannte. Im Winter ist es sehr interessant, wenn man auf den Boden schaut. Man sieht dort verschiedene Tierspuren im Schnee. Es macht meiner Schwester und mir besonders Spaß sie zu verfolgen. Im Sommer klettern wir die Bäume hoch und schauen von oben auf den Boden. Das lieben wir, weil es einfach nur schön ist, auf einem Baum zu sitzen. Im Spätsommer sind viele Eichhörnchen unterwegs, braune und schwarze. Sie klettern dann von den Kiefern auf unseren Walnussbaum im Garten. Sie knacken die Schalen der Nüsse, indem sie sie gegen den Ast klopfen. Die Schalen lassen sie in unseren Garten fallen. Aber die allerbesten und schlausten Tiere sind für mich die Krähen. Sie beobachten die Menschen oft genau. Wenn sie sehen, dass wir von der Terrasse ins Haus gehen und noch etwas zu essen auf dem Tisch steht, fliegen sie auf den Tisch und nehmen sich einfach etwas mit. Zuvor schauen sie sich aber genau um. Manchmal ärgern sie auch unsere Katzen. Sie bleiben sitzen, bis die Katze angesprungen kommt und fliegen dann genau vor ihrer Nase schnell weg. Auch der Rotspecht und der Grünspecht leben in unserem Mischwald. Im Winter fliegen sie weg. Sie kommen aber jedes Frühjahr wieder zurück. Jetzt schon im Februar habe ich sie wieder zum ersten Mal klopfen hören. Man muss genau hinhören und vorsichtig dem Klopfgeräusch, welches sie mit ihrem Schnabel am Baumstamm von sich geben, nachgehen, um sie entdecken zu können. Ich bin sehr froh, dass ich dort wohne. Seit ich klein bin, gehe ich mit meiner Schwester in den Wald zum Spielen und es ist dort jedes Mal wieder interessant und schön.

Lia Zill
Dr.-Max-Josef-Metzger-Realschule Meitingen, Klasse 5e

Warum?

Es tut weh!
Es ist vorbei, es tut mir leid!
Weinst du, wenn ich geh? Weinst du wegen mir?
Bittere Tränen, die in einer Welle des Schmerzes brechen und in einen Ozean aus gebrochenen Herzen und verlorener Seelen fließen.
Hilf mir!
Ich brauch dich!
Ich weiß du weinst! Ich weiß du weinst, weil ich geh!
Es tut mir leid, ich konnte nicht mehr!
Ich wurde verzehrt von der Tiefe, weil ich dich liebte, wie ich dich erschuf.
In die Tiefe der dunklen See, so weit und unzähmbar, doch auch so tief und unentdeckt.

Der Schmerz deines Verrats, lässt mich spüren, fühlen und fliegen.
Er hält alles am Leben, er fließt wie das Wasser, durch dich und mich.
Hält alles am Leben, so wie du mich!

Wir waren so frei, so wild, so grenzenlos.
Wir waren alles!
Doch irgendwann hat alles ein Ende!
Alles!
Es wird zerstört.
Ohne Chance auf Heilung, ohne Chance auf – DICH!
Wir sind schuld!
An Allem!
Es tut uns nicht weh, es tut uns nicht leid.
Wir weinen nicht darum, was wir dir antun!
Was wir dir antun, der Natur: dem Wasser, den Wäldern, den Wüssten,
der Wildnis, dem Leben.
UNS!
Was wir uns antun.
Warum?

Vivienne Pulli, Joana Henzold und Aleyna Demir
Staatliches Berufliches Schulzentrum Neusäß, Klasse VkFos

Die Schlange

Wild
Die Schlange
lang und tödlich
Ich bin voller Panik
gruselig

Aylin Demirel
Helen-Keller-Schule Dinkelscherben, Klasse 5

Der Dschungelbesuch

Unser Gedicht kommt von Herzen
und wir schreiben es nicht ohne Scherzen.
Im Dschungel sind wir in einer anderen Welt,
die Leute in dieser Gegend haben sehr wenig Geld.
Es gibt Tiere größter Vielfalt,
im Urwald haben sie ihren ständigen Aufenthalt.

Es gibt Vögel, Schlangen und ein Krokodil,
und wir sehen sie aus unserem Automobil.
Welche Tiere schlafen in der Nacht?
Wie lange dauert es bis eines erwacht?
Der erste ist der Papagei,
er weckt alle mit Geschrei.
Affen schwingen sich von Ast zu Ast
und spielen, wie es ihnen passt.
Fotos kann man zahlreich machen
von den vielen, schönen Sachen.
Die Natur ist wunderbar,
dafür sind wir alle dankbar.
Sie ist bunt und farbenfroh,
meckern kann man nirgendwo.
Wie gefällt euch unser Gedicht
von dem Dschungel mit seinem Dickicht?

Daniel Esch, Anton Ostertag und Lucas Stripling
Staatliches Gymnasium Königsbrunn, Klasse 7a

Wildnis Wattenmeer

Zwei Krabben kämpfen mit geöffneten Scheren und seitwärts trippelnd. Spannend! Eine Möwe kommt im Sturzflug. Kampf beendet!

Benedikt Amesreiter
Grundschule Täfertingen, Klasse 1a

Der Ausflug im Wald

An einem schönen Tag liefen Max und Lisa in einen großen Wald. Im Wald spazierten sie eine Stunde gemütlich. Danach suchten sie sich einen schönen Platz zum Picknicken. Als sie einen schönen Platz zum Picknicken gefunden hatten, schüttelten sie erst einmal die Decke aus und packen das Essen aus. Jetzt konnten sie ihr Picknick genießen. Lisa sagt: „Der Schokokuchen schmeckt aber lecker." Mhm, das meinte Max auch. Nach einer Weile wurde es dunkel. Sie packten zusammen und liefen im Wald weiter. Max flüsterte zu Lisa: „Schau mal, Lisa, was leuchtet denn da?" Da erschrak Lisa. „Lisa, du brauchst keine Angst zu haben, sie suchen einen kleinen Fuchs", meinte Max. Der kleine Fuchs kam näher. Lisa meinte: „Der kleine Fuchs ist aber süß." Da gingen Lisa und Max näher zum Fuchs hin. Der Fuchs erschrak und rannte ins Gebüsch.

Max und Lisa folgten dem Fuchs. Als sie genauer hinschauten, sahen sie, dass der Fuchs in eine Falle getreten war. Lisa und Max wollten den Fuchs aus der Falle helfen, aber sie schafften es nicht. Max holte einen Stecken und sie versuchten es weiter. Es klappte und der Fuchs war frei. Der Fuchs ging zu seiner Mama und neigte seinen Kopf zum Dank. Plötzlich fiel Lisa ein, dass sie nach Hause mussten. Max holte sein Handy aus der Jackentasche und rief seine Mama an. Aber er hatte keinen Empfang. Max und Lisa liefen ein bisschen weiter. Max sagte zu Lisa: „Schau mal, Lisa, da ist eine kleine Hütte, da könnten wir schlafen." Lisa und Max liefen zur Hütte hin. Als sie da waren, gingen sie in die Hütte hinein. Dort machten sie es sich gemütlich und schliefen gleich ein. Am Morgen wachten sie auf und gingen aus der Hütte. Dort wartete der Fuchs, um ihnen den Weg zu zeigen. Max und Lisa folgten dem Fuchs bis zum Ende des Waldes. Max sagte: „Jetzt kenne ich mich wieder aus, vielen lieben Dank, kleiner Fuchs, dass du uns den Weg gezeigt hast, und nun geh wieder in den Wald zurück und pass auf dich auf." Lisa meinte: „Lass uns jetzt schnell nach Hause flitzen."

Isabella Spahr und Emanuela Luzi
Mittelschule Schwabmünchen, Klasse 5b

Die Schlange

Wild
Die Schlange
schnell und giftig
Ich bin überrascht
weglaufen!

Torsten Gemaehling
Helen-Keller-Schule Dinkelscherben, Klasse 5

Verzweiflung

25. Mai

„Was ist das? Eine neue Komposition?", fragt sie mich, während ich ihr die Notenblätter aus der Hand reiße.
Ein müdes Seufzen entgeht meinen Lippen. Ich lege die Blätter wieder auf die verstaubte Oberfläche meines Pianos. Das Piano, welches mich seit meiner Kindheit begleitet… in ein paar Monaten auch jemand anderen. Verzweifelt hole ich eine Zigarette aus meiner Hosentasche heraus, platziere sie in meinen Mund und strecke mich nach meinem weißen Feuerzeug

aus. Doch ich spüre nicht das harte Plastik unter meinen Fingern, sondern eine warme, weiche Hand. Meine Augen wandern nach links, ich schaue ihr in die Augen, verwirrt von dem, was sie vorhat. Sie grinst mich nur leicht an, während sie das Feuerzeug zu sich zieht. Mit ihrer rechten Hand greift sie zu dem schwarzen Stift, mit dem ich vor paar Minuten noch die letzte Viertelnote aufschrieb. „Denk an uns, an mich… an unser Baby. Ich liebe dich", flüstert sie mir zu, mit einem auffälligen Blick auf ihren Bauch.

Es tut mir leid … ich darf dich nicht lieben …

Ich wage einen Blick darauf. Auf meinem jetzt schwarz-weißen Feuerzeug stehen nun die Anfangsbuchstaben unserer Namen: Y und K.

Sie steht mit dem Zünder in der Hand auf und setzt sich auf unsere Couch. In ihrer Hand ist kein Feuerzeug mehr zu sehen, sondern ein gelber Lollipop. „Ersetze doch mal deine Zigaretten mit diesen Dingern hier. Kein schlechter Vorschlag, mmh?" Ich kann nicht anders als zu lächeln.

… aber ich tue es.

Der Klang von den Zikaden endet in einem Augenblick. In der abrupten Stille erkenne ich die immense Schönheit des Lebens. Allein die Tatsache, dass sie dabei ist, macht den Unterschied. Auch wenn das ein Traum wäre oder sogar ein Albtraum, würde ich mich dennoch für genau diese Illusion entscheiden.

31. Mai

Heute war der Tag, auf den sie seit Langem wartete. Ihre Aufregung war klar und deutlich zu erkennen, doch trotz allem sah sie wunderschön aus. Die Art, wie ihr gesunder heller Hautton mit dem rot ihres kurzen Kleides harmonierte, wie ihre femininen Kurven zur Geltung kamen und wie ihr Lächeln den ganzen Raum aufhellte, ließ den Mond in mir unter- und die Sonne aufgehen. Sie zeigte mir, dass ich doch eine Sonne in mir trug, ich doch kein so gefährlicher Mensch sei. Doch trotz allem stelle ich mir jedes Mal aufs Neue die Frage, wieso nette Menschen wie sie sich für die falschen Menschen wie mich entscheiden.

Ich fuhr sie zu dem Krankenhaus, in dem sie ihr Konzert hielt. Sie besitzt eine Stimme, die keiner anderen ähnelt. In ihrer Stimme fand ich Sicherheit, Wärme, Geborgenheit – auch wenn ich sie nicht hätte finden sollen. Sie kannte den Grund, wieso ich nicht mit reinkam, deswegen fragte sie mich auch nicht danach. Mir war bewusst, dass ich mit ihm darüber sprechen sollte, schließlich hatte ich ihn angefahren … aber ich konnte nicht. Aus der Angst, den Menschen zu verlieren, der mir am wichtigsten war, gerate ich in ein Dilemma, welches mich in jeder einzelnen Sekunde verrückt macht.

Es war ein Spiel der Rache.

Ich tauchte nicht auf, um meine Gefühle zu verstecken, um das Leben von jemandem, den ich liebte zu schonen, um nicht selber in diesem überwältigenden Krankenhaus zu sitzen … um offene Wunden heilen zu lassen. Das plötzliche Öffnen der rechten Autotür rettete mich vor meinen eigenen Gedanken. „Ich habe was vergessen", rief sie mir voller Nervosität zu. Es war mein Feuerzeug. „Als Glücksbringer!", nuschelte sie mir ins Ohr, während sie mich auf die Wange küsste.

Ich fand Liebe dort, wo sie nicht sein sollte … direkt vor mir.

Zuhause angekommen, ließ ich mich auf die Couch fallen. Ich war gerade dabei, eine Zigarette aus der Schachtel herauszuholen, als mir ihre Worte einfielen. Mit einem Grinsen in meinem Gesicht warf ich die Zigarettenschachtel weg und griff zu dem Lollipop neben mir. Dankeschön.

Ich schloss meine Augen, doch ein plötzlicher Anruf weckte mich wieder auf. Er hatte angerufen.

„Game over. Du hast dich verliebt, sie wird sterben"

Wieso ist es so, dass die glücklichsten Momente plötzlich Angst auslösen? Ich habe gemerkt, dass einige Momente im Laufe der Zeit lebhafter werden. Wenn ich die Uhr zurückdrehen könnte, wohin soll ich zurückgehen? Kann ich an diesem Ort alle meine Fehler rückgängig machen? Wird das Glück unseres bleiben?

31. Mai, 20:14 Uhr

Ich stand auf, warf alles vor mir herum. Die Vase, meine Notenblätter, die Kissen und sogar mein ach so wertvolles Piano. Ein Gefühl der Verzweiflung übernahm die Macht. Ich wusste gar nicht weiter, deshalb machte ich mich auf den Weg nach draußen.

Ich rannte und rannte und rannte, doch wohin? Ich verlor mich in diesem Dschungel der Verzweiflung, in dem Dschungel von Seattle. Ganz alleine in einer Großstadt …

Doch plötzlich hörte ich Schritte hinter mir: „Schatz!" Ich drehte mich um, und da war sie … der Grund vor dem ich wegrannte. Ich floh vor ihr, denn es war meine Schuld. Ich hätte mich nicht verlieben sollen. Schreiend fragte sie mich, was ich hier suche. Ich ignorierte sie und ging weiter. Doch sie wollte nicht nachgeben und packte mich am Arm. Auch wenn ich es nicht tun wollte, tat ich es. Ich nahm sie an ihrer Hand und schubste sie weg von mir. Während ich wegrannte, schrie ich ihr hinterher, dass sie mich in Ruhe lassen solle.

Im Rückblick hatte ich die ganze Zeit gewusst, dass unter meiner glitzernden Welt, vor meinen Augen meine Täuschung lag, dass alles mit einem Windhauch zusammenbrechen würde. Ich wandte mich ab, schloss mich aus und drückte einfach meine Augen zu. Ich hatte Angst … Angst zu lieben. Verzeih mir.

Irem Türkyilmaz
Staatliches Gymnasium Königsbrunn, Klasse 9a

Das Gewinnspiel in den Dschungel

Hallo! Wir sind Sina, Nina und Lina Lemra. Und wir wollen euch unsere Geschichte erzählen. Also los geht's: Es war an einem Samstagmorgen, wir gingen zusammen zum Bäcker, um Brötchen zu holen. Plötzlich sahen wir ein Plakat, auf dem stand: „Wollt ihr an einem Gewinnspiel teilnehmen? Ja? Gut, dann schnapp dir einen der Anmeldezettel an der Kasse und fülle ihn aus. Anschließend schicke ihn bei unserer Website ein und mit etwas Glück gewinnst du eine Reise in den Dschungel nach Australien. Dort darfst du dann den kleinen Koala Coca treffen!" Daraufhin sagte Nina: „Das wäre doch was für uns, oder was meint ihr?" Gleichzeitig antworteten Sina und Lina: „Ja, das ist super!" Sofort gingen wir an die Kasse und nahmen ein Formular mit und füllten es aber erst Zuhause aus. Am Abend schickten wir es ein. Ein paar Tage später kam der Briefträger und klingelte. Lina nahm den Brief entgegen. Zusammen öffneten wir den Brief, aber was wir dann lasen, ließ uns aufspringen und schreien! Weil … wir gewonnen hatten! Wir konnten es nicht glauben, wir hatten einen Trip in den Dschungel gewonnen!

Gleich danach recherchierten wir, wie wir dort hinkommen würden, was wir brauchten und wann es losging. Wir würden mit einem Schiff fahren und wir brauchten einen Rucksack mit Kleidung, Schlafsack, Zelt und Wanderutensilien – und es ging schon morgen um 15:00 Uhr los. Treffpunkt am Hafen in Hamburg.

Am nächsten Tag machten wir uns auf den Weg zum Hafen. Dort empfing uns ein älterer Mann. Freundlich sprach er uns an: „Seid ihr die glücklichen Gewinner? Sina, Lina und Nina?" Daraufhin antworteten wir: „Ja, das sind wir!" Sind Sie unser Reiseführer?" „Ja, das bin ich. Ich bin zugleich auch der Kapitän des Schiffes", sagte er. „Ich heiße übrigens Kurt." „Dann begeben wir uns mal auf das Schiff", meinte unser Kapitän. Wir gingen an Bord. Unsere Reise begann. Nach einer gefühlten Ewigkeit sahen wir endlich in weiter Ferne eine Insel. Sollte das etwa Australien sein? Anscheinend. Kurt setzte Minuten später den Anker und befahl uns, von Bord zu gehen. Kaum hatten wir aber festen Boden unter den Füßen, drehte Kurt mit seinem Schiff um und ließ uns allein. „Hey, was soll das? Anhalten! STOPP!", schrie Nina. Aber es war zwecklos. Kurt fuhr immer weiter weg. „Was sollen wir jetzt machen?", fragte Lina entsetzt. „Ich weiß es nicht", antwortete Nina verzweifelt. „Komm, schauen wir uns mal hier um", meinte Sina. Und so stapften wir los in Richtung Inselmitte. Je weiter wir gingen, desto dichter wurde der Urwald. Auf einmal hörten wir etwas rascheln. „Wwwas war das?", flüsterte Sina erschrocken. Mittlerweile befanden wir uns wirklich in einem Dschungel, so dicht war das Gestrüpp hier. „Gibt es hier wilde Tiere?", fragte Lina. Überall raschelte und knackte es. Zu allem Übel wurde es auch noch windig. Sekunden später fing es auch schon an zu stürmen. Voller Panik rannten wir blindlings durch das Gebüsch. Plötzlich schrie Lina: „Da ist eine Höhle! Schnell hinein!" Kaum waren wir in der Höhle, hörten wir ein Fauchen und Knurren. Reglos vor Schreck standen wir da. Sina drehte sich um, aber was sie da sah, ließ sie erst recht zurückschrecken. Es war ein schwarzer Panther! „Rennt! Rennt um euer Leben!", brüllte Sina. Und wir rannten wirklich um unser Leben. Wir konnten nur von Glück sagen, dass der Panther anscheinend nicht mehr der Jüngste war. Mit letzter Kraft schwangen wir uns mit einer Liane auf einen Baum. „Was sollen wir nur tun?", weinte Nina. „Dein Geheule bringt uns jetzt auch nicht weiter. Wir müssen einen kühlen Kopf bewahren", sagte Lina. Auf dem Baum hatten wir eine gute Aussicht. Und so sahen wir auch am Ufer angeschwemmtes Treibholz. „Ich habe eine Idee!", rief Sina aufgeregt. „Seht ihr das Holz da? Damit könnten wir uns ein Floß bauen", schlug Sina vor. Somit schlichen wir uns vorsichtig ans Ufer. Dort angekommen, begannen wir sofort mit dem Floßbau. Gott sei Dank hatten wir in unseren Rucksäcken Seile verstaut. Nach zwei Stunden hatten wir es geschafft! „Nichts wie weg hier", meint Nina.

Leider mussten wir feststellen, dass wir nicht die besten Floßbauer waren. „Oh nein! Schaut doch mal; die Seile gehen auf", brüllte Sina. „Das kann doch nicht sein! Wir sind mitten auf dem Ozean!", sagte Lina. „Wir werden sterben!", weinte Nina. Hilflos klammerten wir uns an dem Holz fest und trieben eine Weile im Wasser umher. Plötzlich tauchten drei Delfine in unmittelbarer Nähe auf. Sie schwammen auf uns zu. „Hilfe! Wir werden alle sterben", heulte jetzt auch noch Lina. Doch die Delfine entpuppten sich als Retter in Seenot. Sie schwammen ganz nah an uns heran. Somit konnten wir uns an der Rückenflosse festhalten. So brachten uns die Delfine völlig erschöpft an Land. Nun befanden wir uns am Hafen von Australien. Dort stürmten auch schon einige Leute auf uns zu. Sie brachten uns ins Warme und fragten, ob wir die drei vermissten Mädchen Sina, Lina und Nina aus Deutschland seien. Daraufhin antworteten wir mit einem dumpfen: „Ja!" Ein paar Stunden später wurden wir mit einem Privatjet nach Deutschland zurückgebracht. Unendlich glücklich kamen wir in unserer Heimatstadt an. Was für ein Abenteuer!

Lea Wiedemann, Sandra Eisele und Carmen Gruber
Staatliche Realschule Zusmarshausen, Klasse 6b

NALA

Die Sonne schien lachend zum Fenster herein. Sie kitzelte mich wach, bis ich endlich die Augen aufschlug. Draußen zwitscherten die Vögel und alles deutete daraufhin, dass es ein perfekter Tag werden würde. Die Decke über mir fühlte sich so warm und weich an. Am liebsten wäre ich hier im Dachboden, der vor zwei Jahren zu meinem Zimmer umgewandelt worden war, noch viel länger liegen geblieben. Die weißen Dachbalken und die großen Fenster mit den hübschen Fensterkreuzen, machten es sehr gemütlich. Aber dann drang die Gewissheit zu mir durch, dass heute ja Montag war und ich logischerweise zur Schule musste.

Als ich einen Blick auf die Uhr warf, atmete ich auf, es war erst 6 Uhr morgens, das hieß, ich hatte noch eine halbe Stunde Zeit, in der ich zeichnen konnte. Also sprang ich aus dem Bett, zog mir einen großen weichen rosa Poncho über und tapste durch den großen Raum zu meinem Schreibtisch. Schlafen hätte sich sowieso nicht mehr gelohnt. Wenn ich einmal wach war, waren die Chancen gering, dass ich nochmal einschlafen konnte.

Die Farbe tropfte von meinem Pinsel auf das Blatt Papier und zarte Spritzer entstanden. Von Grasgrün bis hin zu einem leuchtenden Türkis und einem intensiven Indigo hatte auf meinem Bild, das einen Leoparden zeigte, alles einen Platz gefunden. Nachdem ich die letzten Details hinzugefügt hatte, legte ich das feuchte Blatt vorsichtig hinüber auf den Tisch, der bereits gesäumt war von vielen anderen Werken, die bereits getrocknet waren. Mein neustes Bild würde ich erst richtig ausarbeiten können, wenn es ganz trocken war, sonst würde alles verlaufen. Als ich gerade auf den Weg in mein Bett war, um mich nochmal hinein zu kuscheln, erklang eine Stimme von unten. „EELLA! Frühstück!", das war eindeutig die Stimme meiner Mum. Und eigentlich heiße ich Rosella aber jeder nennt mich Ella.

Schnell huschte ich ins Bad. Im Spiegel blickte mich ein schlankes Mädchen mit schulterlangen, welligen braunen Haaren aus ebenso braunen Augen an. Ich lächelte sie an und wie erwartet lächelte sie zurück. Hastig wusch ich mein Gesicht, kämmte meine Haare, zog mir meine Lieblingsjeans und ein T-Shirt an und putzte mir die Zähne.

Die hölzernen Stufen unter mir knarzten, als ich in den zweiten Stock in die Küche eilte. Auch hier schien die Sonne durch die Fenster und kleine

Staubkörner tanzten durch die Luft. Als meine Mum mich erblickte, sagte sie: „Guten Morgen! Schön dich zu sehen, mein Schatz! Wir sind heute ein bisschen im Stress, warum bist du denn erst jetzt hier?" „Wahrscheinlich hat sie wieder ihre merkwürdigen Wesen gemalt", sagte meine kleine Schwester Mia mehr zu sich selbst und zu ihrer Kakaotasse als zu uns und verdrehte dabei die Augen. Aber das störte mich nicht, ich hatte schon immer einen Hang zu Übersinnlichem. Schnell trank ich ein Glas Orangensaft und schlang ein paar Bissen von meinem Toast hinunter. Mein Bus kam in zehn Minuten, also musste ich schleunigst los. Ich schnappte mir meine Schultasche und rannte zur Haustür, warf ein „Tschüss, bis später" hinter mich und zog die Haustür hinter mir zu.

Als ich vor die Tür trat, schlug urplötzlich das Wetter um. Strömender Regen prasselte auf die Eingangsstufen und der Himmel färbte sich grau. „Na super!", seufzte ich. „So viel zu einem perfekten Tag." Nichtsdestotrotz, ich musste zum Bus, also stapfte ich los.

Die Regentropfen fielen auf mich herab und das kalte Nass rann in meinen Nacken. Ich bildete mir ein, ein Rascheln hinter mir zuhören, aber als ich mich umsah, konnte ich nichts entdecken. Also lief ich weiter. Da war es wieder! Ein eindeutiges Rascheln hinter mir im Gestrüpp. Als ob mich etwas oder jemand verfolgen würde!? „Okay", sagte ich zu mir selbst. „Du liest eindeutig zu viele Bücher! Du bekommst schon einen Verfolgungswahn!" Ich schüttelte den Kopf in der Hoffnung, dass meine wirren Gedanken dabei herausfielen und ging weiter. Mittlerweile lief ich nicht mehr, sondern rannte. Wenn ich den Bus noch erwischen wollte, musste ich mich jetzt ziemlich sputen! Aber wenn ich ehrlich zu mir selbst war, rannte ich nicht nur wegen meiner Mitfahrgelegenheit, sondern auch wegen dieses unheimlichen Geräusches hinter mir. Während ich rannte, sah ich mich immer wieder nach hinten um.

Aber vielleicht bildete ich mir das alles einfach nur ein und war gerade im Begriff, verrückt zu werden! Doch wahrscheinlich wäre es schlauer gewesen, wenn ich meine Aufmerksamkeit nach vorne gerichtet hätte. Denn so hätte ich vielleicht die riesige Pfütze bemerkt, die vor mir lag. Jetzt stolperte ich nämlich über einen Ast und fiel der Länge nach hinein. Platsch! Mein Gott, war das kalt! Trotz des kalten Wassers um mich herum konnte ich nicht umhin, in der spiegelnden Oberfläche einen rosalila Schatten hinter mir zu bemerken. Jedoch war er einen Wimpernschlag später wieder verschwunden.

Plötzlich stand da ein Mädchen vor mir. Sie reichte mir die Hand und blickte lächelnd zu mir herab. Wie aus dem Boden gewachsen stand sie da. Ich könnte schwören, dass sie vor zwei Sekunden noch nicht dagestanden hatte! Ihre ganze Erscheinung war irgendwie geheimnisvoll und auf gewisse Weise magisch. Sie hatte wissende blau-violette Augen und langes glänzendes Haar, welches ihr in großen Wellen über die schmalen Schultern fiel – was ihre zarte Gestalt nur noch mehr betonte. Ihre Haarfarbe war einfach faszinierend, ein Farbverlauf aus Pastellrosa, Violett und dunklen Kontrasten aus Aubergine. Ich glaubte, auch einen Schimmer Türkis zu sehen. Außerdem fragte ich mich, warum mich diese Begegnung so verwirrte. Und bevor ich irgendwelche blöden Fragen stellen konnte wie: „Bist du aus einem Märchen oder aus einem Comic?" griff ich entschlossen nach ihrer Hand. „Danke", sagte ich und lächelte zurück. „Bitte", sagte sie mit angenehm melodischer Stimme. „Ich bin Cordney und du?" „Ella", stotterte ich. Und lief ihr ziemlich perplex nach. Als wir die Bushaltestelle erreichten, hielt gerade der Bus und die Türen öffneten sich zischend. Im Inneren war es wie immer ein bisschen stickig und heiß, aber da ich klitschnass war, störte mich das ausnahmsweise nicht. Das mystische Mädchen glitt in den vordersten freien Platz. Als ich mich eine Reihe hinter ihr in einen freien Platz setzen wollte, drehte sie sich zu mir um. „Willst du dich nicht zu mir setzen?", fragte sie. Ich merkte, wie sie alle Blicke auf sich zog, kein Wunder, sie hatte eine ganz spezielle Aura. Bevor sich aber die Aufmerksamkeit der Anderen noch mehr auf uns richtete, nickte ich schnell und glitt neben sie auf den freien Platz. Außerdem hatte ich nichts gegen Gesellschaft. Der Bus hielt und leerte sich. Die Haltestelle lag direkt vor der Schule, sodass wir nur ein paar Schritte laufen mussten, bis wir am Eingang waren.

Bei unserer Schule handelte es sich um einen Altbau mit beigefarbenen Hauswänden und hohen schmalen Fenstern mit Fensterkreuz und davon nicht zu knapp. Der Boden war mit knarzenden Holzdielen belegt. Alles in Allem fand ich sie gemütlich, wobei das nicht das richtige Wort dafür war. Sie hatte zwar eine heimelige, warme Ausstrahlung, aber auch auf eine gewisse Weise hatte sie etwas Edles an sich.

Lautes Stimmengewirr empfing uns, als wir das Klassenzimmer betraten. Ich drängte mich zwischen der Menge hindurch zu meinem Platz. Enttäuscht bemerkte ich, dass meine Freundin Hanna nicht da war. Schnell lugte ich in meine Tasche auf mein Handy, tatsächlich, das Nachrichtensignal blinkte. Ich hatte eine neue Nachricht von Hanna: „Sorry! Kann heute leider nicht kommen, habe mir eine heftige Erkältung geholt und Fieber. Komme wahrscheinlich die ganze Woche nicht! LG Hanna xoxoxoxo"

Aber bevor ich weiter darüber nachdenken konnte, gesellte sich Cordney wieder zu mir. „Kann ich mich neben dich setzen?" „Ja, gerne, aber ich bin mir nicht sicher, wann meine Freundin wiederkommt." „Das ist schon okay. So eine Erkältung mit Fieber kann eine Weile dauern …" Hä? Das konnte sie doch gar nicht wissen! Doch als ich zu einer Frage ansetzen wollte, ertönte der Gong.

Unsere Geschichtslehrerin betrat den Raum. Alle begaben sich auf ihre Plätze und holten ihre Hefte und Bücher raus. Als der Blick unserer Lehrerin auf meine Banknachbarin fiel, sagte sie: „Oh, ein neues Gesicht unter uns, wie heißt du denn?" „Cordney", antwortete sie. „Meine Familie und ich sind hierhergezogen." „Ja, dann – herzlich willkommen!" Bei einem Blick auf die Uhr bemerkte sie jedoch, dass sie schon ganze sieben Minuten ihrer ach so wertvollen Geschichtsstunde verloren hatte und schloss schnell an: „So, jetzt schlagt bitte eure Bücher auf der Seite 46 auf! Heute diskutieren wir über den Investiturstreit im 11. Jahrhundert." Normalerweise interessiert mich Geschichte, aber heute konnte ich mich nicht richtig konzentrieren. Zu mir drangen nur Wortfetzen durch wie „Heinrich IV. …" oder „Gang nach Canossa!" Doch mehr bekam ich nicht mit. Dieses Mädchen neben mir musste ein Geheimnis haben. Da war ich mir sicher! Und ich würde es herausfinden, denn ich liebte Geheimnisse! Endlich erklang der ersehnte Gong, der die Geschichtsstunde für heute beendete. Jetzt musste ich nur noch Englisch hinter mich bringen, dann war die erste Pause. Anscheinend hatte sich die Nachricht einer neuen Schülerin schnell herumgesprochen. Denn als Ms. Dietrich, unsere Englischlehrerin, den Raum betrat, glitt ihr Blick über meine Banknachbarin genauso hinweg wie über alle anderen. Nach einer kurzen Weile, steckte Cordney mir einen kleinen Zettel zu: Ich muss später in der Pause dringend mit dir reden … Und da ich sowieso darauf brannte, mehr über dieses Mädchen zu erfahren, zeigte ich einen Daumen hoch und sie nickte. Nun musste ich mich nur noch bis zur Pause gedulden, um vielleicht eine Antwort auf meine vielen Fragen zu erhalten.

Als es zur Pause läutete, strömten alle Schüler aus dem Klassenzimmer und wir ebenso. Im Treppenhaus roch es wie immer nach ein bisschen Bohnerwachs. Und nachdem wir dieses hinter uns gelassen hatten, betraten wir den Schulhof. Frische Luft strömte in meine Lunge und die Vögel zwitscherten in den Baumkronen. Endlich! Ich war schon so gespannt darauf, was mir Cordney erzählen wollte! „Also, was wolltest du mir …" Doch sie unterbrach mich sofort. „Nicht hier, lass uns woanders hingehen."

Nachdem wir den etwas abseits gelegenen Pavillon erreicht hatten, begann sie zu sprechen: „Ich versuche es so verständlich wie möglich zu machen, okay? Und erkläre mich bitte nicht für verrückt, dafür haben wir keine Zeit!" Zweifellos war ersteres eine rhetorische Frage. Aber ich nickte trotzdem und wich ein paar Schritte zurück. Vielleicht war es doch keine so gute Idee gewesen, mit einer Wildfremden den abgelegensten Platz der Schule aufzusuchen. Würde man mich hier überhaupt schreien hören? Doch für weitere Gedanken dieser Art blieb mir keine Zeit, denn nun setzte sie erneut an: „Du bist eine Hüterin." „Von was?" „Bitte, lass mich erst ausreden, dann verstehst du es wahrscheinlich besser." „Okay", antwortete ich. „Neben der Welt der Menschen gibt es eine andere Welt namens Nala. Dort leben magische Wesen wie ich eines bin. Unsere Welt hängt von der deinen ab, denn Nala kann nur durch die Wunder deiner Welt bestehen. Und da ihr diese zerstört, indem ihr die Meere verschmutzt, den Regenwald abholzt und sich die Erde erwärmt, ist mein Zuhause in großer Gefahr! Jetzt hat mein Volk mich geschickt, um dich zu holen. Dies ist meine Aufgabe, da ich ihre Prinzessin bin. Es gibt zwar noch andere Hüter, die auch bereits im Bilde über unser Dasein sind, aber ich glaube, in dir steckt etwas ganz Besonderes! Du bist dazu bestimmt, unsere und deine Welt zu retten!"

Okay, das war jetzt ein bisschen viel auf einmal! In den letzten zwei Minuten hatte ich eine Gänsehaut bekommen. Aber was mich am meisten schockte, war, dass ich ihr sogar glaubte! „Und was seid ihr für Wesen?", das war das Erstbeste, was mir dazu einfiel. „Das erkläre ich dir später, da es im Moment auch nicht so wichtig ist. Nur so viel, jeder von uns hat einen Menschen mit dem er verbunden ist. Er sorgt dafür, dass dieser Glück im Leben hat. Wir können in unserer Welt leben und diesen Menschen ab und zu besuchen, dann können wir für kurze Zeit die Gestalt eines Menschen annehmen. Oder wir entscheiden uns, diese Person auf Schritt und Tritt zu begleiten und an diesem Ort zu leben, dann behalten wir unsere wahre Gestalt und werden für alle Menschen unsichtbar. Außer für diejenigen, die Bescheid wissen, so wie du. Also wundere dich nicht, wenn du mitten in der Stadt wilde und in deinen Augen sicherlich auch verrückte magische Tiere neben Menschen herlaufen siehst."

„Ich helfe dir!", sagte ich schnell. Waaaas!? War ich noch ganz bei Trost!? Von meiner Neugier angestiftet waren meine Lippen schneller als mein Verstand gewesen. Am liebsten hätte ich es wieder zurückgenommen! Aber jetzt war es schon ausgesprochen. Und Cordneys Augen schauten mich so hoffnungsvoll an und eine riesige Erleichterung spiegelte sich in ihnen, so dass ich es nicht mehr zurücknehmen konnte. „Danke! Aus dir spricht eine wahre Hüterin! Ich wusste, dass ich auf dich zählen kann. Und keine Sorge, wie genau das alles abläuft, erkläre ich dir nachher noch, wenn wir bei dir Zuhause sind." Moment mal, das war ja alles schön und gut, aber warum, wenn wir Zuhause sind? „Bei allem Respekt und so, aber ich glaube nicht, dass meine Familie so begeistert ist, wenn ich ein magisches Wesen anschleppe." „Ach, das ist doch nicht soooo schwer, ich verwandele mich einfach schnell in meine wirkliche Gestalt als Wolfsfuchs und verstecke mich in deinem Zimmer, wenn man nicht so genau hinsieht, dann hält man mich für ein Fellkissen", erklärte das sehr von seinem Plan überzeugte Mädchen. „Aber meine kleine Schwester ist sehr neugierig, ich bin nicht sicher, ob das so eine gute Idee ist …" „Ach, das wird schon gutgehen, du hast doch sicher ein großes Zimmer, oder?" „Ja, das ganze Dach", antwortete ich. „Das klingt doch perfekt, mach dir nicht so viele Gedanken." Bevor wir weiter diskutieren konnten, hörte ich wie aus weiter Ferne den vertrauten Gong, der mich nicht nur zur Schule zurück, sondern auch in die Realität holte.

Es war ein weiter Weg zurück von magischen Wesen und dem Auftrag, gleich zwei Welten zu retten, zu einer ganz alltäglichen Deutschstunde.

Nach diesem Einblick hatte ich Schwierigkeiten, einen normalen Gesichtsausdruck zu erhalten. Doch Cordney hatte sogar interessiert am Unterricht teilgenommen! Wie sie das schaffte, war mir ein Rätsel.

„Endlich! Ich glaube, das war der anstrengendste Schultag in meinem Leben!", stöhnte ich, als wir ENDLICH bei mir Zuhause ankamen. „Also wirklich, sooo schlimm war es doch gar nicht!" „Ach ja? Was würdest du denn sagen, wenn plötzlich ein magisches Wesen an deiner Schule aufkreuzt und dir mitteilt, dass du auserwählt bist gleich ZWEI Welten zu retten!?" Schweigen auf der anderen Seite. „Aber ich will mich nicht mit dir streiten", schloss ich um des lieben Friedens willen. „Wer hat schon eine magische Freundin? Erkläre mir lieber, wie ich dich in mein Zimmer schmuggeln soll?" „Also", setzte sie an und ihre Augen funkelten unternehmungslustig. „Du läufst ganz schnell …" „Oh, hallo! Schön dich und deine neue Freundin zu sehen!" Gerade als sie mir den Plan erklären wollte, wurden wir von unserer Nachbarin unterbrochen. „Wollt ihr vielleicht ein Stück Apfelkuchen? Er ist frisch gebacken!" Cordney blickte zuerst die Nachbarin an, dann mich, danach wieder die Nachbarin und als sich unsere Blicke wieder trafen, nickten wir gleichzeitig. Wir hatten einen Plan!

„Oder wir lassen das ganze Ablenkungs-Theater und du schläfst einfach im Garten. Der ist ziemlich groß und dort steht ein gemütliches Gartenhäuschen. Klingt das nicht toll?", eröffnete ich meinen Alternativplan. Doch an ihrem Blick konnte ich bereits ahnen, dass sie nicht besonders viel davon hielt. „Auf gar keinen Fall! Ich, Prinzessin Cordney Elisabeth Cecilia Lilien Elena von Sala, werde nicht in einem Garten nächtigen, wenn es so viel Wichtiges zu besprechen gibt!" Mir kam es so vor, als wäre sie in der letzten Minute ein gutes Stück größer geworden. Jetzt konnte man kaum übersehen, dass sie eine echte Prinzessin war. „Los, wir ziehen das jetzt durch!", forderte sie mich auf und ging zum Zaun, ohne meine Antwort abzuwarten.

„Hallo! Schön Sie zu sehen! Ich bin Cordney und natürlich würden wir uns über Kuchen freuen! Wer tut das nicht? Aber wir müssen leider gleich hoch in Ellas Zimmer. Aber Ellas Mutter ist gerade in der Küche und das Fenster ist geöffnet, rufen sie doch schnell rauf! Sie kommt bestimmt runter, um welchen zu holen!", schlug meine neue Freundin unserer netten Nachbarin vor. Jetzt mussten wir nur noch hoffen, dass sie anbiss und meine Mum nach unten zum Zaun kam und kurz abgelenkt war. „Oh ja, das ist eine gute Idee! HALLO, FRAU MOON! Wollen sie und ihre Familie vielleicht Apfelkuchen?", rief sie lautstark hoch zum Fenster. „Das ist ja nett! Ich komme gleich und hohle ihn! Warten Sie kurz." Meine Mum eilte aus der Haustür in Richtung Zaun. Uns beachtete sie dabei gar nicht. Schnell rannten wir so leise es eben ging durch die Tür nach oben. Im zweiten Stock erhaschte ich einen Blick auf meine kleine Schwester Mia. Die in der sonnendurchfluteten Küche stand und aus dem Fenster blickte. Anscheinend hatte die Nachbarin meine Mum in ein Gespräch verwickelt. Perfekt! Genau so war es geplant.

In meinem Zimmer angekommen, hängte ich meine und Cordneys Jacke an einen Kleiderständer und warf meine Schultasche ins Eck. Erleichtert ließ ich mich auf mein Bett fallen. Die Matratze fühlte sich herrlich weich an und ich schloss für einen Moment die Augen.

Aber dann sah ich ein, dass es nun Wichtigeres zu tun galt. Kurzerhand richtete ich in der hinteren Ecke meines Zimmers Cordneys Lager ein, welches aus einer Matratze, einem Berg gemütlicher Kissen und einer kuscheligen Decke bestand. Dieser Teil des Raumes war so gut wie nicht einsehbar. „Danke!", sagte sie und strahlte mich an. Auch wenn es nichts zu besprechen gäbe, schien ihr die Aussicht bei mir zu schlafen, offenbar besser zu gefallen. Obwohl sie bestimmt nicht der Typ war, der sich zu fein war, in einem Gartenhaus zu übernachten.

„Wie soll ich euch eigentlich helfen?", sprach ich die Frage aus, die mir schon die ganze Zeit im Magen gelegen hatte. „Darüber habe ich mir auch schon Gedanken gemacht. Und ich bin zu dem Entschluss gekommen, dass eine Person alleine nicht viel ausrichten kann. Deshalb schlage ich vor, dass du eine Demonstration veranstaltest." „Ich weiß nicht … wie soll ich das überhaupt machen?", hinterfragte ich zögerlich. „Du könntest im Internet einen Aufruf starten, indem du dort hineinschreibst, dass wir endlich etwas unternehmen müssen! Und dann werden hoffentlich viele Menschen darauf aufmerksam!", schloss sie siegessicher und blickte mich aufmunternd an. Ich wusste nicht, was ich davon halten sollte. Einerseits war mir klar, dass ich etwas unternehmen musste. Aber andererseits war mir das irgendwie zu groß. Wie sollte ICH denn eine Demo ins Leben rufen!? Und wie sollte ich das meiner Mum erklären! Ich konnte ja schlecht sagen, dass ich plötzlich wie aus heiterem Himmel zu den Weltrettern übergegangen war. Wie ich es auch drehte und wendete, es schien mir unmöglich.

„Es tut mir leid, aber ich kann das nicht." Sie schwieg, aber in dieser Sekunde war ihr Gesicht ein offenes Buch. Ich konnte daraus lesen, dass sie über die Maßen enttäuscht war und fieberhaft nach einer Lösung oder einem Argument suchte, um mich zu überzeugen.

Während sich drückende Stille verbreitete, ging im Hintergrund langsam die Sonne unter. Das Licht, welches durch meine großen Fenster fiel, zauberte Ornamente und Schatten des Magnolienbaums an meine Wände. Als die Stille zu belastend wurde, setzte ich an, etwas zu sagen, doch in diesem Moment rief meine Mum aus der Küche: „Schatz! Essen ist fertig. Komm bitte runter!" Ich blickte in die betrübt aussehenden Augen meiner Freundin und sagte: „Ich gehe schnell runter und beeile mich mit dem Essen, okay? Ich bringe dir auch was mit!" Sie nickte und brachte ein kleines Lächeln zu Stande. Also lief ich schnell runter in die Küche. Auf dem Weg dorthin stieg mir ein köstlicher Duft in die Nase. Lasagne! Das war eines meiner Lieblingsgerichte!

Als ich in die Küche trat, wurde der Duft noch stärker und schnell nahm ich hungrig am Tisch Platz.

Nachdem ich ungefähr die Hälfte meines dampfenden Stücks verschlungen hatte, begann meine Mum zu sprechen: „Ach übrigens, ich wollte noch fragen, ob es für euch zwei okay wäre, wenn ihr dieses Wochenende alleine seid?" „Wieso sind wir denn alleine?", fragte meine Schwester neugierig. „In meiner Firma gibt es eine Art Fortbildung und ich glaube, die wäre ganz nützlich für mich, deshalb würde ich gerne daran teilnehmen. Aber nur wenn es für euch in Ordnung ist", endete sie schuldbewusst. „Mum, ich bin schon fast siebzehn und Mia ist dreizehn, da kann man uns schon mal ein Wochenende alleine zu Hause lassen." Mia nickte zustimmend. „Und außerdem können wir dich ja notfalls anrufen. Oder wenn wir uns alleine fühlen, können wir ja Oma fragen, ob sie kommen möchte." „Okay, das klingt nach einem Plan! Dann fahre ich übers Wochenende weg", sagte unsere Mutter ziemlich erleichtert. „Kann ich vielleicht noch zwei Stücke auf einem Teller mit hoch in mein Zimmer nehmen? Mir geht es nicht so gut, ich habe Kopfweh und würde mich gerne hinlegen", erklärte ich. Und das mit dem Kopfweh war nicht mal gelogen. „Aber natürlich mein Schatz! Wenn es dir nicht gut geht, leg dich lieber hin. Warte, ich gebe dir schnell noch die zwei Stücke mit, dann kannst du gehen." „Danke!", sagte ich wirklich dankbar.

Die Lasagne roch perfekt, während ich den dampfenden Teller die Stufen wieder hinauftrug. Die Tür öffnete sich knarzend und als ich in den Raum trat, eilte mir Cordney freudestrahlend entgegen. „Ich hab's!", rief sie. „Ich habe die Idee, ich nehme dich mit nach Nala und zeige dir meine Welt! In unserer Welt gibt es eine Kugel aus reinem Kristall, die dir jeden Ort zeigen kann. Sie zeigt dir sowohl die Zukunft wie auch die Vergangenheit. Dies wird dich überzeugen!" Das hörte sich gut an. Ich wollte wirklich gerne ihre Welt sehen und vor allem freute mich die Tatsache, sie wieder lächeln zu sehen, denn ich wollte ihr wirklich helfen. „Das klingt gut! Ich sage meiner Mum einfach, dass ich mich morgen mit Hanna in der Stadt treffe. Aber wie kommen wir denn eigentlich in deine Welt?" „Also in jedem Baum steckt magisches Leben, jeder der in das Geheimnis eingeweiht ist und jedes Wesen aus Nala muss nur seine Hand auf die Rinde legen und schon, einen Wimpernschlag später, bist du dort."

„Also gehen wir morgen nach der Schule in die Stadt", freute sich Cordney. „Okay, dann machen wir es so. Willst du jetzt vielleicht ein Stück Lasagne?", bot ich an. „Ja, gerne, die sieht wirklich lecker aus!" Und so verbrachten wir den Abend damit, das köstliche Nudelgericht zu verspeisen, uns in ihr Lager zu kuscheln und aus dem Fenster zu sehen. Draußen war eine sternklare Nacht und Cordney erklärte mir, welche Sternbilder man dort oben erkennen konnte. Für ein Wesen, das nicht in unserer Welt lebte, wusste sie ziemlich viel über sie. Und als ich ihr meine Bildersammlung zeigte, bekam sie große Augen: „Die sind ja wunderschön! Ungefähr so sehen wir in unserer wahren Gestalt aus. Daran siehst du, dass du eine Hüterin bist, denn Hüter haben eine gewisse Verbindung zu unserer Welt." Danach legten wir uns wieder in das Lager und sie erzählte mir von ihrer Heimat.

Sie bestand aus den verschiedensten Landschaften, wie zum Beispiel nordischen Polargebieten oder tropischen Regenwälder mit der buntesten Pracht aus Blüten und Wasserfällen, die mächtig von hohen Felsen herabfielen; einer heißen Wüste mit feinem Sand, wo es so heiß war, dass die Luft zu flimmern begann. Und es sollte auch verzauberte Wälder geben. Ich stellte es mir dort wie die reinste Wildnis vor! Einer ihrer liebsten Plätze war ein Wasserfall, der in einem kleinen See mündete. Mit türkisblauem Wasser, auf dem Seerosen schwammen. Gleich neben der Wiese, die an den See grenzte, stand eine Trauerweide über die tagsüber bunte Schmetterlinge tanzten. Das hörte sich wirklich schön an. Ich merkte, wie ich immer müder wurde, bald würden mir die Augen zu fallen. „Und wo wohnst du dort?", fragte ich schläfrig. „Ich? Ich wohne im Zentrum dieser ganzen Schönheit. Dort steht ein Palast, wo die königliche Familie wohnt. Am höchsten Punkt des Schlosses ist ein gläserner kleiner Turm. Von dort kann man an einem klaren Tag über unser ganzes Reich blicken. Dieser Anblick ist einfach atemberaubend. Es scheint fast unendlich zu sein!", schwärmte sie, mittlerweile auch schon gähnend. Es war bestimmt aufregend, dort zu leben. „Aber das wirst du morgen ja alles zu Gesicht bekommen! Zumindest einen kleinen Teil. Aber jetzt sollten wir schlafen, es ist schon 1 Uhr. Gute Nacht", sagte sie und schloss die Augen. Kurzerhand beschloss ich auch, hier zu schlafen, drehte mich auf die Seite, zog die Decke etwas höher und schlief mit dem Traum von einer neuen Welt ein. *Ende des 1. Teils von Nala*

Veronika Lea Fuchs
A. B. von Stettensches Institut, Klasse R7c

Das größte Tier der Welt

Blauwal
groß, schwer
frisst massig Plankton
ich fühle mich klein
ungefährlich

Leon Heidler
Helen-Keller-Schule Dinkelscherben, Klasse 6G

Beinahe Fuß ab!

Mein Name ist Jake Dorsten. Ich bin ein Forscher und habe die Aufgabe, im Wald nach neuen Tieren zu suchen. Ich fliege morgen um 4:20 Uhr in der Früh nach Brasilien in den Dschungel.
Als ich dort ankam, war ich sehr aufgeregt, was alles auf mich zukommen würde. Ich ging in den Dschungel und suchte fürs erste einen Schlafplatz, weil ich erst in fünf Tagen abgeholt wurde. Nach ein paar Stunden hatte ich eine Höhle gefunden, die unbewohnt war. Ich holte etwas zum Essen. Ich hatte eine Falle gebaut, in die ein Reh hineingelaufen war. Dann habe ich ein Lagerfeuer gestartet und das Reh gegessen. Als ich nach dem Essen zum See ging, sah ich da etwas im Wasser. Was war das? Ich hatte mein Schlauchboot dabei und fuhr auf den See hinaus. Da passierte es plötzlich: Ein Krokodil sprang in die Luft und biss in

mein Schlauchboot. Dann fiel ich ins Wasser und schwamm schnell wie der Blitz zum Ufer. Ich blutete sehr schwer, weil das Krokodil mich am Fuß erwischt hatte. Ich rief meinen Assistenten an, der einen Helikopter schickte. Nach 45 Minuten kam dieser an und brachte mich ins Krankenhaus. Nach zwei Wochen ging es mir wieder gut. Puh, das war ein gefährliches Abenteuer!

Marcel Birzele
Helen-Keller-Schule Dinkelscherben, Klasse 6G

Das Dschungel-Abenteuer

Tina und Lena fuhren nach Afrika. Sie wollten viel erleben. Die Freundinnen schlugen die Zelte auf und machten ein Feuer.
Am nächsten Tag fanden sie einen Babytiger. Er war verletzt. Tina holte schnell einen Verband und wickelte seinen verletzten Fuß ein. Der kleine Tiger fasste schnell Vertrauen zu den Mädchen und verlor seine Angst.
Dann war da ein riesiger Fluss und sie konnten nicht hinüber. Sie mussten einen großen Umweg durch den Dschungel nehmen.
Plötzlich sprang ein riesiger Tiger aus dem Gebüsch. Die Freundinnen erschraken sehr. Der Tiger aber sprach sie an. „Hallo, ich bin Rosa, ich suche mein Kind. Habt ihr es gesehen?" Lena sagte: „Ja, haben wir." Die Tiger Mutter atmete erleichtert auf. „Danke, dass ihr auf mein Kind aufgepasst und es verarztet habt!"
Dann ging der Tiger mit seinem Kind zurück in den Urwald. Sie versprachen aber, irgendwann zurückzukommen, um Mutter und Kind zu besuchen. Glücklich sahen sie sich an und sagten zueinander: „Kommt, lasst uns nach Hause gehen."

Carla Ramella Pezza
Grundschule Thierhaupten, Klasse 3a

Im Wald

Im Wald da gibt es viel zu sehen,
man muss nur mit offenen Augen durchgehen.
Da ein Wildschein, da ein Reh,
da ein Specht oder ein Hase im Schnee.
Die Bäume sind immer farbenfroh,
ja, im Wald, da ist das so!

Michael Stuhlmüller und Elias Rolle
Staatliche Realschule Zusmarshausen, Klasse 6c

Der Himmel

Blau
Der Himmel
Schön und frei
Ich bin voller stolz
Fantastisch

Selin Demirel
Helen-Keller-Schule Dinkelscherben, Klasse 5

Die wunderschöne Eule

Auf dem Weihnachtsmarkt sah ich eine wunderschöne Schneeeule. Die Eule war ganz weiß und hatte schwarze Streifen. Sie saß auf der Hand eines Mannes. Am Fuß war die Eule an einer kurzen Schnur angebunden. Die Eule hatte ein wenig Angst vor den vielen Menschen und dem Lärm. Deshalb wollte sie immer davonfliegen. Doch das ging nicht, denn der Strick hielt sie fest.

Die Eule lebt jetzt in einer Vogelauffangstation. Darüber ist sie etwas traurig. Sie würde viel lieber in der Freiheit leben. Doch in der freien Wildbahn hätte sie keine Chance. Deshalb ist es für sie besser dort zu wohnen.

In der Station leben noch viele andere Wildvögel. Sie werden dort gepflegt, gefüttert und haben ein schönes Zuhause. Dort geht es der schönen Schneeeule sehr gut.

Eva Kopp
Grundschule Gessertshausen, Klasse 2b

Rettet den Wolpertinger!

Als ich heute ganz früh am Morgen aufstand, saß ich mitten in einem Wald, rings um mich herum wuchsen überall grüne Bäume, große, breite Büsche und riesige Pilze, die zwischen Moosbüscheln aus den Baumwurzeln hervorschauten.

Ich bemerkte, dass ein feuchter, dichter Nebel auf mir lag. Scheinbar befand ich mich in einem düsteren Wald. Plötzlich schlich ein kleiner Schatten an mir vorbei. Ein Schauer durchfuhr mich, der mich in die Höhe fahren ließ.

Mit schlotternden Knien schlich ich vorsichtig auf den Schatten zu und bemerkte, es war ein kleiner Fuchs. „Hab keine Angst, lauf nicht weg! Ich tu dir nichts!", sagte der Fuchs. Mir stockte der Atem. In diesem Moment

63

wusste ich nicht, was ich tun sollte. Wie angewurzelt blieb ich stehen. Eine gefühlte Ewigkeit starrten wir uns nur gegenseitig an. Der Fuchs hatte einen großen buschigen Schwanz, eine kleine feuchte Stupsnase und ein orangefarbenes, glänzendes Fell.

Plötzlich fragte er: „Was ist? Was starrst du mich so an?" Ich stammelte: „Du kannst ja sprechen!" Darauf der Fuchs: „Ja, klar! Komm, ich bringe Dich zum Tiertreffen!" „Moment mal, was? Was ist denn das Tiertreffen?", fragte ich. „Du bist der Auserwählte", erklärte der Fuchs. Ungläubig starrte ich ihn an: „Wer, ich?" „Ja, du", erklärte der Fuchs: „Alle einhundert Jahre wird ein Auserwählter zu uns geschickt. Er verteidigt und beschützt unsere Welt vor den Menschen. Deshalb kannst du mit Tieren sprechen." Ich konnte es nicht glauben. Mir ging alles zu schnell. Doch ich nickte und folgte dem Fuchs zum Treffen.

Es waren Bären, Mäuse, Wölfe, Rehe, Füchse, Igel und Eichhörnchen da. Sie beschwerten sich, dass Menschen ihre Bäume fällten und mit großen Maschinen in die Wälder vorrückten. „Was sollen wir tun?", fragte eine Maus.

„Ich habe in der Schule aufgepasst", sagte ich stolz. „Wenn eine bedrohte Tierart in einem Wald wohnt, darf der Wald nicht gefällt werden!"

Der Bär entgegnete trocken: „Es gibt nur eine Art, die wirklich bedroht ist: der Wolpertinger." „Was ist ein Wolpertinger?", fragte ich noch. „Das ist ein Tier, das so selten ist, dass Du, wenn Du es findest und ein Foto machst, bestimmt den Wald rettest", erklärte das Reh. So beschloss ich: „Ich hole meine Freunde und wir suchen den Wolpertinger!"

Eilig lief ich nach Hause und trommelte all meine Freunde zusammen. Aufgeregt erzählte ich, was ich im Wald erlebt hatte, von den Tieren und dem genialen Plan. Lisa stimmte sofort zu, auch Mike und Henry erklärten sich bereit zur Wolpertinger-Suche. Wir schnappten unsere Kameras und Notizblöcke und rannten los.

Es dauerte einige Zeit, bis wir die erste Spur fanden, einen seltsamen Pfotenabdruck, der zu keinem uns bekannten Tier gehören konnte. Wir untersuchten die Spur und zeichneten sie ab. Plötzlich hörten wir ein leises Rascheln, gleich neben uns im Busch. Erschrocken klammerte Lisa sich an meinen Arm, die Augen weit aufgerissen. Vorsichtig wagte ich mich etwas näher an den Busch heran und schob ein paar Zweige zur Seite. Noch nie hatte ich ein solches Tier gesehen: eine Art Hase, mit Zähnen und Flügeln und einem Geweih. „Was um alles ...", setzte ich an und genau in dem Moment sprang das Tier auf und huschte davon. „Das muss er sein, der Wolpertinger! Hinterher! Schnell!" „So ein Mist!", fluchte Henry. „Ich konnte noch kein Foto machen!" Während Lisa noch wie vom Donner gerührt dastand, rannten Henry, Mike und ich los, so schnell wir konnten, dem seltsamen Fabelwesen hinterher. Es war sehr flink, doch wir konnten es verfolgen.

„Mach endlich das Foto!", keuchte Mike völlig außer Atem. Henry versuchte im Laufen seine Kamera zu halten und ich ließ das Tier nicht aus den Augen. „Da vorne kommt der Fluss, wenn er da reinspringt, haben wir ihn verloren, also los!", rief ich. Der Wolpertinger raste direkt auf den Fluss zu. In wenigen Sekunden würde er uns entwischen. „Henry!"

Jetzt hatte das Tier das Wasser erreicht, sprang mit einem hohen Satz in die Fluten und war augenblicklich verschwunden. Völlig außer Atem blieben wir am Ufer stehen und starrten auf die Stelle, an der der Wolpertinger ins Wasser getaucht war. „Henry? Bitte sag, dass du das Foto hast!", schnaufte ich und als ich mich umdrehte, sah ich Henrys breites Grinsen: „Hab's!"

Erleichtert lächelte ich zurück. „Kommt, wir suchen Lisa. Die steht bestimmt noch wie angewurzelt vor dem Busch." Lachend gingen wir zurück und erzählten Lisa von unserem Erfolg. Uns allen fiel ein Stein vom Herzen und wir machten uns auf den Weg nach Hause.

Der Rest war schnell erledigt, wir ließen Henrys Papa das Foto ausdrucken und marschierten damit direkt zum Bürgermeister. Der staunte nicht schlecht, als wir ihm das Foto des Wolpertingers vorlegten und noch mehr, als wir unsere abenteuerliche Verfolgungsjagd schilderten. Vielleicht haben wir ein klein wenig übertrieben, aber wir hatten Erfolg: Bereits am nächsten Tag verkündete der Bürgermeister öffentlich, dass der Wald nicht nur erhalten bliebe, sondern sogar unter Naturschutz gestellt werde.

Freudig lief ich in den Wald, um dem Fuchs von unserem Sieg zu berichten. Dieser war nicht erstaunt: „Ich wusste, du schaffst es!", sagte er.

Seitdem besuchen meine Freunde und ich den Fuchs und die Tiere manchmal in ihrem Wald und erzählen uns die neuesten Geschichten.

Erik Sutter
Leonhard-Wagner-Gymnasium Schwabmünchen, Klasse 5b

Der Fuchs, der Freunde suchte

Es war einmal ein Fuchs, der hatte keine Freunde. Eines Tages machte er sich auf den Weg, Freunde zu finden.

Er packte ein paar Beeren und Wasser aus der Quelle ein. Er ging an Pflanzen und Tieren vorbei. Plötzlich sah er eine Höhle und er klopfte an. Ein großer Bär kam heraus, er brüllte: „Was willst du hier?" „Gar nichts, gar nichts. Tut mir sehr leid!", stotterte der Fuchs.

Dann ging er weiter. Er kam an einem Loch an und rief: „Dingdong!" Da kam eine ganze Hasenfamilie herbei. Mutter Hase fragte: „Was willst du hier?" Der Fuchs war wieder sehr verunsichert und antwortete: „Nichts, nichts, tut mir leid!"

Dann ging er weiter. Er kam an vielen Bäumen vorbei. Da sah er einen großen Baum mit Kokosnüssen. Er nahm sich eine und klopfte damit. Zwei Affen kamen herunter. Sie fragten: „Wieso bist du hier?" „Ich will euer Freund sein!", sagte der Fuchs. Die Affen sagten: „Unser Freund? Du!? Nie im Leben!"

Der Fuchs ging weiter und sah bunte Blumen. Da entdeckte er eine wunderschöne Füchsin! Er ging zu ihr und fragt sie: „Willst du meine Freundin sein?" Die Füchsin antwortet: „Ja, sehr gerne!" Dann lebten sie eine ganze Zeit glücklich zusammen.

Eines Tages fragte der Fuchs: „Darf ich dein Ehemann sein?" Dabei hielt er ihr einen schönen Holzring hin! Die Füchsin rief voller Freude: „Natürlich! Jaaaaaa!" Der Fuchs und die Füchsin luden alle Freunde und Bekannte zur Hochzeit ein. „Juhu, endlich Freitag! Morgen ist die Hochzeit!", freuten sie sich.

Sie bereiteten alles für das große Fest vor. In dieser Nacht waren die beiden so aufgeregt, dass sie kaum schlafen konnten. Ganz spät schliefen sie dann doch noch etwas. Die Füchsin wachte auf und freute sich so sehr! „Heute ist die Hochzeit!"

Sie zog ein tolles Kleid und schönen Schmuck an. Dann fügte sie hinzu: „Das wird traumhaft schön!" Ihr Mann zog eine tolle Uniform an! Dann sagten beide gleichzeitig: „Ich bin ja so aufgeregt!"

Zusammen liefen sie zur Kirche. Danach feierten sie ein großes Fest und tanzten bis spät in die Nacht hinein. Um 2 Uhr gingen dann alle heim. Eine Woche später tat der Füchsin der Bauch weh und er wurde kugelrund. Nach zwei Monaten musste sie ins Krankenhaus. Da blieb sie erstmal. Sie bekam ein Kind. Ein Mädchen namens Lili.

Und wenn der Bär nicht Hunger hatte, dann leben sie noch heute glücklich zu dritt im Wald!

Tabea Rothschädl
Grundschule Anhausen, Klasse 3a

Die Riesenvögel

In einem fernen Land gab es einen schönen Wald. Alle Pflanzen, Tiere, ja alle Wesen in diesem Wald lebten in einer großen Einheit in Frieden und Harmonie zusammen. Niemand konnte jemandem das Glück wegnehmen. Alle lebten wie Geschwister respektvoll miteinander. Dies dauerte lange Jahre an, bis eines Tages ein riesiger Vogelschwarm aus einem anderen Land kam und den Wald plünderte, ohne irgendeinen Wert an diesen Dingen zu schätzen. Obwohl sie dies alles nicht brauchten, überließen sie den anderen Tieren nichts mehr. Diese Vögel – die noch größer waren als der Elefant, das größte Tier im Dschungel – diese großen prächtigen Vögel haben die Ruhe und Ordnung des Waldes gebrochen. Sie packten die anderen Tiere mit ihren scharfen Krallen am Rücken, ließen sie auf den Boden fallen und verletzen sie. Daraufhin schrie einer der Riesenvögel die Waldbewohner an: „Wir sind großartig und stark! Wir können fliegen und sind in der Mehrheit. Wir können machen, was wir wollen, niemand kann uns etwas sagen. Obwohl wir im Unrecht liegen sollten, haben wir immer recht!" Die Ältesten des Waldes begannen verzweifelt sich vor den Vögeln zu verstecken und versuchten, mit den verbleibenden Früchten zu überleben. Die Gelehrten des Waldes waren sich bewusst, dass, wenn diese Situation noch eine Weile andauerte, sie keine weiteren Wälder hätten und mit dem Wald verschwinden würden. Sie suchten nach einer Lösung. Da hatte eines der kompetentesten Wesen im Wald eine Idee: „Nur wir und der Waldbeschützer können die Vernichtung des Waldes verhindern!", sagte der Löwe. Als alle anderen Tiere dies verstanden und akzeptierten, bildeten sie eine Gruppe, die sich auf die Suche nach dem Waldbeschützer machte. Als sie den Waldbeschützer fanden, schilderten sie ihm ihre ausweglose Situation. Der Waldbeschützer versprach, den Tieren zu helfen. Nach diesem Versprechen waren die Waldbewohner sehr glücklich und sie überbrachten den anderen Geschwistern, die im Wald lebten, diese frohe Nachricht. Am nächsten Tag ritt der Waldbeschützer mit seinem Schwert in die Mitte des Waldes, stieg vom Pferd und schrie wütend ins Leere: „Wer hat gewagt, diesen Wald zu zerstören, der soll sich auf der Stelle zeigen!" Durch den Schrei erwachten die Vögel wütend aus ihrem Schlaf und bildeten einen großen Kreis um den Waldbeschützer. Einer der Riesenvögel lachte: „Und wer bist du, Mensch? Du kannst uns nichts antun. Wir sind stark und mächtig. Wir machen alles, was wir wollen, NIEMAND kann uns etwas antun!" Auch die anderen Riesenvögel verhöhnten den Waldbeschützer. Diese entgegnete selbstbewusst: „Es kann sein, dass ihr stark und mächtig seid, aber dies gibt euch nicht das Rech, diesen Wald zu plündern und meine Brüder zu verletzen. Ihr hättet in Frieden kommen können, aber ihr missbrauchtet eure Kraft, um den kompletten Wald zu vernichten. Entschuldigt euch sofort bei allen Wesen, die in diesem Wald leben und macht euch an die Arbeit, den Wald wiederherzustellen." Die Riesenvögel lachten und sagten: „Wir machen nicht, was du uns befohlen hast. Niemand kann uns sagen, wie wir uns zu verhalten haben." Diese Worte und das zynische Verhalten der Vögel ließen den Waldbeschützer mahnen: „Korrigiert sofort diese Ungerechtigkeit!" Die Vögel antworteten, indem sie wieder lachten und neckten. Der Waldbeschützer zog sein Schwert und hielt es in Richtung Himmel. Die Riesenvögel flogen vor Schreck alle hoch und schrien: „Du bist ein kleiner Mensch und das Schwert ist für uns wie ein kleines Messer, du kannst uns nichts antun." Und dann fingen sie an den Waldbeschützer anzugreifen. Plötzlich tauchte am Himmel ein helles Licht auf und verbrannte die Flügel der Riesenvögel und sie fielen alle nacheinander auf den Boden. Sie schrien vor Schmerz und bettelten den Waldbeschützer an, er solle ihnen nichts antun. Der Waldbeschützer sagte, dass er ihnen erst vergeben würde, wenn sie versprächen den Wald wieder aufzubauen und diesen Fehler nie wieder zu begehen. Die Riesenvögel akzeptierten diese Bedingungen, korrigierten, was sie im Wald zerstört hatten und entschuldigten sich bei allen Waldwesen. Als sie endlich den Wald verließen, waren die Waldbewohner sehr glücklich. Schon bald kehrten der Frieden und das Glück in den Wald zurück.

Yahya Sevic
Staatliches Berufliches Schulzentrum Neusäß, Klasse 10EHd

Wildnis, ein sehr interessanter Ort

Radiosprecher: Hallo und herzlich Willkommen zurück bei Radio Top. Heute haben wir einen besonderen Gast zu Besuch. Er ist ein bekannter YouTuber. Er berichtet darüber, wie sich Tierbisse oder Gifte anfühlen. Sein Name ist Coyote Peterson, aka Brave Wilderness. So heißt nämlich sein YouTube-Kanal. Dieser hat über acht Millionen Abonnenten.

Radiosprecher: Hallo Coyote, wir werden heute ein interessantes Interview führen.

Coyote: Hallo, ich bin sehr gespannt, was für Fragen du mir stellst.

Radiosprecher: Ok, legen wir los. Meine erste Frage lautet: Wie hat es sich angefühlt, als du von der 24-Stunden-Ameise gestochen wurdest?

Coyote: Ja, die gute alte 24-Stunden-Ameise. Sie heißt so, weil ihr Gift 24 Stunden lang wirkt. Der Stich war sehr schmerzhaft. Meine Adern haben gebrannt wie Feuer. Ich bin schreiend auf den Boden gefallen und bin fast ohnmächtig geworden, da der Schmerz so extrem war.

Radiosprecher: Wie bist du eigentlich auf die Idee gekommen, dich von gefährlichen Tieren stechen zu lassen?

Coyote:	Eine sehr gute Frage. Ich habe mich einfach dafür interessiert, wie sich Stiche von den gefährlichsten Tieren der Welt anfühlen. Außerdem war ich schon immer von der Natur fasziniert. Ich habe als Kind in Kalifornien gelebt. Dort gibt es einige gefährliche Tiere. Als ich einmal im Garten spielte, hatte ich eine Begegnung mit einer Schlange. Ich wusste genau, was ich zu tun hatte. Ich bin sofort stehen geblieben und langsam zurückgegangen. Ab diesem Zeitpunkt war ich fasziniert von wilden Tieren oder insgesamt von der Wildnis.
Radiosprecher:	Die dritte und letzte Frage lautet: Wie sieht es mit medizinischer Versorgung während der Experimente aus?
Coyote:	Während der Experimente sind wir, also meine zwei Kameramänner und ich, sehr gut ausgestattet. Wir haben einen Sanitätskoffer dabei, in dem alle möglichen Gegengifte gelagert sind. Außerdem haben wir eine Art Vakuumspritze, mit der man das Gift aus der Ader heraussaugen kann.
Radiosprecher:	Vielen Dank für dein Interview. Es hat mir sehr viel Spaß gemacht und es war auch sehr interessant zu hören, wie man zu so einem extraordinären Job kommt.
Coyote:	Es hat mir auch sehr viel Spaß gemacht, vielleicht komme ich ja bald wieder.
Radiosprecher:	Jetzt geht es weiter mit den neuesten Hits. Das ist Radio Top auf 98,3!

Niklas Gottschling
Staatliches Gymnasium Königsbrunn, Klasse 9a

Das kleine Zebra Zara

Es war einmal mitten in Afrika ein kleines ausgesetztes Zebra, namens Zara. Sie hatte niemanden, der für sie sorgte, und spielen musste sie auch ganz allein.

Die Jahre vergingen und aus Zara wurde ein großes Zebra. Obwohl sie gut zurecht kam, wünschte sie sich eine Familie. Als sie eines Tages unter ihrem Lieblingsbaum saß, schlich sich eine Giraffe an. Sie fraß sich durch die Blätter und entdeckte Zara. „Hallo was machst du da?", fragte die Giraffe. Zara erschrak, dann antwortete sie: „Ich ruhe mich aus. Wie heißt du eigentlich?" Sie sagte: „Ich heiße Gerda. Ich wollte grade zurück zu meiner Familie gehen. Möchtest du mit?" „Sehr gerne." Also gingen sie gemeinsam zurück zu Familie Giraffe. Als Gerdas Mutter erfuhr, welche neue Freundin Gerda hatte, erschrak sie. Kurz darauf sagte sie zu Gerdas

Vater „Schatz, wir müssen reden." Daraufhin drehte sie sich um und verschwand. Eine Woche lang blieb Zara bei Familie Giraffe. Sie fühlte sich, als hätte sie eine Familie.

Eines Tages, als sie Abendbrot aßen, verhielt sich Gerdas Mutter komisch. Die ganze Zeit schielte sie zu Zara rüber. Als das Essen beendet war, ging sie zu Zara und fragte „Kann ich dich schnell sprechen?" „Na gut", sagte Zara. Als sie alleine waren, fing sie an zu erzählen: „Zara, du hast doch deine Eltern verloren, stimmt's?" „Ja", antwortete Zara traurig. „Also, ich weiß den Grund dafür. Du wurdest mit roten Streifen geboren und deine Eltern dachten, das du zu jemand anderem gehörst und haben dich ausgesetzt." „Meine Eltern mochten mich nicht? Gib es zu, meine Eltern mochten mich nicht!", schrie sie und rannte schluchzend weg. Als Gerdas Mutter sie endlich fand, sagte sie tröstend: „Es ist nicht so, wie du denkst. Und warum suchst du sie eigentlich nicht?" Zara sah sie an: „Gute Idee! Ich laufe sofort los!" Und bevor sie ihren Satz beendet hatte, lief sie los und suchte. Sie suchte und suchte und da sie sich an die Hitze gewöhnt hatte und es plötzlich kälter wurde, fror sie. Sie lief Tage lang. Als sie fast ein Jahr gelaufen war und die Hoffnung aufgab, sah sie ein trauriges Zebra-Paar. Sie ging zu ihnen und fragte: „Hallo. Warum weint ihr denn?" „Wir haben unser Kind verloren und können es nicht finden", schluchzte der Mann. Die Frau schaute auf und fragte: „Kann es sein, dass du Zara heißt und alleine bist?" „Ja. Woher wussten sie das?", sagte Zara. Nun schaute auch der Mann auf und plötzlich umarmten die beiden Zara. Zara wusste gar nicht was los war, doch dann kapierte sie es und umarmte sie auch. Endlich hatte sie ihre Familie wieder.

Elli Seiler
Grundschule Westendorf, Klasse 4a

König Babo

Ich heiße Griffel, bin drei Jahre alt und wohne auf einer kleinen Insel im Meer. Ich bin ein kleiner Affe und heute erzähle ich euch meine Geschichte.

Alles begann vor sechs Monaten. Ich war hungrig, denn dieses Jahr gab es nicht so viele Bananen an den Palmen. Die Menschen fällen immer mehr Bäume und so haben wir Tiere immer weniger Essen und Platz zum Leben.

Also musste ich mir etwas einfallen lassen und so überlegte und überlegte ich. Da fiel mir etwas ein. Ein Gorilla namens Babo ist der König dieser Insel und hat immer genug zu essen. Am Tag darauf ging ich auf den Baum des Gorillas und klaute ihm vier Bananen, drei Mangos und eine Kokosnuss. Dann lief ich schnell nach Hause, um die Früchte abzulegen. Als ich das tat, hörte ich hinter mir einen lauten Schrei: „Haöhaö!" Und plötzlich stand er hinter mir, der Affenkönig Babo.

Mir blieb für kurze Zeit der Atem stehen, aber dann rannte ich so schnell ich konnte weg. Auf einmal stand ich in einer Sackgasse, denn vor mir war eine Felswand und hinter mir stand der Affenkönig Babo. In diesem Moment dachte ich: „Jetzt ist es vorbei mit mir." Aber dann nahm ich all meinen Mut zusammen und kletterte die Felswand hinauf. Der Gorilla sprang mir sofort hinterher.

Mit jedem Schritt bekam ich mehr Angst, denn ich hörte immer den Atem des Affenkönigs: „Hahahr!" Als ich oben angekommen war, sprang der Gorilla hoch und sagte: „Bleib stehen, du Dieb! Ich weiß, dass du meine Früchte geklaut hast. Entweder du bleibst jetzt stehen oder ich sorge dafür, dass du stehen bleibst." Aber da ich zögerte stehen zu bleiben, rannte der Gorilla auf mich zu. Da ich ein schlauer Affe bin, wich ich ihm aus und er stürzte den Abhang hinunter.

Von nun an war ich der König der Affen auf dieser Insel. Und da ich von der Not der kleinen Affen wusste, gab ich Ihnen genug zu essen und zu trinken, um zu überleben.

Das ist mal wieder ein Beispiel dafür, dass Mut und Weisheit über alle Boshaftigkeit auf der Welt siegen können.

Daniel Baumgartner
Grundschule Fischach-Langenneufnach, Klasse 3a

Wilde Menschen

Müde öffnete ich meine Augen. Der Wecker klingelte schrill und brachte mich aus meiner behüteten Traumwelt zurück in die bittere Realität. Ein Blick auf mein Handy verriet mir, dass wir erst 5:45 Uhr hatten. Träge machte ich mich im Badezimmer fertig, um anschließend wieder raus in den Dschungel zu gehen. Wieso ich diesen Vergleich mache? Ganz einfach, man sieht den ganzen Tag über Menschen, welche die Eigenschaften wilder Tiere übernehmen. An der Bushaltestelle sehe ich das tägliche Ritual der Affen. Sie albern miteinander herum, ganz gleich, wer außen rumsteht. Auch wenn sie dabei jemanden mit ihren McNeill-Schulranzen anrempeln, lassen sie sich nicht davon abhalten, dem Wahnsinn in ihrem Kopf freien Lauf zu lassen. Nachdem ich mir einen Sitzplatz im Bus ergattert hatte, ließ ich meinen Blick durch die Menge schweifen. Die meisten starrten aus dem Fenster, als ob sie etwas suchen würden, was sie davon abhält, den Tag wieder in demselben Rhythmus zu durchleben. Mein

Blick blieb an zwei Schlangen hängen. Mit ihrer schwarzen Ausrüstung warteten sie gierig darauf, einen Unschuldigen zu finden, welcher keine Fahrkarte hatte, um diesen gnadenlos zu verschlingen. Oft genug war ich ihnen schon zum Opfer gefallen und so sehr ich mich auch bemühte mir ihre Gesichter zu merken, kamen doch jeden Tag mehr dazu. Nach einer 20-minütigen Fahrt kam ich endlich im Zentrum des Dschungels an. Mit aufgezogener Kapuze folgte ich dem altbekannten Weg, welcher mich an den Ort brachte, an dem ich tagtäglich dieselbe Arbeit verrichten musste. Wie immer liefen mir eine Menge Tiger entgegen. Mit ihrer anmutigen, fast schon arroganten Ausstrahlung telefonierten sie hektisch in ihr Business-Handy und strichen sich dabei nervös über ihren Anzug. Die schwere Aktentasche beschützten sie mit ihrem Leben, da sich dort ihre kostbarsten Unterlagen befanden. Letztendlich kam ich an meinem Arbeitsplatz an und machte mich bereit für den alltäglichen Ablauf der Wildnis.

Nina Richter
Staatliches Berufliches Schulzentrum Neusäß, Klasse 10EHd

Wildlifestyle

(Refrain Chor)
He's the heaven on earth, he's the only one, he's my brown friend from Canada. I'll be waiting for his massive teeth. He's from Canada, not Germany.
(Refrain Chor)
He's the heaven on earth, he's the only one, he's my brown friend from Canada. I'll be waiting for his massive teeth. He's from Canada, not Germany.
1. Strophe (Braunbär)
Ab geht die Post, jetzt wird losgestampft, die Jagd fängt jetzt an, ich bin an der Beute dran. Die ganze Nacht am Jagen, Wildnis!
Der Regen tropft von den Bäumen, die Blätter sind so nass, genau das ist die Wildnis, das finde ich so krass.
Die Jagd ist fast vorbei, ich lege nochmal nach!
Braunbär!
Bridge (Chor)
He's so big
So hairy
What a wonderful thing
(Refrain Chor)

He's the heaven on earth, he's the only one, he's my brown friend from Canada. I'll be waiting for his massive teeth. He's from Canada, not Germany.

(Refrain Chor)
He's the heaven on earth, he's the only one, he's my brown friend from Canada. I'll be waiting for his massive teeth. He's from Canada, not Germany.

2. Strophe (Braunbär)
Dichtes braunes Fell, lachsrotes Fell.
Ganze Nacht am Fischen, Ekstase!
Der Kiefer zuckt im Takt, die Pfoten pitschenass.
Programmiert auf Töten, wie immer, wenn ich Hunger hab.
Mein Aussehen gleicht dem Eisbären, nur nicht so charmant!

Bridge (Chor)
Oh, brownbear
You're so strong
I love your kind
My big friend!

(Refrain Chor)
He's the heaven on earth, he's the only one, he's my brown friend from Canada. I'll be waiting for his massive teeth. He's from Canada, not Germany.

(Refrain Chor)
He's the heaven on earth, he's the only one, he's my brown friend from Canada. I'll be waiting for his massive teeth. He's from Canada, not Germany.

Felix Bäumel, Nicolai Büchele und Florian Diesenbacher
Staatliches Berufliches Schulzentrum Neusäß, Klasse W11a

Was der Giftpilz bewirkt

Vor ein paar Jahren war ein Kind allein im Wald und hatte so großen Hunger, dass es einen Pilz aß. Aber es war ein Giftpilz. Das wusste das Kind aber nicht. Nach ein paar Stunden zeigte das Gift seine Wirkung. Das Kind hatte so Bauchweh und bekam Fieber. Da kam das Kind auf die Idee, dass es ein Giftpilz gewesen sein könnte. Ein dichter Nebel zog direkt auf sie zu. Aus dem Nebel kam ein Kobold. Das Kind hatte Angst und schrie: „Hilfe, ein Kobold!" Aber der Kobold sagte nur: „Du hast einen Giftpilz gegessen, der tödlich sein kann. Es gibt nur eine Lösung. Du musst eine griechische Blume finden, die es in diesem Wald gibt. Sie ist innen gelb und außen an den Blütenblättern leuchtend rosa und wächst vor einer Wasserquelle. Du musst auch Tannensaft von einer Tanne trinken. Den Saft kriegst du, wenn du etwas Scharfes in die Rinde schlägst. Außerdem brauchst du noch Tannenzweige." Das Kind suchte und suchte. Es fand zwei dieser Sachen. Aber es fand diese griechische Blume nicht. Auf einmal war vor ihm ein Haus, das leuchtete hell auf und öffnete die Tür. Dort waren die griechischen Kräuter. Da tauchte der Kobold auf, er sagte: „Der Kessel da drüben, mach darunter Feuer. Gib die Gewürze hinein, koche alles und trink es dann." Das Kind tat alles, was der Kobold gesagt hatte und nach ein paar Minuten ging es ihm so gut wie noch nie. Der Kobold und das Kind wurden beste Freunde und es stellte sich heraus, dass sie gleich alt waren – und zwar 10 Jahre. Sie haben im gleichen Monat Geburtstag, nur war der Kobold zwei Wochen älter. Das Kind hatte noch ein Problem. Es wusste nicht, wo seine Eltern waren. Jetzt wusste der Kobold auch nicht mehr weiter und musste seine Eltern holen. Er hat eine Kette mit einem Amulett. Das musste er aufmachen und auf das Bild drücken, dann kamen seine Eltern. Die Eltern des Kobolds waren sehr nett. Sie suchten mit und fanden die Eltern. Die zwei Familien wurden beste Freunde und die Familie des Kindes zog sogar in das Haus der Kobolde.

Hanna Ried
Grundschule Diedorf, Klasse 4b

Gestrandet im Urwald

Schon lange hatten sich meine Eltern und ich auf diesen Urlaub gefreut. Unser Ziel war Südamerika. Nach vielen Flugstunden kamen wir glücklich dort an und staunten über die tropische Umgebung. Wir bezogen unser Hotelzimmer und ließen es uns gut gehen. Doch nach zwei Tagen am Strand war meinem Vater und mir langweilig. „Können wir beide nicht was unternehmen?", fragte ich mürrisch. „Gute Idee", meinte mein Papa. „Ich habe an der Rezeption ein Plakat von einer Paddeltour über den Rio Oro gesehen. Wär' das was für dich?" „Klingt gut!", sagte ich. Am nächsten Morgen wanderten wir zwei zum nahegelegenen Fluss. Wir hatten uns mit Mückenspray eingesprüht und einen Rucksack mit Proviant dabei. Am Kanuverleih stand schon ein Mann, der jedem von uns ein Kanu und ein Paddel gab. Er sagte uns noch, dass wir auf der Paddel-Tour durch den Urwald fahren würden und dass auf der Strecke manchmal eine ziemliche Strömung sei. „Wir haben so was schon öfter gemacht", meinten wir. Wir stiegen in unsere Kanus und paddelten los. Es war wichtig, in der Mitte des

Flusses zu fahren. Mein Vater war vor mir. Links und rechts vom Fluss hingen Schlingpflanzen herunter, überall war dichter Urwald. Aus dem Wald kamen unheimliche Geräusche. Es war heiß und stickig und die Mücken schwirrten um mich. Doch zum Glück wirkte das Mückenspray. Der Fluss war schön und das Paddeln machte mir Spaß. Nach einer Weile befanden wir uns an einer Stelle, wo die Strömung stärker wurde. Mein Vater umfuhr sie geschickt, doch ich wurde an den Rand getrieben. „Hey, warte auf mich!", schrie ich. Er drehte sich um, um zu schauen, was mit mir los war, doch da wurde sein Kanu auch abgetrieben. Plötzlich tauchte vor mir ein großer Ast, der ins Wasser hing, auf. Ich stieß dagegen, mein Boot schwankte und kippte dann um. Kopfüber landete ich im Fluss, schluckte viel Wasser und ruderte mit den Armen, bis ich wieder an der Oberfläche auftauchte. Schnell packte ich Schlingpflanzen, die am Ufer wuchsen, und hielt mich daran fest. Voller Angst bemerkte ich, dass mein Vater nicht mehr zu sehen war. Was sollte ich jetzt tun? Vorsichtig kroch ich ans Ufer und wartete. Rings um mich waren überall Pflanzen: Bäume, Büsche, Sträucher, alles in verschiedenen Grüntönen. Ich hörte Tiere kreischen und sah Insekten und Käfer, die ich vorher noch nie gesehen hatte. Am Boden krabbelten große Ameisen. Neugierig folgte ich ihrer Spur und ging so in den Dschungel hinein. Mir stieg ein Geruch in die Nase, der von einer bunten Pflanze ausströmte. Sie war wunderschön. Im Urwald waren die Geräusche, die ich vorher schon gehörte hatte, noch viel lauter und ich sah Affen, die sich von Baum zu Baum schwangen. Diese Wildnis war so beeindruckend, dass ich noch tiefer in den Wald hineinhing. Der Weg war zwar anstrengend, aber lohnte sich. Ich merkte nicht, dass ich mich immer weiter vom Fluss entfernte. Das Dickicht war jetzt so dicht, das ich nicht mehr durchkam und umdrehen musste. Als ich den Rückweg nicht mehr fand, erkannte ich, dass ich mich verirrt hatte. Wie sollte mein Vater mich jetzt finden? Ich sammelte meinen ganzen Mut und ging in die Richtung, wo ich den Fluss vermutete. An einer Lichtung ruhte ich mich aus, denn die Hitze war unerträglich. Ich legte mich in einen Blätterhaufen und schloss die Augen. Plötzlich krabbelte etwas Haariges auf meiner Nase herum. Ich erschrak, als ich erkannte, dass es eine fette Spinne war. Schnell schüttelte ich mich und die Spinne landete im Dickicht. Buh, das war ekelig gewesen. Mittlerweile hatte ich ziemlich Hunger. Ich schaute mich um, was es zur Auswahl gab. Da waren Beeren an einem Strauch, die gut aussahen. Ich probierte und sie schmeckten. Nun hatte ich neue Kraft. Vor mir bewegte sich etwas im Gras. Weil es so dunkel war, konnte ich zuerst gar nicht sehen, was da war. Aber dann schoss mir die Angst in die Knochen: Vor mir kroch eine große braune Schlange. Voller Panik versuchte ich wegzulaufen, doch ich blieb erstarrt stehen. Ich konnte mich nicht bewegen, so groß war meine Angst. Jetzt war die Schlange so nahe, dass ich sogar ihre geteilte Zunge sehen konnte! Plötzlich packte mich jemand von hinten und zog mich fort. Ich begann zu schreien, doch dann merkte ich, dass es mein Vater war. Wie war ich erleichtert! Mein Vater war sehr glücklich, dass er mich gefunden hatte und wir gingen zusammen zum Fluss zurück. Dort lagen unsere beiden Kanus am Ufer. Damit so etwas nicht nochmal passierte, band mein Vater mein Kanu mit seinem zusammen und so ging es weiter den Fluss hinunter. Den Rest vom Urlaub verbrachten wir am Hotelpool, denn langweilig war es mir danach nicht mehr.

Hannes Bartl
Justus-von-Liebig-Gymnasium Neusäß, Klasse 5c

Angatus und das verwunschene Dorf der Hasen

Angatus, der mutige und tapfere Leitwolf eines Rudels, schlich sich durch das Unterholz. Er kämpfte sich durch Dornenbüsche und sprang über kleine Bäche. Er sah sich nach Beute um. Er musste nicht lange suchen, da entdeckte er eine Hasengruppe. Langsam und leise schlich er sich an. Doch die kleinen Tiere schienen ihn zu bemerken und hoppelten davon. Vorsichtig verfolgte Angatus die Hasen. Leichtfüßig trabte er über das feuchte Moos. Als er auf eine Lichtung gelangte, wunderte er sich, denn die Hasen waren wie vom Erdboden verschluckt.

Da er ein Wolf war, der ziemlich schnell aufgab, zog er sich zurück, um nach neuer Beute zu suchen. Knack! „Was war das?", fragte er sich. Waren das die Hasen, die sich hier irgendwo versteckten und hofften, Angatus würde sie nicht finden? Oder war das ein Rudel, in dessen Revier er eingedrungen war? Er sah sich um, doch er konnte nichts entdecken. „Vielleicht habe ich mir das auch nur eingebildet", überlegte er. Aber plötzlich huschte ein Schatten über den Weg. Angatus duckte sich. Er sah sich ein weiteres Mal um, und da, zwei kleine Hasenohren ragten hinter einem Busch hervor. Angatus versteckte sich hinter einem Baum. Vorsichtig lugte er hinter diesem hervor. In dem Moment hoppelten die Hasenohren davon. Zuerst war Angatus irritiert, doch dann verfolgte er die Hasengruppe.

Diese war so schnell, dass der Wolf die kleinen Tierchen fast aus den Augen verloren hätte, aber Angatus war schnell. Er schlich über den weichen Waldboden, während er sich bemühte, seine Beute nicht aus den Augen zu verlieren. Er war so beschäftigt und so vertieft in seine Jagd, dass er die wunderschöne Wildnis nicht bemerkte, in der er sich befand. Erst nach weiterem Hinsehen nahm er die faszinierende Natur wahr. Die Bäume ragten wie ein riesiges Tor über ihm zusammen und auf dem Boden wuchsen seltene Pflanzen. Darunter wunderschöne Blumen, aber auch Fliegenpilze. Außerdem roch es unglaublich gut - nach frischem Moos, Kräutern und Waldblumen. Irgendwie fühlte er sich hier geborgen. „Was ist das für ein Ort?", fragte er sich. „Achtung, da ist er!", hörte er eine piepsige Stimme hauchen. Er sah sich mit runzelnder Stirn um, doch er sah niemanden. „Ja, du hast Recht, besser wir verschwinden von hier!", flüsterte eine andere Stimme. Danach war alles wieder still. Angatus wartete noch an paar Minuten, doch dann drehte er sich um. Seine Lust zu jagen war ihm vergangen, also wollte er gemütlich zu seinem Rudel zurückkehren. Sollten doch die anderen Wölfe mal Futter holen, er musste sich jetzt erst mal ausruhen! Aber als er gerade den Weg einschlagen wollte, der ihn nach Hause führte, stellte er fest, dass er sich ziemlich weit von seinem Revier entfernt hatte. Er blickte nach links und rechts, doch er wusste einfach nicht welchen Weg er nehmen sollte. Auf einmal sah er ein Loch im Boden und noch eins. Eine ganze Reihe von geheimnisvollen Löchern versteckte sich hinter Baumstämmen und Sonnenblumen. Der Wolf schnüffelte an ihnen und es roch nach ... nach ... Hasen! „Hab ich euch!", triumphierte er. In dem Moment hüpfte ein Hase nach dem anderen blitzschnell aus den Erdlöchern und verwirrten Angatus. Sie umringten den Wolf und sahen ihn mit vorwurfsvollen Blicken an. Angatus fletsche die Zähne, doch die kleinen Tiere wichen nicht zurück. Im Gegenteil, sie hoppelten mutig auf ihn zu. „Wie heißt du?", fragte einer der Gruppe, Angatus vermutete, dass es der Anführer war. Ungläubig starrte er die pelzige Truppe an. Warum hatten sie keine Angst? Wieso liefen sie nicht vor ihm weg? Immer näher kamen sie und schauten ihn entschlossen an. Völlig überrumpelt verriet er ihnen seinen Namen. „Dann bist du also der Anführer der Wölfe? Der gefürchtete Angatus?", versicherte sich ein kleiner, schmächtiger Hase, der sich kaum hinter den anderen hervortraute. „Ja, der bin ich!", erwiderte der Wolf und richtete sich stolz auf. „Mit dir wollten wir reden!", erklärte der Chef der Gruppe, und sprach mit eindringlicher Stimme weiter: „Wir wollen keine Angst mehr vor euch haben müssen! Wir wollen uns nicht mehr vor euch verstecken! Der Wald ist auch unsere Heimat, diese Wildnis ist unser zu Hause, wir wollen hier in Frieden leben!" Angatus war verblüfft: „So große Angst habt ihr vor uns?" Die Hasen nickten. Zögernd ergriff ein weiterer Hase das Wort: „Immer, wenn wir durch unser Revier hoppeln, müssen wir achtsam sein, dass uns kein Wolf über den Weg läuft. Hinter jedem Busch, an jedem Bachufer, auf jeder Wiese müssen wir mit euch rechnen! Wir können die schöne Wildnis gar nicht genießen!"

Von diesem Moment an begriff der Wolf, wie sehr sich die kleinen Tiere vor ihm und seinen Artgenossen fürchteten. „Ja, und wir wollen allem ein Ende bereiten!" Der Leitwolf war sprachlos und wusste nicht, wie er reagieren sollte. Freundschaft mit den Hasen? Wie sollte er das seinem Rudel beibringen? Unsicher sah er die Hasenbande an. Nach einigem Überlegen fasste er sich ein Herz: „Ich verspreche euch, wir werden eine Lösung finden, mit der wir alle einverstanden sind! Gebt mir ein paar Tage Zeit, um mit meinem Rudel zu sprechen! Erleichtert sahen die Hasen ihn an: „Wir danken dir von ganzem Herzen und wünschen dir viel Erfolg. Komm, wir zeigen dir den kürzesten Weg zurück, wir kennen uns hier sehr gut aus – Freunden helfen wir immer gerne!"

Ella Dobrindt
Leonhard-Wagner-Gymnasium Schwabmünchen, Klasse 5b

Die Wildnis meiner Gedanken

Einatmen, ausatmen.
Und mal wieder ein stressiger Schultag hinter mir,
aber warum fühle ich mich nicht gut?
Warum fühle ich mich, als täte ich alles für nichts?
So leer, als ob ich eigentlich nichts erreicht habe.
Wofür mache ich das?
Wonach ich mich sehne, in der Wildnis, dem Chaos meiner Gedanken?
Jemand, der am Ende eines anstrengenden Tages zu Hause auf mich wartet.
Jemand, der mir sagt: „Ich weiß, es war hart für dich, aber du hast es geschafft. Ich bin stolz auf dich, du hast all das sehr gut gemacht."
Zu Hause sind all diese Gedanken, warum, wofür, weshalb.
Ich brauche eine Auszeit.
Zuhause fühlt sich so fremd an, wie eine Wildnis.
Ich fühle mich dort nicht wohl, nur gestresst und nicht gut genug.
Meine Zuflucht?
Der Wald.
Ironisch, nicht?
Ein Wald ist ja auch 'die Wildnis'.
Jedoch anders.
Dort kann ich mich entspannen, über alles nachdenken, ohne mir über etwas den Kopf zerbrechen zu müssen.
Das Zwitschern der Vögel, das Rauschen des Baches, die Sonnenstrahlen, die durch die Blätter in mein Gesicht fallen, die Stille.
All das ist mein Favorit.

Meine Komfortzone,
ein Rückzugsort.
Die Stille gibt mir Zuspruch.
Niemand kann mir sagen, du hast dieses und jenes falsch gemacht, du
kannst nichts richtig machen.
Dort bin ich frei, ungestört, der Wildnis meiner Gedanken entkommen.

Nancy Witkowski und Sabrina Hartinger
Staatliches Gymnasium Königsbrunn, Klasse 9a

Der Fantasie-Wald

Es war einmal ein Mädchen, das wünschte sich so sehr einmal in den
Fantasie-Wald zu kommen. Aber sie hatte eine böse Stiefmutter, die
nicht an die Fantasie-Welt glaubte. Deswegen hatte sie früher auch nie
Geschichten über die Fantasie gehört, sondern nur von ihrer echten
Mutter. Eines Tages kam die Stiefmutter ins Zimmer und sagte: „Komm
schnell ins Esszimmer, es gibt Essen!" Als sie fertig mit dem Essen war,
entdeckte sie ein altes Buch. Es war ziemlich eingestaubt, sie pustete
einmal über das Buch. Vorne auf dem Buch stand: „Alles über Fantasie".
Sie machte das Buch vorsichtig auf. Dort stand: „In diesem Wald werden
unmögliche Tiere zum Leben erweckt, alles ist ganz magisch." Doch
plötzlich kam die Stiefmutter ins Zimmer und sagte: „Was hast du hinter
deinem Rücken?" Das Mädchen antwortete: „Nichts, was soll denn da
sein?" „Zeig mir deine Hände nach vorne", sprach die Mutter.
Sie gab vorsichtig die Hände ihrer Mutter, aber das Buch war wie vom
Erdboden verschluckt. Dann sagte sie: „Schau, nichts." Daraufhin ging
die Mutter wieder. Plötzlich kam ein Wind ins Zimmer, dann war sie weg.
Als sie die Augen öffnete, sah sie ein Einhorn. Sie rieb sich die Augen und
sah wirklich ein Einhorn. Sie ging vorsichtig weiter und das Einhorn
folgte ihr. Ein paar Minuten später kam sie an einen Waldrand. Aber
dann kam aus dem Gebüsch eine Fee. Das Mädchen fragt die Fee:
„Kannst du mir drei Wünsche erfüllen?" Die Fee flüsterte: „Nein, aber ich
kann dir den Wald und meine Freunde zeigen." „Ja, unbedingt!", jubelte
das Mädchen. Sie gingen wie ausgemacht in den Wald und danach zu
den Freunden der Fee. Bei den Freunden angekommen, war weit und
breit keine Fee zu sehen, denn sie hatten Angst. Aber vorsichtig kamen
ein paar Feen heraus. Plötzlich kam ein Windstoß und ein Troll kam vor
sie und sprach geheimnisvoll: „Komm nach Hause, deine Mutter sorgt
sich um dich!" Das Einhorn verstand es, dass es das Mädchen nach Hause
bringen sollte. Also legte sich das Einhorn auf den Boden, das Mädchen

setzte sich und das Einhorn brachte sie nach Hause. „Wir werden immer Freunde bleiben", sagte das Mädchen zum Abschied.

Alisa Großhauser
Grundschule Altenmünster, Klasse 4a

Der Schrecken der Wildnis

Letzte Woche waren die letzten Tage meines Sommerurlaubs. Deshalb beschloss ich einen Tag im Wald zu verbringen. Ich wollte vor meinen Freunden und Kollegen richtig männlich erscheinen, deswegen nahm ich mir vor, auch im Wald zu übernachten und zwar in einer Outdoor-Hängematte. Da ich sehr überzeugt und stolz auf diese Idee war, erzählte ich es einem Großteil meiner Freunde. Ich wollte sie damit einmal so richtig beeindrucken. Gesagt getan. Am Mittwoch sollte ein herrlicher Tag werden, deshalb beschloss ich an diesem Tag meine Sachen für den Ausflug zu packen. Gegen Abend suchte ich mir einen schönen Platz auf einer Lichtung aus. Da saß ich also, alleine im Wald und aß mein Brot. Es war ein perfekter Abend. Als ich mich zu Bett legen wollte, hörte ich komische Geräusche. Sah immer wieder Schatten vorbeihuschen, langsam bekam ich Angst. Gibt es Wölfe im Wald oder Wildschweine? Oder alles nur Einbildung? Auf einmal berührte irgendetwas meine Hängematte. Ich erschreckte mich und redete mir gut zu. Plötzlich hörte ich ein Gelächter und meine Freunde sprangen aus dem Gebüsch. Den Abend verbrachten wir zusammen und er war sehr schön.

Lena Ökten
Franziskus-Schule Gersthofen, Klasse 8b

Wilder als die Wildnis

Ein lautes Hämmern an meiner Zimmertür, eine immer lauter werdende Stimme, jeden Tag, Tag für Tag, immer dasselbe. Aber nicht heute. Heute sind es die Regentropfen, die einen angenehmen Ton erzeugen, jedes Mal, wenn sie auf meine Fensterscheibe auftreffen. Ich halte meine Augen geschlossen und zähle sie mit „eins, zwei, drei …" Ich muss über mich schmunzeln. Ein lautes Hupen eines LKW-Fahrers weckt mich dann letztendlich auf. Wie ich es hasse, in so einem Großstadtdschungel zu leben. „New York – da will ich einmal leben", heißt es immer von den Leuten. Ob es besonders ist, weiß ich nicht. Ich setze mich auf, schaue in meinen Spiegel, welcher parallel zu meinem Bett hängt, mit einem halboffenen Dutt, welcher noch von ein paar Strähnen festgehalten wird. Ich drehe meinen Kopf nach rechts, Regentropfen auf der Fensterscheibe, links ein vollgepackter Koffer. Ich seufze laut. Wie konnte ich es bloß vergessen? Heute fahren wir zu diesem Feriencamp, zu dem mein Bruder und ich jedes Jahr fahren, in das mich meine Eltern zwingen. Sie denken, es würde mir helfen, neue Kontakte aufzubauen. Aber ich weiß ganz genau, dass sie es nur für meinen kleinen achtjährigen Bruder wollen, der es liebt dort zu sein.

Ich stehe endlich auf, öffne die Türe und laufe immer noch komplett verschlafen und mit einem mürrischen Blick Richtung Badezimmer. Kein Wunder, dass ich nicht mit einem lauten Hämmern aufgeweckt worden bin, denke ich mir, sobald ich das Badezimmer betrete. Denn meine Mutter versucht gerade, meinem kleinen Bruder eine „ordentliche Frisur zu stylen", wie sie immer zitiert. Doch mein Bruder ist nicht wirklich begeistert davon. Nach stressvollen 30 Minuten schaffen wir es, endlich im Auto zu sitzen – mit einem Koffer auf meinem Schoß. Ich bin schon an solche Stresssituationen gewöhnt. Ich stecke mir meine Stöpsel in die Ohren und spiele beruhigende Lieder ab. So kann ich diese fünf Stunden Fahrt noch ertragen. Sonnenstrahlen kitzeln mich auf meinen Augenlidern, ich öffne sie leicht und schließe sie sofort wieder, da das grelle Sonnenlicht mich blendet. „Wir sind da, wir sind da!", höre ich meinen kleinen Bruder. Also habe ich geschlafen, denke ich mir. Die Sonne geht langsam unter. Es fängt an, nebliger zu und gruseliger zu werden. Ich habe ein komisches Gefühl in mir. Auf einmal schreit mein Vater auf: „Verdammt! Wir haben nicht mehr genug Benzin!", meint er. Es würde nur noch für den Rückweg reichen, aber nur wenn sie uns jetzt raus ließen. Mit einem misstrauischen Gefühl versuche ich, meinen Eltern das Vertrauen zu geben, dass wir den restlichen Weg auswendig könnten. Meine Eltern sind nicht wirklich überzeugt von dem Vorschlag, doch sie haben keine andere Möglichkeit als einzuwilligen. Nach ungefähr zehn Minuten winken mein Bruder und ich unseren Eltern das letzte Mal zu.

Ich schaue hinüber zu meinem Bruder und er erwiderte den Blick. Ich gebe ihm ein unsicheres Schmunzeln und er mir eins zurück. Wie geplant laufen wir den hügligen Wald mit zwei Koffern hoch. Ein Piepen unterbricht die furchteinflößende Stille. Es ist mein Handy, nur noch 5 %. „Mist!", schreie ich laut auf. Ich sehe eine Nachricht aufploppen, sie ist von unserer Mutter. Ich tippe mein Passwort ein, schaue auf meinen Akkustand: 2 %. In dem Moment, als ich die Nachricht lesen will, geht mein Handy aus. „Nein, nein, nein! Bitte nicht jetzt", spreche ich leise vor mich hin. Ich drücke hektisch mehrere Male auf den Einschaltknopf, aber das Handy bleibt schwarz. Ich seufze wieder auf. Dieses Mal mit einer zittrigen Stimme. Meine Augen füllen sich mit Tränen. Ich bekomme Angst. Ich bekomme Angst und werde hektisch. „Komm, lass uns weiter-laufen, Jonas", sage ich zu meinem Bruder. Stille. Niemand antwortet. Ich schaue mich um und kann meinen Augen nicht glauben. Er ist weg. „Er ist weg. Ich habe ihn verloren. Er ist weg", rede ich mir ein und mache mich damit noch verrückter. Man nennt es hier nicht ohne Grund ver-steckte Wildnis, es scheint wie ein normaler Wald auf einem Berg, doch das ist es nicht. Ich war schon zu oft hier, vielleicht sogar dieses Mal einmal zu oft. Eine leise Stimme weckt mich aus meinen Tagträumen. Ich höre die Stimme wieder und wieder. Sie kommt mir von Mal zu Mal bekannter vor. Da fällt es mir ein: „Jonas!", kommt es aus mir heraus. Er steht zehn Schritte weiter weg. Ich renne auf ihn zu, mit ausgebreiteten Armen. Doch plötzlich ist er weg. Ich schaue mich hektisch mit einem verwirrten Blick um. „Hier bin ich." Ich drehe mich um. Jetzt steht er fünf Schritte hinter mir. „Hör auf mit den Spielchen!", befehle ich ihm in ei-nem ernsten Ton, während ich auf ihn zulaufe. Doch plötzlich nähert sich ihm eine Kreatur. Jonas dreht sich um, Panik löst sich in ihm aus. Er rennt schreiend auf mich zu. Doch die Kreatur überholt ihn und es ist still. Schwarz. Mein Herz pocht. Mir wird schwindlig. Ich falle. Schwarz. Mein Herz pocht. Mir wird schwindlig. Ein Hämmern ertönt. Ich öffne meine Augen. Eine immer lauter werdende Stimme. Ich kenne das. Ich stehe auf, schaue in meinen Spiegel. Schaue nach links, Koffer, rechts Regentropfen. Jeden Tag dasselbe, Tag für Tag.

Seyma Aydin
Staatliches Gymnasium Königsbrunn, Klasse 9a

Ich und der Wolf

Eines Nachmittags gehe ich in den Wald und höre Vogelzwitschern. Es ist ein alter Wald mit umgestürzten Bäumen. Ich klettere über die Bäu-me. Plötzlich höre ich ein Knurren. Ich erschrecke und habe Angst. Es knackst und es brummelt. Erschrocken drehe ich mich um und hinter mir steht ein Wolf. Ganz schnell laufe ich weg. Nach einer Weile denke ich, ich hätte ihn abgehängt. Aber da habe ich mich getäuscht. Er hat mich bis nach Hause verfolgt. Ich knalle die Haustüre zu und renn nach oben in mein Zimmer und gucke von oben auf den Wolf. Es ist schon dunkel. Irgendwann geht der Wolf. Ich bin so froh, dass er weggelaufen ist und danach schlafe ich ein.

Isabella Fendt
Helen-Keller-Schule Dinkelscherben, Klasse 4b

Der geheime Pfad

Der Mond ging gerade auf und ließ den Wald in einem silberfarbenen Licht schimmern. Vorsichtig streckte der Fuchs Flamme den Kopf aus seinem Bau hinaus. Nachdem er sich vergewissert hatte, dass keine Gefahr drohte, schlüpfte er ganz aus dem Bau heraus. Den ganzen Tag hatte er darin geschlafen und nun wollte er jagen gehen. Geräuschlos schlich Flamme durch das Unterholz, bereit, beim ersten Anblick von Beute zuzuschlagen.

Einige Zeit später entdeckte er einen Hasen, der genüsslich an einem Büschel Gras nagte und Flamme nicht zu bemerken schien. Langsam schlich er sich an den Hasen heran und sprang mit einem gewaltigen Satz auf die Beute. Doch gerade als er den Hasen essen wollte, ertönte hinter ihm ein gefährliches Knurren. Als sich Flamme umdrehte, erblickte er einen riesigen schwarzen Bären, dessen Augen gefährlich glitzerten und der es offensichtlich auf seine Beute abgesehen hatte. Von Panik ergriffen rannte Flamme durch den Wald und versuchte verzweifelt, den großen Bären hinter sich abzuschütteln, aber der Bär ließ nicht von Flamme ab und jagte stetig hinter ihm her. Ohne zu wissen, wo er war, rannte Flamme einen schmalen Pfad entlang, der zu beiden Seiten von dunklen Kiefern umrandet war. Allmählich ließ seine Kraft nach, aber er wollte nicht gefressen werden. So lief er trotz großer Mühe weiter, bis er plötzlich vor einem riesigen Baum, der ihm den Weg versperrte, zum Stehen kam. Der Baum war eine Weide, dessen Äste bis zum Boden hinunter reichten und der Stamm war mit seltsamem Moos bedeckt, das in unnatürlichen Farben leuchtete. Da ihm der Bär noch immer auf den Fersen war, kroch Flamme unter den Baum, um Schutz zu finden. Unter der Weide entdeckte er einen Tunnel, der in allen Farben des Regenbogens leuchtete. Plötzlich hörte er, dass auch der Bär versuchte, unter den Baum zu kommen und mit seinen langen, spitzen Krallen an den Ästen des Baumes riss.

Angsterfüllt sprintete er zum Tunnel und sprang ohne Nachzudenken in die Tiefen der Öffnung. Die Farben, die von der Wand ausgingen, verschwammen ineinander und Flamme wurde davon ganz schwindelig. Dann verschwanden auf einmal die Farben und Flamme landete mit einem dumpfen Aufprall inmitten einer Wiese, worauf er das Bewusstsein verlor. Als Flamme wieder zu sich kam, merkte er, dass es bereits wieder hell wurde, wodurch er die Lichtung besser betrachten konnte. Sie war umgeben von seltsamen Bäumen, die gelbe und grüne Stämme hatten und blaue Blätter trugen. Anstatt Gras gab es nur eine grüne Fläche, auf der sich dunkelgrüne Kringel befanden. Auf einer Seite war die Lichtung mit einer Felswand umgeben, in der sich unten ganz versteckt der Tunnel befand, aus dem Flamme gekommen war. Aber er war nicht allein. Hinter einem der Bäume befand sich eine wunderschöne Füchsin, deren Fell nicht rot wie bei einem Fuchs war, sondern blau und das leuchtete und mit kleinen funkelnden Sternen übersät war und ihre Augen schimmerten wie Diamanten. Für Flamme war sie die schönste Gestalt, die er je gesehen hatte und er war wie verzaubert vom Anblick der Füchsin.

„Wer bist du?", fragte die blaue Füchsin. „Ich bin der Fuchs Flamme", antwortete er. „Und wer bist du, wenn ich fragen darf?" Die blaue Füchsin antwortete: „Ich bin eine Kristallfüchsin und heiße Funkenschweif. Aber wo kommst du her, ich habe dich noch nie hier gesehen?" „Ich komme aus dem Tunnel, der aus dieser Felswand ragt", antwortete Flamme. „Dann kommst du nicht aus meiner Welt, das bedeutet, dass ich sie dir unbedingt zeigen muss. Komm mit!" Sofort rannte Funkenschweif in den Wald und Flamme rannte ihr nach, bis sie vor einem Baum stehen blieben, der größer war als alle anderen Bäume, die Flamme je gesehen hatte. „Das ist der Baum des Lebens", erklärte Funkenschweif. „Von diesem Baum aus wird der gesamte Wald mit Energie versorgt." Beindruckt sah Flamme den Baum genauer an, bis er merkte, dass Funkenschweif bereits weiterlief.

Gerade als sie hinter einem Baum verschwand, setzte sich Flamme noch rechtzeitig in Bewegung und eilte hinter Funkenschweif her. Den ganzen Tag streiften sie durch den Wald, bis es schließlich dunkel wurde und Funkenschweif auf einer kleinen Lichtung stehen blieb. Sie drehte sich zu Flamme um und sagte: „Hier ist der Ort, an dem ich lebe." Neugierig schaute sich Flamme auf der Lichtung um. Die Lichtung war von bunten Bäumen umrandet und in den Bäumen waren Nester, aus denen andere Kristallfüchse herausschauten. Flamme bemerkte, dass die anderen Füchse lauter unterschiedliche Farben hatten. Es gab gelbe, rote, weiße, grüne, blaue und schwarze Füchse, die ihn nun alle neugierig anstarrten. „Komm mit", sagte Funkenschweif. „Du kannst in meinem Bau schlafen." Gemeinsam liefen sie zu einem hohen Baum und kraxelten den Stamm hinauf, um zum Nest zu gelangen. Oben angekommen, kuschelten sich beide in das Nest und schon bald waren sie eingeschlafen.

Früh am nächsten Morgen wurde Flamme von einem merkwürdigen Geräusch geweckt. Es hörte sich wie ein lauter, aber unbekannter Knall an. Als Flamme vorsichtig die Augen öffnete, konnte er seinen Augen nicht trauen: Plötzlich war die ganze Farbe der magischen Welt wie weggeblasen. Alles war nur grau und farblos. Was war nur geschehen? Funkenschweif, die scheinbar auch durch das mysteriöse Geräusch geweckt worden war, öffnete nun auch langsam ihre Augen. Sie war geschockt vom

Anblick der trostlosen Lichtung, auf der sie sich befanden. Entsetzt kletterten sie hinunter auf die Lichtung, um zu erfahren, was passiert war.

Unten warteten schon ihre Artgenossen, die ebenso keine Ahnung hatten, was geschehen war. Schon konnten sie die besorgten Fragen der Anderen hören: „Wo ist die Farbe?", fragte ein großer, grüner Fuchs. Ein anderer fragte: „Was war das vorher für ein seltsamer Knall?" Die Stimmen legten sich, als sich ein muskulöser, schwarzer Fuchs in die Mitte der Gruppe drängte. Sein Fell leuchtete nicht wie das der anderen Füchse und in seinem Gesicht klaffte eine hässliche Narbe, die quer über sein linkes Auge verlief. Das Auge, über das die Narbe verlief, war milchig weiß und Flamme vermutete, dass er auf diesem Auge blind war. „Diese graue Farbe kann nichts Gutes bedeuten", knurrte der schwarze Fuchs. Er wollte weiterreden, doch er wurde von einem umfallenden Baum unterbrochen, der laut krachend auf der Lichtung landete. Erschrocken wichen die anderen Füchse, die neben dem Baum standen, zurück. Der schwarze Fuchs wollte sie beruhigen, doch seine Stimme ging im Tumult der andern unter. Als er wieder zu Wort kam, sagte er: „Wir müssen hier weg! Es ist viel zu gefährlich, wenn wir hierbleiben." Erneut wurde seine Stimme vom Tumult übertroffen.

Während Flamme dasaß und die Kommentare der anderen anhörte, merkte er, wie Funkenschweif näher zu ihm rückte und ihm ins Ohr wisperte. „Was denkst du, was die Ursache sein könnte?" Flamme dachte nach und antwortete wenige Zeit später: „Vielleicht hat es etwas mit dem Baum des Lebens zu tun?" „Das könnte gut möglich sein", murmelte Funkenschweif. Noch ehe Flamme etwas sagen konnte, stand Funkenschweif auf und lief in Richtung Baum des Lebens. Eilig folgte Flamme ihr, weil er nicht alleine zwischen den anderen, die er nicht kannte, zurückbleiben wollte. Als sie am Baum des Lebens ankamen, verschlug es Flamme den Atem. Bei seinem letzten Besuch war der Baum prachtvoll und voller Farbe gewesen. Doch jetzt war er grau wie die restlichen Bäume, seine Blätter hingen schlaff herab oder lagen auf dem Boden. Der Anblick war so entsetzlich, dass Flamme ihn kaum ertragen konnte. Ihm tat der einst so prächtige Baum, der seine Magie verloren hatte, unendlich leid. Er wurde aus seinen Gedanken gerissen, als Funkenschweif ihn anstieß und traurig zu ihm sagte: „Du hattest Recht, Flamme. Der Baum muss krank sein, wodurch er wohl seine Farbe verloren hat. Wir müssen etwas tun, aber ich weiß nicht was."

Einige Momente später hatte Funkenschweif eine Idee: „Ich weiß, wie wir den Baum des Lebens retten können. Wir müssen zu Luna gehen, sie ist eine Fee und hat Zauberkräfte. Ich bin mir sicher, dass sie uns helfen kann, den Baum zu retten." „Wo lebt Luna und wo können wir sie finden?", wollte Flamme wissen. Daraufhin entgegnete Funkenschweif: „Das weiß niemand genau. Wir wissen nur, dass sie hoch oben im Gebirge im Norden lebt. Den genauen Standort weiß nur Dunkelklaue, unser Anführer. Wir könnten eigentlich problemlos dort hingehen, doch wir müssten dazu das Territorium der Schattenfüchse durchqueren." „Wer sind die Schattenfüchse?", fragte Flamme. „Das sind schwarze Füchse, deren Herz so dunkel wie der Nachthimmel ist. Wir sind schon immer miteinander verfeindet gewesen und es dürfte schwer werden, ihr Territorium zu betreten, insbesondere wenn man bedenkt, dass unser Anführer selber mal ein Schattenfuchs war, der seinen Clan verraten hat und unser Anführer wurde."

Plötzlich ergab alles einen Sinn: Die dunkle Farbe des Anführers, die Kälte in seinen Augen, die große Narbe, die einen Verräter kennzeichnet. Unsanft wurde Flamme aus seinen Gedanken gerissen, als ein Rabe laut krähend über seinem Kopf hinwegflog. Neben ihm erschauderte Funkenschweif und knurrte dann leise: „Schwarze Vögel. Die gab es hier vorher noch nie. Die müssen erst aufgetaucht sein, als alles so grau und trostlos geworden ist." Leise fügte sie hinzu: „Das ist ein schlechtes Zeichen. Wenn wir den Baum des Lebens retten wollen, müssen wir uns beeilen."

Hinter ihnen raschelte es im Gebüsch und Dunkelklaue kam mit ein paar Gefolgsleuten zum Vorschein. Sein Gesichtsausdruck verfinsterte sich, als er den Baum sah. Mit bissiger Stimme erklärte er: „Wir müssen sofort ins Lager gehen, um die Anderen zu warnen und um zu überlegen, was wir tun sollen. Alle zurück ins Lager und zwar sofort!"

Am Abend fand auf der Lichtung eine Besprechung statt, in der es darum ging, was als nächstes geschehen sollte. Erst spät in der Nacht kam Dunkelklaue zu dem Entschluss, dass Flamme, Funkenschweif, eine gelbe Füchsin, die Sonnenfell hieß, ein grüner Fuchs namens Blattsturm und eine lilafarbene Füchsin, die den Namen Mondschweif trug, die Reise antreten sollten. Also brachen die fünf Füchse früh am nächsten Morgen auf und machten sich auf den Weg in ein für sie unbekanntes Territorium. Zu dem Zeitpunkt ahnte Flamme noch nicht, was auf ihn zukommen wird und dass ihm ein großes Abenteuer bevorsteht.

Sie waren schon einige Stunden unterwegs, als sie an einem großen See ankamen. Da sie alle erschöpft waren, beschlossen sie, am See eine Pause einzulegen, um sich auszuruhen und sich über die angegebene Route von Dunkelklaue zu unterhalten. „Ich denke, es wäre besser, wenn wir die Route durch die Himmelsschlucht wählen!", meinte Blattsturm. „Aber dann werden wir von den Phönixen angegriffen! Ich möchte nicht als Vogelfutter enden! Und zudem bin ich dafür, dass es besser wäre, den Weg durch den Seelensumpf zu benutzen", meinte Sonnenfell. „Aber diese Stecke führt viel zu nah am feindlichen Lager vorbei. Wir müssen eine andere Strecke wählen, außer ihr zieht es vor, von einem Schattenfuchs zerfetzt werden. Ich stimme dafür, dass wir durch den Wald der silbernen Bäume gehen", entgegnete Mondschweif. „Was denkst du, Funkenschweif?" Doch Funkenschweif registrierte nicht, dass sie antworten sollte, denn sie schaute hinaus auf die blaue Fläche des Sees. Flamme bemerkte, dass sie mit ihren Gedanken ganz woanders war. Als Funkenschweif wieder zurück in die Realität kehrte, meinte sie: „Mondschweif hat recht. Wir sollten durch den Wald der silbernen Bäume gehen". Flamme war erstaunt, dass sie trotz ihrer Abwesenheit zugehört hatte, doch er hatte nun keine Zeit, um sich darüber Gedanken zu machen.

Es war bereits spät, als sie am Wald der silbernen Bäume ankamen, die Sonne war längst untergegangen und der Mond stand schon hoch am Himmel. Flamme war müde und hungrig, er wollte nur noch essen und dann schlafen gehen. Den anderen ging es genauso, was deutlich erkennbar war. Nachdem sie sich endlich im Schutz der Bäume befanden, brach Flamme erschöpft zusammen. Verächtlich knurrte Sonnenfell: „Na toll! Kaum sind wir da, schon bricht der Erste zusammen!" „Komm mal wieder runter, Sonnenschweif", meinte Blattsturm. Mondschweif entgegnete nichts, während die anderen darüber stritten, sie sah nur deprimiert in die Bäume hinauf. Still gesellte sich Flamme zu ihr. „Früher war dieser Wald so schön in der Nacht, weil die Bäume in der Dunkelheit dann silbern leuchteten, wenn der Mond auf sie schien. Jetzt sind die Bäume krank und haben ihre Schönheit und ihre Magie verloren", wisperte Mondschweif kummervoll. Flamme hatte Mitleid mit ihr. Sie musste diesen Wald sehr gemocht haben. Schweigend saßen sie im Mondlicht, bis Funkenschweif sich zu ihnen setzte und sagte: „Wir sollten noch jagen gehen, bevor wir uns ein Plätzchen für die Nacht suchen."

Erst jetzt merkte Flamme, wie hungrig er war. Langsam standen sie auf, um sich auf die Suche nach etwas zu fressen zu machen. Es dauerte einige Zeit, bis Flamme auf Beute stieß. Vor ihm huschte ein rosa Hase auf und ab, er suchte wohl auch nach etwas Fressbarem. Da er Flamme scheinbar nicht wahrnahm, schlich Flamme sich vorsichtig an den Hasen heran. Schnell wie der Blitz schlug Flamme zu und erwischte den Hasen gerade noch, bevor er die Flucht ergreifen konnte. Stolz trug Flamme seinen Fang zurück zu den Anderen, die sichtlich von ihm beeindruckt waren. „Guter Fang", meinte Sonnenfell, die selber nur eine rote Maus erlegt hatte. Während die andern aßen, überlegte Flamme, warum die Tiere hier alle so bunt waren und keines eine normale Farbe hatte. In Gedanken versunken nahm

Flamme einen Bissen von seinem Hasen. Der Hase schmeckte ganz anders als die Hasen in seiner Welt. Eigenartig, denn er schmeckte vollkommen süß! Als endlich alle gegessen hatten, rollte sich Flamme neben Funkenschweif zusammen und fiel in einen unruhigen Schlaf.

Als ein lautes Kreischen ertönte, wurde er plötzlich und unsanft aus dem Schlaf gerissen. Das Kreischen ertönte aus einiger Entfernung, aber wer auch immer das war, würde bald da sein. Eilig weckte er die andern auf: „Schnell, wir wurden entdeckt! Wir müssen sofort hier weg!" rief Flamme voll Panik, doch es war zu spät. Aus dem Nichts tauchten plötzlich sieben Schattenfüchse auf, die offensichtlich nicht über die Besucher erfreut waren. „Was macht ihr in unserem Territorium?", fragte einer der Schattenfüchse bedrohlich. „Ja, was habt ihr hier zu suchen?", entgegnete ein zweiter. „Wir haben euch nicht gestattet, hierher zu kommen", knurrte ein weiterer. Langsam kamen die Schattenfüchse näher, während die anderen sich vorsichtig zurückzogen. „Lauft!", rief Sonnenfell plötzlich in die Nacht. In ihren Augen spiegelte sich die pure Angst. Sofort rannten alle fluchtartig in die Richtung, aus der die Fremden gekommen waren. Panisch rasten sie einen Hang hinauf, um die Schattenfüchse abzuschütteln, aber die ließen sich davon nicht beeindrucken und setzten ihre Verfolgungsjagd fort.

Flamme achtete nicht darauf, wohin sie rannten, bis er abrupt vor einer riesigen Schlucht stehen bleiben musste. Er wollte wieder in die andere Richtung fliehen, aber ihm wurde von den Schattenfüchsen der Weg abgeschnitten. Ohne Vorwarnung brach plötzlich der Felsvorsprung ab, auf dem Flamme und die anderen standen und stürzte in die Tiefe hinab. Dies löste eine Gerölllawine aus, die hinter ihnen die Schlucht herabregnete. Gerade noch rechtzeitig konnten Flamme und die anderen aus dem Weg springen, um nicht unter ihr begraben zu werden. Von oben hörte man einen der Schattenfüchse knurren: „Von denen dürften wir nichts mehr hören". Schritte ertönten, die langsam verklangen, als die Schattenfüchse in den Schatten des Waldes verschwanden.

Blattsturm ließ seinen Blick über die anderen schweifen und stellte fest, dass zum Glück keiner von ihnen verletzt war, worauf er einen langen Seufzer der Erleichterung ausstieß. Flamme war ebenfalls erleichtert, dass keiner von ihnen verletzt war, aber als er die Felswand ansah, an der sie herab gerutscht waren, merkte er, dass sie viel zu steil war, um wieder an ihr hochzuklettern. Auch die anderen schienen zu bemerken, dass sie die Felswand nicht erklimmen konnten. Doch bevor Flamme das Wort ergreifen konnte, kam ihm Sonnenfell dazwischen und sagte: „Da wir hier nicht hochkommen werden, müssen wir der Schlucht folgen, bis wir einen

Ausweg finden, um unsere Reise fortzusetzen." Da die Sonne bereits aufging, hatte keiner etwas einzuwenden und so setzten sie ihre Reise fort.

Nach einiger Zeit kamen sie zu einer Kreuzung. Plötzlich blieb Blattsturm stehen, sah sich kurz um und rief dann begeistert: „Ich weiß, wo wir sind! Wenn wir rechts abbiegen, kommen wir zu einem Felshaufen, an dem wir nach oben klettern können!" Sonnenfell blickte ihn einen Moment zweifelnd an, nickte dann aber zustimmend und folgte Blattsturms Anweisung. Wie Blattsturm es vorausgesagt hatte, kamen sie nur kurze Zeit später am Felshaufen an. Voll Freude wollte Blattsturm schon den Felshaufen hochrennen, als er entsetzt merkte, dass vor den Felsen eine riesige Schlange lag. Vor Schreck stockte ihm der Atem. Bevor die Schlange ihn bemerken konnte, zog er sich gerade noch rechtzeitig in Sicherheit zurück. Die Schlange drehte sich kurz in seine Richtung, legte sich dann aber wieder hin. „Das war knapp", hauchte Blattsturm. „Was sollen wir jetzt tun?", fragte Sonnenfell verängstigt. „Keine Ahnung", meinte Mondschweif. Keiner hatte eine Idee, bis plötzlich Funkenschweif rief: „Achtung! Die Schlange hat uns gesehen!" Funkenschweif hatte Recht: Die Schlange kam direkt auf sie zu. Ohne Nachzudenken schmiss sich Mondschweif auf die Schlange, es gab ein Gerangel, das zu schnell war, um es zu verfolgen. Einen Augenblick später stand der Gewinner fest: Mondschweif saß auf der Schlange, die schlaff auf dem Boden lag. Alle starrten sie fassungslos an, überrascht von ihrem Kampfgeschick, während sie sich entspannt ihr Fell säuberte. Scheinbar hatte sie keinen Kratzer abbekommen, sie musste eine hervorragende Kämpferin sein. Sprachlos und wie angewurzelt stand Flamme vor Mondschweif und merkte dann aber bei einem Blick in den Himmel, dass sie nun aus der Schlucht rauskommen konnten. Seine Freunde hatten das auch entdeckt, woraufhin sie den Felshaufen hochkraxelten und die Schlucht hinter sich ließen.

Am nächsten Morgen erreichten sie endlich den Wald des hohen Nordens, in dem die Fee Luna leben sollte, doch schon nach kurzer Zeit mussten sie feststellen, dass der Wald sehr groß war und sie nicht wussten, wo sie lebte. Nur wenig später kamen sie auf eine still gelegene Lichtung, auf der ein seltsamer Baum stand, in dessen Krone sich eine gigantische rote Knospe befand. Der Baum war zwar grün, sah aber sehr unnatürlich aus, denn die Äste sahen aus wie zu groß geratene Ranken. Vorsichtig nähere sich Blattsturm dem Baum, um ihn näher zu untersuchen. Urplötzlich fing der Baum an, sich zu bewegen und wild mit den Ranken umher zu schlagen. Erschrocken wich Blattsturm mit vor Angst geweiteten Augen zurück, um nicht von der Pflanze getroffen zu werden. Die rote Knospe öffnete sich und blitzende Zähne kamen zum Vorschein.

Die Erkenntnis traf Flamme wie ein Blitz: Dies war kein Baum, sondern eine riesige fleischfressende Blume! Und die Blume hatte offensichtlich vor, ihn und seine Freunde zu verschlingen! Er wollte „Lauft!" schreien, doch die Worte blieben ihm im Halse stecken. Er registrierte, dass Funkenschweif ein paar Meter weiter vorne wie angewurzelt vor dem Monster stehen blieb und sich aus lauter Angst nicht bewegen konnte! Wenn sie sich nicht in Sicherheit bringen würde, würde sie gleich zu Blumendünger verarbeitet werden. Flamme konnte gar nicht hinsehen. Funkenschweif bewegte sich noch immer nicht vom Fleck! Würde das ihr Ende sein? Flamme sah, wie sich das weit geöffnete Maul der Blume Funkenschweif immer weiter näherte, gleich hätte die Blume sie! Doch im letzten Moment ertönte ein lautes „Stopp!" von oben und die Blume zog sich wieder zurück. Flamme fiel ein Stein vom Herzen. Als er nach oben sah, erblickte er eine kleine leuchtende Gestalt, die langsam auf sie zukam. Flamme fragte sich, ob dies eine kleine Fee war? Könnte dies Luna sein? Die Gestalt hatte ein blaues, kurzes Kleid an und hatte lila Haare. Ihre Flügel leuchteten in einem hellen blau und in ihrer linken Hand hatte sie einen kleinen Zauberstab. Sie selber war nur ungefähr 30 cm groß.

Dann begann sie zu sprechen: „Hallo, ich bin Luna. Wie kann ich euch weiterhelfen?" Sofort erzählte Funkenschweif ihr die komplette Geschichte, warum und wie sie hergekommen waren. Luna hörte ihr schweigend zu und sagte: „Ich denke, dass ich euch helfen kann, aber wir sollten erst morgen aufbrechen, da es schon spät ist und ihr sicherlich müde seid. Kommt mit! Ich zeige euch, wo ihr heute Nacht schlafen könnt". Luna brachte sie zu einem großen Baum, unter dessen Wurzeln sich eine große Höhle befand. „Hier könnt ihr sicher schlafen", sagte Luna, „ich komme morgen wieder vorbei."

Müde kroch Flamme in die Höhle und legte sich zu Funkenschweif auf den gepolsterten Boden. Funkenschweif döste langsam neben ihm ein, doch er konnte keinen Schlaf finden, da er mit seinen Gedanken ganz woanders war. Woher wusste Luna, dass die Pflanze Funkenschweif angriff und wieso hatte die Pflanze auf Luna gehört? Während ihm die Fragen durch den Kopf gingen, sank er allmählich auch in einen unruhigen Schlaf.

Früh am nächsten Morgen wurde Flamme von einer kleinen Hand angetippt. Als er die Augen öffnete und Luna sah, die vor ihn herumschwebte, war er sofort hellwach. Endlich konnten sie den Baum retten gehen. Die anderen waren schon wach. Er war scheinbar der Letzte, der aufgewacht ist, daher blieb ihm keine Zeit mehr, sich zu strecken und er wurde regelrecht aus dem Bau hinausgedrängt, als die andern sich hinter ihm ins Freie drängten.

Sonnenfell gab bekannt, dass sie sich direkt zum Baum des Lebens begeben würden und ehe irgendjemand etwas einwenden konnte, stakste sie schon los. Eilig folgten ihr die anderen, um nicht zurückzubleiben oder sich zu verlaufen. Luna flog die ganze Zeit friedlich neben ihnen her und passte auf, dass nichts Böses geschehen würde.

Sie liefen einige Zeit schweigend durch den Wald, bis Sonnenfell plötzlich kreischend nach hinten sprang. „Da ist eine Schlange!", rief sie panisch. Flamme sah genauer nach vorn: Da war keine Schlange, nur ein Stock, der sich etwas nach oben bog. Sonnenfell musste sich offenbar vor diesem Stock erschrocken haben. Die anderen, die nun auch allmählich die Situation verstanden, brachen in Gelächter aus, auch Flamme stimmte mit ein. Nur Sonnenfell verstand nicht, was los war und sah die anderen mit einem ungläubigen Gesicht an. „Was habt ihr denn?", fragte sie fassungslos, „könnt ihr die Schlange nicht sehen?" Erneut fingen alle an zu lachen, bis Blattsturm ihr mit einem vergnügten Grinsen im Gesicht die Situation erklärte. Peinlich berührt sah sie die vermeintliche Schlange an, an der sie sich so erschreckt hatte. Nachdem sich alle wieder beruhigt hatten, setzten sie die Reise fort.

Einige Tage später erreichten sie den Wald der silbernen Bäume und Flamme überlegte, ob sie diesmal wieder Schattenfüchsen begegnen würden, aber sie durchquerten den Wald, ohne einem zu begegnen. Verwundert blickte sich Flamme im Wald um. Nirgendwo war ein Zeichen von Leben zu vernehmen. Der Wald war wie ausgestorben. Wohin waren all die Tiere verschwunden? Fragend blickte er sich um, aber der Wald blieb still. Bald darauf verließen sie den Wald und schon kurze Zeit später waren sie am See angekommen, an dem sie am Hinweg vorbeigekommen waren.

Doch Flamme verschlug es die Sprache: Der See war ausgetrocknet! Was war nur während ihrer Abwesenheit geschehen? Die anderen schienen auch verwundert zu sein, als sie das Wasser des Sees suchten. Er sah sich am Ufer des Sees um: Überall lagen umgestürzte Bäume herum, die meisten Blätter waren heruntergefallen. Die Blätter, die noch am Baum waren, hingen schlaff von den Ästen herunter. Dem Baum des Lebens musste es schlechter gehen. Besorgt drehte er sich zu den anderen um, die unruhig umherliefen. Sie sollten sich besser auf den Weg machen, um den Baum noch retten zu können. Betrübt setzten sie ihren Weg noch schneller fort zum Baum des Lebens. Dort angekommen, würde Luna den Baum heilen und alles würde wieder gut werden!

Als sie endlich am Baum des Lebens ankamen, erschrak Flamme, wie schlecht es dem Baum ging. Ganze Äste lagen auf dem Boden und im Stamm klaffte ein gewaltiger Riss.

Luna flog um den Baum herum, das Entsetzen war ihr ins Gesicht geschrieben. Keine zwei Sekunden später wedelte sie mit ihrem Zauberstab in der Luft herum, murmelte etwas und zielte dann anschließend mit dem Zauberstab auf den Baum. Ein greller, grüner Lichtstrahl schoss aus ihrem Zauberstab heraus und brachte die ganze Umgebung zum Leuchten. Flamme musste die Augen zusammenkneifen, um nicht zu erblinden und als er sie vorsichtig wieder öffnete, konnte er kaum glauben, was er dort sah: Der Baum leuchtete wieder! Er sah wieder so prachtvoll wie immer aus und konnte wieder den ganzen Wald mit Energie versorgen.

Flamme wurde aus seinen Gedanken gerissen, als Funkenschweif fragte: „Wie können wir dir nur je dafür danken, Luna?" Daraufhin lächelte Luna: „Da gibt es nichts zu danken. Ich habe es getan, weil ich euch helfen wollte. Lebt wohl!" Dann schwebte sie lautlos davon.

„Wir sollten uns zurück ins Lager begeben. Die anderen machen sich bestimmt schon Sorgen, wo wir so lange bleiben", meinte Blattsturm, worauf die andern zustimmend nickten. Freudig machten sie sich auf den Weg, um den andern von ihrem Abenteuer zu erzählen.

Als sie die Lichtung betraten, wurde Flamme plötzlich ganz unbehaglich zumute. Die Lichtung war wie ausgestorben. Wo waren all die anderen? Suchend blickten sie sich alle auf der Lichtung um, doch nirgendwo war nur der kleinste Hauch von Leben zu erkennen. Hatten die anderen alles verlassen, weil sie dachten, dass sie nicht mehr kommen würden? Hatten sie die Hoffnung bereits aufgegeben?

Plötzlich wurde die Stille von einem furchterregenden Heulen zerrissen. Irgendwo in der Nähe fand ein Kampf statt! Blindlings rannte Flamme in die Richtung, aus der das Heulen kam. Er musste sich beeilen, wenn er den anderen helfen wollte. Hinter sich hörte er die Schritte der anderen, die ihm offenbar folgten. Flamme brach durch das Unterholz und fand sich auf einer Lichtung wieder. Auf der Lichtung fand ein großer Kampf statt und lautes Kriegsgeschrei erfüllte die Umgebung. Entsetzt erkannte er, dass die Kristallfüchse gegen die Schattenfüchse kämpften.

Ohne weiter nachzudenken sprang Flamme ins Getümmel, um den Kristall-Füchsen zu helfen. Gerade wollte ein Schattenfuchs eine orange Füchsin anspringen, die sich bereits gegen einen anderen Schattenfuchs verteidigen musste. Blitzschnell sprang Flamme dazwischen und schleuderte den Angreifer zurück in die Richtung, aus der er gekommen war. Mit zusammengekniffenen Augen suchte Flamme die Lichtung nach seinen Freunden ab. Funkenschweif verteidigte sich gerade mit Dunkelklaue gegen einige Schattenfüchse. Weiter hinten zerkratzte Sonnenschweif das Fell eines muskulösen Schattenfuchses, und Blattsturm eilte ihr zur Hilfe. Als er sich nach Mondschweif umdrehte, sah er, dass sie in mitten eines kreischenden Fellbündels feststeckte. Ohne zu zögern sprang Flamme dazwischen, um ihr zu helfen. Gemeinsam mit Mondschweif schlug er die Schattenfüchse in die Flucht und als er sich umdrehte, stelle er fest, dass die meisten Schattenfüchse schon von der Lichtung geflohen waren, nur Funkenschweif verteidigte sich noch gegen einen letzten Eindringling, der aber auch schnell das Weite suchte. Flamme untersuchte die anderen nach Wunden, aber keiner schien verletzt zu sein.

Nun war alles wieder wie früher! Nun konnten sie wieder zurück ins Lager gehen. Er wollte sich gerade auf den Weg machen, als er merkte, dass etwas nicht in Ordnung war. Die anderen sahen sich alle suchend um. Nun merkte auch er, was los war: Mondschweif war weg! Wo konnte sie nur sein? Hatten die Schattenfüchse sie entführt?

Doch dann kam Mondschweif plötzlich hinter einem der Büsche, die um die Lichtung wuchsen, hervor. In ihrem Maul trug sie eine seltsame Beere, die geheimnisvoll glitzerte. Mondschweif trat auf ihn zu und legte ihm die Beere vor die Pfoten. „Iss diese Beere", sagte sie zu ihm. Flamme wollte schon fragen, warum er sie essen sollte, doch Mondschweif sah ihn so streng an, dass er lieber tat, was sie sagte. Die Beere schmeckte eigenartig und als er sie gegessen hatte wurde ihm ganz schwindelig, Was war das für eine seltsame Beere? Schlagartig war das Schwindelgefühl wieder weg und als er auf seine Füße starrte, sah er, dass sein Fell rot leuchtete und er mit lauter kleinen funkelnden Sternen übersät war! Lag das an der Beere? Bevor er fragen konnte, sagte Mondschweif: „Das war eine Kristallbeere, die dafür sorgt, dass sich jemand in einen Kristallfuchs verwandelt. Flamme war überwältigt: Nun war er selber ein Kristallfuchs! Nun konnte er für immer hierbleiben.

Dunkelschweif ergriff das Wort: „Flamme, hiermit heißen wir dich als vollkommenes Mitglied in unserem Rudel willkommen! Es würde uns freuen, wenn du bei uns bleiben würdest." „Ich würde sehr gerne bei euch bleiben", antwortete Flamme. Daraufhin begaben sie sich alle Richtung Lager. Als sie dort ankamen, waren die Farben bereits zurückgekehrt. Die Lichtung sah wieder so unglaublich schön wie vorher aus. Und nun war er hier zuhause!

Am Abend saß Flamme auf der Lichtung und sah in den Himmel hinauf. Der aufgehende Mond sah bezaubernd aus. Während er in seinen Gedanken versunken war, merkte er nicht, dass Funkenschweif sich neben ihn setzte. Er bemerkte sie erst, als sie zu ihm sagte: „Guten Abend Flamme". Flamme drehte sich zu ihr und fragte: „Weißt du, warum uns die Schattenfüchse angegriffen haben?" „Ich denke, dass sie es für einen Angriff gehalten haben, als wir auf dem Weg zu Luna waren und dass sie daher zurückschlagen wollten", antworte Funkenschweif. „Das könnte gut möglich sein. Ich in froh, dass jetzt alles wieder in Ordnung ist", meinte Flamme. Sie schwiegen und sahen sich einen Moment in die Augen. Dann legten sie sich eng aneinander gekuschelt auf die Lichtung und sahen den Sonnenuntergang an, der prachtvoll zu Ende ging. Funkenschweif hatte die wahre Liebe gefunden und konnte nun eine glückliche Familie gründen.

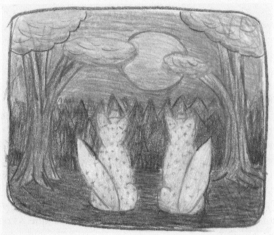

Sarah Schmid
Leonhard-Wagner-Realschule Schwabmünchen, Klasse 9b

Der Tiger

In der Schule war unser Thema Tiger. Frau Hungelhein hat uns einen kleinen Tiger gezeigt. Heute als ich vor die Haustür trat, stand der kleine Tiger vor mir. Ich gab ihn meiner Mama. Mama fragte: „Wo hast du den Tiger her?" „Der war vor der Haustür." „Was soll ich jetzt mit dem Tiger machen?" „Du sollst ihn füttern, putzen, ihm einen Käfig kaufen und den Käfig schön machen." „Warum machst du das nicht? Ich muss arbeiten." „Und ich muss in die Schule." Ich packte meinen Schulranzen und rannte so schnell in die Schule, dass meine Mama mich nicht mehr einholen konnte! Als ich von der Schule nach Hause kam, war der Tiger weg. „Mama?", fragte ich, „wo hast du denn den Tiger hin?" „Zu den Nachbarn." „Warum?" „Wir haben keinen Platz für ihn. Aber ich hab mit den Nachbarn etwas ausgemacht. Du darfst immer wenn du willst zu den

Nachbarn gehen und den Tiger besuchen. Außerdem darfst du ihm auch einen Namen geben." „Dann nenn ich ihn Tigi." Nach ein paar Jahren bekam Tigi auch Junge: Fleigi Tulei und Fatoni. Das war richtig schön!

Lukas Trinkl
Grundschule Biberbach, Klasse 2a

Der Fuchs am See

Der Fuchs sah sich um. Er war weit entfernt von seinem Zuhause. Es war der erste Tag, an dem er aus dem Bau durfte.

Er hatte leckere Beeren gerochen und sich nur kurz von seiner Familie entfernt. Als er zurückging, war sie nicht mehr da. Seine Eltern und Geschwister waren weitergelaufen. Plötzlich kamen Jagdhunde und hetzten ihm hinterher. Fedor sprintete in den Wald. Nachdem er gemerkt hatte, dass die Jagdhunde nicht mehr da waren, ließ der Fuchs sich an einem kleinen See nieder. Der See glitzerte und Fedor konnte auf den Grund schauen. Er entdeckte Fische, die pfeilschnell im Wasser herumschwammen. Um einen Fisch zu erwischen, streckte Fedor sich und fiel zu seinem Unglück in den See. Strampelnd schwamm er zum Ufer. Einen Fisch hatte er wenigstens erwischt, aber seine Familie war nicht mehr für ihn da. Lange wartete der Fuchs, aber niemand kam. Schließlich grub er sich eine kleine Höhle, um darin zu übernachten. Am nächsten Morgen wachte Fedor auf, denn jemand stupste ihn sanft an. Es war Tine, seine große Schwester. Sie nahm ihn mit zurück zum Bau der Fuchsfamilie, der doch nicht so weit entfernt war, wie er gedacht hatte. Seine Geschwister begrüßten den Ausreißer stürmisch und zusammen tollten sie auf der Wiese vor dem Bau.

Lilly Brureiner
Schmuttertal-Gymnasium Diedorf, Klasse 5a

Der Wald — Ort der Entspannung

Ein Wald kann Vieles sein. Für viele Lebewesen ist er ein Zuhause. Für uns Menschen stellt er oft einen Ort der Ruhe dar. Er ist ein Wohlfühlort, an dem alles still wird, an dem wir keinen telefonierenden und gestresst durch die Straßen laufenden Anzugträgern begegnen. An dem wir keine hektischen Mütter beobachten können, wie sie verzweifelt nach ihren Kindern suchen. An dem unsere Nasen nicht den Geruch von Autoabgasen wahrnehmen müssen. In einem Wald atmen wir Luft, diese reine Luft, die immer wieder unsere Lungen erfüllt. In einem Wald atmen wir nur Luft, keinen Zigarettenrauch, keinen Geruch von Pizza oder sonstigem Fast Food. Wir atmen pure Luft. Diese Luft riecht aber auch im Wald immer anders, so paradox es auch klingt. Manchmal riecht Luft nach Regen oder nach frischem Laub, das dort auch unter unseren Füßen knistert und knirscht, wenn wir darüber laufen – dennoch: immer wirkt sie befreiend.

Nachts allerdings haben wir für gewöhnlich Angst in einem Wald. Wir haben keine Angst alleine dort zu sein, wir haben Angst, uns eben nicht alleine dort zu befinden. Wir sehen Schatten, die uns Angst machen und können nur vermuten, was sich dahinter verbirgt. Alles ist so still und doch hören wir gleichzeitig jedes Geräusch. Wir bilden uns ein, etwas zu sehen oder zu hören, obwohl dort scheinbar nichts ist. Wenn es dunkel ist, fühlen uns unsicher und hilflos, und das an dem Ort, der uns doch am Tage so beruhigt.

Wenn wir einen Wald betreten, geht dort so unfassbar viel und Faszinierendes vor sich. Würmer graben sich Tunnel durch die meistens feuchte Erde, genauso wie Maulwürfe. Das Dunkle ist ihr Zuhause. Vögel singen hoch oben in den Bäumen ihre Lieder, ihr Zwitschern kann wie Musik in unseren Ohren klingen. Tief im Wald verstecken sich Wildschweine, welche nur auf die Dämmerung warten.

Vieles, was in einem Wald geschieht, können wir nicht sehen, und doch ist es da. Es ist merkwürdig, obwohl an diesem Ort so viel vor sich geht und so viel Trubel herrscht, ist es doch so still. Vielleicht finden wir es genau deshalb so schön und entspannend, mal einen Wald zu betreten. Den Alltag an uns vorbei ziehen zu lassen, nicht daran zu denken, wann unser nächster Termin stattfindet, sondern einfach nur den kostbaren Augenblick, das Hier und Jetzt zu genießen. Zu spüren wie der Wind sanft über unser Haar streicht, wie die Vögel für uns tanzen, die Bäume uns Luft zum Atmen geben, wie unsere Lungen sich mit dieser frischen und leichten Luft füllen. An einem solchen Ort können wir wir selbst sein, unsere Schritte hören, unsere Atemzüge spüren. Wir fühlen uns frei, frei von all dem Stress, denn im Wald vergessen wir dies alles.

Den ganzen Tag rennen wir von Termin zu Termin, wir hetzen von Aufgabe zu Aufgabe. In Gedanken tauchen wir noch einmal ab in das Gestern, wollen verändern, was nicht mehr zu ändern ist oder denken uns planend in die Zukunft, doch wir sind nie in der Gegenwart. Wenn wir sitzen, essen wir schon. Wenn wir essen, stehen wir schon, und wenn wir stehen, laufen wir schon. Der Wald aber lässt uns das Denken vergessen. Deshalb ist ein Wald ein Zufluchtsort, niemand wird einen stören.

Ein Wald bietet uns so umwerfende Schauspiele.

Der Wind tobt und pfeift durch die Bäume, manche von ihnen höher als das größte Haus weit und breit, manche noch so zart und zerbrechlich wie ein Streichholz. Hoch oben bringt er die Baumkronen und die unterschied-lichsten Blätter zum Tanzen, sie wirbeln umher, vom Wind getragen, sie tanzen in der Luft. So leicht wie die dünnsten Federn tanzen sie für uns.

Ein Wald ist einer der beruhigendsten Orte der Welt für uns, er ist ein Zuhause, er ist eine Oase der Entspannung und der Ruhe. Wenn wir uns in einem Wald befinden, dann machen wir eine Pause von all dem, was uns Sorgen bereitet. Eventuell denken wir in einem Wald genau darüber nach und bekommen einen klaren Kopf dadurch. Und genau das ist das, was wir Menschen heute dringend brauchen: Ruhe, einen klaren Kopf und Pausen – ein Durchatmen für die Seele.

Franziska Blaas
Staatliche Realschule Neusäß, Klasse 8b

Fabriken schaden der Wildnis

Ein sehr reicher Munitionsfabrik-Besitzer sagte in der Mittagspause zu den Arbeitern, dass sie die Giftmüllproduktion verdoppeln müssten, um mehr herzustellen. Am Abend ging er schon um 18 Uhr ins Bett. Im Traum war der Millionär in einem Wald. Da kam ein am Boden zerstörter Fuchs vorbeigeschlichen. Da fragte der Mann: „Was ist denn los?" Natür-lich wusste er, dass Tiere nicht sprechen konnten, doch komplett uner-wartet sagte der Fuchs: „Meine Kinder sind tot und das nur, weil sie sich an dem blöden Giftmüll vergriffen haben." Da war der Mann geschockt. Der Fuchs wusste, dass er dafür verantwortlich war.

Das Tier rief aus weiter Entfernung: „Folge mir." Sie kamen zu einem Baum, der sehr krank aussah. Seine Rinde bröckelte runter und der Baum fing an zu reden: „Der Rauch ist sehr schwer aus der Luft zu filtern, ich bin voll-kommen erschöpft und krank." Nach ein paar Minuten Reden gingen sie weiter. Der Baum rief ihnen noch etwas hinterher: „Zeig es ihm." Die bei-den kamen zu einem Tunnel im Boden. Als sie durch waren, sah alles so aus wie immer, nur etwas fehlte. Genau, die Geräusche! Ohne diese fühlte es sich nicht an wie die Wildnis. Der Fuchs sagte: „Alle Menschen waren arm. Es gab kaum noch Pflanzen, die noch etwas zu essen geben. So ist es, wenn zu viele Giftstoffe in der Luft liegen." Da dachte der Millionär: „Ich sollte die Giftmüllproduktion stoppen und bei dem nächsten Treffen die anderen überreden." Gleich danach fragte der Fuchs: „Hast du es dir über-legt?" Als der Mann aufstand, stoppte er die Giftmüllproduktion und die Wildnis war wie immer grün, schön, frei und manchmal auch gefährlich.

Julius Wohlgemuth
Mittelschule Stadtbergen, Klasse 5a

Lili und Mia

Mia und Lili waren Bärenkinderschwestern. Sie lebten in einer Höhle mitten im Wald. Die Geschwister waren unterschiedlich: Mia war faul und Lili war fleißig. Eines Tages sollten Lili und Mia Pilze sammeln gehen. Die Mutter sagte: „Nichts Fremdes essen!" Sie gingen los zu einer Lichtung im Wald, wo es Pilze gab. Nachdem sie angekommen waren, begann Lili Pilze herauszudrehen. Mia suchte etwas zu essen, das man nicht drehen musste. Mia nahm einen komischen Apfel, der auf dem Boden lag und biss hinein. Plötzlich blitzte und donnerte es. Mia war ein Hase! Als Lili zu ihrer Schwester sah, erschrak sie sehr. Als sie sich etwas beruhigt hatte, beschloss sie, Mia zu nehmen und zu ihrer Mama zu bringen. Das machte sie auch. Als sie zu Hause ankamen, sagte sie: „Mama, Mia ist ein Hase. Sie hat in einen verzauberten Apfel gebissen." Die Bärenmutter sagte: „Schon gut, ich weiß, was zu tun ist. Ich habe ein Zauberbuch, wo ein Zauberspruch drin steht, mit dem man Mia wieder in ein Bärenkind verwandeln kann." Die Bärenmutter sprach den Zauberspruch: „Hokuspokus, Hase zu Bär. Hex. Hex." Es donnerte und blitzte wieder. „Juhu!", jubelte Lili. Es hatte geklappt! Mia war wieder ein Bärenkind. Alle freuten sich gemeinsam und Mia versprach, in Zukunft fleißiger zu sein und auf das zu hören, was man ihr sagte.

Sophia Marie Mayr
Mozart-Grundschule Gersthofen, Klasse 4b

Gefangen in der Wildnis | Das Abenteuer in der Antarktis

Hallo! Ich bin der Pinguin Max und ich will euch meine Geschichte erzählen: Zuerst schwamm ich ganz in Ruhe durchs Meer. Nach einer Weile spürte ich eine schnelle Strömung von hinten. Ich wusste sofort, wer da mit mir spielen wollte! Es war Leo, der kleine Orca. Er fragte: „Spielst du jetzt mit mir? Du hast es mir versprochen!" „Ja, ja, ja, ich komm ja schon!", antwortete ich. Bald darauf tollten wir im Meer herum. Plötzlich tauchte meine Mutter auf und rief: „Leo! Kommst du bitte zum Essen!" Darauf fragte Leo: „Darf Max mitessen?" Seine Mutter sagte: „Wieso nicht!" Also schwammen wir mit.

Später klopfte es an der Tür. Alle dachten, es sei Leos Papa. Doch da stand eine weiße Gestalt. Anette, so heißt Leos Mama, wich zurück und fragte überrascht: „Wer sind Sie?" Die Gestalt sagte: „Ich bin Ben, der Eisbär." Anette stotterte verdutzt: „Eisbär? Davon hab ich noch nie etwas gehört." Die anderen kannten das Wort ebenfalls nicht und guckten ihn fragend an. „Ich glaube", sagte ich, „die kommen von der anderen Seite – der Arktis.

Also gegenüber von uns, oder?" Ben meinte: „Keine Ahnung! Ich wurde eingefangen und hierhergebracht." „Oh, du Armer", sagte ich mitleidig. „Komm doch rein und erzähl uns, was passiert ist!" Ben begann zu berichten: „Ich schwamm ganz friedlich im Meer und plötzlich zog mich etwas zurück. Ich fühlte, dass ich in einem riesigen Fischernetz gefangen war. Die Fischer holten mich aus dem Wasser und fuhren mich mit einem riesigen Schiff hierher. Ich war unendlich traurig, dass ich nicht mehr zuhause war. Nach ein paar Tagen ließen mich die Männer wieder frei, weil man mich ja nicht essen kann, wie die ganzen leckeren Fische." Das war eine wahnsinnig spannende Geschichte. Leo fragte aber trotzdem gleich: „Magst du unser Spiel mitspielen?" Nun kam endlich Leos Papa und wunderte sich über den fremdartigen Gast. Aufgeregt erzählten wir ihm alles über Ben. Dann fragte Leo seinen Papa Andre: „Papa, willst du auch mitspielen?" „Natürlich!" Anette rief: „Ich auch!"

Zum Schluss spielten wir alle miteinander, obwohl wir noch bis vor kurzem noch gar nicht wussten, dass es Eisbären gab und dass man mit ihnen so toll spielen kann. Ob er wohl auch mitessen mag? Es gab Fisch.

Leni- Luise Jahn
Grundschule Gablingen, Klasse 2a

Die Wildnis

Die Wildnis ist der Lebensraum von vielen Tieren. Die Natur gibt uns auch etwas, und zwar O_2, also Sauerstoff.

Der Sauerstoff wird durch einen Mechanismus der Bäume gewonnen. Er ist notwendig für alle Lebewesen zum Atmen. Auch der Baum atmet und verbraucht hierfür Sauerstoff. Allerdings weitaus weniger als er produziert.

Die Tiere, die dort leben, sind wilde Tiere, die man nicht nach Hause bringen darf und schwer streicheln kann. Sie würden sonst auch nicht mehr zur Mutter wollen oder umgekehrt, die Mutter nicht zu ihren Kindern.

Die Feinde der Tiere in der Wildnis sind diejenigen, die die Anderen nicht mögen. Wenn der Feind sich nähert, erkennen es die Tiere und verstecken sich oder laufen davon. Die Menschen bedrohen die Tiere auch. Durch Bauen von Wohnungen und Häusern zum Beispiel. Die Tiere müssen flüchten.

Manche Insekten, die im Wald leben, sind sehr wichtig für uns, wie zum Beispiel die Ameisen oder die Bienen.

Die Ameisen haben ihr Zuhause in einem Ameisenhaufen. Die Vögel haben ihr Zuhause in einem Nest auf Bäumen. Natürlich weit oben, sodass die Feinde sie nicht erreichen können. Zugvögel fliegen im Winter in südliche und wärmere Länder. Andere bleiben im Winter in ihrem natürlichen Lebensraum und suchen sich einen Unterschlupf für die kalten Monate. Für die Nahrung der Tiere ist die Wildnis sehr lebensnotwendig. Vor allem für die Tierbabys, da sie noch heranwachsen und stärker werden müssen. Man unterscheidet pflanzenfressende und fleischfressende Lebewesen.

Zeynep Hasgül
Grundschule Schwabmünchen, Klasse 3bgzt

Das Dunkle

Als ich einst in meinem Hause schlief,
schleppte mich etwas in mein Verlies,
dort hörte ich das Wasser fließen,
das ließ mich auf den Dschungel schließen.
Ich richtete mich auf und sah mich um,
doch was ich sah, nahm mir den Mumm,
eine dunkle Gestalt, die im Schatten stand,
kam nun ganz elegant auf mich zu gerannt.
Majestätisch stand es vor mir,
das schwarze, dominante Tier,
mit seinen gelben Augen sah es mich an,
und so nahm ich an, dass es nur ein Panther sein kann.
Ich erkannte die Gefahr in seinen Augen,
an eine Zukunft verlor ich den Glauben,
er griff mich an mit einem wilden Schnauben,
dies ließ mich meinen Mut aufklauben.
Ich stand auf, lief so schnell ich konnte,
doch liefen meine Beine nicht wie ich wollte,
ich stieß entgegen eines Baumes,
wachte auf und stellte fest, es war nur der Inhalt eines Traumes.

Lena Schmid und Luca Arianna Friess
Staatliches Berufliches Schulzentrum Neusäß, Klasse W11b

Das komische Geräusch im Gebüsch

An einem stinknormalen Tag habe ich mich mit meiner besten Freundin Hanna getroffen, die für mich in einem Zauberwald wohnt.
Also fuhr mich meine Mutter zu ihr. Ich dachte mir: „Endlich wieder hier!"
Hanna sagte: „Wollen wir in den Wald gehen?" „Das ist eine fantastische Idee!", antwortete ich. Kurz darauf gingen wir los, doch Hannas Mama

rief: „Könnt ihr bitte in diesen Körben Pilze sammeln?" „Machen wir!", antworteten wir zwei. Als wir im Wald waren, meinte ich: „Lass uns zuerst die Pilze sammeln und dann spielen." „Ist gut!", rief Hanna. Wir haben zuerst Pilze gesammelt, danach beobachteten wir ein Eichhörnchen. Sogar ein kleines Rehkitz haben wir gesehen. Doch plötzlich hörten wir ein Rascheln! Hanna flüsterte in mein Ohr: „Hasina, ich habe Angst! Was ist das?" „Ich weiß es auch nicht, was das ist. Aber ich hab auch riesengroße Angst!", flüsterte ich zurück. Unsere Haare standen zu Berge und uns stockte der Atem. Das Etwas kam heraus und es war – ein BABY-FUCHS! Wir wollten den Baby-Fuchs in die Hand nehmen. Aber er rannte so schnell wie der Blitz davon. Doch wir zwei wollten den Fuchs verfolgen. Wo wollte er hin? Endlich blieb der kleine Fuchs an einer Lichtung stehen. Als ich kurz zur Lichtung schaute, rief ich zu Hanna: „Schau mal, wo wir sind!" Der Fuchs führte uns zu seiner Familie an einem Fluss, wo es goldig war. Der Fluss glitzerte in der Sonne und in der Nacht kamen Glühwürmchen und der Mondschein brachte den Fluss zum Funkeln. Der Ort war großartig, magisch, goldig und zauberhaft! Doch wir mussten nach Hause zu Hanna. Als wir zuhause angekommen waren, erzählten wir die ganze Geschichte meiner und Hannas Mutter. Wir haben schließlich abgemacht, dass ich jeden Tag zu Hanna fahren durfte und den kleinen Fuchs „Rucky" mit seiner Familie an dem großartigen Ort besuchen konnte.

Hasina Shapoori
Staatliches Gymnasium Königsbrunn, Klasse 5e

Ein unvergessliche Nachtwanderung

Während der letzten Nächte war der Himmel ziemlich hell, denn es war fast Vollmond. Oma und ich hatten die Idee, eine Nachtwanderung in den Wald zu machen. Als ich abends bei ihr ankam, hatte sie schon einen Picknickkorb mit leckeren Sachen gefüllt. Zusammen mit Omas Hund Rufus spazierten wir in der Dämmerung dem dunklen Wald entgegen. Der Himmel war heute besonders hell, er leuchtete und war sternenklar. Plötzlich sahen wir Schatten über unseren Köpfen und erschraken. Als Oma rief: „Da sind ja Fledermäuse!", entspannte ich mich und beobachtete freudig die geschickten Luftakrobaten.

Schließlich erreichten wir den Waldrand. Obwohl es ziemlich hell war, war es mir mulmig zumute, denn die großen Fichten und Eichenbäume sahen plötzlich gespenstisch aus. Ein leichter Wind bewegte deren Äste, die wie lange Arme nach mir zu greifen schienen. Oma bemerkte meine

Unsicherheit und sagte: „Du musst keine Angst haben, Mia. Wir haben doch Rufus dabei. Los, sing, Mia! Das vertreibt furchterregende Gedanken." Omas altes Schutzengellied wirkte tatsächlich und so liefen wir weiter bis zur großen Lichtung. Hier breiteten wir auf dem weichen Moosboden unsere gemütliche Decke aus und packten Omas leckere Gerichte aus. Es war herrlich, denn es roch nach frischen Tannennadeln und der Duft von Omas Kräckerbroten ließ mir das Wasser im Mund zusammenlaufen. Als ich in den ersten Kräcker biss und mir diesen himmlischen Geschmack auf der Zunge zergehen lassen wollte, erschrak ich fürchterlich. Neben mir im Gebüsch hörte ich ein lautes Knacken und Rascheln. Da schoss es mir durch den Kopf: „Es ist Vollmond. Jetzt kommt ein Werwolf, und mein letztes Stündchen hat geschlagen." Bei mir schaltete sich ein schreckliches Kopfkino an. Und da geschah es: Die Zweige neben mir bogen sich auseinander und ein graues Wesen auf vier Beinen stürzte auf mich zu. Ich schrie wie verrückt: „Oma hilf mir!" Zu spät, denn schon spürte ich eine riesige Schnauze in meinem Gesicht und wahrscheinlich würden mich nun riesige Fangzähne zerfleischen. Wie gelähmt saß ich bewegungslos da und erwartete mein trauriges Schicksal. Das große Maul öffnete sich vor meinen Augen und eine riesige Zunge leckte mir quer übers Gesicht. „Igitt, Rufus!", brüllte Oma plötzlich! Es war zum Glück kein Werwolf, sondern Omas großer grauer Hund, der mich einfach nur abschlecken wollte. Diese Nachtwanderung werde ich nie im Leben vergessen.

Mia Klapczynski
Staatliche Realschule Zusmarshausen, Klasse 5c

Lexikoneintrag Hase

Hoppel, hoppel.

Nils Gläser
Grundschule Leitershofen, Klasse 4a

Colorful blue wolf eye

Hey, ich bin Lena und ich bin 12 Jahre alt. Ich gehe in die 6. Klasse eines Gymnasiums. Doch jetzt erzähle ich dir etwas über meine Familie und mich: Ich lebe mit meiner Familie in Köln. Direkt im Stress in der Fußgängerzone. Meine Eltern, mein großer Bruder und ich leben in einer Wohnung im 6. Stock. Doch wie normal mein Leben auch scheinen mag, es unterscheidet sich sehr von dem der anderen. Ich fühle mich verbunden mit den „Colorful blue wolf eyes". Es ist ein Wolfsrudel. Klar, dass du nicht genau weißt, wer sie sind, doch wenn ich dir von ihnen erzähle, wirst du sie lieben. Scar und Dasha regieren über die sieben anderen Wölfe. Wenn einer von ihnen verletzt oder krank ist, springt die junge, aber erfahrene Shanaja ein. Die restlichen sechs Wölfe sind vier Männchen und zwei Weibchen. Ich liebe jeden einzelnen von ihnen und könnte mir kein Leben ohne sie vorstellen. Doch leider versteht mich keiner. Immer und immer wieder muss ich mir anhören, dass sie zu gefährlich für mich seien, doch das Rudel behandelt mich wie ein Mitglied.

Meine Eltern haben mir oft gesagt, dass sie mir verbieten zu ihnen zu gehen, aber immer wieder gehe ich bei jedem Wetter raus, renne zwanzig Minuten zu ihnen, um mich schließlich in ihrer Nähe sicher und geborgen zu fühlen. Ich bin seit neun Monaten ein Mitglied des Rudels. Ich kenne alle in- und auswendig und weiß, wie sie ticken. Alle haben türkisblaue Augen und graues (fast weißes) Fell.

Da du jetzt weißt, wie wundervoll und unterschiedlich mein Leben ist, stelle ich dir sie vor. Alle haben unterschiedliche Aufgaben im Rudel. So kann es am Ende nur perfekt sein:

Der Anführer ist Scar. Er ist der stärkste und größte Wolf des Rudels. Er bestimmt, was die anderen zu tun haben und verteidigt sein Eigentum in Revierkämpfen. Die weibliche Anführerin ist Dasha. Sie sorgt für das Revier. Wenn es zu klein werden sollte, kämpft sie. Somit bekommen sie mehr Macht. Stellvertreterin ist die junge Shanaja. Sie besorgt das Essen fürs Rudel. Nala ist die stärkste Wölfin im Rudel. Deswegen hilft sie, im Kampf die Gefahr zu verjagen oder zu töten. Dusty ist sehr alt. Er bewacht den Bau, wenn die anderen z. B. beim Jagen sind. Nakila ist sehr scheu. Er erkundet außerhalb des Reviers neues Gebiet. Der Zweitjüngste ist Carrot. Mit seinen zwei Monaten bleibt er noch im Bau bei Dusty, bis er groß genug ist, um mit den anderen mitzugehen. Die Jüngste ist Maya und gerade einmal drei Wochen alt. Sie ist sehr mutig und liebt es abzuhauen. Rocky ist der meistverschmuste. Dafür, dass er schon fast erwachsen ist, ist er noch sehr knuddelig.

Wie du sehen kannst, hat jeder seinen eigenen Platz im Rudel, doch wie in jedem anderen, herrscht eine sehr bedeutende Regel: Der stärkere frisst zuerst! Doch niemandem geht's schlecht damit.

Jede Nacht gehen sie zu einem fünfzig Minuten entfernt liegenden Berg, um den großen, weißen Mond anzuheulen. Du kannst dir nicht vorstellen, wie schön das ist. Der schwarze Himmel mit den weißen Sternen, die dunkle Natur, die plötzlich unheimlich wirkt, der große, weiße und helle Mond und das prächtige Geheule meiner majestätischen Wölfe in der stillen Nacht. Die Luft ist rein und fühlt sich gut an, denn von Menschen ist außer mir nichts zu spüren. Es ist einfach wundervoll zu sehen, dass es auch andere Welten gibt. Nicht eine mit Lärm, Stress und Hass, sondern eine, in der jeder friedlich ist, mit Entspannung und Natur.

Als ich eines Tages von der Schule nach Hause kam, wartete der schlimmste Schock meines Lebens auf mich: „Wir ziehen um!", berichteten mir meine Eltern, als ich gerade zur Tür hineinkam. Ich stand still und brachte keinen Ton heraus. Mein Herz pochte! „Bist du nicht glücklich? Wir ziehen nach Königsbrunn. Es ist ungefähr sieben Stunden von hier entfernt. Dort haben wir ein großes Haus mit einem Garten." Innerlich dachte ich nicht an meine Freunde von der Schule, welche ich nicht mehr sehen würde, sondern an meine geliebten Wölfe!

Drei Monate später

Ich habe mich ganz und gar nicht an das Leben hier in Königsbrunn gewöhnt. Für mich war die Stadt einfach zu klein UND mir fehlten meine Wölfe. Seit ich sie nicht mehr an meiner Seite hatte, war ich nicht mehr ich selbst.

Inzwischen ist es 19:30 Uhr. Die Maschinen, die in unserem Haus wegen der Renovierung waren, machten laute Geräusche. Ich konnte den Lärm einfach nicht mehr ertragen und ging das erste Mal in den Stadtwald unserer neuen Heimat. Der große weiße Mond und die dunkle Natur erinnerten mich einfach zu stark an meine Wölfe. Es war so eine schöne Zeit mit ihnen, welche nun vorbei ist. Was soll ich denn nur ohne sie tun? Sie waren mein Ein und Alles, und ich habe so viel mit ihnen erlebt und jetzt bin ich weg! „Warum!?", schrie ich und versuchte, nicht in Tränen auszubrechen. Doch irgendwann holten mich meine Gefühle ein und ich weinte auf dem feuchten Waldboden. Ich hoffte so sehr, dass ich sie wenigstens noch einmal sehen könnte oder nur ihr Geheul anhören könnte! Doch das Beste wäre, wenn ich sie noch ein einziges Mal in meine Arme schließen könnte.

„Ooouuuuu, ooouuuu!", machte es plötzlich. Hatte ich mir das gerade eingebildet oder war das echt? Eigentlich gab es ja keine Wölfe hier in Königsbrunn. Ja, es war echt! Ich erkannte das Geheul meiner Wölfe immer und überall. Schnell stand ich auf und rannte in Richtung Geheul. Doch schon nach zwanzig Metern Rennen hörte das Geheul plötzlich auf. „Nein, das kann doch jetzt nicht wahr sein!" Ich war am Boden zerstört. Doch ich blickte auf und sah einen komisch geformten Punkt am anderen Ende des Waldes. „Was ist das?", wunderte ich mich. „Warte! Sind das da vorne meine Wölfe? 1, 2, 3 … 4, 5 … 6, 7, 8 und 9!", zählte ich. Ich schrie zu dem weit entfernten Punkt, der wie meine Wölfe aussah: „Scar, Dasha? Seid ihr das? Rocky, Nala? Kann mir irgendjemand antworten?" Plötzlich sah ich, dass der Punkt sehr schnell auf mich zukam. „Ja, sie sind es!", schrie ich und konnte es kaum fassen. Vor lauter Freude rannten sie mich um. Es war so wunderschön!

Das Einzige, was ich mich jetzt fragte war: Wie sind sie mir bis nach Königsbrunn gefolgt? Woher wussten sie, dass ich hier war? Woher wussten sie überhaupt, dass ich jetzt genau hier im Wald war? Naja, egal. Hauptsache ich konnte sie in meine Arme schließen.

Natürlich hatten sie sich hier schon einen neuen, größeren und vor allem geräumigeren Bau gebaut, welchen sie mir gleich zeigten. Er lag in der Mitte des Waldes, wo niemand anderer sonst hingehen würde. Nicht nur sie hatten jetzt ein besseres Leben. Nein, auch ich, denn ich hatte endlich alles, was ich brauche.

Irgendwie kann ich es immer noch nicht so richtig glauben, dass sie mir bis nach Königsbrunn gefolgt sind. Aber eins weiß ich: FÜR NICHTS UND NIEMANDEN WÜRDE ICH JEMALS DIE SÜSSESTEN KREATUREN DER WELT EINTAUSCHEN!

Joelina Walcher
Staatliches Gymnasium Königsbrunn, Klasse 6a

Das ist Wildnis

W i l d n i s sind saure Früchte.
W i l d n i s ist rauschendes Wasser.
W i l d n i s sind schöne Pflanzen.
W i l d n i s sind riesige Bäume.
W i l d n i s ist schön.
W i l d n i s ist Natur.
Das ist Wildnis!

Sarah Rief
Grundschule Neusäß Bei St. Ägidius, Klasse 4a

Jakob findet einen Freund

Es war einmal vor langer, langer Zeit ein Fuchs. Er hieß Jakob und er war noch ein sehr junger und unerfahrener Fuchs. Er lebte allein im Wald. Dort gab es viele unterschiedliche Bäume, Sträucher, Pilze und Beeren. Aber Jakob langweilte sich sehr, weil er keinen Freund hatte.

Eines Tages, als die Sonne schien und es ein wirklich schöner Tag war, hörte er hinter sich in einiger Entfernung Schritte und dachte sich: „Wer kann das wohl sein? Vielleicht ein großer Bär oder ein Hase? Das wäre so toll, wenn ich endlich einen Freund hätte." Schnell drehte er sich um und sah zunächst nur eine riesige Tanne. Hinter dem Baum knurrte etwas ganz scheußlich. Jakob bekam furchtbare Angst und er lief so schnell er konnte hinter einen großen Baumstumpf, der vor ihm schief in die Höhe ragte. Aus seinem Versteck heraus versuchte er zu erkennen, wer hinter der Tanne stand. Durch das dichte Geäst konnte er jedoch niemanden sehen. Jakob nahm seinen ganzen Mut zusammen und rief mit zitternder Stimme dem Unbekannten zu: "Hey du, wer bist du? Ich tue dir nichts. Komm aus deinem Versteck und lass dich sehen!" Plötzlich kam ein junger Wolf hinter der Tanne hervor. Ängstlich stotterte er: "Wer bist du? Ich heiße Nino und ich habe mich verlaufen." Nun trat auch Jakob vor und antwortete erleichtert: "Ich bin Jakob und ich kenne mich hier gut aus. Vielleicht kann ich dir helfen." Schüchtern erwiderte der Wolf: "Ich habe mein Rudel verloren und weiß nicht, wo es jetzt ist." Jakob sagte: "Komm mit, ich helfe dir. Wir finden es bestimmt." Gemeinsam liefen sie durch den Wald. Immer wieder fragte der Fuchs den Wolf, ob er sich an diese oder jene Stelle erinnern konnte, aber Nino verneinte jedes Mal. Erst als sie an einer großen Höhle vorbeikamen, meinte er, dass er diese Stelle kennen würde. Plötzlich hörten sie ein Heulen. Nino rief voller Begeisterung: "Das ist Papa! Ich erkenne ihn sofort!", und er lief dem Geheule nach, geradewegs in die Höhle hinein.

Jakob traute sich zunächst nicht mitzukommen, aber dann fasste er Mut und lief hinter Nino her. Der Eingang der Höhle bestand aus einem schmalen Gang, der später jedoch in einen großen Raum führte. Dort erblickten sie das Wolfsrudel, das in dämmerigem Licht eng beieinandersaß. Die Wölfe hatten sich offenbar dort niedergelassen, um eine Pause zu machen. Voller Freude stürzte sich Nino auf seine Eltern, die ihn glücklich empfingen und ihm die Schnauze leckten. Einer der Wölfe fragte Nino: "Wer ist der Kleine da?" Nino antwortete: "Das ist mein neuer Freund. Er hat mich zu euch gebracht." Als Jakob die Worte des jungen Wolfs hörte, wurde ihm ganz warm und er freute sich sehr. Endlich fühlte er sich nicht mehr so einsam.

Von diesem Tag an trafen sich Nino und Jakob immer, wenn sie Zeit hatten. Sie spielten Verstecken und Fangen und versuchten sich darin zu messen Felsbrocken zu überspringen, die verstreut im Wald herumlagen. Jakob langweilte sich nie wieder. Er hatte einen neuen Freund fürs Leben gefunden und war überglücklich.

Fritzi Weigelt
Grundschule Anhausen, Klasse 2a

Die wilden Tiere in der Wüste

Das Pferd lief durch die heiße Wüste. Dann kam der Löwe. Der Löwe freute sich, weil er jetzt Futter gefunden hatte. Er wollte das Pferd fressen.

Martha Mayr
Laurentius-Grundschule Bobingen, Klasse 2b

Wildnis

Niedlich
Der Hase
Hüpft stürmisch herum
Ich will ihn knuddeln
Entzückend

Alina Trgo
Staatliches Berufliches Schulzentrum Neusäß, Klasse 10EHd

Letzte Chance

Ich renne so schnell ich kann. Alles um mich herum sieht gleich aus: meterhohe Bäume, der Waldboden ist mit nassen, fauligen Blättern bedeckt. Hier und da schickt die Sonne ihre hellen Strahlen durch das dichte Blattwerk. Vögel schrecken über mir auf, als ich mich hektisch durch die tiefhängenden Lianen schlängle. Ab und an bleibe ich an den Sträuchern hängen, meine Arme und Beine sind von den spitzen Dornen zerkratzt. Die feuchtwarme, schwüle Luft bringt mich zum Schwitzen, obwohl gerade erst die Morgendämmerung hereingebrochen ist. Für einen kurzen Moment bleibe ich stehen und horche, doch außer meinem rasselnden Atem ist alles still. Gut so, ich bin alleine. Etwas langsamer laufe ich weiter, immer in Richtung der aufgehenden Sonne. Meine Lungenflügel brennen, doch ich darf nicht aufgeben oder eine Pause machen. Nicht jetzt und nicht hier. Das vertraute Plätschern des Wasserfalls reißt mich aus meinen Gedanken. Einige Meter von mir entfernt erstreckt sich ein kleiner See; die kühlenden Tropfen des eisigen Wassers spritzen auf meine staubige Haut. Ich tauche meine blutigen Hände in die glatte Oberfläche, kleine Wellen verwischen das Spiegelbild des grünen Urwalds. Einen Moment verharre ich so, um die herrliche Kulisse zu betrachten: Vögel mit buntem Gefieder kreisen über mir, von den Bäumen dringt das Kreischen der Affen an mein Ohr. Ich seufze und lasse mich gegen einen breiten Stamm fallen. Die Müdigkeit der letzten Tage übermannt mich, doch meine Muskeln bleiben angespannt. Jeden Moment, jeden Augenblick können sie auftauchen. Ich muss wach bleiben, wach bleiben …

Ich schrecke schweißgebadet hoch, geweckt vom monotonen Brummen, das bedrohlich nahe scheint. Tiere flüchten an mir vorbei, verängstigt, panisch. Mühsam rapple ich mich auf und klopfe die losen Blätter von meiner Weste. Ich fasse meinen ganzen Mut zusammen und renne zielstrebig auf die Quelle des Lärms zu. Mittlerweile brennt die Sonne unbarmherzig durch das Grün, die Luft wird immer drückender. Schon von Weitem sehe ich die schweren Maschinen, die wie gigantische Berge aus dem dichten Blattwerk auftauchen. Die kleine Lichtung, die sich vor mir eröffnet, bietet gerade genug Platz für die vier massigen Fahrzeuge. Der makellose Lack schimmert rötlich und taucht den Wald in ein düsteres Zwielicht. Rot – wie Blut. Schnell verdränge ich diesen Gedanken und konzentriere mich wieder auf meine Aufgabe. Das Knirschen der Sägen frisst sich tief in mein Bewusstsein. Schon rollt die erste Maschine los, Abgase verpesten die frische, reine Luft. Ich lasse meinen Blick umherschweifen, nur aus dem Augenwinkel bemerke ich die Bewegung. Nur ein kurzer Schrei, das Rascheln in den Blättern, die weit aufgerissenen, angsterfüllten Augen. Sofort reiße ich meinen Kopf herum und sprinte los, schneller, immer schneller. Nur noch wenige Meter von mir entfernt liegt der stille, leblose Körper. Blut färbt die hellen Sägespäne rot, das Fell ist verklebt und dunkel. Mit einem Satz springe ich neben den kleinen Orang-Utan und schließe ihn in meine Arme. Der Puls ist schwach, doch fühlbar. „Stopp! Hilfe!", schreie ich den schwarz gekleideten Männern in den Führerhäuschen zu, doch die Maschinen rollen unbeirrbar weiter. Ich atme tief durch und renne los. Blätter und morsche Äste segeln auf mich herab, doch der kalte Körper in meinen Armen treibt mich an. Wie in Trance bewege ich mich über den nassen Waldboden, stolpere, fange mich mit einer Hand ab und laufe weiter. Ein Knacken, laut und bedrohlich, reißt meine Aufmerksamkeit nach oben, wie in Zeitlupe kommt der Stamm auf mich zu, immer näher. Rinde schrammt über meine Arme, ich falle. Ein metallischer Geschmack nach Blut macht sich in meinem Mund breit, ich schreie auf. Das letzte, was ich spüre, ist der pochende Schmerz in meinem rechten Bein, dann wird alles schwarz.

„Und jetzt kommen wir zu dem letzten Beitrag für heute, danach werden wir endlich mit der Planung unseres Projekts beginnen können – vorausgesetzt, die Rede einer Studentin kann uns nicht noch davon abhalten." Der Mann im Anzug lacht spöttisch. Tausend Augenpaare blicken mich gelangweilt an, sie alle denken dasselbe: „Was soll die uns schon an der Rodung des Regenwalds hindern, wo es die anderen Naturschützer

doch auch nicht geschafft haben." Ich atme tief durch und gebe den quietschenden Rädern einen kräftigen Stoß. Langsam fahre ich nach vorne, lenke den Rollstuhl neben das Rednerpult und ergreife das Mikrofon. „Du schaffst das!", sage ich mir zum gefühlt hundertsten Mal vor. „Es ist die letzte Chance, deine Chance."
Ich warte geduldig, bis es im Saal ganz still ist. Und dann beginne ich: „Stellen Sie sich vor, Sie seien in der Wildnis, irgendwo im tiefen, tropischen Regenwald. Und Sie rennen so schnell Sie können. Alles um Sie herum sieht gleich aus: meterhohe Bäume, der Waldboden ist mit nassen, fauligen Blättern bedeckt …"

Lara Weber
Staatliches Gymnasium Königsbrunn, Klasse Q11

Elfchen: Reh

Reh
Springt hoch
Mit seinem Kitz
Ich sehe beide an
Schön

Mushtahia Ahmadi
Helen-Keller-Schule Dinkelscherben, Klasse 3G

Der Dschungel in Gefahr

Es war ein schöner, warmer Dschungelmorgen. Die Luft roch nach Honigblüten und Bob, der Panda, spielte Fangen mit seinen Freunden, Harry, einem Gorilla mit Sonnenbrille, und Craig, einer Eidechse. Sie wohnten alle mit ihren Familien auf verschiedenen Etagen eines riesigen, alten Urwaldbaums. Ihre Eltern waren gerade unterwegs auf Futtersuche für das Frühstück. Auf einmal hörten die Freunde ein lautes Geräusch. Neugierig liefen sie in die Richtung, aus der das Geräusch kam. Sie versteckten sich in einem Busch und sahen einen großen Menschen mit einer Motorsäge, der dabei war, einen Baum zu fällen: „Oh, nein! Der zerstört ja unsere schönen Bäume", rief Craig entsetzt. „Wenn wir ihn nicht stoppen, macht er auch bald unser Zuhause kaputt." „Wir müssen etwas dagegen unternehmen", beschloss Bob. Als der Mann wegfuhr, überlegten sie sich, wie sie ihn vertreiben konnten. Sie gruben ein großes, tiefes Loch, legten ein Netz aus Lianen darüber und bedeckten es mit Blättern. Am nächsten Tag legten sie sich gleich morgens auf die Lauer. Tatsächlich kam der Holzfäller mit seinem

Auto zurück und fuhr prompt in die Falle. Die drei hörten ein lautes Schimpfen. Plötzlich bemerkten sie, dass der Holzfäller begonnen hatte, mit Hilfe einer Spitzhacke aus der Falle zu klettern. Die Freunde erschraken, aber glücklicherweise rannte der Holzfäller weg, sobald er aus dem Loch geklettert war. Die Freude war jedoch nur von kurzer Dauer, denn am nächsten Tag kam er in Begleitung von drei weiteren Männern zurück: „Was sollen wir tun?", fragte Bob entsetzt. Nach langem Überlegen hatten sie eine Idee. Sie liefen zu einem großen Baum, auf dem ein Jaguar wohnte. Mutig riefen sie: „Herr Jaguar, wir brauchen Ihre Hilfe!" Sie erzählten dem Jaguar, dass Holzfäller Baume fällten und sie boten ihm das Fleisch an, das sie als Proviant von daheim mitgebracht hatten, wenn er die Holzfäller vertreiben würde. Und tatsächlich. Der Jaguar fraß sie nicht auf, sondern half ihnen. Die Waldarbeiter waren gerade dabei, einen weiteren Baum zu fällen, als der Jaguar mit einem mächtigen Satz aus dem Gebüsch sprang und sie angriff. Die Waldarbeiter erschraken und liefen geschockt davon. Harry, Craig und Bob freuten sich und gingen erleichtert nach Hause, während der Jaguar sich den Proviant der Freunde und die Leckereien schmecken ließ, die er in den zurückgelassenen Autos der Waldarbeiter fand.

Moritz Krull
Staatliches Gymnasium Königsbrunn, Klasse 6a

Wie mir der Hunger das Leben rettete

Regentropfen schlagen mit der Gewalt hunderter Nadeln auf mein Gesicht. Auf meiner Brille verdichten sich die einzelnen Punkte zu einem Schleier, der meine Sicht auf alles trübt, mich praktisch blind macht. Als ich mir die Designerware vom Gesicht reiße, wird die Welt wieder ein wenig klarer. Ich kann mir gar nicht mehr die Frage stellen, wo ich bin oder wieso ich hier inmitten eines Sturmes umhertappe, allein.

Im Augenwinkel erkenne ich noch den weißen Blitz vom Himmel, als der Baum, keinen Schritt von mir entfernt, in lodernde Flammen aufgeht. Panisch stürze ich zur Seite, hilflos, der Natur in ihrer rohen Gewalt ausgeliefert. Nach links, schnell. Mehr lassen meine Gedanken jetzt nicht zu. Stolpernd, halb blind, wie ich es ohne Brille bin, rutsche ich über die glatten Wurzeln und Steine, weg von der gewaltigen Hitze, die mich ergreift.

Eine Höhle. So klischeehaft, wäre mir wohl durch den Kopf geschossen, wenn ich mich nicht in Todesangst befinden würde. Ich reiße den Arm vor mein Gesicht, um wenigstens meine Augen vor den stechenden Tropfen zu schützen, die unbarmherzig auf mich niederschlagen.

Einige Sekunden später, noch immer frierend, mit meinen Gedanken nur bei dem möglichen Unterschlupf, der vor mir liegt, halte ich inne.

Nicht einmal mehr zwei Meter ist der Eingang dieser kleinen, in einem Berg befindlichen Höhle entfernt, doch ich bleibe starr und ohne jegliche Bewegung vor ihr stehen. Das ist kein Höhleneingang, so schießt es mir durch den Kopf. Das, was ich vor mir sehe, ist ein Maul.

Zwei Dioptrien misst meine Brille und dennoch erkenne ich jede Einzelheit eines aufgerissenen Wolfsmauls. So sehr mein Instinkt mich in die Höhle zieht, so sehr schrecke ich vor ihr zurück.

An allen Enden der rundlichen Öffnung blitzen scharfe Steine hervor, die zu sehr an Eckzähne erinnern, um zufällig zu entstehen. Oben, über dem kantigen, mit Rissen übersäten Ende der Höhle zeigen sich, so sehe ich es durch meine getrübten Augen, kleine grimmig zusammengezogene Augen, die mich anstarren.

Nein, nicht in diesem Leben, so muss ich mir sagen. Zu unnatürlich ist dieser Zufluchtsort, als dass ich in betreten würde. Dann, während ich noch immer wie befestigt vor dem Wolfseingang stehe, schießen Flammen zwischen den Ästen des Tannenbaumes hinter mir hervor. Mit lautem Knistern und Krachen bricht der Baum in sich zusammen und ist nur Momente davon entfernt, mich unter seiner brennenden Last zu begraben.

Ich stoße mich mit voller Kraft vom Boden ab und hechte nach vorne auf den vermeintlichen Schlund des Raubtiers zu. Nur einen Wimpernschlag bevor die Massen an Holz den Boden treffen, lande ich in der Höhle. Ein ungesundes Knacken meines Kiefers lässt nichts Gutes erahnen. Ich sehe mich ruckartig um, und erblicke das Unvermeidliche. Der Ausgang, der mich aus dieser Höhle befreien sollte, ist von Holz und Blattwerk bis zur Decke zugeschüttet. Einzelne Äste brennen noch, weshalb ich aufspringe und zurückweiche. Sekundenlang drücke ich die Hände auf die Knie und atme nur kräftig ein und aus.

Erst als ich mich beruhige, das Adrenalin meinen Körper wieder verlässt, fällt mir auf, welches Problem ich in Wahrheit habe. Hunger beginnt sich drückend und schmerzend in mir breitzumachen, während die Panik nachlässt. Es ist kein Gefühl von Appetit, es ist purer, reiner Hunger. Ein einziger Schmerz, der sich durch meinen Körper zieht. Ich muss seit Tagen leer ausgegangen sein.

Was jetzt? Werde ich jetzt im Maul eines Wolfes verhungern? Meine Panik kehrt allmählich wieder zurück. Doch was die Situation, so unwirklich sie auch ist, noch um Längen übertrifft, ist der Duft. Erst jetzt fällt er mir zwischen dem Geruch von Holz und Feuer auf, doch da ist ein süßlich duftendes Etwas in der Luft. Von unten, so wird mir klar. Und wenn man Hunger hat, dann folgt man solch einem Duft.

Aus dem Nichts beginne ich zu rennen, nur nach dort, von wo es kommt, immer tiefer hinein in die Dunkelheit der Höhle. Nach Minuten erst, so fühlt es sich an, bin ich am Ziel.

Ich hatte gesagt, der Duft würde alles toppen, doch da lag ich weit daneben, denn der Anblick der sich mir nun erbietet, ist atemberaubend. Ich muss unterirdisch sein, ich bin in einen Berg gelaufen, doch die Sonne scheint hier.

Ich selbst stehe noch in der Höhle, doch sehe ich eine kleine Wiese. Winzige, Zentimeter hohe Bäumchen und Büsche erstrecken sich über sie. Hunderte Tiere, die ich aus meinem Leben kenne, sind dort und essen und hüpfen lebensfroh herum, doch sie sind nicht größer als meine Finger.

Ich strahle übers ganze Gesicht, doch nicht, weil ich ein Wunder entdeckt habe, nein, ich strahle, weil ich alle diese winzigen Früchte von den ebenso kleinen Bäumen gleich in mich hineinstopfen werde. Sie würden wohl alle gemeinsam reichen, um mich zu sättigen. Jetzt renne ich los, auf die Lichtung zu, doch was dann passiert …

Ich komme nicht an! Noch immer stehe ich in der Höhle, noch immer ist dieses kleine Wunder nur einige Schritte vor mir. Nochmal mache ich einige Schritte, ich gehe nach vorn, doch als ich mich umsehe, ist alles wie zuvor. Wut macht sich in mir breit, und mischt sich sogleich mit Verzweiflung.

Ich hechte auf die Wiese zu, die Nahrung verspricht, doch ich lande auf dem steinigen Boden, auf dem ich zuvor gestanden hatte.

Was ist das nur für ein Hexenwerk, das mich so quälen will? Langsam breche ich in die Knie, die Nahrung, die ich will, nur einen Sprung vor mir entfernt, und doch unerreichbar. „Was hab ich der Welt denn angetan?!", brülle ich nun so laut, dass die Wände erzittern. Einzelne Tränen fließen meine Wange herunter, als ich auf die Lichtung starre.

Wie sie laufen und tippeln, die Winzlinge. Ich beobachte einen Hirsch, der nicht größer ist als meine Hand, wie er glücklich ein Grasbüschel vom Boden reißt, einen Vogel, der sich im Flug einen der Äpfel greift, die ich doch essen will … die ich doch ALLE essen will. Zu denen ich gerannt wäre.

Hätte der Vogel denn dann noch etwas gehabt, hätte der Hirsch denn überlebt, wenn seine Wiese unter meinen Füßen zerquetscht worden wäre? Am Ende hätte ich die beiden doch am Hungertod sterben lassen, oder nicht, und da brülle ich über Ungerechtigkeit? Am Ende hätte ich doch diese Welt vernichtet, die da in der Sonne liegt und gedeiht.

Ich weine, aber diesmal nicht eine Träne oder zwei, sondern ich schluchze, falle auf den Boden. Lieber sterbe ich den Hungertod, als diese Welt zu zerstören. In meinen verschwommenen Blick erkenne ich, wie sich etwas auf mich zubewegt. Mit dem Ärmel wische ich die Tränen aus meinen Augen und sehe, wie ein Hirsch, ein winziges Tier, keine zehn Zentimeter groß, auf mich zuläuft. Ich liege noch immer am Boden, als er aus seinem Maul einige Äpfel fallen lässt.

Und er ist nicht allein mit dieser Tat. Vögel folgen, einer nach dem anderen, und werfen aus ihren Klauen Birnen und Nüsse. Sie geben mir diese Dinge, mir, der ich fast ihrer aller Leben vernichtet hätte. Jetzt muss ich erst recht weinen, und die Tränen des Glücks fließen über meine Augen. Wie hatte ich nur so gierig sein kö…

Ich schreckte hoch aus meinem Bett. Schweiß liegt auf meinem Gesicht. Einen kurzen Moment brauche ich, um zu realisieren, was soeben passiert ist: nichts, nur ein Traum.

Dann springe ich auf. Pah! Was heißt da nichts? Alles! Alles ändert sich! Hektisch laufe ich zu meinem Schreibtisch und schiebe mit den Händen all die unwichtigen Stifte und Zettel davon herunter. Übrig bleibt nur ein Dokument: *Baugenehmigung zur Erweiterung wichtiger Kies- und Sand-Industriebauten in Naturschutzgebieten und die damit einhergehende Außerkraftsetzung der Schutzbestimmungen.*

Sechs Unterschriften sind schon unten auf dem Schreiben, eine fehlt noch. Die des Bürgermeisters, meine Unterschrift fehlt.

Schnell reiße ich die oberste Schublade meines antiken Arbeitstisches auf, entnehme ihr ein Feuerzeug und lasse dieses Papier in Flammen aufgehen. Wie hätte ich es nur unterschreiben können!

Erst als ich in die Wolfshöhle gegangen bin, die mich davon abhielt das Richtige zu erkennen, erst da hab ich verstanden, dass Macht nicht bedeutet, dass man Macht ausüben muss. Und so haben mir der Hunger und die Angst am Ende das wahre Leben gerettet.

So lange haben wir nicht verstanden, und jetzt bleibt nur noch dieser winzige Teil wahrer Natur, wahrer Wildnis übrig, den es mit aller Kraft zu schützen gilt.

Remo Schweiger
Staatliches Gymnasium Königsbrunn, Klasse 9a

Die Wildpferde

Es war einmal ein Mädchen, das wünschte sich so sehr ein Wildpferd. Sie fuhr mit ihren Eltern in den Urlaub. Eines Tages machte das kleine Mädchen einen Spaziergang und sah ein echtes Wildpferd. Es folgte ihr auf Schritt und Tritt und ihre Eltern staunten nicht schlecht. Das Mädchen durfte sogar über Wiesen reiten und springen. Irgendwann ritten sie zu weit in den Wald, sodass sie nicht mehr zurückfanden. Aber das Pferd war so klug und fand wieder nach Hause.

Marie Buchfelner
Laurentius-Grundschule Bobingen, Klasse 2b

Silver läuft weg

„Lauf, du Köter!", schreit der Mann wütend. Ich renne davon, die Wurst im Maul. Ich habe mir doch nur was zu essen besorgt! Ein streunender Husky bin ich, der in Frankfurt haust. Doch länger halte ich es nicht mehr aus. Schmutzige Straßen, stinkende Autos und Müll, soweit das Hundeauge reicht. Ich muss weg.

Aber wie? Soll ich etwa in eine dieser Stinkeblechbüchsen steigen, in der Hoffnung, dass sie mich aus dieser öden Stadt rausbringt? Nein, keine gute Idee. Besser so ein Riesenmetallvogel, der fliegt bestimmt ganz weit. Aber wie, wie komme ich da rein? Da fällt mir ein Lastwagen ins Auge. Ist da nicht ein Flugzeug drauf gemalt? Ein Mann lässt die Klappe herunter: lauter Kisten, perfekte Verstecke! Der Mann wird von dem Beifahrer angesprochen. Er nickt und öffnet eine Kiste. Beide schauen hinein und führen einen Freudentanz rund um dieses Stinkedings auf.

Meine Chance! Ich klettere auf die Ladefläche und verstecke mich hinter ein paar Kisten. Wenn da ein Flugzeug drauf ist und er voll ist, bringt er die bestimmt in ein Flugzeug und das fliegt dann weg … mit mir. Aber wenn sie die Kisten ins Flugzeug laden, dann entdecken sie mich! Ich klettere schnell in die Kiste, die die Männer geöffnet haben. Dann vergrabe ich mich zwischen dem Zeug, das da drin ist. Luft bekomme ich durch die Bretterritzen. Die Männer haben inzwischen ihren Freudentanz beendet. Sie schließen die Kistenklappe, dann die Ladeklappe und steigen ein. Der Laster fährt an.

Ich höre einen der Männer sagen: „Also: Heute Nacht treffen wir uns am Flughafen ‚Rhein-Main-Frankfurt'. Ein Angestellter dort ist Kumpane von mir. Er lässt uns auf den Flugplatz. Dann laden wir die Kisten mit dem gestohlenen Schmuck ins Flugzeug und das geht – ab die Post – nach Kanada!"

Ich weiß ja nicht, was die Männer gerade gesprochen haben. Trotzdem habe ich ein gutes Gefühl. Zufrieden schlafe ich ein. Als ich aufwache, habe ich das Gefühl zu fliegen. Ich klettere aus der Kiste. Überall sind andere von diesen Kisten. Ich schaue aus einem der Fenster. Blau, alles blau! Mit weißen Bergen. Wow! So was habe ich noch nie gesehen.

Plötzlich senken wir uns. Die weißen Berge verschwinden. Ich sehe Land. Wir sind angekommen! Schnell klettere ich wieder in die Kiste. Ich spüre, wie ich angehoben und durch die Luft geschwenkt werde. Plötzlich wird der Deckel angehoben. Ich springe den verdutzten Männern entgegen und verschwinde im nahe gelegenen Buschwald. Ich sehe, dass ich ganz woanders bin als vorher. Es ist kalt und überall ragen Nadelbäume in den Himmel. Zufrieden springe ich in Richtung Wald. Schneeflocken wirbeln durch die Luft. Ich bin glücklich. Endlich frei!

Plötzlich höre ich ein Jaulen. Sind da auch andere Hunde? – Moment mal. Nein, das sind Wölfe! Aber vielleicht … nehmen die mich überhaupt auf? In Frankfurt hatte ich viele Freunde, wie ein paar Füchse und Turmfalken. Ich konnte ihnen nicht mal „Tschüss" sagen. Plötzlich vermisse ich sie sehr. Aber jetzt bin ich woanders, jetzt beginnt ein neues Leben! Da wittere ich etwas und wenig später tritt eine Wölfin aus dem Gebüsch. Mit eingezogenem Schwanz und ängstlichen Augen. Wahrscheinlich ist sie verstoßen worden. Ich nehme meinen ganzen Mut zusammen. „Hallo?" Die Wölfin blickt mich an. „Auch verstoßen worden? Wie heißt du?" Ich hatte nicht erwartet, dass sie so offen ist. Wahrscheinlich hält sie mich für einen Wolf. „Nein, ich bin weggelaufen. Mein Besitzer hat mich Silver genannt." „Bist du ein Jagdhund?!" Erschrocken weicht sie zurück. „Nein, ich bin ein Streuner. Ich hauste übrigens in Frankfurt, falls du das kennst." „Frankfurt? Zwischen hier und deiner Heimat liegt ein ganzes Weltmeer!" Ich hatte Recht. Das Flugzeug flog weit weg … endlich.

Sie blickt mich plötzlich ganz schüchtern an. „Wollen wir ein Rudel gründen?" Diese Frage aus heiterem Himmel haut mich fast um. „Hmm, ich weiß nicht … ich bin ja nicht mal ein Wolf." „Aber du bist, wenn ich richtig verstanden habe, ein Husky, also ein naher Verwandter." „Also gut. Aber müssen wir uns nicht erst ein Revier suchen?" „Pfff, Leichtigkeit", meint sie, „der Landesteil hier ist sehr unbewohnt!"

„Okay, wie heißt du eigentlich?", frage ich. „Ich heiße Nala." Wir gehen gemeinsam durch den Wald. Ich möchte wissen, wann keine Markierungen mehr vom Revierbesitzer auftauchen. Schließlich hören Wolfsspuren auf, doch ich rieche … Mensch. Schon höre ich, wie jemand durch den Wald rennt. „Dieser Hund …", höre ich einen der Männer rufen, dessen Stimme ich schon vom Lastwagen kenne. „Vielleicht ist das ein Polizeihund!" „Glaubst du, die lassen den allein in den Laster hüpfen?", fragt ein anderer, der ehemalige Beifahrer. „Hmpf. Aber was, wenn der 'nen Sender hat? Moment mal … da!" Der Mann zeigt auf mich. „Bleib mal ruhig. Hier gibt's auch Wölfe," sagt der andere. „Kennste 'nen Wolf, der blaue Augen hat?" „Das gibt's", flüstert Nala mir zu. „Also, wie wär´s", fängt der Fahrer des Lasters wieder an. „Wir betäuben ihn, untersuchen ihn und wenn tatsächlich nix is, dann lassen wir ihn frei und wenn doch, holen wir den Sender und lassen ihn dann laufen. Okay?" „Wenn's sein muss …", brummt der ziemlich tierliebe Beifahrer.

Der Fahrer holt ein Gewehr aus der Tasche. Ich zucke zurück. Hier stehen nur noch vereinzelt Bäume, nichts, wo ich mich verstecken kann. Inzwischen hat der Fahrer das Gewehr mit einem kleinen Pfeil geladen. Ich habe keine Wahl. So schnell ich kann, renne ich davon. Ich höre ein Abschussgeräusch und schon bohrt sich der Pfeil in meinen Rücken. Ich verlangsame meine Schritte. Jetzt haben sie mich, ich kann nichts mehr tun. „Silver!", schreit Nala. „Nala … lauf, sonst kriegen sie dich auch noch! Vielleicht komme ich wieder … vielleicht." Ich sacke zusammen. Nala wirft mir einen letzten Blick zu und jagt davon. Die Männer haben mich eingeholt. Alles, was ich noch merke, ist, dass sie mich wegtragen. Dann wird mir schwarz vor Augen.

Als ich wieder aufwache, liege ich ungefähr dort, wo ich betäubt wurde. Ich stehe mit wackligen Beinen auf. Mein Rücken schmerzt ein wenig. Ich lege den Kopf in den Nacken und heule: „Nala, komm! Ich bin wieder zurück!" Es raschelt im Unterholz und ein Wolfskopf schaut heraus. „Silver?" „Ja, ich bin's, Nala." „Silver!" Sie springt aus dem Gebüsch und hüpft um mich herum.

„Los. Jetzt suchen wir uns ein Revier", meint sie. Zusammen laufen wir durch den Wald. Schon bald hören die Wolfsspuren auf. Hier riecht es einfach nur nach Natur und … Rehen. Jetzt erst merke ich, wie hungrig ich bin. Ich schleiche mich an ein Reh heran und sprinte los.

Schon bald sitzen Nala und ich mit gefüllten Mägen im Laub. Langsam werden die Blätter gelb und fallen ab.

Ein halbes Jahr später

„Hey, Conall, hör auf mich zu zwicken!" Ich springe weg von dem kleinen frechen Welpen. Nala sitzt auf einem Stein und grinst. „Kinder, es ist Milchpause!" Sofort tapsen die Welpen in Richtung Mutter und suchen nach Nalas Zitzen. In einem Jahr werden sie selbstständig sein – und wir haben endlich ein Rudel.

Tamara Wackerbauer
Grundschule Meitingen, Klasse 4a

Der Affe und der Löwe

Der Affe hangelt sich von Ast zu Ast und ärgert die Löwen beim Fressen. Ein Löwe wird wütend. Der Affe streckt dem Löwen die Zunge raus. Der Löwe jagt den Affen. Der Affe flieht nach oben in den Baum und isst eine

Banane. Die Schale lässt er dem Löwen auf den Kopf fallen und lacht. Auch die anderen Löwen müssen lachen.

Leon Waymeyer
Laurentius-Grundschule Bobingen, Klasse 2c

Wildnis

Willkommen in der Wildnis,
die Bäume sind sehr groß.
Mach dir nun ein Bildnis,
der Wald bedeckt mit Moos.
In der Herrlichkeit der Natur,
findest du eine Radtour.
Die Vögel zwitschern ein schönes Lied,
da schließt du gleich dein Augenlid.
Wasserfälle fließen hinunter,
die Fische toben im Wasser herum.
Im Urwald sind die Bananen sehr krumm,
so bleibst du immer munter.
Sehr heiß ist es in der Safari,
die Leoparden sind schnell wie ein Ferrari.
Die Kakteen sind immer stachelscharf,
da muss ich nicht fragen, ob ich sie berühren darf.

Eren Türkyilmaz und Philipp Runkel
Staatliches Gymnasium Königsbrunn, Klasse 5e

Gefahr im Regenwald

Eines Tages geschah etwas in Südamerika. Die Menschen da wollten mehr Fläche und deshalb hatten sie die Idee, den Wald abzuholzen. Eines aber hatten sie nicht bedacht: Es waren ja noch die Tiere da. Aber weil sie unbedingt die Fläche haben wollten, holten sie die Jäger, um alle Tiere zu töten. Sie rochen es schon, dass ein Unglück nahte. Die Menschen beschlossen, dass die Jäger morgens loslegen sollten. In der selbigen Nacht versammelten sich alle Tiere, um zu sagen, welche Gefahr drohte. Und am nächsten Tag legten die Jäger los und nahmen Gewehre mit. Als sie da waren und anfangen wollten, sprangen Tiger und Schlangen aus dem Gebüsch, es ließen sich hochgiftige Spinnen vom Baum fallen und es gab einen Kampf. Viele Tiere und ein paar Menschen starben. Plötzlich kamen die Jäger mit einem riesigen Panzer, schossen auf den Boden und alle Tiere flogen auf die Seite. Die Jäger gingen weiter. Nun kamen sie an den Amazonas und es sprangen Krokodile aus dem Wasser. Aber einer der Männer war früher Tierarzt und er sah hinter dem Fluss eine bedrohte Fliegenart. Jetzt musste man aufhören, weil ansonsten die Fliegenart aussterben würde. Und der Regenwald durfte nicht abgeholzt werden.

Moritz Müller
Grundschule Thierhaupten, Klasse 3a

Meine Begegnung

An einem heißen Sommertag lief ich in einen Dschungel. Es war sehr heiß in diesem Dschungel. Er war so schön grün. Ich schlug mich mit der Machete durch das Dickicht. Plötzlich stand ich vor einer Treppe, die in die Tiefe führte. Ich ging die Treppe hinunter und lief den langen, feuchten, stinkenden und dunklen Gang entlang. Ich hatte so eine große Angst. Plötzlich stand ein großer böser Tiger vor mir und knurrte und hauchte mich mit seinem stinkenden Atem an. Jetzt hatte ich noch mehr Angst. Ich hob meine Machete und fügte ihm einen Schnitt zu. Dann rannte er weg. Und ich ging wieder die Treppe hinauf ins unendliche Abenteuer.
Als nächstes drücke ich „Start", um eine kurze Pause beim Computerspiel einzulegen.

Julian Müller
Christophorus-Schule Königsbrunn, Klasse G8a

Mitten in der Wildnis

Ich rannte und rannte. Wo war ich? Ich schaute mich um. Puh, ich hatte sie abgehängt. Ich weiß nicht, was diese Löwen gegen mich haben, allerdings weiß ich, dass sie mich langsam echt nerven. Hey, ich stelle mich erst einmal vor: Also, ich bin Sindy, das Zebra und werde dir heute eine kleine Geschichte aus meinem Leben erzählen.
Ich war noch ein kleines Fohlen, als meine Herde auf einmal von Löwen angegriffen wurde. Ich erinnere mich, als wäre es gestern gewesen, als meine Mutter rief: „Sindy lauf!" Ich meine, ich war ein kleines Fohlen, was erwartete sie von mir? Dennoch – ich zögerte nicht lange und sprintete hinter ihr her. Die Löwen sahen in mir natürlich eine leichte Beute und rannten mir hinterher. Ich weiß nicht, wie oder warum, doch ich spürte einen so starken Windstoß, dass ich dachte, ich könnte fliegen. Als ich mich umdrehte, sah ich die zurückgebliebenen Löwen, die uns nur erstarrt

hinterher sahen. Ich konnte es nicht glauben. Ich erzähle diese Geschichte jedem, den ich sehe, deshalb auch dir. Hat dir die Geschichte gefallen?

Emelie Schertler
Staatliche Realschule Zusmarshausen, Klasse 6c

Die wilde Welt

Bären, Haie, Wölfe, Löwen,
wilde Dinge überall.
Doch was ist mit uns?
Sind wir die tollen Menschen?
Der Wald ist bunt und voller Farben und Tiere.
Wildnis.
Der Fluss reißt alles mit, ob Stock, ob Stein.
Wildnis.
Im All ist Schrott und Durcheinander.
Wildnis.
Auch auf Erden ist es wild.
Menschen töten gegenseitig, achten nicht auf Umwelt.
Wildnis.
Googelt man die Wildnis, so sieht man Bilder,
von Landschaft, von Tieren, von Bergen, von Flüssen.
Doch das ist Schönheit.
Die eigenen Taten verstecken wir unter ihrem Schleier.
Also sind nur wir Menschen wild?
Nein!
Man kann Wildnis nur selber definieren.
Manche als Wald, als Fluss, als Tier.
Andere als Menschen.

Jonatan Frisch
Staatliches Gymnasium Königsbrunn, Klasse 7b

Der mysteriöse Hertle-Waldausflug

Miriam wollte in den Langerringer Wald, der Hertle hieß, um Moos für ihr Osternest zu sammeln. Da ihre Eltern arbeiten mussten und sie sich nicht alleine traute, fragte sie Ihre Freundinnen Anna, Leni, Lea, Christina und Selina, ob sie mit ihr in den Wald fahren würden. Alle waren sofort davon begeistert. Es dauerte keine halbe Stunde, dann waren alle wie vereinbart mit ihren Fahrrädern am Treffpunkt.

Als sie am Wald ankamen und immer weiter in den Wald gingen, weil ja da das beste und schönste Moos sein sollte und weil es so lustig und toll mit den Freundinnen war, dachte sich noch keiner von den Freundinnen etwas, aber je tiefer sie in den Wald gingen, und je dichter die Bäume und Sträucher wurden – und alles immer mehr einer verwunschenen Wildnis glich –, desto mulmiger wurde es allen. Von überall her hörten sie Geräusche wie ein Knacken, Krächzen, Knattern, Hundegebell – oder war es doch ein Wolf?

Anna erzählte: „Meine Mama hat erst vor Kurzem gelesen, dass in unserer Gegend wieder Wölfe gesehen worden sind, und wenn man Wildschweinen begegnet, muss man Ruhe bewahren und keine hektischen Bewegungen machen, die gehen auf einen los." Langsam breitete sich immer mehr Unwohlsein zwischen den Freundinnen aus.

Denn sie dachten mittlerweile, dass hinter jedem Busch etwas auflauerte. Als Miriam noch einen Fliegenpilz sah und die gruselige Geschichte vom Hertle-Wald zu erzählen begann, dass hier noch Geister von früher spuken sollten, wollten alle nur noch heraus aus dem Wald.

Aber wie ging es zurück zu den Fahrrädern? Da keiner von ihnen beim Hineingehen in den Wald aufgepasst hatte, waren sie völlig orientierungslos. Anna sagte: „Wir gehen jetzt erst einmal in eine Richtung, dorthin, wo die Bäume auflockern und man eine Lichtung erkennt. Wenn wir aus dieser Wildnis rauskommen, können wir uns besser orientieren."

Nach gefühlten Stunden mit mulmigem Gefühl im Bauch kamen sie aus dem Wald heraus und konnten ihre Fahrräder auch schon von Weitem sehen. Alle Mädels atmeten erleichtert auf. Das war geschafft, und den Weg zu den Fahrrädern schafften sie auch noch.

Als sie endlich an den Fahrrädern ankamen, waren alle erleichtert und Anna sagte: „Ehrlich gesagt hatte ich auch ganz schön Angst, dass wir da nicht mehr so schnell rauskommen."

Beim Zurückfahren waren sich alle Freundinnen einig: Beim nächsten Mal würden sie besser aufpassen, wo sie entlangliefen. Dieses Erlebnis würden alle nicht so schnell vergessen.

Als die Freundinnen ihre Geschichte zu Hause erzählten, bekamen sie auch noch Ärger von ihren Eltern, weil keiner Bescheid gegeben hatte.

Als sie ihre Eltern fragten, ob das mit den Geistern im Wald stimme, lachten diese nur und meinten, dass dies eine alte Sage von früher sei. Alle Freundinnen waren sich einig, dass sie nicht mehr so schnell alleine in den Wald gingen.

Anna Mayr
Grundschule Langerringen, Klasse 4a

Im Wald

Der Wald ist grün,
die Blumen auf der Lichtung blüh'n.
Ein Vogel zwitschert leise
und fliegt dann in sein Nest.
Ein Kuckuck schaut vom Baum herab
und eine Raupe kriecht auf ein Blatt.
Doch wenn wir die Tiere erschrecken,
werden sie sich schnell verstecken.
Der Hase hoppelt über die Wiese
und das junge Kitz liegt ruhig daneben.
So viele Tiere können wir sehen,
wenn wir im Wald spazieren gehen!

Karla Gebele, Marie Demharter und Emily Schneider
Leonhard-Wagner-Gymnasium Schwabmünchen, Klasse 5a

Elfchen: Das Reh

Reh
Braunes Fell
Es ist schön
Ich habe es gesehen
Faszinierend!

Marco Stritzl
Helen-Keller-Schule Dinkelscherben, Klasse 3G

Die Wildnis aus meiner Sicht

Ich werde es nie verstehen … von wegen dunkel und traurig. Man muss doch nur die Augen öffnen, um das schöne, grüne Licht zu absorbieren, das von den Bäumen und dem Blau des Flusses ausgeht, das am späten Morgen dank der fast himmlischen Sonne noch heller wird. Ich würde sagen, dass es ein wunderbares Spiel aus Licht und Farbe ist, kombiniert mit den entspannenden Klängen vom Wasser, die ich den ganzen Tag hören kann. Ich weiß auch nicht, warum sie über Stille sprechen, denn diese Klänge, die die kleinen Felsen und Steine überwältigen, sind mächtig, imposant und geben einem doch das Gefühl der Ruhe und der Harmonie, was für ein Widerspruch! Ja, denn an sich ist es auch ein leichter, doch perfekter Rhythmus zwischen all dem, was ein Fluss so formt, es klingt nach allem, nur nicht nach Gewalt und Gefahr … das sagen sie nämlich auch. Wenn ich ganz tief in mich schaue, dann würde ich nie sagen, dass es ein unangenehmes Geräusch ist, im Gegenteil, es entspannt Körper und Seele.

Doch vielleicht ist es in den Städten besser? Hier in der Wildnis gibt es immer wenig Menschen und es gibt niemals Menschenmengen, die einem das Gefühl geben, sich eingeengt zu fühlen, wie es in der Stadt geschieht. Ich glaube ich werde es nie verstehen …

Ich könnte nie in einer Stadt leben und auf den frühen Nachmittag verzichten, wo die Temperatur ansteigt, und man eine leichte, kühle Brise im Sonnenlicht genießen kann, mit der schönen Aussicht auf die oben leicht verschneiten Bäume. Doch ich denke wieder zurück an die Stadt, die mich mit Schneematsch und verschiedenen Grautönen überrumpeln würde.

Doch manchmal haben sie Recht: Die Wildnis kann auch traurig sein! Denn wenn die Sonne untergeht, kann man die orangefarbene Kugel sehen, die sonst den ganzen Tag weiß strahlt, mit dem Blick zwischen zwei imposanten Bäumen. Das Gefühl, dass ich in dieser Phase des Tages fühle, ist ein bisschen melancholisch und vielleicht auch ein bisschen traurig, denn es ist zu überdenken, wie der Anblick war, der sich während des Tages bot.

Doch vielleicht haben sie ja Recht, wenn sie unter meinem Baum so schlecht über die Wildnis reden, denn ich weiß ja nicht, wie es sich anfühlt ein Mensch zu sein … vielleicht habe ich ja als kleiner Vogel einen Vorteil, denn die Welt muss bestimmt anders sein, wenn man diese auch von oben betrachten kann.

Lucia Marzo
Staatliches Berufliches Schulzentrum Neusäß, Klasse 10IKa

Die Familie der Tiere

In einer klaren Nacht um vier Uhr morgens hatten meine Familie und ich alle Sachen fertig gepackt und fuhren zum Flughafen. Am Flughafen angekommen trugen meine Geschwister und ich unsere Koffer zum Fließband. Meine Geschwister heißen Sahra und Ben. Nun stiegen wir ins Flugzeug ein und der Flug nach Namibia in Afrika ging los.

Wir freuten uns schon auf die Tiere und unsere Ferienwohnung mitten in einer Oase in der Steppe. Nach ein paar Stunden Flug waren wir dann endlich angekommen. Es war viel heißer als bei uns und meine Geschwister und ich schwitzten schon nach 10 Minuten. Am nächsten Morgen standen wir schon ganz früh auf, denn wir wollten eine Reise unternehmen. Es war keine normale Reise, sondern wir ritten auf Elefanten durch die Steppe. Auf den Elefanten holperte es sehr stark, aber nach einer Weile gewöhnten wir uns daran. Als wir auf eine andere Oase trafen, waren unsere Eltern noch etwa einen Kilometer hinter uns. Am Wasser beobachteten wir die Tiere, wie sie aßen und tranken. Ein Löwe kam gerade zum Wasser. Jetzt hatten wir sogar schon auf unseren hohen Elefanten Angst, denn der Löwe hatte gigantische Zähne und eine sehr volle Mähne! Auf einmal brüllte der Löwe und meinen Geschwistern und mir schlug das Herz bis zum Hals! „Hallo, Herr Löwe, bitte fressen Sie uns nicht!", sagte Sahra und versuchte damit ihre Angst los zu werden. Aber plötzlich ertönte eine Stimme: „Warum sollte ich euch Menschenkinder fressen?" „Ward ihr das?", fragten wir uns alle gleichzeitig. „Ich glaube das war der Löwe!", vermutete Ben. Er lag mit seiner Vermutung richtig: Jetzt sagte das Tier: „Ihr könnt gerne herunterkommen, ich werde euch nicht fressen, versprochen." Kurz darauf stiegen wir mit einem mulmigen Gefühl von den Elefanten, aber der Löwe behielt Recht: Er griff uns nicht an! Nun kam auch seine Familie, denn er hatte eine Frau und drei Kinder. Sie spazierten im Gänsemarsch ihrer Mutter hinterher. Wir hatten nun irgendwie große Lust die Kleinen zu streicheln! Wir taten es einfach. Sie fühlten sich so weich und kuschelig an! Jetzt spielten sie auch noch mit uns Fangen. Plötzlich waren auch unsere Eltern an der Oase und wir sagten: „Hallo, Mama und Papa!" Sie schauten ganz entsetzt, als sie uns sahen und riefen: „Achtung, schnell weg, hinter euch sind Löwen!" Die Löwen und wir lachten. „Das sind doch unsere Freunde!", meinte ich. Unsere Eltern schauten zwar immer noch ungläubig, aber nicht mehr so ängstlich. Wir spielten noch ein bisschen weiter und kurz vor der Dämmerung ritten wir wieder zur Ferienwohnung.

„Aufwachen", sagte eine Stimme zu mir. „Wir fahren jetzt zum Flughafen" „Aber wir waren doch schon in Namibia", meinte ich schläfrig. Als ich aus dem Bett kroch, versprach ich meinen Eltern, ihnen im Flugzeug alles zu erklären.

Paul Hoffmann
Staatliches Gymnasium Königsbrunn, Klasse 6a

Das tierisch-wilde Tagebuch

13.09.2007

Hallo, liebes Tagebuch,
ich habe dich zum Geburtstag bekommen, und wollte dir sofort erzählen, dass meine Großeltern als Geburtstagsgeschenk mit mir nach Australien fliegen möchten. Mein Flug ist am 24. September und deswegen kann ich nicht weiterschreiben, sondern muss jetzt packen!

Guten Morgen, Tagebuch,

ich muss dir erzählen, dass ich jetzt meine Sachen gepackt habe und nun im Auto meiner Großeltern sitze, weil der Flughafen weit weg ist und wir deswegen in zwei verschiedenen Hotels übernachten. Teuer, aber schön.

24.09.2007

Ich sitze im Flieger und schwebe irgendwo über den Wolken. Puh, es ist ein komisches Gefühl, so hoch zu fliegen.

Der Kapitän hat gerade eine Durchsage gemacht: „Es kommt ein Sturm auf uns zu!" Ich denke mir eigentlich nichts dabei, aber meine Großeltern geraten ganz schön in Panik. Plötzlich dröhnte es laut: „Schwimmwesten anziehen und Ruhe bewahren! Dies ist keine Übung!" So, jetzt haben wir alle Panik und ich kann nicht mehr schreiben, weil ich Angst habe!

Ich weiß nicht wann

Ich bin hier irgendwo im Dschungel und habe Angst. Der Pilot hat es geschafft, irgendwie das Flugzeug notzulanden. Keiner wurde schlimm verletzt, aber wir haben wenig zu essen und es gibt kein Handy-Netz. Der Pilot kommt auf uns zu und sagt: „Wir sind höchstwahrscheinlich schon in Australien, aber wir können nicht herausfinden, wo genau!"

Plötzlich raschelt es und es kommt etwas auf uns zu. Hoffentlich kein Leopard! … Nein, es war nur ein Vogel, der einen Riesenkrach gemacht hat. Wir sollen uns jetzt alle zusammen ausruhen und morgen, sobald es wieder hell wird, gehen wir los und versuchen irgendwo ein Dorf, eine Stadt, oder so etwas zu finden.

Am nächsten Tag

Wir machen gerade eine Rast auf einem Felsen und versuchen, endlich ein Handynetz zu bekommen. Als wir weiterlaufen, finden wir eine Höhle. Und da es schon wieder dunkel wird und wir alle völlig erledigt sind, bereiten wir uns dort einen Schlafplatz.

Am nächsten Morgen

Als wir heute Morgen aufwachten, schlief um uns herum eine Dingo-Familie und alle fürchteten sich, weil diese Hunde uns argwöhnisch anknurrten. Doch ein wenig später tauchte plötzlich ein Eingeborener mit wilden Haaren und nur mit einem Lendenschurz bekleidet (wie Tarzan, hihihi) vor uns auf. Diese Wildhunde schienen zu ihm zu gehören, sie sprangen wild an ihm hoch. Er redete auf uns alle ein, doch keiner verstand ihn. Er machte mit den Händen Zeichen, so, als ob wir bleiben sollten, also warteten wir, bis dieser komische Typ wiederauftauchte. Er hatte getrocknetes Fleisch dabei und eine merkwürdige, leicht rötliche Flüssigkeit. Aber wir waren alle froh, überhaupt irgendetwas essen und trinken zu können. Das Getränk schmeckte leicht scharf, half aber echt gegen den Durst. Jetzt fing der Mann wieder wild zu gestikulieren an. Der Pilot meinte: „Ich glaube, wir sollen mit ihm gehen!" Also, gingen wir ihm alle nach. Er schien uns ja helfen zu wollen. Es war ein echt langer, langer Weg, aber der Eingeborene führte uns so, dass es auch für Oma und Opa nicht zu beschwerlich war. Dann wurde es schon langsam dunkel. Die ersten unserer Gruppe fingen an zu jammern. Da stieß der Wilde plötzlich einen lauten Ruf aus. Wir erschraken alle sehr. Er zeigte mit seiner Hand in die Richtung eines Berges und da sahen wir Lichter! Eine Stadt! Wir waren gerettet! Viele fingen an vor Erleichterung zu weinen, auch meine Oma. Opa und ich nahmen sie ganz fest in den Arm. Den letzten Rest Weg gingen wir alleine, denn der Eingeborene wollte nicht mitgehen. So konnten wir uns gar nicht richtig bei ihm bedanken.

28.09.2007

Der Pilot hat mit seiner Fluggesellschaft Kontakt aufgenommen, und wir wurden mit Taxis zu unseren Hotels gebracht. Boah, war das ein Abenteuer! Aber jetzt geht der Urlaub eigentlich erst richtig los. Mal sehen, was die restlichen eineinhalb Wochen noch so bringen?

25.04.2016

Ich musste aufräumen und habe dich, mein altes Tagebuch, gefunden und ich muss dir etwas erzählen: Bald fliege ich mit meinen Eltern nach Australien – und mal sehen, ob wir vielleicht die Dingo-Familie wieder treffen? ;)

Christian Antalik
Staatliches Gymnasium Königsbrunn, Klasse 6e

Im Wald, im Wald

Im Wald, im Wald,
es hallt, es hallt.
In der Wildnis tief im Wald,
da hallt's – es hallt.

Hast du schon gesehn?
Nein, dann bleib' doch stehn!
Im Wald, im Wald,
es hallt, es hallt.
Bäume mit Nadel und Blatt
machen viele Tiere satt.
Die Pilze wachsen schon,
auch Blumen wie Krokus und Mohn.
Im Wald, im Wald,
es hallt, es hallt.

Angelika Fendt
Grundschule Fischach-Langenneufnach, Klasse 3c

Das Leben im Dschungel

Das Leben im Dschungel
wirkt ruhig und gibt Halt.
Doch nachts ist es dunkel,
gefährlich und kalt.
Die Wildnis scheint friedlich,
geborgen und rar.
Sei es noch so betrüblich,
die Gefahr unsichtbar.
Denn draußen im Freien
bist du nicht allein.
Zwischen all den Bäumen
fühlst du dich klein.
Selbst der schönste Klang,
so sanft er auch hallt
raubt dir den Verstand
Und holt dich sehr bald.
Denn das Leben im Dschungel
ist tückisch und schwer.
Im fernen ein Funkeln
ein Auge starrt her.
Im trüben Nachtschimmer
das Tier mich erblickt.
Die Panik wird schlimmer,
Adrenalin kickt.
Ich sitz in der Falle,

vor Angst schon erstarrt.
Vor mir eine Kralle,
der fieseren Art.
Die Jagd kann beginnen,
der Puma bereit.
Kann ihm nicht entrinnen,
der Ausweg scheint weit.
Den Meter ich renne.
die Bestie eiskalt.
Komm nicht von der Stelle,
bin in seiner Gewalt.
Nun hat sie mich letztlich,
die Pranke auf der Brust.
Der Schmerz scheint unendlich,
ein Ende voll Frust.
Es ertönt ein Schrei,
ganz zittrig die Hände.
Der Albtraum vorbei,
der Dschungel zu Ende.

Philipp-Alexander Axt und Kevin-Kai Bretan
Staatliches Berufliches Schulzentrum Neusäß, Klasse 10EHd

Der Ruf der Wildnis

Der Wind bewegt die Blätter, raschelt in den Farnen und streicht um die Stämme der Bäume. Er ist sanft und kräftig zugleich, bringt mit sich den dunklen Duft der Erde unter deinen Füßen. Hoch oben rauschen die Kronen, rieseln die Nadeln durch die Äste. Der Wald lebt und du stehst in seiner Mitte und atmest. Atmest sein Leben in deine Lungen, seine reine Luft, wie du sie sonst nirgendwo findest. Doch es reicht dir nicht, zwischen diesen Bäumen zu stehen, deine Füße wie verwurzelt auf dem weichen Moos. Du willst kein Baum sein.

Da beginnst du zu gehen, erst langsam und bedächtig, ein Jäger im Unterholz. Einen Fuß setzt du vor den anderen, tastest unter der dünnen Schicht aus alten Blättern und frischen Farnen nach Ästen, die brechen, knacken, dich verraten könnten. Alles ist ruhig, doch lebendig. Vögel singen, Kleintiere rascheln im Unterholz und du hörst sie alle. Du jagst ihren Geräuschen nach, den Stimmen ihres Lebens. Denn du willst leben wie sie. Doch als der Jäger wirst du sie niemals erreichen. Immer sind sie schneller als du, hören dich, verstecken sich, bevor du sie sehen kannst. Sie fürchten dich.

Da hältst du inne. Doch nur für einen Moment. Denn dann tragen dich deine Füße wieder über das Moos. Sie tragen dich schnell und federnd, fliegend. Die Bäume verwischen zu braunen Schemen, nicht mehr mächtige Borke, sondern weiche Schatten. Farne peitschen deine Beine, versuchen dich festzuhalten, doch nichts kann deinen Lauf stoppen. Nicht der unebene Waldboden, der dich aus der Bahn zu werfen droht, nicht die Äste und Zweige, Baumstämme und Pilze. Denn du bist der Hirsch, das Reh, ein Kitz.

Der Wald nimmt dich auf, lässt dich hinein in seine grünen Tiefen. Warm fallen die gelben Sonnenstrahlen durch die Wipfel herab, zeigen dir einen Weg, dem du folgen kannst. Doch wirst du ihm folgen? Wirst du hineingehen, in das immer dichtere Gehölz, dass sich öffnet, nur um sich hinter dir wieder zu schließen? Wird es sich schließen? Der Wald ruft dich hinein, hinein in sein wildes Herz, wo du frei sein kannst. Dort werden die Tiere deine Freunde sein, mit dir laufen, leben, lachen. Dort werden sie dich nicht fürchten, denn du wirst so wild sein wie sie.

Hinter dir aber liegt ein anderer Weg. Der den du gekommen bist. Ein Pfad zurück in die Stadt, zurück nach Hause. Dieser jedoch verschwindet schon in den Schatten. Dunkel liegt er da, doch du kennst das Licht an seinem Ende. Das Licht deines Zimmers, deines Handybildschirms, des Fernsehers. Noch kannst du umkehren, dorthin wo der Strom dein Licht ist und die Sonne nur durch das Fenster scheint. Vor dir aber lockt der Wald mit seinen Strahlen in eine Richtung, aus der du, vielleicht, nicht wiederkommen wirst. Nicht wiederkommen willst.

Wohin wirst du dich wenden?

Paula Nuber
Paul-Klee-Gymnasium Gersthofen, Klasse Q12

Der Himmel der Jahreszeiten: Ein komischer Traum und ein Dämon

„Ihr habt die Ehre das Wetter und den Umschwung der Zeiten zu leiten!", rief ein Pferd. Das Mondlicht blitzte auf, während andere Pferde riefen: „Sky, Water, Blümchen und Flame nehmen sich ihrer Dienste an!"

Ich wachte auf. Schon wieder! Immer wieder träumte ich von der Nacht, in der ich und die anderen zusammengefügt wurden. „Was ist los?", murrte Sky. Ich musterte Sky. Sie war groß, hatte rauchgraues Fell, war die Schlaueste von uns und leitete den Herbst. Neben ihr lag Water. Diese war nicht begeistert von mir. Water selbst war ungefähr so groß wie ein Araber, besaß bläuliches Fell und ihre Mähne und ihr Schweif waberten in der Luft, wie sie es normal im Wasser taten. Sie leitete den Winter. Ich persönlich fand Water zickig. Dicht an sie gedrängt lag Blümchen. Diese war eher verträumt, hatte braunes Fell, mit einem Fleck an der Flanke, der wie eine Blume aussah. Sie leitete den Frühling. Und jetzt komme ich! Ich heiße Flame und bin schwarz von oben bis unten. Ich kann sehr wütend werden und bin die von uns, die am höchsten springen kann. Ich entscheide über den Sommer. Wir waren alle einmal Menschen und können uns in zwei andere Tiere verwandeln. Jede kann sich in ein Pferd verwandeln, aber die dritte Gestalt ist verschieden. Sky war noch ein Adler, während Water ein Delphin war, Blümchen aber verwandelte sich noch in eine Biene und ich noch in einen Wolf.

Ein paar Tage später träumte ich wieder von der Nacht, in der wir zusammengefügt wurden, ging dann aber gleich weg, weil ich das ja schon kannte und mir deshalb langsam langweilig wurde. Weiter hinten im Schatten der Bäume fiel mir auf, dass wir dort nie alleine waren, da an mir eine schamhafte Gestalt vorbeihuschte, die verdächtig nach Kobold stank! „Aufwachen Flame! Boah, das war ja so klar, dass Flame das verschläft! Und das an unserem ersten Termin!" Ich hatte inzwischen die Augen geöffnet und sah Water zetern. Sky erwiderte darauf: „Unser Termin ist um Mondhoch und jetzt geht erst die Sonne unter." „Aber… Aber … Wer weiß denn schon wie lange wir brauchen? Ob wir rechtzeitig …" „Oh, nein, oh, nein, Water! Ich bin die Strecke schon geflogen und wir werden nicht länger brauchen als eine halbe Stunde." „Ja, Tornado. Wir fliegen trotzdem eine Viertelstunde früher los, weil du so schnell bist."

Eine Dreiviertelstunde vor Mondhoch stießen wir uns vom Boden ab und flogen los. Dreißig Minuten später – wir hatten nur so lange gebraucht, wie Sky gesagt hatte – warteten wir nur noch darauf, dass wir aufgerufen wurden. „Sky, Water, Blümchen und Flame, bitte", leierte eine gelangweilte Stimme herunter. Schließlich traten wir ein und ich sah mich um. In der Ecke oben links war ein Blumenbeet angebaut, in der Ecke oben rechts loderte ein Feuer, während unten rechts ein kleines Windchen blies und es unten links schneite. Oben an der Decke hingen prunkvolle Kronleuchter. In der Mitte stand ein riesiger Thron auf dem ein Leguan thronte. „Wisst ihr denn, warum ihr hier seid?" Wir antworteten: „Äh, nein." „Dann will ich es euch sagen. Ich bin der Vorsitzende der magischen Tierwesen und deshalb kenne ich alle eure Geheimnisse und selbst eure Träume. Apropos Träume, Flame. Hast du uns nicht etwas zu sagen?" „Äh ja, also, ich träume ja schon öfters von der Nacht und bin letztens von dort weggegangen und sah dort eine Gestalt, die verdächtig nach Kobold stank." „Nach Kobold?", kreischten die anderen. Zur Info: Kobolde wollten unsere Macht.

„Ich fliege mir die Hufe wund, um mir Flames Träume anzuhören? Grrrrrrrrr und Pah! Nichts als Humbug!", ärgerte sich Water, als wir zu Hause ankamen. Sky und Blümchen nickten zustimmend. Aber darüber konnte ich mich nicht ärgern, weil ich mich so freute, dass morgen die Sommerzeit anfing.

Wütend schnaubend trat Blümchen aus ihrer Behausung und schimpfte: „Sommerzeit sollte abgeschafft werden!" Doch ich kümmerte mich nicht darum, denn mein erster Fall wartete nicht lange auf mich. „Feuer!" „Warte, ich mach das für dich", meinte Water höhnisch und flog los. „Warte! Es könnte Koboldfeuer sein!", rief ich ihr hinterher, doch sie hörte mich nicht mehr. „Warum?", fragte Sky misstrauisch. „Weil das für jeden anders riecht, je nachdem, welchen Lieblingsduft er hat, also geht er dann in das Feuer und verbrennt jämmerlich. Man kann es nur mit Feuer löschen." „Na, dann los!", rief Sky resigniert und flog los. Ich kam gerade so hinterher. Währenddessen drang der Kobold in den Körper von Water ein und sie löschte unbemerkt das Feuer. Sky und ich landeten gerade, als das Feuer gelöscht war. „Also war es doch kein Koboldfeuer!", freute sich Sky. „Du hast doch nicht im Ernst daran geglaubt oder?" Ohne eine Antwort abzuwarten, redete sie weiter: „Das glaubt ja auch nur Flame, dieses Baby! Sie hat ja noch nicht mal ihre Verwandlung im Griff. Es fehlt die Unterwerfung." Ich hatte sie sehr wohl im Griff, ich hatte mich absichtlich verwandelt. Ich fletschte die Zähne und knurrte sie an: „Warte doch, bis du schwarz wirst, und leck mich doch … Zerstörerin!" Zerstörerin, weil ich mich mit Sky und Blümchen anfreundete. Nach dem Vorfall flogen wir direkt nach Hause und ich verkroch mich gleich in meine Höhle, die extra für mich gebaut wurde und blieb dort drei Tage lang. Ich dachte darüber nach, was Water gesagt hatte. Woher wusste sie vom Koboldfeuer? Das wussten doch nur Feuerpferde! Ich hatte ihr nichts erzählt. Komisch.

Tage danach hörte ich zufällig ein Gespräch von Water und Sky mit: „So kann es doch mit dem Wetter nicht weitergehen! Es kann doch nicht in der Menschenwelt kalt sein mitten im Sommer! Das macht doch keinen Sinn!" „Hältst du jetzt zu der Missgeburt oder was? Wenigstens kann ich über den Sommer herrschen. Findest du das denn nicht cool?" „Doch, doch ich finde es cool, aber ich halte auch nichts von Schnee im Sommer. Passt doch gar nicht." „Na und?" Ich hatte genügend gehört von dem Gespräch und beschloss heute Nacht in den Teich zu schauen, was in der Menschenwelt so los war.

Ein paar Grillen fingen an zu zirpen und Glühwürmchen leuchteten schwach. Ich trat näher an den Teich heran und starrte hinein. Erst konzentriert und dann entsetzt. Die Menschen liefen in Wintermänteln herum!

Und es lag ja Schnee! Doch der Schnee schmolz gleich, als ich eine Hitzewelle zu den Menschen schickte, die drei Tage dauerte. Mein jetziges Problem war, dass ich nur durch den Teich das Wetter leiten konnte. Aber wenigstens richtete Water drei Tage lang nichts Komisches mit der Menschenwelt an, denn ich konnte nicht mehr länger hierbleiben und wollte nun selber in die Menschenwelt, weil ich mich einem Rudel Wölfe anschließen wollte. Ich blickte noch einmal zu den Behausungen zurück und überprüfte, ob mich jemand beobachtete. Erst danach sprang ich durch den Teich, denn so kam ich in die Menschenwelt. Ich landete weich, in Wolfsgestalt, auf dem Waldboden. Ich trabte in den Wald hinein, bis ein rhythmisches Stampfen an meine Ohren drang und ich blieb stehen. Plötzlich brach eine Patrouille aus dem Gebüsch vor mir und hetzte einem Reh nach. Die Wölfe trieben das Reh in die Enge und kurz vor dem Ende sprang ein großer, silberner Wolf auf den Rücken des Rehs und schlitzte die Kehle auf. Danach sah er ihr tief in die Augen und sagte leise: „Ich danke dir, dass das Rudel durch dein Fleisch leben kann." Es schien als nicke das Reh und schon erlosch das letzte Fünkchen Leben in den Augen des Rehs. In diesem Moment trat ich aus dem Gebüsch und fragte: „Darf ich mich dem Rudel anschließen?" Der silberne Wolf sagte: „Ich bin Faolan und da muss ich erst McNarma fragen." Und so trottete ich neben der Patrouille her und begleitete Faolan zu McNarma. „Diese Wölfin möchte sich dem Rudel anschließen." „Du weißt, welche Aufgabe sie dann machen muss?" „Aber sicher. Also, du musst alleine jagen." Und wirst beobachtet – das wusste ich, weil ich mir hin und wieder Wolfsrudel angeschaut hatte und dieses mir in die Augen gefallen war. So konnte ich sehen, dass man beobachtet wurde, wenn man dem Rudel beitreten wollte und jagte. Ich schlurfte los in den Wald und schnupperte in der Luft nach Beute. Es dauerte nicht lange, da schnappte ich eine Spur von einem Hirsch auf, der etwas älter zu sein schien. Ich verfolgte die Spur und kurz darauf trampelte der Hirsch vor mir her. Er war anscheinend alleine unterwegs, da kein Reh oder ein anderer Hirsch in der Nähe waren. Also trieb ich ihn in die Enge und tötete ihn. Dann wiederholte ich das Ritual von Faolan und brachte den Hirsch dem Rudelführer. Dieser war kurz davor in das Fleisch zu beißen, als jemand rief: „Nein! Das ist kein reines Fleisch!" „Was höre ich da? Du!" Er wies auf mich. „Geh mir aus den Augen und nimm das mit." Ich zog den Kadaver hinaus in den Wald und verwandelte mich in einen Menschen, holte meine Kamera und filmte den gerade gekommenen Faolan, der sich an dem Kadaver zu schaffen machte, ging dann als Mensch zu dem Rudel und legte die Kamera in die Höhle des Anführers und verschwand. Während ich durch den Wald galoppierte, veränderte sich die

Landschaft und wurde Wüste. „Flame, du musst uns helfen!", sagte eine Stimme und als ich mich umdrehte, merkte ich, dass es Water war, die es gesagt hatte. „Ach, und wieso? Du kannst doch alles, dachte ich." „Bitte, Flame!" „Nein!" „Aber, aber … Kobolde sind überall und da ist so viel Feuer, das ich nicht löschen kann!" „Ein Wunder bei Koboldfeuer", gab ich eisig zurück. „Sie machen es aber nicht für sich, sondern für einen Dämon." „Ja, sag das doch gleich! Ich komme mit!"

Der Rückweg dauerte länger als der Hinweg, doch irgendwann hörte ich ein Gekreische: „Fl…" „Klappe!", konnte ich Skys Gekreische abbremsen. Einer der Kobolde beäugte mich komisch und ich tat, als wüsste ich von nichts: „Wo bin ich?" „Egal. Greif die an!" Wir kämpften erbittert, doch dies taten auch die Kobolde. Der Teich wurde rot von all dem Koboldblut und immer mehr Leichen schmückten das Ufer. Da wurde es einfach dunkler und kälter, der Teich wurde wieder blau und alle Leichen verschwanden. „Was ist das?", fragte ich mich, als mir der Schweiß eimerweise das Fell hinunterlief. „Ihr habt es gewagt!", dröhnte eine Stimme, die sich anhörte, als hätte jemand eine Hupe gedrückt. Ein Schatten nahm Gestalt an und wurde zu einem überdimensionalen Rattenkörper, während der Kopf ein viel zu kleiner Ziegenkopf war. Der Dämon! „Traut euch doch zu kämpfen, ihr Weicheier! Euch zerreiße ich einzeln." „Flame sollte kämpfen, denke ich", meinte Sky und die anderen nickten nur. „Aber Leute, er sagte doch, 'ich zerreiße euch einzeln' und nicht gemeinsam! So sind wir stärker!" „Ok", meinten die anderen. „Fertig mit dem Kaffeekränzchen? Oder braucht's noch Kaffee und Kuchen?" „1. Nein, danke 2. Ich wusste ja, dass du böse sein kannst, aber nicht, dass du auch lustig bist." Dann trat ich vor und gab den anderen ein Zeichen, hinten zu bleiben, weil ich den Eindruck erwecken wollte, dass wir einzeln kämpfen würden. „Einzeln? Na gut." Und er fing an zu kämpfen. Aber ich war darauf gefasst und schlug zurück. Doch dann wurde ich getroffen, weil ich unaufmerksam war. Es knallte laut und ich schlug hart gegen einen Baum. „Flame!" Das war das Letzte, was ich hörte.

Langsam öffnete ich die Augen und sah, dass Sky, Water und Blümchen kämpften und schwächer wurden und dass der Dämon kaum Kraft verlor. Ich war noch zu schwach zum Kämpfen, aber stark genug, um die Fee der Energie zu rufen. „Gute Fee, bitte gib mir und meinen Freunden die Energie, die wir zum Kämpfen brauchen." „Es soll helfen?", fragte sie in Sing-Sang-Stimme. Wortlos nickte ich und schon hatte ich ein Gefühl der neuen Energie. Ich bedankte mich bei der Fee und ging zu den anderen. „Was wir gemeinsam angefangen haben, beenden wir doch auch gemeinsam, oder?" „Wir müssen unsere Kräfte verbinden", meinte Blümchen und das taten wir auch. Aber wir ließen unsere Kräfte genau in dem Moment los, als der Dämon seine Magie losschickte. Beide trafen sich genau in der Mitte von uns, doch das blieb nicht lange so. Denn die Magie des Dämons kam immer näher und ich hatte Angst. Große Angst. Ich machte aus Angst ein paar Pferdeäpfel und mich durchrieselte es. Dann schloss ich die Augen und betete dafür nicht zu sterben. Aber als ich die Augen öffnete, war nicht mehr viel von unserer Kraft übrig. Urplötzlich rief jemand: „Jetzt!" Ich erschrak zutiefst. Gerufen hatte Blümchen und die anderen ließen noch einmal ihre Kräfte los. Ich ließ meine Kräfte dann auch noch rechtzeitig los und der Dämon verschwand mit einem lauten Knall. „Endlich ist es vorbei", freute sich Blümchen. „Nein", sagte die Fee, „da liegst du falsch. Es hat gerade erst angefangen." Dann verschwand auch sie.

Tabea Schuster
Staatliche Realschule Zusmarshausen, Klasse 6d

Der geheimnisvolle Garten

Geheimnisvoll
Der Garten
Die Blumen wachsen.
Alles blüht und gedeiht.
Sonne

Pia
Christophorus-Schule Königsbrunn, Klasse 3a

Grüne Hose

Es ist der erste Tag und ich trage meine grüne Hose.
Die Hose mit den vielen Taschen, die du immer als praktisch bezeichnest.
Die Hose, die ich verabscheue und trotzdem trage, weil ich es dir versprochen habe und du dir ohnehin zu viele Sorgen machst.
Die Hose mit dem dicken Stoff, wegen dem ich so schwitze, der mich vor Kratzern schützen soll.
Die Hose, die du mir zum Abschied geschenkt hast.
Als du mich geweckt hast, hast du mir von dieser Reise abgeraten und ich habe dich umarmt.

Es ist der siebte Tag und ich trage meine grüne Hose.
Die Hose mit den vielen Taschen, die du immer als praktisch bezeichnest.
Die Hose, die ich verabscheue und trotzdem trage, weil ich es dir versprochen habe und du dir ohnehin zu viele Sorgen machst.

Die Hose mit dem dicken Stoff, wegen dem ich so schwitze, der mich vor Kratzern schützen soll.
Die Hose, die du mir zum Abschied geschenkt hast.
Als wir mein Gepäck zum Auto brachten, hast du mir von dieser Reise abgeraten und ich habe dich ein zweites Mal umarmt.

Es ist der 14. Tag und ich trage meine grüne Hose.
Die Hose mit den vielen Taschen, die du immer als praktisch bezeichnest.
Die Hose, die ich verabscheue und trotzdem trage, weil ich es dir versprochen habe und du dir ohnehin zu viele Sorgen machst.
Die Hose mit dem dicken Stoff, wegen dem ich so schwitze, der mich vor Kratzern schützen soll.
Die Hose, die du mir zum Abschied geschenkt hast.
Als wir am Flughafen ankamen, hast du mir von dieser Reise abgeraten und ich habe dich ein drittes Mal umarmt.

Es ist der 21. Tag.
Erinnerst du dich an die grüne Hose?
Die Hose mit den vielen Taschen, die du immer als praktisch bezeichnest.
Die Hose, die ich verabscheue und trotzdem trage, weil ich es dir versprochen habe und du dir ohnehin zu viele Sorgen machst.
Die Hose mit dem dicken Stoff, wegen dem ich so schwitze, der mich vor Kratzern schützen soll.
Die Hose, die du mir zum Abschied geschenkt hast.
Die Hose, die jetzt zerfetzt irgendwo im Dschungel liegt.
Als ich ins Flugzeug stieg, hast du mir von dieser Reise abgeraten und ich habe dich ein viertes Mal umarmt.
Wieso hast du mich wieder losgelassen?

Julia Schmid
Dr.-Max-Josef-Metzger-Realschule Meitingen, Klasse 9f

Abenteuer in der Wildnis

Der Naturforscher Toni Miller war alleine auf Expedition im Dschungel. Er war 38 Jahre alt und war schon seit Jahren nicht mehr im Dschungel unterwegs. Er zeltete auf einer Lichtung und hoffte, auf seinen Streifzügen unbekannte Pflanzen zu entdecken.
Als er auf allen Vieren durchs Dickicht kroch, spürte er plötzlich einen stechenden Schmerz in seinem Oberschenkel. Als er den Kopf hinwendete, sah er die gefährliche Wildschweinkobra sich blitzschnell davon-

schlängeln. Er sah die Bissspuren und die Wunde verfärbte sich lila. Der Schmerz war fast unerträglich und er humpelte zum Zelt zurück. Ihm wurde heiß und schwindlig. Außerdem erinnerte er sich, in seinem Forscherhandbuch über tödliche Schlangenbisse gelesen zu haben. Er fühlte sich sehr allein und bekam Angst. Er blätterte nervös im Handbuch und fand schließlich die richtige Seite. Dort stand geschrieben, dass man einen Verband aus 30 g Mammutbaumharz und fünf dunkelblauen Blüten der seltenen Paulinus-extra-forte-Pflanze anlegen sollte. Wenn man dies nicht macht, wird man gelähmt und stirbt an Fieber. Er packte alles Notwendige ein und zog los. Dunkel erinnerte er sich, wo Mammutbäume wuchsen. Er kam schlecht voran, weil sein Bein schwer wurde. Irgendwann, als er die Mammutbäume gefunden hatte, holte er sein Messer hervor und ritzte die Baumrinde an. Er hielt seinen Becher darunter und das Harz lief hinein. Als er circa 30 Gramm hatte, machte er sich auf die Suche nach den Blütenblättern. Er wusste, dass in der Nähe ein Fluss war, und dass er diese seltene Pflanze dort mit viel Glück finden konnte. Toni humpelte Richtung Fluss und begann dort die mühsame Suche. Er hatte Glück! Schon bald fand er die dunkelblauen Blüten der Paulinus-extra-forte. Er pflückte die fünf Blütenblätter, mischte sie mit dem Harz und trug sie auf seine Wunde auf. Mit letzter Kraft schleppte er sich zurück ins Zelt und fiel in einen tiefen Schlaf. Als er am nächsten Morgen erwachte, spürte er kaum noch Schmerzen. Die Wunde sah deutlich besser aus und das Fieber war weg.

Ihm war die Lust auf diese Expedition vergangen. Das Zelt war schnell abgebaut, die Sachen flott eingepackt. Er fuhr in seine Heimatstadt, um sich von diesem Abenteuer zu erholen.

Paul Adolf
Staatliches Gymnasium Königsbrunn, Klasse 5f

Perspektivenwechsel

„Neuigkeiten – sie überraschen oder überfallen uns sogleich. Auf der einen Seite ist das gut, auf der anderen schlecht. Wenn wir einen superschönen Tag haben und noch voller guter Laune sind, kommt genau solch eine Nachricht, die tief in unser Herz eindringt und es wortwörtlich zerfrisst. Wenn wir allerdings einen schlechten Tag haben und noch ganz verquollene Augen von den Tränen, die wir an diesem Tag vergossen haben, kommt eine gute Nachricht, die uns ein Lachen in das Gesicht zaubert. Ist das noch gerecht? Denkt man darüber nach, hat das wohl jeder schon einmal so erlebt. Aber wie geht man richtig damit um?"

Das schrieb ich in meinem letzten Blogpost. Jetzt fragen sich wahrscheinlich viele, wer ich bin. Ich heiße Mia, bin 16 Jahre alt, gehe in die 10. Klasse und wohne in Schwabegg, einem kleinen Dorf am Rande des Naturparks „Westliche Wälder". Ich muss mit dem Bus zur Schule fahren, das kann manchmal echt nervig sein – entweder hat der Bus Verspätung oder ich verpasse ihn, weil er viel zu früh losfährt.

Wenn die Schule endlich vorbei ist, laufe ich zur Bushaltestelle und die ist ziemlich weit von der Schule entfernt. Und genau dann frage ich mich, warum man eine Schulbushaltestelle nicht an die Schule baut? Auf dem Weg zur Bushaltestelle laufe ich immer durch eine Unterführung, die mit Graffiti vollgesprayt ist. In der Unterführung stinkt es nach Zigarettenrauch und es schallt fast immer laute Musik durch die Mauern. Die laute Musik kommt von den anderen Jugendlichen, die dort einfach herumstehen und einen nach dem anderen kippen. So als hätten sie nichts zu tun und könnten hier noch eine Ewigkeit herumstehen, eben bis ihr Energydrink leer getrunken ist.

Danach komme ich an einem Mülleimer vorbei, der immer leer ist, weil alle ihren Müll einfach daneben werfen. Ich hatte mir einen Schokoriegel in der Mensa gekauft und das Plastikpapier neben den Mülleimer geworfen. Der ganze Weg war voll mit Müll, so dass man gefühlte zehn Zentimeter Platz hatte einen Fuß vor den anderen zu setzen. Ich kickte den Müll in das Feld neben dem Weg, um mehr Platz zum Laufen zu haben.

Danach holte ich mein neues Handy heraus, ich hatte es zu meinem 16. Geburtstag bekommen und war mächtig stolz. Ein iPhone X! Als ich auf den Bildschirm schaute, musste ich erst einmal tief Luft holen, denn dort stand: 102 Nachrichten aus der Klasse 10e. Meine Klasse war echt nicht die cleverste Klasse, denn die checkten wirklich nichts. Man musste mindestens 10-mal in den Klassenchat schreiben, welche Hausaufgaben zu erledigen waren, bis es wirklich alle verstanden hatten. Aber in der nächsten Unterrichtsstunde hatten trotzdem nicht alle ihre Hausaufgaben. Als ich gerade schreiben wollte, was wir heute aufhatten, hörte ich ein lautes Motorengeräusch. Ich sah einen großen Wagen mit vielen Lichtern und dachte mir, so einen Wagen will ich auch einmal fahren. Das Auto fuhr weg und hinterließ eine riesige Abgaswolke.

Zurück zum Thema Schule. Apropos Schule, dachte ich mir, ich muss noch in den Wald fahren. Paula, Luise und ich sollten in Biologie ein Referat über den Baum halten. Super spannend, dachte ich mir, als ich das hörte. Auf jeden Fall sollte ich Baumrinde oder ein Foto von einem abgesägten Baum mitbringen. Endlich war ich an der Bushaltestelle angekommen und fuhr nach Schwabegg. Zum Glück hatte ich gleich einen Wald hinter meinem Haus.

Als ich zum Wald lief, hörte ich Musik mit meinen Kopfhörern, ich machte Fotos von verschiedenen Bäumen und brach mir ein Stück Rinde von einem großen alten Baum ab. Ich nahm die Kopfhörer aus den Ohren und lehnte mich an den Baum, von dem ich die Rinde abgebrochen hatte. Er war ganz rau, aber irgendwie beruhigend. Es war so leise, dass ich meinen eigenen Herzschlag hörte.

Ich spürte richtig die Mulden an meinem Rücken. Ich nahm mein Handy heraus und bearbeitete die Bilder, denn dort auf den Fotos war ziemlich viel Müll zu sehen. Anschließend postete ich eines der Bilder und schrieb folgenden Text dazu: *„… farbig der Wald, ich laufe hindurch, leuchtend bunte herabfallende Blätter – Glücksgefühle!"*

Plötzlich hörte ich ein schrilles Pfeifen. Es wurde immer lauter, aber ich konnte es nicht richtig zuordnen, da es so schrill war. Ich lauschte dem Geräusch nach und es führte mich zu einem großen Baum. Ich hörte etwas, sah aber nichts. Es kam aus einem Blätterhaufen. Ich schob die Blätter und den Müll, der dort lag, weg und sah ein kleines Eichhörnchen. Es lag stark zitternd da und schaute die ganze Zeit nach oben zum Baum. Ich wollte es hochnehmen, aber es wehrte sich und schaut immer wieder zum Baum hinauf. Ich machte ein Foto und schickte es meiner Mutter, denn sie war Tierärztin. Ich wartete und wartete auf eine Antwort und fühlte mich in dieser Zeit hilflos. Doch dann endlich schrieb meine Mutter zurück: „Bring das Eichhörnchen sofort zu mir in die Praxis!" Ich nahm es behutsam hoch und bemerkte, das schöne, weiche und flauschige Fell, aber ich spürte auch etwas Hartes im Brustkorb. Man spürte, es wollte nicht weg von hier. Es pfiff immer lauter und schaute hinauf zum Baum.

Es wurde langsam dunkel und ich bekam ein wenig Angst. Ich war nur noch auf meine Umgebung konzentriert, denn die großen Bäume sahen aus wie gruselige Gestalten.

Plötzlich spürte ich, dass das kleine Eichhörnchen nicht mehr zitterte und ich stellte fest, dass es auch nicht mehr atmete. Ich überlegte nicht lang und begann sofort mit meinen Daumen eine vorsichtige Herzdruckmassage. Das hatte ich bei meiner Mutter gelernt und sie sagte immer, dass es im Notfall wichtig wäre, das zu beherrschen. Jetzt spürte ich umso intensiver das Harte im Brustkorb. Ich zählte „23, 24, 25, 26". Endlich schlug das Herz wieder, was für eine Erleichterung für mich. Ich atmete tief durch und rannte zu meinem Fahrrad. Das Eichhörnchen packte ich vorsichtig unter meine Jacke und fuhr so schnell es ging zu meiner Mutter in die Tierarztpraxis. Sie wartete schon auf mich. Meine Mutter erkannte sofort, dass das Eichhörnchen Müll verschluckt hatte und sofort operiert werden musste. Sie sagte mir, es sei eine gefährliche Operation mit ungewissem Ausgang.

Dann schickte sie mich nach Hause, ich sollte ins Bett gehen. Dabei wollte ich noch einmal in den Wald, um zu schauen, warum das Eichhörnchen die ganze Zeit den Baum hinaufgeschaut hatte. Jetzt lag ich in meinem Bett und konnte einfach nicht einschlafen. Ich hatte zu viele Gedanken in meinem Kopf: „Kann das Eichhörnchen gerettet werden? Was war mit dem Baum?"

Am nächsten Morgen wollte ich überhaupt nicht aus dem Bett, weil ich die Nacht einfach nicht gut geschlafen hatte. Doch als mir meine Mutter erzählte, dass die Operation gut verlaufen war und das Eichhörnchen jetzt für ein paar Wochen auf der Krankenstation bleiben musste, dachte ich an den Baum und wollte sofort in den Wald, um nachzuschauen. Was für ein Zufall, dass heute die ersten beiden Schulstunden ausfielen. Ich erzählte meinen Eltern, dass ich zu Paula und Luise gehen würde, um das Referat für die Schule vorzubereiten.

Meine Eltern erlaubten es mir, sie wussten aber auch nicht, dass ich eigentlich in den Wald wollte. Ich holte mir heimlich eine Leiter aus der Garage und lief in den Wald. Als ich vor dem großen Baum stand, sah ich den ganzen Müll und war erstaunt. Ich sah die Welt plötzlich mit ganz anderen Augen. Ich lehnte die Leiter an den Baum und kletterte hinauf. Ich sah ein dunkles Loch im Baum, das mit Plastik und anderem Müll gefüllt war. Oben auf der Leiter krallte ich mich an der rauen Rinde fest und wunderte mich wie weich und feucht das Moos war, das am Baum wuchs.

Doch ich wurde schnell abgelenkt, denn ich hörte ein ähnlich klingendes Pfeifen aus dem Loch im Baum. Ich schaute genauer hinein und erkannte, dass dort Eichhörnchenbabys lagen. Ich war schon voller Freude aber dann sah ich, dass es wahrscheinlich nicht alle Jungtiere geschafft hatten. Zwei Eichhörnchen lagen regungslos in einer Ecke der Baumhöhle. Ich nahm sie vorsichtig heraus, kletterte von der Leiter und lehnte mich an den Baum. Ich drückte die zwei Eichhörnchen-Jungen fest an mich, um zu erkennen, ob das Herz noch schlug. Ich konnte auch keine Herzdruckmassage bei beiden gleichzeitig durchführen. Ich fing an zu weinen, denn es war ja meine Schuld, dass zwei jetzt tot waren. Nur weil ich gestern die Mutter retten wollte. Ich grub ein kleines Loch vor dem Baum und legte die beiden Eichhörnchen hinein, so dass sie sich umarmten und wussten, sie sind nicht allein dort oben im Himmel. Als ich das Loch zuschütten wollte, tropfte eine dicke Träne auf die zwei kleinen Eichhörnchen. Wie als wollte ich sie segnen. Im Anschluss holte ich die anderen drei kleinen Eichhörnchen aus der Baumhöhle und drückte sie ebenfalls ganz nah an mich. Ihre schlagenden Herzen beruhigten mich, allerdings machten sie mich auch traurig. Es hatten nicht alle Eichhörnchenbabys so viel Glück. Ich schaute auf meine Uhr und bemerkte, dass es schon 10:30 Uhr war und um 09:30 Uhr bereits die dritte Schulstunde begonnen hatte. Ich sprintete nach Hause und legte die Eichhörnchen in einen kleinen Schuhkarton, dazu ein paar kleine Decken und eine Wärmflasche.

So schnell ich konnte, fuhr ich zur Schule, der Fahrtwind trocknete mir die Tränen im Gesicht. Selbstverständlich kam ich zu spät zur Schule. Mein Referat in Biologie war trotzdem ganz gut. Die Schulglocke läutete und alle Schüler rannten hinaus.

Als ich durch die Unterführung lief, warf ein Jugendlicher seine Zigarettenschachtel vor meine Füße. Ich kickte die Schachtel nicht weg, sondern hob sie auf und nahm sie mit. Hinter mir hörte ich jemanden rufen: „Hallo, spinnst du? Da war noch eine Halbe drin!"

Darauf reagierte ich gar nicht und war immer noch überrascht, wie viel Müll hier überall herumlag und warum ich das bisher nicht gesehen hatte. Das Nachdenken in der letzten Nacht hatte mir die Augen geöffnet.

Als ich an dem leeren Mülleimer vorbeilief, warf ich die Zigarettenschachtel genau in die Mitte des Eimers. Ich bin Handballerin und kann gut zielen, außerdem habe ich einen festen Wurf und der Mülleimer scheppterte. Jetzt schauten mich alle an, es hatte noch niemand seinen Müll in den Mülleimer geworfen. Ich hörte ein lautes Gemurmel: „Oh, so ein Opfer! Ey, schlimmer geht's nicht! Voll die Ökotante!" Natürlich wollte ich das alles nicht hören und steckte mir meine Kopfhörer in die Ohren. Ich zog mein Telefon aus der Tasche und machte ein paar Bilder von meiner Umgebung, vom Mülleimer, dem Weg, dem Feld und natürlich von den vielen deutlich erkennbaren Abgaswolken der Autos. Als ich an der Bushaltestelle saß und auf den Bus wartete, postete ich etwas Neues auf meinem Blog. Ich postete das bearbeitete Bild aus dem Wald und das mit dem Müll und schrieb dazu: „... das ist unsere Welt ohne Filter, aber mit ganz viel Müll. Viel zu viel Müll, das ist doch kein Wald mehr, oder?" Da endlich kam der Bus und alle wartenden Kinder rannten los. Als ich einsteigen wollte, fiel mir ein, dass ich doch mit dem Fahrrad zur Schule gefahren war. „Das passiert aber auch nur mir!", dachte ich. Ich kam mir etwas veräppelt vor, als ich zurück zur Schule und zum Fahrradständer rannte. Als ich durch die Unterführung lief, rannte ich genau durch eine stinkende Zigarettenrauchwolke. Ich begann zu husten. Als ich auf meinem Fahrrad saß und nach Hause radelte, sah ich einen überfahrenen Igel. Ich nahm ihn von der Straße, jetzt hupten mich viele Autos an, aber was sollte ich machen, einfach weiterfahren konnte ich nicht. Auf dem Gehweg lag eine Plastiktüte, in die steckte ich den toten Igel und nahm ihn mit. Daheim ging ich mit dem Igel in den Wald, ich setzte mich vor das Grab der Eichhörnchen, legte ein paar gepflückte Blumen darauf. Es war nicht so einfach Blumen zwischen all dem Müll zu finden. Ich schaute mich um und sah noch viel mehr Müll. Und schon wieder fing ich an zu weinen. Bereits in der Bibel steht geschrieben: „Dann legte Gott, der Herr, in Eden einen Garten an und setzte dorthin den Menschen, den er geformt hatte. Gott, der Herr, ließ aus dem Ackerboden allerlei Bäume wachsen, verlockend anzusehen und mit köstlichen Früchten, in der Mitte des Gartens setzte er den Baum der Erkenntnis von Gut und Böse. Ein Strom entspringt in Eden und bewässert den Garten. Und in diesen Garten setzte Gott, der Herr, den Menschen, damit er den Garten bebaut und hütet."

„Aber genau das haben wir nicht gemacht!", dachte ich mir und wieder tropfte eine Träne auf das Grab der Eichhörnchen. Ich grub erneut ein Loch und legte den Igel hinein, bevor ich es zuschüttete, streute ich noch ein paar Blütenblätter auf den toten Igel. Danach suchte ich mir kleine Äste und baute drei kleine Kreuze, um sie auf die Gräber zu stecken. Ich machte noch ein Bild von den Gräbern. Ich war so in den zugemüllten Wald vertieft, dass ich fast die lebenden Eichhörnchen vergessen hätte. Ich lief so schnell ich konnte nach Hause. Meine Mutter fuhr gerade um die Ecke, als ich wieder vor unserer Haustür stand. Ich rannte schnell in mein Zimmer, um nach den Eichhörnchen zu schauen. Zum Glück waren alle putzmunter. Schnell holte ich einen Teller, auf den ich Wasser tröpfelte und ihn auf den Boden stellte. Die Eichhörnchen setzte ich um den Teller herum, so dass jedes etwas trinken konnte. Als der Teller leer war, legte ich die Eichhörnchen wieder in ihren Karton. Im Anschluss erzählte ich meiner Mutter von den Eichhörnchenbabys. Meine Mutter nahm mich und die drei Eichhörnchen mit in ihre Tierklinik. Dort angekommen untersuchte sie die drei und ich schaute mir die Eichhörnchenmutter an. Sie lag erschöpft in ihrer Box und hatte eine lange Infusion an ihrer rechten Pfote. Ich nahm mein Telefon heraus und fotografierte das Eichhörnchen. Da kam auch schon meine Mutter aus dem Behandlungszimmer und sagte: „Den Kleinen geht es gut, sie waren nur etwas unterkühlt, hilfst du mir, sie zu füttern?" Natürlich half ich ihr dabei. Die Mutter war noch zu erschöpft und die Kleinen brauchten Nährstoffe. Es waren zwei Mädchen und ein Junge. Ich nahm alle drei und gab ihnen die kleine Spritze, die mit der Milch gefüllt war. Es war süß anzuschauen, wie sie mit ihrer kleinen Zunge an der Spritze leckten. Als jeder seine Milch getrunken hatte, legten wir die Babys zu ihrer Mutter in die Box. Ich machte noch ein paar Bilder von der glücklichen Eichhörnchen-Familie und fuhr nach Hause.

Es war schon dunkel als ich daheim aus dem Auto ausstieg. In meinem Zimmer ließ ich mich aufs Bett fallen und machte einen neuen Blogpost. Ich postete ein Bild der Eichhörnchen und schrieb darunter, dass die Mutter der Eichhörnchen gerade so gerettet werden konnte, obwohl sie ein Plastikteil verschluckt hatte. Natürlich schrieb ich auch noch, wie wir sie genannt hatten. Der Junge mit dem schwarzen Streifen auf dem Rücken hieß Lucky, die Mutter Lucy, das Mädchen mit dem braunen großen Augen Nüsschen und das andere Mädchen mit dem flauschigen Schwanz Nussi. Ich deckte mich zu und starrte an die Decke. Es strömten wieder viele Gedanken in meinen Kopf: „Was ist nur passiert? Wir sollten die Welt hüten und nicht zerstören! Warum? Das mit den Eichhörnchen ist doch nur ein Fall von vielen, oder? Was können wir machen, um die Welt vor dem Untergang zu retten? Tiere sterben aus! Und alles nur wegen uns? Weltmeere waren mal bunt, wunderschön, mit Artenvielfalt und jetzt eine richtige Katastrophe? Ob wir es noch schaffen, die Welt zu retten, oder zuschauen müssen, wie sie untergeht?"

Als ich früh wieder aufwachte, kam mir diese Idee. Ich postete:

„Umweltverschmutzung – was tun? Menschen sollten die Welt, die Umwelt schützen, aber was ist, wenn nicht? Natur war mal schön, verzaubernd und mit Artenvielfalt. Bäume wuchsen in den schönsten Grüntönen. Meere waren bunt, voller Korallenriffe mit den bezauberndsten Wesen, die es jetzt nicht mehr gibt. Genauso wie die Bäume, die Meere und die ganze Natur. Was haben wir nur getan? Ob wir das Ganze noch retten können?

Wer es versuchen will, kommt am Samstag, den 21.04. in den großen Schwabegger Wald. Dort starten wir eine Aufräumaktion #müllfrei. Die Aktion ist von 10:00 Uhr – 21:00 Uhr. Ich hoffe es kommen viele, denn es geht jeden etwas an."

Endlich kam der Samstag, an dem die Aufräumaktion #müllfrei stattfinden sollte. Ich wartete im Wald und hatte viele Bottiche, wir wollten keine Plastikmüllbeutel nutzen, da diese wieder weggeworfen werden.

Um 10:00 Uhr kamen erste Autos und Busse und danach immer mehr Menschen, viel mehr als ich gedacht hatte. Wir gingen in einem Meter Abstand durch den Wald und sammelten den Müll ein, nicht nur im Wald, sondern auch in der Stadt bei meiner Schule. Ich sammelte den Müll, der um den Mülleimer lag. Und dabei räumte ich auch mein Schokoriegelpapier weg.

Ich freute mich sehr, dass so viele unterschiedliche Menschen gekommen waren, sogar Chinesen und Engländer. Wir sprachen zwar nicht die gleiche Sprache, aber wir verstanden uns alle, da wir alle etwas gegen Umweltverschmutzung tun wollten.

Ich machte ein paar Fotos von den vielen Helfern und postete sie auf meinem Blog. Dazu schrieb ich: *„Das nenne ich Umweltschutz. Diese Menschen sind echte Helden! #müllfrei."*

Es war jetzt 22:00 Uhr und wir hatten 110 Bottiche gesammelt, so viel Müll lag herum. Ich ging mit einem guten Gewissen ins Bett, ich hatte etwas Gutes, was die Welt retten konnte, getan. Am nächsten Morgen wachte ich voller Freude auf.

Anschließend beschloss ich, in den Wald zu gehen, um etwas frische Luft zu atmen. Doch als ich in dem Wald direkt hinter unserem Haus kam, schossen mir die Tränen in die Augen. Dort lag genau so viel Müll wie am Vortag. Ich ging zum Baum, an dem die zwei Eichhörnchen und der Igel begraben waren. Ich sackte förmlich zusammen, da nicht nur auf den Gräbern, sondern im ganzen Wald wieder so viel Müll lag. Ich kniete mich vor den Baum und schob den Müll beiseite. Die kleinen Grabkreuze wären fast unter der Last des Mülls zerbrochen. Bitterliche Tränen tropften auf die Gräber und es fühlte sich an, als ob meine Seele zerbrach. Der einzige Gedanke in meinem Kopf war: „Es muss doch endlich jeder begreifen, was er da tut, was er mit seinem Müll verursacht? Was er damit anrichtet? Es muss doch einfach jeder erkennen!" Ist das wirklich unsere Welt?

Josie Böttcher
Leonhard-Wagner-Gymnasium Schwabmünchen, Klasse 5e

Die Wildnis in mir

Die Wildnis in mir ist
der vorbeiziehende Wind – in meinem Gesicht,
das liebliche Gezwitscher der Vögel – in meinen Ohren,
der Duft der Tanne – in meiner Nase,
dieses Gefühl der Freiheit – in meiner Seele,
dieses Glücksgefühl – in meinem Herzen und
gedankenlos – im Kopf.

Selina Betz
Mittelschule Fischach-Langenneufnach, Klasse 9a

Der stille Ruf nach Leben

Ob Nashorn oder Elefant
leben nicht mehr auf dem sicheren Stand,
denn wir brauchen ja das Elfenbein.
Wie soll es auch anders sein?

Wir sind ja die höchste Lebensform
und nehmen, was wir wollen, das ist die Norm.
Wir töten sie ohne Verstand,
Gier und Unvernunft laufen Hand in Hand.
Die unterschiedlichsten Tiere werden umgebracht
und die Körper als Trophäen mitgebracht.
Sie lassen die Expedition ausklingen
und sollen uns die Natur näherbringen.
Sie zeigen uns die verschiedenen Tierarten,
aber wir spielen uns selbst in die Karten,
da durch die Veranschaulichung die Zahl sinkt
und dies uns in eine schlechte Lage bringt,
weil wir genau das Gegenteil erreichen.
Wir können sie von der Liste streichen.
Es gibt so viele bedrohte Tierarten.
Wir sollten mit dem Umdenken starten.
Ob Südchinesischer Tiger, Orang-Utan oder Berggorilla,
es wird um diese Arten langsam immer stiller,
denn ihre Umgebung wird zerstört.
Wir haben den Hilferuf bis jetzt überhört.
Wir dürfen den Regenwald nicht mehr abholzen.
Müssen dem inneren Verlangen nach Innovation trotzen.
Auch Accessoires aus Reptilienhaut sind tabu,
dann steigt die Rate von den Tieren wieder im Nu.
Warum dauert es so lange, bis wir den Ernst der Lage verstehen?
Weshalb können wir nicht mal für unsere Natur einstehen?
Verändern müssen wir etwas an unserem Handeln,
damit wir unsere Zukunft zum Besseren wandeln.

Laura Lovine
Maria-Ward-Gymnasium Augsburg, Klasse 10a

Ein aufregender Tag

2.1.2019

In einer Safari ist ein kleines Löwenrudel und jeden Tag kommt ein Ranger vorbei, der nach den Löwen schaut. Gerade als der Ranger ankommt, kämpfen die Löwen miteinander, der eine Löwe ist schon sehr verletzt. Jetzt greift der Ranger nach seinem Funkgerät er sagt: „Jerry an Zentrale, schickt mir bitte ein Tierarzt vorbei, bei mir ist ein Löwe sehr stark verletzt!" Die Zentrale antwortet: „Zentrale an Jerry, wir schicken so schnell es geht einen Tierarzt vorbei, Zentrale Ende." Nach 10 Minuten sieht Jerry schon den Tierarzt herfahren. Der Tierarzt steigt mit Helfern aus und holt gleich die Liege, schnell nehmen sie den Löwen mit. Da kommt der Tierarzt zu Jerry und bedankt sich: „Danke, dass sie uns angerufen haben, ein paar Minuten später und der Löwe wäre verblutet." Jerry kommt mit zur Tierklinik und freut sich, als der Tierarzt zu ihm kommt: „Der Löwe ist wieder auf den Beinen. Wir haben ihn gerettet." Jerry sagt mit einem Grinsen: „Das freut mich, dass der Löwe überlebt hat." Am nächsten Tag schaut Jerry wieder den Löwen zu. Es geht allen wieder gut. Ende.

Justus Hausmanninger
Sonderpädagogisches Förderzentrum Martinschule, Klasse 8a

Wilde Tiere (Elfchen)

Angriffslustig
Das Wildschwein
Es suhlt sich.
Es wühlt nach Schnecken.
Wald

Mario
Christophorus-Schule Königsbrunn, Klasse 3a

Die Wildnis vor der Tür

Ich ging ganz entspannt durch den Wald, als da vor mir etwas raschelte. Da sagte ich: „Oh, Hilfe." Aber als das Rascheln vorbei war, rannte ein Hase aus dem Gebüsch. Da habe ich mich mal erschrocken. Dann ging ich weiter. Daraufhin raschelte es erneut in einem Gebüsch. Ich schrie: „Hilfe." Nun kam eine Schlange aus dem Gebüsch und ich rannte so schnell ich konnte den Weg entlang. War die Schlange noch hinter mir? Aber ich hatte sie abgehängt. Dann ging ich weiter und es raschelte ein drittes Mal in einem Gebüsch. Da kam aber nur ein Eichhörnchen aus dem Busch. Daraufhin ging ich wieder weiter. Aber es raschelte nicht mehr. Da kamen fünf Rehe auf mich zu gerannt. Sie rannten an mir so schnell vorbei, dass ich ihren Windzug an meinen Ohren spüren konnte. Ich sagte: „Ich wusste gar nicht, dass Rehe pfeifen können." Das war aber mal ein Abenteuer im Wald – und das direkt vor der Haustür.

Max Bertele
Grundschule Langerringen, Klasse 3a

Ich spürte die Unruhe. Ich spürte, dass etwas passieren würde. Die anderen sagten es mir. Und dann fühlte ich es: den Schmerz, das Brennen, das sich bis in die hintersten Ecken meines alten Herzens drängte. Ich versuchte, es zu vertreiben, versuchte, mich dagegen zu wehren. Dann war es vorbei. Ich wollte gerade einen erleichterten Seufzer ausstoßen, als es mir mit erneuter, gewaltiger Intensität den Atem nahm – und ich schrie auf.

José
Konzentriert drückte er in rasender Geschwindigkeit auf einige Knöpfe, beobachtete, wie der gigantische Greifarm seines Baggers den schmalen Baumstamm packte und ihn mit Leichtigkeit aus dem mit Furchen durchzogenen Boden riss. Schnaufend lehnte er sich in den harten, zerschlissenen Sitz zurück und atmete tief durch. Er spürte eine Feder, die ihm grob gegen den Rücken drückte. José blickte nach rechts aus dem Fenster und sah graue Rauchsäulen, die in den Himmel stiegen. Seit zwei Tagen startete seine Heimatstadt das Projekt „Abholzung", um an schnelles Geld zu kommen. Ihn selbst schmerzte es, den Wald zu zerstören. Er war dort aufgewachsen. José erinnerte sich noch gut an all die Tage mit seiner Großmutter, die er dort verbracht hatte, an all die Lektionen, die sie ihn für das Überleben im Urwald gelehrt hatte. Für ihn war der Urwald wie ein Zuhause. Er beobachtete seine Kollegen, die mit krampfhafter Verbissenheit weiter in den Dschungel vordrangen. Dann spürte er es. Ein stechender Schmerz in seiner Seite, der sich langsam bis zu seinem Herzen hocharbeitete. Gerade, als er erschrocken nach Luft geschnappt hatte, war es auch schon wieder vorbei. Doch er fühlte, wie der undurchdringliche Urwald vor ihm unruhig wurde. Er blickte auf, genau in dem Moment, als ein lautes, bedrohliches Brüllen die Stille zerriss. Vögel stoben auf und flatterten aufgeregt krächzend davon. Einige von Josés Kollegen warfen einen gelangweilten Blick durch ein Seitenfenster in Richtung Urwald, wandten sich dann jedoch schnell ab. Die meisten dachten sich bei Zwischenfällen wie diesen nichts. Sie gingen davon aus, dass ein Raubtier in spektakulärer Weise seine Beute erlegt hatte und dies für Aufregung bei anderen Tieren sorgte. Oder dass zwei Tiger sich um Nahrung oder Territorium stritten. Doch der Großteil wandte sich ab, weil sie den Wald nicht mehr ohne Schuldgefühle anschauen konnten. Das war ihre Art, ihr schlechtes Gewissen zu bekämpfen. Er selbst hatte jeden Morgen damit zu ringen. Er wusste, dass das, was er machte, nicht gut war. Aber er brauchte das Geld. Dringend. Mit

pochendem Herzen dachte José an seine beiden Töchter, die unterernährt waren, weil er ihnen nur sehr wenig bieten konnte. Bei seinem neuen Rodungsjob verdiente er zwar nicht wirklich viel, aber immerhin mehr als den Hungerlohn, den er in der Fabrik erhielt. Seufzend machte er sich wieder an die Arbeit, allerdings erst nachdem er ein kurzes Stoßgebet zum Himmel gesandt hatte: „Gott, verzeih mir."

Corazón

Ich spürte das Rauschen der Blätter, die Tiere unter mir. Schnell wechselte ich meine Perspektive und versetzte mich in einen jungen Tiger, der durchs Unterholz streifte. Ich tat das gerne, da ich wusste, dass wenn ich wieder ging, die Tiere nichts als Glück fühlten. Und das machte mich glücklich. Die Tiere wussten, dass ich existierte, doch sie wussten nicht, wie ich aussah. Und das konnte auch ich selbst nicht sagen. Das letzte Mal, dass ich meine wahre Gestalt angenommen hatte, lag Jahrhunderte zurück. Und das war ein Fehler. Ich hatte mich einem Menschen offenbart, der mich benutzt hatte. Er wollte meine Kraft, mein Wissen. Dieser Mensch war – und ist es immer noch – ein Teil von mir. Er spürte, was ich fühlte. Als er starb, empfand ich nichts als Leere. Doch dann erbte sein Sohn die Bindung, und dessen Sohn erhielt sie nach dem Tod seines Vaters ebenfalls. So entwickelte sie sich über die Jahrhunderte hinweg, wurde mal stärker, mal schwächer. In den letzten Jahrzenten war sie stärker geworden, was bedeutete, dass der Träger in meiner unmittelbaren Nähe war. Einerseits war die Verbindung eine Bürde, andererseits brachte sie auch Vorteile mit sich: Ich konnte in die Perspektive des Trägers gehen und so die Welt kennenlernen. Naja, zumindest konnte ich das einmal. Seit der neue Träger existierte, funktionierte es nicht mehr. Ich war schwach geworden – nur noch ein dunkler Schatten meiner selbst. Und all das nur, weil die Menschen mich verletzten. Mich und meine Schützlinge. Einst hatten sie mich verehrt, sie wussten, wie wichtig ich für sie war. Aber sie vergaßen es immer wieder. Ich hoffte, sie erinnerten sich auch diesmal wieder daran, wie unglaublich wichtig ich für sie bin. Ich spürte den vorhin so intensiven Schmerz nun nur noch als dumpfes Pochen am Rande meines Bewusstseins. So ließ er sich aushalten. Ich sprang rasch von einer Perspektive zur nächsten, um den Ursprung des Schmerzes zu sehen, doch als ich am anderen Ende meiner Selbst ankam, erstarrte ich. Der Randbezirk, der einst in prachtvollen Farben schillerte, war weg. Einfach weg. Doch ich sah die Menschen, die mit grellorangenen, rollenden Blechbüchsen unerbittlich einen jungen Baum nach dem anderen aus meinen schützenden Armen rissen. Ich schrie erneut auf, als ich spürte, wie sie einen besonders alten Urwaldriesen zerstörten. Das

Stechen in meinem Kopf nahm überhand, es kontrollierte mich, zwang mich in die Knie. Vor mir wurde es schwarz. Ich spürte entfernt, wie der Tiger, dessen Körper ich mir geborgt hatte, unter meinen Schmerzen zusammenbrach. Dann war es vorbei. Ich drängte das Tier, wieder aufzustehen, zwang es, in die Tiefen des Dschungels zu fliehen. Ich selbst wechselte erneut den Körper und sah nun durch die Augen eines Orang-Utans. Ich blickte auf das Kind herunter, das sich ängstlich an mich geklammert hatte. Ich spürte den bohrenden Hunger in der Magengegend, und ich bemerkte, wie dem Affen der Gedanke durch den Kopf schoss, auf die freie Ebene zu laufen und nach Futter zu suchen. Krampfhaft versuchte ich, das Tier dazu zu beeinflussen, auf dem Baum sicher versteckt zu bleiben, doch dessen Selbsterhaltungstrieb war stärker. Ich sah, wie sich meine Beine bewegten, fühlte, wie das Muttertier umständlich ihr Junges auf den Rücken schob, schwerfällig von dem ausladenden Baum sprang und sich gemächlich aus dem Unterholz schob. Als mein Perspektiventräger nach kurzer Zeit – für die Menschen nun gut sichtbar – auf der noch rauchenden Erde stehen blieb und völlig ruhig begann, den Boden nach Essbarem zu durchwühlen, gab ich es auf, seine Gedanken zu bewegen. Panisch musste ich zusehen, wie einige der Menschen langsam aus ihren Büchsen stiegen und sich vorsichtig auf uns zubewegten, ihre Gewehre auf den Orang-Utan – und somit auch auf mich – gerichtet; ich musste zuschauen, wie sich einer der gefährlich aussehenden Männer das kleine Baby griff, ich wusste, dass dies das Ende der Mutter war. Ich hörte, wie eine der Personen vor mir abdrückte, spürte, wie es den Körper des Tieres nach hinten warf. Mit einem schmerzhaften Ruck wurde ich aus dem Kopf des sterbenden Tieres geworfen. Verzweifelt schwebte ich geistähnlich über ihm, sah es seinen letzten Atemzug nehmen. Dann wurde ich ruckartig zurück in den Wald gezogen, in die Perspektive eines schillernden Papageis. Neben dem Schmerz, einen meiner Schützlinge sterben gesehen zu haben, war auch der Druck in meiner Seite – dort, wo ich von den Menschen zerstört wurde – stärker geworden. Gepeinigt wechselte ich in den Geist eines Urwaldriesens. Er stand nahe des Amazonas, weshalb ich ihn auch gerne als meinen Herzbaum bezeichnete. Er war bereits sehr alt und beherbergte die unterschiedlichsten Bewohner: An seinen Wurzeln lebten Ameisen, kleine Käfer. In seiner gigantischen Krone sprangen kleine Affenherden laut kreischend von einem Ast zum nächsten, während ungefähr mittig seines Stammes Papageien aufgeregt krächzend umherflatterten. Für einen Moment wollte ich durchatmen. Wenn ich länger hierbliebe, könnte ich den Schmerz der Zerstörung vielleicht vollständig verdrängen. Ich mochte den Frieden hier. Es war perfekt.

Plötzlich spürte ich einen scharfen Stich, direkt in mein Herz. Er schüttelte mich durch, ich wand mich vor Schmerzen. Dann wurde ich urplötzlich aus meiner so friedlichen Perspektive gezogen, ich sah den dicht bewachsenen Wald an mir vorbeifliegen. Dann war da ein starker Widerstand. Das Tier, dessen Perspektive mich so angezogen hatte, weigerte sich, sie mit mir zu teilen. Ein erneuter Ruck ließ mich aufbrüllen, dann war ich in seinen Gedanken. Und ich erschrak. Ich sah nicht durch die Augen eines Tieres. Ich sah durch die Augen eines Menschen.

José
Der weitere Nachmittag verlief ereignislos. Der Urwald gab keine erneuten Zeichen eines Aufstandes von sich und so arbeiteten seine Kollegen und José weiter: Sie legten Feuer, rissen Bäume und kleine Büsche aus. Gegen Mittag kam die Nachricht, dass eine Orang-Utan-Mutter mit ihrem Jungen gesichtet worden war. Das Kleine sollte sofort verpackt und zu seinem neuen Besitzer verschickt worden sein, die Mutter erschossen. Das einzig Seltsame daran war, dass noch während sie starb, einige der Männer behaupteten, eine durchsichtige Gestalt aus ihrem Körper haben aufsteigen sehen. José schüttelte sich allein bei dem Gedanken daran, eine unschuldige Orang-Utan-Familie töten zu müssen. Rasch verbannte er diesen Gedanken wieder aus seinem Kopf und versuchte sich auf seine Arbeit zu konzentrieren. Er spürte sein Handy in seiner Hosentasche vibrieren. Neugierig zog er es heraus und sah eine Nachricht seines langjährigen Kumpels Fernando. „José, schwing dich augenblicklich hierher. Du glaubst nicht, was ich auf der Suche nach Volksgeschichten für meine Masterarbeit gefunden hab … die Sage handelt von dir. Sie ist ziemlich unwahrscheinlich und unheimlich und handelt nur von einem deiner Vorfahren aber trotzdem … komm einfach schnell vorbei", stand dort. José schaltete kopfschüttelnd sein Gefährt aus, lehnte sich in den unbequemen Sitz zurück und rief seinen Freund kurzerhand an. Bereits nach dem zweiten Klingeln nahm er ab: „Hallo? José? Bist du das?" „Ja, wer denn auch sonst. So viele Leute kennst du ja nicht, die dich einfach so anrufen würden", gab José trocken zurück. „Wow", gab Fernando mit einem Lächeln in der Stimme zurück, „sehr charmant, danke. Um auf den Punkt zu kommen: Ich habe mir aus der Bibliothek einen steinalten Wälzer geliehen, in dem ziemlich viele, teilweise auch sehr alte Volkssagen stehen. Und naja, da stand im hinteren Buchdeckel noch eine zusätzliche. Sie war in einer alten Handschrift hingekritzelt worden und es hat ewig gedauert, diese Sauklaue zu entziffern …" „Okay, und was hat das mit mir zu tun? Beeil dich bitte, wenn die bemerken, dass ich hier Kaffeeklatsch mache, bin ich mei-

nen Job los. Und du weißt, wie dringend Lucía, Nerea und ich das Geld brauchen." „Ja, schon klar. Ich beeile mich. Also … hier steht, dass vor ziemlich langer Zeit ein Mann – ein Vorfahre von dir, das habe ich bereits recherchiert – einen Bund mit dem Geist des Urwalds eingegangen ist. Er war und ist bisher die einzige Person, die den Geist in seiner wahren Gestalt gesehen hat. Corazón …", setzte Fernando an, als er auch schon von José unterbrochen wurde: „Corazón? Was ist das?" „Wenn du mir nicht ständig ins Wort fallen würdest, wüsstest du es. Corazón ist der in der Geschichte angegebene Name für den Wald. Es heißt übersetzt ‚Herz', was ja auch Sinn macht, in gewisser Weise. Um zurück zur Erzählung zu kommen: Der Mann – er hieß übrigens auch José – hat in den Büchern von Corazón gelesen, ihrer Schöpfungsgeschichte. Ihre Urgestalt soll übernatürlich schön sein. Und bevor du fragst: Ja, sie. Corazón ist der Sage nach eine Frau und die Schützerin der Tiere und Pflanzen des Urwalds. Bis damals hat sie noch nie jemand in ihrer wahren Gestalt gesehen, sie bevorzugt das Geistwesen. Damit springt sie von Perspektive zu Perspektive, mal borgt sie sich die Augen eines Tigers, mal die einer Schlange. Sie hat auch einen Lieblingsbaum, wenn ich das richtig übersetzt habe … er wird auch der ‚Herzbaum' genannt. Also machte sich dein Vorfahr auf, um diesen Baum zu suchen. Man soll ihn an seiner überragenden Größe erkennen … wow. Das haben die doch wohl nicht ernsthaft gemeint. Da drin gibt's doch tausend gigantische Bäume … egal. Auf jeden Fall ist dieser José aufgebrochen, um den Herzbaum zu suchen, ist Monate lang im Urwald herumgeirrt und wollte gerade aufgeben, als er sie vor sich sah. Corazón. Sie war ihm die ganze Zeit gefolgt und hatte sich entschlossen, ihm ihr wahres Gesicht zu zeigen, da sie in sein Herz geschaut und seine Aufrichtigkeit gesehen hatte. Was sie nicht wusste, war, dass dein Vorfahre nur gekommen war, um sie – insbesondere ihre Kräfte – an sich zu binden. Denn seine Mutter und sein Vater waren plötzlich unheilbar erkrankt, was ihm den Glauben in die Sage ihrer Schöpfungsgeschichte gab … ab hier wird es verwirrend. Corazón hat sich ihm gezeigt und sie sah genauso aus, wie sie beschrieben wird. Nur besser. Den Part, in dem José ihr die Kräfte abluchste, konnte ich nur ungefähr übersetzen, die Schrift war da echt schrecklich. Also er hat sich irgendwie bei ihr eingeschmeichelt, indem er ihr eine Halskette aus reinem Silber und mit einem Smaragdanhänger schenkte. Das sogenannte Urwaldherz." José fiel seinem Freund aufgeregt ins Wort: „Das Urwaldherz! Das hat mir meine Großmutter erzählt! Ein unerschwinglich teures Collier, das irgendwann einfach aus dem Familienbestand verschwunden ist … Fernando, ich glaube eigentlich nicht an sowas, aber ich muss zugeben, dass es langsam unheimlich wird…" „Ich weiß, José. So ging es mir auch. Aber das wirklich spannende kommt erst noch: Corazón hat sich so sehr geschmeichelt gefühlt, dass sie seine Bitte erhörte. Sie dachte allerdings, dass dein Vorfahr nur einen Tropfen Blut von ihr brauchte. Doch dieser hatte anderes vor. Er versuchte, sie niederzustechen, was ihm nicht gelang… außerdem scheint noch etwas anderes falsch gelaufen zu sein bei dem Ritual. Statt dass José Corazóns gesamte Kräfte erhielt, hatte er sich für immer an sie gebunden. Seine Blutlinie ist mit ihr auf unweigerliche Art und Weise verkettet. Das heißt, sie kann fühlen, was du fühlst, und du kannst fühlen, was sie fühlt. Also, wenn die Sage stimmt. Und je näher man dem Urwald ist, desto intensiver wird der Gefühlseinfluss. Allerdings müsste es langsam so werden, dass nur noch Josés Nachkommen spüren, was sie spürt, denn sie hat sich abgeschottet gegen den Blutschwur; Corazón kann also deine Gefühle theoretisch nicht fühlen … das klingt komisch, hab ich recht? Und ich muss zugeben, ja das ist sehr kompliziert, aber glaub' mir, das war gerade die extrem vereinfachte Form…. Ach, das Ende ist ziemlich unspektakulär: Die Wege der beiden trennen sich, José verliert seine Eltern, heiratet, bekommt einen Sohn, der nächste in der Linie." „Das heißt", schlussfolgerte José, „dass ich mit dem Wald … mit Corazón verbunden bin? Bist du dir da sicher?" Fernando schwieg einen Moment, doch dann antwortete er leise: „Ich bin mir sicher, José. Unter der Geschichte steht eine ellenlange Liste an Namen. Und der letzte Name bist du." Kaum hatte er geendet, spürte er, wie ihn etwas schmerzhaft durchzuckte. Erschrocken brüllte José auf, ließ sein Handy fallen und hörte, wie Fernando panisch schrie: „José! Ist alles in Ordnung? José!" Dann wurde er von einer unsichtbaren Macht in den Sitz geschleudert, bäumte sich auf, verdrehte die Augen unter den Schmerzen, spürte einen entsetzlichen Druck an seinen Schläfen, dann wurde ihm schwarz vor Augen.

Corazón

Ich spürte nichts und doch spürte ich alles. Ich wusste, durch wessen Augen ich blickte: Es musste eine Person der Blutlinie sein. Ich konnte nicht mehr aus seinem Geist und so fing ich an, in seinen Erinnerungen zu suchen: Der Mann, in dessen Geist ich gezogen worden war, hieß José. Er hatte zwei Töchter, seine Frau war bei der Geburt der jüngeren gestorben. Ich wühlte weiter in seinen privatesten Gedanken, als ich plötzlich auf etwas aufmerksam wurde: Ich sah, wie José vor der Regierung stand. Ich hörte, wie er versuchte, die Abholzung zu stoppen. Ich sah, wie wichtig der Wald ihm war. Ich bemerkte ebenfalls die Erinnerungen an seine Großmutter, wie sie im Einklang mit meinen Geschöpfen lebte. Unwillkürlich schoss mir der Gedanke durch den Kopf, dass die Welt mehr Menschen solcher Sorte brauchte. Wesentlich mehr. Ich ließ die Andenken seiner Vergangenheit an mir vorbeiziehen, bis ich zu dem heutigen Tag kam. Ich sah, wie er meinen Schmerz empfunden hatte, wie es ihm widerstrebte, diesen Job auszuführen. Und dann traf ich eine Entscheidung. Damit sank ich tief in meine eigenen Erinnerungen. Entschlossen zerstörte ich unsere Verbindung.

José
José wachte im Krankenhaus auf. Eine freundlich blickende Krankenschwester stand neben ihm und kontrollierte den stramm um seinen Kopf sitzenden Verband. „Ich verstehe nicht, wie Sie das gemacht haben", bemerkte sie und deutete auf seinen Kopf, „aber Sie haben wohl im richtigen Augenblick einen Schutzengel gehabt." Damit wandte sie sich ab und verließ das Zimmer. Bedrückt sah José sich um: Neben seinem Bett stand ein Infusionstropf, der durch einen Schlauch mit seinem Handgelenk verbunden war. Er ließ seinen Blick weiter umherwandern, als er an dem Stuhl gegenüber seinem Bett hängen blieb. Fernando saß in einer steifen Position darauf und döste. Dankbar lächelnd drehte sich José wieder zur Seite und erstarrte. Auf seinem Nachttisch lag ein silbernes Collier, mit einem Anhänger, so grün wie die Palmen außerhalb seines Fensters. Auf seinem Nachttisch lag das Urwaldherz.

Corazón
Ich wusste, dass ich das Richtige getan hatte. José wäre sonst gestorben. Ich saß in dem Körper eines Tigers am Rande des Urwaldes und beobachtete die Menschen, wie sie die Zerstörung meines Waldes vorantrieben. Und in diesem Moment entschied ich mich, meine Urgestalt zu zeigen. Ich schloss die Augen. Als ich sie wieder aufschlug, spürte ich den Wind kühl an meiner Haut entlangstreichen, ich fühlte den Boden unter meinen nackten Füßen, sah an mir herab. Ich trug noch immer das moosgrüne Kleid von fast über 500 Jahren. Leise lächelnd trat ich an den Rand des dicht stehenden Gestrüpps. Ich betrachtete traurig das Geschehen vor mir. „Ich flehe euch an, unwissende Menschen. Hört auf. Wisst ihr nicht, wie weh ihr mir tut? Und vergesst nicht in eurer Arroganz: Ich bin kein unbedeutender Teil des Waldes. Ich bin der Wald. Und ohne mich wärt ihr nichts", flüsterte ich. Dann drehte ich mich um und verschwand in den Tiefen meines Dschungels.

Julia Pelkner
Staatliches Gymnasium Königsbrunn, Klasse 8d

151

Wild in meinen Träumen

Liebes Tagebuch,

zurzeit habe ich in der Nacht immer denselben Traum. Dort lebe ich in einem Nebelwald. Das einzige Tier, das dort lebt, ist ein Panther mit einer Brille. Er gibt mir jede Nacht eine komische Aufgabe. Heute hat er mir zum Beispiel den Befehl gegeben, ich solle überlegen, welchen meiner Freunde ich aus einem Raumschiff werfen würde, wenn es sein müsste. Ich soll mir das bis morgen überlegen. Wer müsste dann gehen: Lilo, Axel oder Tino? Aber ich wollte dir eigentlich erzählen, was dort um Mitternacht passiert, denn dann verwandele ich mich in ein wildes Tier. Ich war schon ein Affe, ein Jaguar, ein Leopard, ein Tiger und eine Löwin. Das Mysteriöse aber ist, dass es sich auch so anfühlt, als wäre ich das Tier, denn ich spüre den Boden und die Lianen. Ich will diese Nacht eine Kamera aufstellen und das Ganze filmen. Mal schauen, was es ergibt?

Gerade eben habe ich mir die Videoaufnahme angesehen und es passiert wirklich: Mein Zimmer verwandelt sich in den unendlichen Nebelwald und ich werde irgendein Tier – und den Panter gibt es wirklich. Im Nebelwald gibt es einen Fluss, eigentlich abgestorbene Bäume mit Lianen und, wie der Name schon sagt, sehr viel Nebel. Diese Nacht werde ich wachbleiben, ob es auch so funktioniert?

Ja, es funktioniert, ich habe erlebt, wie alles sich verwandelt hat: Die Schränke wurden zu Bäumen, der Boden zu Erde und in der Luft entstand Nebel. Danach verwandelte auch ich mich, diesmal in einen Adler. Ob die Träume noch lange bleiben? Bis bald, liebes Tagebuch!

Silja Ahn
Staatliches Gymnasium Königsbrunn, Klasse 5e

Tagebuch von Max

Tag 1

Das ist mein erster Eintrag von einer einsamen Insel. Meine Familie und ich wollten ganz normal in den Urlaub fliegen. Aber durch einen Defekt ist das Flugzeug ins Meer gestürzt. Meine Eltern sind verschwunden und haben sich hoffentlich in Sicherheit gebracht, und ich bin zu dieser Insel geschwommen.

Tag 2

Heute erkundete ich die Insel und bemerkte, dass darauf Dinos leben! Ich beschloss, mir ein Haus zu bauen, um mich in Sicherheit zu bringen. Sofort fing ich an, Holz dafür zu sammeln. Dann sammelte ich Beeren und Stroh. Das Meer, durch das ich geschwommen bin, ist ein Süßwassermeer.

Tag 3
Am heutigen Tag habe ich noch Holz und Stroh gesammelt und baute mir ein kleines Haus. Aus dem übrigen Holz und Stroh baute ich mir eine Spitzhacke und ein Schwert. Nach ca. einer Stunde hatte ich sehr viel Hunger und Durst. Ich ging zum Süßwassermeer und trank daraus Wasser. In der Ferne entdeckte ich einen kleinen Dino, ich rannte zu ihm und schlug so lange auf ihn ein, bis ich sein Fleisch bekam. Am Strand machte ich mir ein Lagerfeuer und briet mein Dino-Fleisch. Anschließend nahm ich mein gebratenes Dino-Fleisch und aß es.

Tag 4
Heute machte ich mir einen Schlafsack aus Leder, das ich gefunden habe, damit ich besser schlafen kann. Ich ging aus meinem Haus heraus und erkundete die Insel nochmals. Auf einmal hörte ich ein Rascheln aus einem Gebüsch. Ich drehte mich um, dorthin, wo das Geräusch herkam. Plötzlich stand ein riesiger, fleischfressender Dino vor mir. Ich rannte, so schnell ich konnte, weg, bis ich ihn abgehängt hatte. Als ich zu Hause war, legte ich mich in meinen Schlafsack und schlief ein. In der Nach hörte ich ein Geräusch, das mich aufweckte. Ich ging zur Tür heraus und auf einmal sprang mich dieser fleischfressende Dino an. Es wurde alles schwarz und als ich meine Augen öffnete, lag ich bei mir zu Hause auf dem Boden. „Das war alles nur ein Traum…", dachte ich mir.

Fabian Rausch
Staatliches Gymnasium Königsbrunn, Klasse 5e

Der coolste Dschungel aller Zeiten

Es war ein gewöhnlicher Samstagvormittag, bis Basti anrief. Er sagte: „Mach dich bereit für eine Abenteuerreise in den Augsburger Stadtpark." So aufgeregt wie Basti war, lief ich schnell zu ihm. Zusammen gingen wir zum Stadtpark. Wir liefen den Weg aus Marmorplatten mit lateinischer Inschrift bis zur Mitte des Stadtparkes entlang. Dort fragte mich Basti, was auf der Platte in der Mitte stand. Ich entzifferte und las vor: „Der Dschungel wird lebendig, wenn du 1.000.000 Schritte auf dieser Platte machst." Darunter war ein Schrittzähler eingebaut. Es standen 999.999 Schritte auf dem Zähler. „Lass uns auf die Platte springen und dann sehen wir, was geschieht", sagte ich zu Basti. Wir nahmen all unseren Mut zusammen, zählten bis drei und sprangen gemeinsam auf die Platte. Ein Donner grollte und Augsburg war ein Dschungel. Von den Regenrinnen hingen lange, grüne Lianen, auf denen man klettern konnte. Die Häuser waren eingehüllt mit saftigen Urwaldpflanzen, Blättern und bunten Blüten. Anstatt Teer war der Boden eine moosige Wiese. Ich fand das mega cool und sagte zu Basti: „Das ist der coolste Dschungel aller Zeiten!" Doch dann merkte ich, dass Basti Angst hatte. Ich versprach ihm, mich um das Dschungel-Problem zu kümmern. Gemeinsam kämpften wir uns durch den Dschungel nach Hause. Endlich zuhause angekommen überlegte ich mir, was ich tun könnte, damit sich der Dschungel wieder in die Stadt Augsburg zurück verwandeln würde. Dabei schlief ich ein. Am nächsten Morgen rüttelte mich jemand wach. Ich schlug die Augen auf und sah meine Mutter. Sie weckte mich, weil Basti mich um meine Hilfe bat. Ich zog mich wie ein Weltmeister an, putzte die Zähne, wusch mich, kämmte die Haare und war in drei Minuten fertig. Schnell lief ich zu Basti. Er hatte immer noch ein mulmiges Gefühl. Er fragte mich: „Hast du eine Lösung für das Dschungel-Problem?" Gerade als ich nein sagen wollte, kam mir eine Idee. Anstatt ihm zu antworten, packte ich ihn und rannte mit ihm zum Stadtpark. Dort suchten wir die Stelle, wo ursprünglich die Marmorplatte mit dem Schrittzähler war. Ein weiteres Mal hüpften wir gemeinsam auf diese Stelle. Es donnerte erneut und der Dschungel verwandelte sich in die Stadt Augsburg zurück. Wir waren sehr froh darüber und Basti musste sich keine Sorgen mehr machen.

Am Montag erzählten wir aufgeregt in der Schule von unserem Abenteuer und dass wir das Geheimnis der Marmorplatte entdeckt hatten und für den coolsten Dschungel aller Zeiten verantwortlich gewesen waren.

Franka Ehinger
Mädchenrealschule St.Ursula, Klasse 5a

Die unheimliche Begegnung

Es war einmal ein dunkler Wald, in diesem Wald lebt, eine böse alte Hexe. Niemand traute sich in diesen Wald zu gehen. Außer ein liebes und fröhliches Mädchen namens Klara. Sie ging in den Wald hinein und dort sah sie eine dunkle Höhle. Sie ging den steinigen Weg hinein, immer tiefer und tiefer, bis sie auf einmal eine wunderschöne Wiese voller Blumen sah. Mitten auf dieser Wiese stand ein altes Haus. Das Kind näherte sich dem Haus, wollte gerade anklopfen, da ging die Tür wie von Zauberhand auf.

Plötzlich stand im dichten Nebel eine alte gruselige Hexe vor der Türe. Mit der fetten Warze auf der Nase schaute diese total unheimlich aus und das Mädchen zuckte zusammen. Trotzdem fragte sie höflich: „Hallo, wie heißen Sie und wo bin ich denn hier?" Die Frau antwortete mit rauer Stimme: „Ich bin eine gefürchtete Hexe und du bist in meinem Reich. Jetzt muss ich dich leider gefangen nehmen." „Bitte nicht!", bettelte Klara. Doch die Hexe hatte kein Erbarmen. Sie sperrte sie in einen winzigen Käfig. Klara bekam die Wochen über fast nichts zu essen und zu trinken. An einem Montag sagte die Hexe jedoch: „Wenn du mir nicht den leckersten Kuchen machst, den ich je gegessen habe, dann bist du meine Leibspeise." Da versuchte Klara den leckersten Kuchen zu backen. Als der Kuchen fertig war, aß die Hexe ihn sofort auf. Sie zischte: „Schmeckt der eklig, iih!" und spuckte alles wieder aus. Sie sperrte Klare wieder in den Käfig und erwiderte: „Ich esse dich, wenn du etwas Fett zugelegt hast". Nach fünf Tagen wurde die Hexe ungeduldig. Obwohl das Mädchen noch sehr schlank war, zündete sie trotzdem den Ofen an. Als sie die Käfigtüre öffnete, stieß Klara ihr die Türe entgegen und konnte ihr entwischen. Auf einmal sah sie an der Lichtung einen Tunnel. Gerade als hineinging, war sie wieder in ihrem Zimmer und in ihrem Bett. Ihre Mutter weckte sie auf und Klara dachte sich: „War das alles nur ein Traum?"

Antonia Kapfer
Grundschule Diedorf, Klasse 4b

Erimnya

Begriffserläuterung:
Erimnya = Griechisch: erimiá -> Wildnis + Russisch: ▨▨▨▨ ▨▨▨ ("pustinya") -> Wildnis bzw. Wüste

Eine Lichtquelle strahlt mir unendlich viele Bilder vor mein Gesicht. Sie präsentiert mir unter anderem ein Bild, in dem mehrere Asiaten in einer großen Lagerhalle unterschiedliche Stoffe in Becken voller ätzender Chemikalien eintauchen. Ein schrecklicher Kampf ums Überleben.

Ich sehe ein Ehepaar, ungefähr im Alter von 80 Jahren, im Korb eines Heißluftballons, das eine wunderschöne Aussicht über eine Landschaft genießt. Die zwei Verliebten setzen mir ein Lächeln auf meine hellrosafarbenen, ausgetrockneten und teils aufgerissenen Lippen, weil ich einsehe, dass die Liebe zwischen zwei Menschen auch bis ans Ende des Lebens existieren kann. Bedingungslose Liebe.

Das nächste Bild erscheint. Darauf zu erkennen sind drei etwa vierjährige, auf dem Boden sitzende Mädchen in einem Spielzimmer. Das eine präsentiert überglücklich seine neue Puppe. Mädchen Nummer zwei freut sich mit ihr und hat ebenfalls ein strahlendes Lachen. Das dritte Mädchen hingegen sitzt mit einem aufgesetzt verdrossenem Gesichtsausdruck da. Es ist besessen von Neid und Missgunst und greift deshalb nach der Puppe des beschenkten Mädchens. Anschließend reißt das Kind dem teuren Spielzeug voller Wut den Kopf ab.

Das nächste Bild zeigt einen Raubüberfall in einem noblen Schmuckladen. Der Kriminelle trägt eine Sturmmaske. Ohne Bedenken erschlägt er den Anzug tragenden Verkäufer.

Die Brutalität der Menschen auf dieser Welt bringt mich dazu, in Tränen auszubrechen. Jede salzige Träne, die über meine Wange gleitet, steht für jede weitere Sekunde, in der ich den kleinsten Schmerz und auch das kleinste Stück Hoffnung dieser Erde verspüre.

Unversehens lande ich in einem ganz anderen Milieu …

Ich blicke auf den Boden. Meine Füße stecken im schlammüberzogenen Untergrund. Ich befinde mich im tiefsten Amazonasgebiet. Rechts neben mir ein mit Pflanzen zugewucherter Fluss. Ich begebe mich näher ans Ufer. Im Wasser spiegelt sich mein tiefbetrübtes Gesicht. Wenn ich genau hineinblicke, erkenne ich einen strahlend goldfarbenen Fisch. Seine Schuppen reflektieren das Licht im Wasser, je schneller er sich fortbewegt. Er scheint ein Einzelgänger zu sein. Ein Außenseiter. Aufgrund seiner glänzenden Schuppen wird er von den anderen ausgeschlossen. Er ist allein. So wie ich.

Ich spaziere entlang des Ufers. Ich beobachte ein kleines Äffchen, das gerade in der Baumkrone eine Banane schält. Wie aus dem Nichts springt ein größerer Schimpanse von Ast zu Ast und reißt dem kleinen Äffchen die Banane aus der Hand.

Weit entfernt vom Stadtleben versuche ich, all den Stress zu vergessen. Ich setze meinen Trip durch den Amazonas fort. Setze mich auf einen Stein. Links und rechts überall Tiere in freier Wildbahn, die ich bis jetzt nur im Zoo hinter Glasscheiben gesehen habe. Vor mir entdecke ich einen Wasserfall. Rauschendes Wasser. Meine Augen geschlossen. Tiefes Einatmen. Tiefes Ausatmen.

Ich realisiere, dass die Welt so viele Facetten von sich preisgibt. Schlechte und gute. Egal, ob in der Tierwelt oder in Großstädten wie L.A., jegliche Arten von Organismen durchleben alle dasselbe.

Liebe. Hass. Brutalität. Kriminalität. Einsamkeit. Neid. Eifersucht. Hoffnung. Freundschaft. Familie. Das macht uns aus.

UNSERE Wildnis. Unser Planet wird durch die genannten Werte niemals perfekt werden. Jeder Mensch durchlebt, überlebt seine eigene Wildnis.

Der Wasserplanet ist machtergriffen von sozialen Medien und der voran-
schreitenden Technik, was unser Leben fördern, aber auch negativ ein-
schränken kann. Auch wenn man überlegt, ob möglicherweise ein perfekter Ort existiert, wird es vielleicht den kleinsten Mikroben schlecht
ergehen. Wir sollten dennoch das Beste aus dieser facettenreichen Wildnis zaubern.

Ich öffne meine Augen – sehe schwarz – und weiß nun, dass die Existenz
von uns Lebewesen ein Zeitzyklus ist und sich immer wieder neu ab-
spielt, wie meine allerliebste Kinderkassette „Schnappi, das kleine Krokodil", die auf Dauerschleife eingestellt ist.

Elianora Frank
Staatliches Gymnasium Königsbrunn, Klasse 10d

Freiheit

Prärie
Weite Wildnis
Ohne bestimmtes Ziel
Hin und her rennen
Freiheit

Laurice Mayr
Helen-Keller-Schule Dinkelscherben, Klasse 5

Der Fantasiewald

Es war an einem sonnigen Tag, als ich von der Schule nach Hause kam. Ich
klingelte an der Haustür und meine Mutter öffnete die Tür. Ich schlüpfte
hinein und stellte den Ranzen ab, danach setzte ich mich auf meinen Platz
in der Küche. Nach dem Essen fing ich mit den Hausaufgaben an. In kurzer
Zeit war ich fertig geworden und fragte Mama: „Darf ich Lena anrufen?"
Darauf antwortete Mama: „Ja, klar". Wir beschlossen, dass ich zu Lena
gehe. Als ich kurze Zeit später bei Lena angekommen war, hörte ich sie
von Weitem, sie spielte mit ihrem Hund. Nachdem wir uns begrüßt hatten,
gingen wir in den Wald: Wir liefen zu unserem Lieblingsplatz. Nach einer
Weile passierte etwas Seltsames. Vor unserem Versteck öffnete sich ein
Durchgang, zögerlich gingen Lena und ich hindurch. Vor Staunen blieb
uns der Mund offenstehen. Überall waren bunt verzierte Bäume und spre-
chende Tiere. „Es ist so wunderschön hier!", sagte Lena. Ich stimmte ihr zu.
Es war ein unglaubliches Gefühl. Wir legten uns auf das weiche Gras. Lena
und ich überlegten, was wir machen könnten. Meine Freundin sprang auf

und rief: „Lass uns ein bisschen herumlaufen!" Also erkundeten wir die traumhafte Umgebung. Alles war voller bunter Blumen, unterschiedlicher Farben und viel Glitzer.

„Aber wie kommen wir wieder zurück?", fragte Lena nach einiger Zeit. „Ich habe keine Ahnung", sagte ich. Plötzlich kam ein Einhorn auf uns zu geflogen und flüsterte: „Ich fliege euch zurück in eure Heimat." Als wir das hörten, waren wir sehr erstaunt. Wir setzten uns auf den Rücken des Einhorns und flogen los. Es war ein außergewöhnliches und tolles Gefühl. Nach kurzer Zeit kamen wir wieder in unserem Versteck an. Lena und ich liefen nach Hause, holten uns etwas zu trinken und gingen in ihr Zimmer. „Wir erholen uns jetzt erst mal", sagte Lena außer Atem.

Julia Wimmer
Staatliche Realschule Zusmarshausen, Klasse 6c

Wilder Schnee

Dicke weiße Flocken
fallen vom Himmel herunter.
Schlittenpferde galoppieren durch den Schnee
ganz munter.
Sie geben dabei richtig Gas
und haben eine Menge Spaß.

Emilia Burghard
Grundschule Leitershofen, Klasse 4a

Allein im Dschungel

Es war einmal ein alter Mann namens Fred. Er hatte einen kleinen Enkel, der Jonas hieß. Jonas hörte immer gerne die Geschichten von seinem Opa Fred an. Heute erzählte Opa von der Zeit als Pfadfinder in seiner Jugend. Er ging damals mit seiner Gruppe in den Dschungel. Da hörte er einen Specht. Er folgte dem Klopfen, weil er den Specht beobachten wollte. Dann aber stellte er fest, dass seine Pfadfindergruppe nicht mehr da war. Jetzt stand er allein im dunklen Wald des Dschungels. Er war so verzweifelt, ihm rutschte fast das Herz in die Hose. Fred war nun auf sich alleine gestellt. Er schrie laut um Hilfe, in der Hoffnung, dass ihn jemand hörte. Leider hatte er aber keinen Erfolg. Vor lauter Aufregung bildete er sich auch noch ein, dass er Wölfe hörte. Er rief nur noch: „Aaah!" und rannte um sein Leben, bis er zu einer Schlucht kam. Über die Schlucht führte eine Brücke. Fred lief vorsichtig über die Brücke, doch genau dann geschah es. Die Brücke brach. Aber er hatte Glück. Die Brücke war nicht sehr hoch und darunter floss ein kleiner Fluss. Fred fiel ins Wasser. Kurz darauf konnte er sich aber ans Ufer retten und musste sich erst einmal von dem Schreck erholen. Jetzt wusste er noch weniger, wo er war. In diesem Moment sah er, dass weiter flussabwärts ein Wasserfall war. Er lief ein Stückchen Richtung Wasserfall und traute seinen Augen nicht. Er sah ein paar Jungs von seiner Pfadfindergruppe und freute sich riesig. Der Wasserfall fiel ca. zwanzig Meter in die Tiefe. Seitlich davon konnte Fred sich abseilen, da er ja als Pfadfinder die passende Ausrüstung dabeihatte. Überglücklich umarmte er seine Gruppe und war froh, dass er nun nicht mehr alleine im Dschungel war. Mit den Pfadfindern erlebte Fred so manche schaurige Geschichte. Jonas konnte gar nicht genug von den tollen Geschichten seines Opas hören und bettelte, dass er ihm gleich noch eine erzählen solle.

Maximilian Oßwald
Grundschule Thierhaupten, Klasse 3a

Spinnennetz-Rondell

Es ist neblig.
Das Spinnennetz ist feucht und glitzert.
Der Spinne ist kalt.
Es ist neblig.
Sie streckt ihre Beine
und spinnt weiter das Netz.
Es ist neblig.
Das Spinnennetz ist feucht und glitzert.

Moritz Trübenbach
Grundschule Langerringen, Klasse 3

Savanne

weite wiesen
wilde
herden
marulabäume
baum des lebens
eine kulisse der macht
lewe en dood
leben und tod

weite wiesen
der blick
des löwen
kaffernbüffel
alleine
überleben ist ein
teuflisches spiel
der listigste erlegt den listigen

Mirabella Dorsch
Mittelschule Gersthofen, Klasse VOR 1

Der Gepard

Gepard
ist Fleischfresser
ist sehr schnell
er jagt die Gazelle
Tod

Tobias Wassermann
Helen-Keller-Schule Dinkelscherben, Klasse 6G

Im Dschungel

John ist ein Forscher. Er ist im Dschungel. Da entdeckt er Vogeleier. Er schaut die Vogeleier an, als plötzlich die Vogelmama kommt. John versteht die Sprache der Tiere und so haben sie eine lange Reise durch den Dschungel gemacht und viele Tiere entdeckt, wie zum Beispiel Löwen, Geparde, Zebras, Giraffen und ganz viele Affen.

Tobias Gestrich
Laurentius-Grundschule Bobingen, Klasse 2c

Die Wüste

Wir schreiben das Jahr 2013, um genau zu sein den 11. Juni 2013, gegen 20 Uhr.
Als wir gestern Abend gegessen hatten und unseren Ausflug planten, hätte ich mir nicht vorstellen können, wie eine Wüste so vieles verbergen kann. Es ist ein richtiges Abenteuer geworden. Ich fragte mich schon, was an dem Sand spannend sein sollte. Unaussprechlich skeptisch und schlecht gelaunt waren wir sehr früh am Morgen aufgestanden und mit dem Quad losgefah-

ren. Schon zu dieser Zeit war es unglaublich heiß, die Sonne hatte eine einmalige milchweiße Farbe, die wir von Zuhause nicht kannten.

Die Wüste lebt, sie atmet. Die Sandberge kann man mit großen Wellen vergleichen. Wenn eine zu Ende ist, kommt die nächste. Terrakottabraun, Sonnengelb und ein warmes Rot. Die Farben wechseln sich ständig ab. Durch das Sonnenlicht erstrahlen sie in vielen verschiedenen Tönen.

Beim kurzen Sonnenuntergang versinkt die Landschaft in ein dunkles Rot. Die Wüste hat viele Mitbewohner, die sich sehr ungern zeigen: Skorpione, Schlangen und Eidechsen. Es gibt aber auch noch die großen Überlebenskünstler der Wüste, die Kamele. Nach einer zweistündigen Fahrt hatten wir beschlossen eine Pause einzulegen und wurden von Beduinen zum Tee eingeladen. Die Familie hatte fünf Kinder. Für uns ist kaum vorstellbar, ohne Fernseher, Badewanne, Handys und Licht zu leben. Für das Essen wie Käse und Fleisch gab es Ziegen, Kamele und Pferde. Mit ihnen beschäftigten sie sich den ganzen Tag. Die Mutter brachte den Kindern das Kochen, Aufräumen und die Tierpflege bei. Sie waren sehr freundlich und boten uns einen Tee an. Sein Geschmack war leicht bitter und süß. Schon um 11 Uhr hatten wir 50 Grad Celsius.

Der Wind hat die Sandwellen leicht berührt. Kurz ähnelte die Wüste einem Ozean. Es fühlte sich an, als wäre die Zeit stehengeblieben. Ich wollte diesen Moment für immer verlängern und so in Erinnerung behalten: stresslos, ruhig und entspannt. Mit der Erinnerung an diesen Moment werde ich mich im kältesten Winter aufwärmen können.

Die Kamele bewegen sich grazil in der Sonne. Nichts kann sie aus der Ruhe bringen. Alles ist sehr harmonisch. Wie eine große Familie leben sie alle zusammen und kümmern sich umeinander. Alle sind von der Wärme und der Ruhe eingeschlossen. Die Bewegungen sind sehr ruhig und plastisch. Man versteht einander fast ohne Worte.

Dann mussten wir leider weiter. Ebenso war mein Abenteuer hier auch zu Ende. Bei der Rückfahrt begrüßte uns das Rote Meer, es ist fast violett. Hatte ich mir das gerade erträumt? Dass es noch Menschen gibt, die ohne Fernseher wohnen? Das kam mir jetzt im Hotel fast unglaublich vor. Eines stellte ich fest: Ich würde die Wüste noch einmal besuchen.

Alexander Hofmann
Via-Claudia-Realschule Königsbrunn, Klasse 6c

Den Bus verpasst

„Diese Safari hatte ich mir anders vorgestellt", keuchte Leonard erschöpft neben mir. Ich wollte Leonard antworten, doch mein Mund war so trocken, dass ich keinen Laut hervorbrachte. Ich räusperte mich und antwortete endlich: „Ich glaube, wir haben den Scherz überzogen."

Leonard sah mich nachdenklich an und ich meinte, Angst in seinen Augen sehen zu können. Eigentlich war es bis hierhin eine tolle Fotosafari gewesen. Wir hatten am Vortag noch die Viktoriafälle besucht und es war beeindruckend zu sehen, wie die Wassermassen am größten Wasserfall der Welt über die Klippen in die Tiefe stürzten. Die reichhaltige Vegetation, die die Fälle umgab, stand in krassem Gegensatz zu der spärlichen Anzahl von Pflanzen, die uns jetzt umgaben.

„Die müssen doch bemerkt haben, dass wir fehlen", brachte ich zaghaft hervor, um Leonard etwas zu beruhigen. Er blieb stehen, drehte sich zu mir um, sah mich mit weit aufgerissenen Augen an und zischte: „Das ist alles nur deine schuld! Du wolltest dich doch von der Gruppe absetzen, um bessere Fotos machen zu können. Du hattest gesagt, der Bus würde warten, und jetzt stehen wir mutterseelenallein ohne Wasser und Proviant bei 40 Grad in der Kalahari. Aber wenigstens macht es nichts aus, dass ich mich nicht mit Sonnenschutz eingecremt habe, weil es jetzt nämlich dunkel wird. Vielen Dank dafür, Michael!" Ich sah betreten zu Boden. Leonard und ich waren schon seit der Grundschule eng befreundet. Aber so wütend habe ich ihn noch nie gesehen. Er hatte Recht – ich gehe oft ein zu großes Risiko ein.

Die Sonne stand schon tief am Horizont und würde bald untergehen. „Wir müssen ein Feuer machen. Jetzt ist es noch heiß, aber nachts kühlt es richtig ab, außerdem hält uns ein Feuer nachts die Tiere vom Leib", sagte ich.

„Na gut!", raunte Leonard. „Dann lass uns mal was Brennbares suchen." Glücklicherweise hatte ich die Streichhölzer von der Lobby unseres Hotels in Kobane mitgenommen. Es gelang uns, vor Einbruch der Dunkelheit ein kleines Feuer zu entfachen.

Wir saßen schweigend am Feuer. Leonard atmete seufzend aus. „Es tut mir leid, ich bin vorher etwas ausgeflippt." Ich lächelte zurück. „Nein, du hattest Recht, das hier geht auf meine Kappe."

Nachts hört man Geräusche viel intensiver als am Tage. Vielleicht bildete ich es mir nur ein, aber das Brüllen der Löwen und das Lachen der Hyänen waren ohrenbetäubend.

Leonard wollte gerade noch etwas Holz ins Feuer werfen, als er mitten in der Bewegung erstarrte. Er fixierte mit seinen Augen einen Punkt hinter mir. Ich sah seinen Gesichtsausdruck und mir lief ein kalter Schauer über den Rücken. Ich drehte mich langsam um und versteinerte. Im flackernden Licht des Lagerfeuers standen zwei nur mit Lendenschurz bekleidete Männer. Sie machten keine Anstalt ins Licht zu treten und beobachteten uns stumm. „Das müssen Buschleute vom Volke der San sein", flüsterte Leonard. Einer der Männer hob seinen Arm und zeigte auf mich. Er sprach in der ungewöhnlichsten Sprache, die ich je gehört habe, zu mir. Es hörte sich an, wie wenn er ständig mit der Zunge schnalzen würde. „Wir haben den Bus verpasst", sagte ich. Leonard musste lachen und auch ich konnte mein Lachen nicht zurückhalten.

Die Buschleute sahen sich gegenseitig an und begannen ebenfalls zu lachen. Wir mögen aus verschiedenen Kulturkreisen stammen, aber wir verstanden uns beim Lachen prächtig. Die nachfolgende Verständigung gestaltete sich schwierig, aber ich glaubte zu verstehen, dass sie uns mitteilen wollten, dass andere Mitglieder der Gruppe schon unterwegs waren, um Hilfe für uns zu holen. Wir waren sicherlich ein erbarmungswürdiger Anblick, so allein in der Steppe mit unserem kleinen Lagerfeuer.

Die San teilten bereitwillig ihr Wasser und ihren Proviant mit uns und wir versuchten angeregt miteinander zu sprechen. Ich weiß nicht, ob sie etwas von dem verstanden, was wir ihnen erzählten, aber wir fühlten uns wohl in ihrer Gesellschaft.

Der Morgen brach mit einem wunderschönen Sonnenaufgang an, und in der Ferne sahen wir aus der aufgehenden Sonne heraus ein Fahrzeug auf der unbefestigten Straße auf uns zukommen. Der Manager unseres Hotels und zwei Sanleute stiegen aus dem Geländefahrzeug. Wir verabschiedeten uns von unseren Rettern und fuhren in unser Hotel in Kobane.

„Wir hatten nicht gedacht euch wieder zu sehen", platzte es aus dem Hoteldirektor heraus. „Ihr hattet großes Glück, nicht als Löwenfutter zu enden." Da wurde uns klar, dass wir den San unser Leben zu verdanken hatten. Leonard und ich werden ihnen immer dankbar sein.

Michael Walser
Staatliches Gymnasium Königsbrunn, Klasse 5f

In der Wildnis

Da bist du nun, in der Wildnis und überlegst wie du wieder fortkommst. Das Flugzeug mit dem du hergekommen bist, fliegt gerade ab. Du warst auf einem Flug über die australische Wildnis. Beim kurzen Zwischenstopp auf dem Boden bist du zu spät wieder zum Flieger gekommen und er flog ohne dich zurück nach Sydney, wo du Urlaub machst. Du stehst in der Dämmerung neben Kakteen und winzigen Büschen. „Wie soll ich hier wieder wegkommen?", fragst du dich. Da fällt dir ein, dass du dein Handy bei dir hast. Du kramst es aus deiner Jackentasche. Du machst es gerade an, um deine Mutter anzurufen, als es auch plötzlich wieder ausgeht. „Na toll!", schreist du in die Ferne. Drei Stunden irrst du in der Wildnis umher, immer in der Hoffnung irgendwo in der Weite Häuser zu sehen. Doch da kam nichts. Langsam machst du dir Sorgen, wie du hier überleben sollst. Plötzlich hörst du die Stimme deines Bruders. Da öffnest du die Augen und stellst erleichtert fest, dass du im Bett liegst. Und zwar in einem Hotelzimmer in Sydney.

Hannah Glenk und Emma Vogg
Staatliche Realschule Zusmarshausen, Klasse 6b

wildsicht

ich höre es
jeder hört es
ein bach aus porzellan
wasser aus wolle
führe mich nicht in
versuchung
sitzen vor beton
blitze von rechts
angezogen wie schnee
leichen am straßenrand
die pfoten tappen
grell kommt mir entgegen
was kommt da?
zog rußpartikel mit
sitzen vor dem blitz

Adriana Stolle
Mittelschule Gersthofen, Klasse VOR 1

Die Jagd

Dunkle Schreie jagen durch die Nacht.
Das unheimliche Nichts ist an der Macht.
Der Mond, versteckt sich hinter grauen Bergen.
Man hört eine Gazelle sterben.
Der Löwe hat die Tat vollbracht.
Eine Hyäne hinter dem Busche lacht.
Sie schleicht sich an und möchte stehlen,
Denn der Hunger tut sie quälen.
Dann wird es still, der Mond scheint blind,

Der Löwe bringt das Fleisch dem Löwenkind.
Die Hyäne bekommt die Knochen,
Sie soll sich eine Suppe kochen.

Maike Krebs
Staatliche Realschule Zusmarshausen, Klasse 6c

In der Wildnis

In der Wildnis hier
war schon manch ein Tier.
Von dem Affen
bis zur Giraffe
und vom Fuchs
bis zum Luchs.
Wo ist denn der Tiger,
der gefährliche Krieger?
Hat er sich etwa versteckt
und einen Plan ausgeheckt?
Ah, dort!
Jetzt ist er schon wieder fort!
Fass doch mal die Giraffe an mit deiner Hand,
sie ist so weich wie Sand.
Jetzt muss ich aber wieder gehen,
auf Wiedersehen!

Hanna Kobinger
Staatliche Realschule Zusmarshausen, Klasse 5c

Perspektivenwechsel

Ich bin den ganzen Tag unterwegs gewesen und betrachte nun grübelnd den Sonnenuntergang. Ich war heute auf langen Trampelpfaden unterwegs, wobei ich mir fast die Pfoten an etwas Durchsichtigem, das in der Sonne glitzerte, aufgeschnitten hätte. Es war kein Tier, denn als ich es anknurrte und beschimpfte, kam keine Antwort. Das ist nicht ungewöhnlich. Passiert mir häufig. Ich war auch am Ende des immer kleiner werdenden Waldes und wurde fast von einem vorbeirasenden Etwas in Silber über den Haufen gefahren. Kann das denn nicht aufpassen? Bei den Füchsen in meinem Wald gibt es so ein ungeschriebenes Gesetz, das besagt: Die Größeren passen auf die Kleineren beziehungsweise Jüngeren auf. Aber anscheinend kennt dieses Biest keine Gesetze. Genauso wenig wie diese „etwas" zu groß geratenen Wesen mit zwei Beinen. Sie lassen überall ihr Zeug, meine Mutter nannte es Müll, rumliegen und nehmen uns immer mehr Wald weg. Mal wird ein Waldstück für diesen und jenen Betonklotz gerodet, mal wird dieser und jener schwarze Boden mitten durch mein Revier gelegt. Und dann auch noch dieser Höllenlärm. Sowohl bei den Bauarbeiten als auch danach. Allein bei dem Gedanken stellt sich mir das ganze Fell auf! Doch das alles ist nicht so schlimm, wenn man weiß, was diese Geschöpfe teilweise mit mir und meinen Mitbewohnern anstellen. Ob absichtlich oder nicht sei mal dahingestellt. Sie haben schon viele meiner Familie auf dem Gewissen. Unter anderem meine Mutter. Ihre letzten Worte waren: „Halt dich vor diesen Wesen fern! Und pass vor allem auf, dass du keinen Müll frisst! Ich hab dich lieb!" Seitdem schaue ich dreimal nach, ob das, was ich vor mir liegen habe, auch tatsächlich eine Maus ist. Klingt bekloppt. Ist es auch. Es ist aber nötig. Genauso ist es auch nötig dreimal oder am besten noch öfter nach links und rechts zu schauen, wenn ich besagten schwarzen Boden überqueren will, um meine Freunde, Igel Piks und Hase Murmel, zu besuchen. Jedes Mal muss ich an meinen verunglückten Bruder denken, wenn ich über den im Sommer brühheißen Boden tapse. In Gedanken sehe ich mich immer schon, wie damals ihn, auf dem Boden liegen und verbluten.

Ich war heute auch schon bei besagten Freunden und nachdem ich hier gerade schreibe, habe ich es wohl überlebt. Jedenfalls saßen wir vor Murmels Bau und haben über Gott und den Wald geredet. Die Sonne war gerade eben erst aufgegangen, also glaubten wir, dass wie gewöhnlich kein Wesen mehr vorbeikommt. Doch heute kam eines vorbei. Diese Begegnung lässt mich bis jetzt, abends, nicht los. Dieses Geschöpf war anders. Klein. Allein unterwegs. Es sah völlig verängstigt aus. Als es uns aber sah, begannen seine Augen zu strahlen. Langsam kam es auf uns zu und streckte seine Hand nach mir aus. Ich versuchte zurückzuweichen, war aber in eine Art Schockstarre verfallen. So berührte mich dieses Wesen und anstatt mich umzubringen, fing es an, mich zu … Ich weiß nicht, wie ich es nennen soll. Streicheln? Jedenfalls war es sehr angenehm, ja sogar entspannend. Bald schon lag ich am Boden und ließ mich am Bauch kraulen. Piks und Murmel konnten im Gegensatz zu mir fliehen und versuchten auf mich einzureden, damit ich auch ging. Doch ich konnte einfach nicht. Es war zu schön. Bis ein großes Geschöpf kam. Dieses verscheuchte mich, nahm das Kleinere auf den Arm und ging. Ich erzählte später meinen Freunden von der Begegnung und wie schön es sich angefühlt hatte. Doch sie lachten mich nur aus und sagten: „Wie kann eines dieser Wesen, egal wie klein es ist, nett zu uns sein? Bestimmt war alles nur ein Trick! Vergiss es einfach! Diese Geschöpfe sind alle böse."

Und genau über diese Tatsache denke ich nach, während ich schon eine lange Zeit den Sonnenuntergang betrachte. Die Sonne ist fast nicht mehr zu sehen. Doch in der Ferne sehe ich andere Lichter. Lichter von DENEN. Doch sind wirklich alle von ihnen böse? Kann es denn nicht sein, dass manche von ihnen uns helfen wollen? Vielleicht sind viele von ihnen gefährlich oder auch einfach nur rücksichtslos und unfreundlich, doch ich bin der Meinung, dass es auch uns Gutgesinnte unter ihnen geben muss. Meine Begegnung heute Morgen ist ein Beweis dafür. Aber auch die Möglichkeit, dass nicht alles absichtlich ist, was sie uns antun, lässt mich weiter grübeln. Möglicherweise wissen einige gar nicht, dass sie uns schaden. Und an dieser Hoffnung halte ich fest. An der Hoffnung, dass sie es eines Tages erkennen, verstehen und uns helfen. Das erhoffe ich mir von den Menschen.

Sarah Schmauser
Leonhard-Wagner-Gymnasium Schwabmünchen, Klasse Q11

Die Wildnis ist wunderbar

Die Wildnis, die ist wunderbar,
die Natur, so hell und klar.
In der Wildnis gibt es Tiere:
kleine, große – Mäuse, Stiere.
Die Wildnis, die hat viele Seiten:
Es gibt die großen, die kleinen, die schönen, die weiten!
Die Natur ist einfach wunderbar!
Die Wildnis ist für mich ein Star!

Mirja Ronniger
Grundschule Stadtbergen, Klasse 4b

Die zerstörte Welt

Palästina, 15.01.2019. Ein Land voller Kulturen, Sitten und Traditionen. Ein Land das unberührt ist. Ein Land voller Zusammenhalt. Und ich ein 13-jähriger Junge, der in diesem Land verloren ist. Ich kannte es nicht anders und ich wollte es nicht anders kennen. Ein friedliches Volk, welches sich nicht unterkriegen ließ. Doch jetzt bin ich gefangen in diesem Land. Die unberührte Wahrheit wird nun zerstört. Eine Explosion nach der Anderen. Ich ein gezwungener Krieger, aufgrund der Flucht meiner Familie nach Deutschland. Mein Leben ohne eine sichere Zukunft. Mein Leben ohne Familie. Ganz allein. Gezwungen mein Land zu zerstören. Gezwungen mein Land zu hintergehen. Politik, Religion und verschiedene Völker, gierig auf ihre eigenen Bedürfnisse. Egozentrisches Verhalten, um eigene Interessen durchzusetzen. Doch jetzt ein einziges Chaos. Krieg überall. Keine Hoffnung. Keine Zukunft. Kein Frieden. Menschen, die sich bekriegen, Tote überall.

Hilal Gülyay, Anisa Mehmedi, Roxane Ahlers und Dilan Üçpinar
Staatliches Berufliches Schulzentrum Neusäß, Klasse W11a

Evas Abenteuer in der Wildnis

Es war ein schöner Sommertag, als Eva und ihre Eltern Sarah und Michael in den Urlaub nach Afrika flogen. Als sie angekommen waren, fuhren sie mit einem Leihauto zu ihrer Ferienwohnung. Endlich waren sie da und Eva freute sich schon wahnsinnig darauf, wilde Tiere zu sehen. Denn Eva liebte die Natur und die Tiere sehr. Schließlich gingen Eva und ihre Eltern raus in die Savanne. Da ihre Ferienwohnung nicht weit davon entfernt war, konnten sie dorthin zu Fuß gehen.

Als sie in der Savanne angekommen waren und Eva mit ihren Eltern redete, passierte etwas Komisches. Plötzlich schauten sämtliche Tiere Eva mit großen Augen an. Eva fragte ihre Eltern: „Warum schauen uns alle Tiere so komisch an?" Ihre Eltern antworteten: „Wir wissen es nicht, Eva!" Nach einer Weile guckten die Tiere wieder weg. Doch als Eva ihre Eltern fragte, ob es hier auch Löwen gibt, schauten die Tiere Eva wieder an. Ihre Mutter vermutete: „Ich glaube, es hat etwas mit dir zu tun, Eva! Sag noch mal irgendetwas." „Okay!", antwortete Eva. Als sie wieder etwas sagte, guckten die Tiere Eva wieder an. Kurz darauf sprach ihr Vater: „Sag mal ‚Hallo' zu den Tieren und wie du heißt." „Okay", erwiderte Eva wieder. Sie sagte „Hallo! Ich bin Eva." Die Tiere schauten Eva verblüfft an und sie fragten: „Wie ist es möglich, dass wir dich verstehen?" Eva rief gleich darauf zu ihren Eltern: „Mama, Papa, ich glaube es nicht! Ich kann die Tiere verstehen!" „Was haben sie gesagt?", fragten ihre Eltern. „Sie haben überlegt, wie es möglich sei, dass sie mich verstehen", sagte Eva. Ihr Vater stellte fest: „Ich glaube, dass du die Tiere verstehst und die Tiere dich verstehen." Gleich nachdem ihr Vater das gesagt hatte, meinte ihre Mutter: „Ich glaube, dass du die Gabe hast, mit Tieren zu sprechen!" „Das wäre ja unglaublich. Aber wenn das so ist, darf es niemand erfahren, versprochen?", rief Eva. „Ja, versprochen", antworteten ihre Eltern gleichzeitig.

Eva fragte das Wapiti, wo die Löwen und Elefanten sich aufhielten. Ihre Eltern hörten nur ein Röhren, doch Eva verstand das Wapiti, als wenn es ganz normal sprechen könnte. Es sagte: „Die Löwen und die Elefanten halten sich am großen Wasserloch auf!" „Danke, Wapiti!", rief Eva. Eva lief zu ihren Eltern und erklärte ihnen, was das Wapiti gesagt hatte. Anschließend gingen die drei zusammen zu dem großen Wasserloch.

Auf einmal hörten sie, wie ein Elefant laut trompetete. Als Eva verstand, was der Elefant gesagt hatte, wurde sie ganz bleich. „Was ist denn los, Eva?", fragten ihre Eltern. Sie erklärte ihnen, was der Elefant gesagt hatte. Er schrie: „Löwe, lass mich in Ruhe, ich bin krank und kann mich nicht wehren! Ich habe dir doch nichts getan!" „Das ist ja schrecklich!", antworteten ihre Eltern. Gleich darauf brüllte ein Löwe: „Ist mir doch egal, wenn du dich nicht wehren kannst, ist das dein Problem! Natürlich hast du mir was getan! Du hast gesagt im Süden ist ein Wasserloch, aber da ist gar kein Wasserloch." Der schwache Elefant erwiderte: „Na und? Dann habe ich halt gelogen, ist mir doch egal! Ich wollte nur, dass du mich hier in Ruhe lässt." „Das wirst du bereuen!", rief der Löwe. Eva übersetzte ihren Eltern, was der Löwe gesagt hatte. Ihre Eltern erklärten ihr, dass sie sich da nicht einmischen sollte. Aber Eva wollte dem Elefant doch unbedingt helfen!

Schließlich gingen sie wieder zu ihrer Ferienwohnung zurück. Beim Abendessen diskutierte Eva mit ihren Eltern darüber, dass sie dem Elefanten helfen wollte, aber ihre Eltern erlaubten es nicht. Als Eva am Abend ins Bett ging, flüsterte ihr Vater zu ihr: „Ich würde dir ja sehr gern helfen, aber deine Mutter erlaubt es nicht, weil sie denkt, es sei zu gefährlich. Es geht ja auch um einen Löwen." Eva flüstert: „Warum hilfst du mir dann nicht?" „Weil es nicht geht, deine Mama hat es mir verboten. Sie beobachtet mich und ich kann auch nicht heimlich mitgehen, das merkt sie ja gleich!", murmelte ihr Vater leise. „Dass das so kompliziert ist, hätte ich echt nicht gedacht", meinte Eva.

Am nächsten Tag marschierten die drei erneut in die Savanne, doch ihre Mutter wollte relativ schnell wieder zurück, denn sie musste noch einkaufen gehen. „Das ist der perfekte Moment, um dem Elefanten zu helfen", sagte ihr Vater sofort zu Eva. Sie gingen zum großen Wasserloch und Eva rief nach dem Elefanten und dem Löwen, und die beiden kamen kurze Zeit später zu ihnen. Der Löwe wollte gleich auf Eva und ihren Vater losgehen, doch Eva schrie ihm zu: „Wir tun euch nichts, wir wollen euch nur helfen, den Streit zu klären!" „Ihr könnt uns nicht helfen!", trompetete der Elefant. „Was hat er gesagt?", fragte ihr Vater und Eva übersetzte es ihm. „Aha", sprach ihr Vater. Gleich darauf antwortete Eva: „Sagt doch einfach Entschuldigung zueinander und alles ist wieder in

Ordnung! Es ist doch eigentlich gar nichts passiert." „Stimmt, da hast du recht", erwiderten der Elefant und der Löwe. „Entschuldigung, Löwe!" „Entschuldigung, Elefant!" „So, ist jetzt alles wieder in Ordnung?", fragte Eva. „Ja, alles wieder in Ordnung!", stimmten die beiden zu. Zufrieden gingen Eva und ihr Vater wieder zurück zu ihrer Ferienwohnung. Zum Glück hatte Evas Mutter nichts von ihrer Aktion mitbekommen!

Magdalena Kreupl
Grundschule Gablingen, Klasse 4a

Der spannende Dino Traumausflug

Hallo, ich heiße Lena und ich erzähle euch von meinem spannenden Traumausflug: Also, ich war plötzlich in einer Welt und ich wusste gar nicht, in welcher Welt ich war, und auf einmal war da ein großes, grünes Lebewesen. Zuerst hatte ich Mega-Angst vor dem großen Dino und ich dachte mir: „Ich will wieder nach Hause!" Aber dann war es schon ganz in Ordnung und der Dino war auch ganz ok. Er hat mir nichts angetan und ich hatte Angst vor ihm. Ein paar Tage später wurde der Dino dann mein Freund und ich habe mit ihm gespielt. Ich bin ins Wasser gegangen, aber der Dino hatte Angst vor dem Wasser und musste seine Angst erst überwinden. Dann ist er auch ins Wasser gegangen.
Es wurde Abend und ich wollte schlafen gehen, doch dann fiel mir ein, dass ich ja kein Bett hatte. Da hat der Dino mir angeboten bei ihm zu schlafen und wir sind beide eingeschlafen. Der Dino hat mich dann noch gewärmt und es wurde früh – und alle Dinos waren weg. Ich dachte mir: „War das nur ein Traum?" Plötzlich kam meine Mutter herein und sagte: „Was hast du Schönes geträumt?" Und ich sagte: „Ich habe von Dinos geträumt, es war echt ein schöner Traum."

Anna-Lena Bronder
Helen-Keller-Schule Dinkelscherben, Klasse 6G

Elfchen der Wildnis

Dunkel
große Bäume
Lianen schwingen umher
Löwen schleichen durchs Gestrüpp
Wildnis

Lotta Kessler
Grundschule Neusäß Bei St. Ägidius, Klasse 4a

Der tierische Wahlkampf

Es gab ein Problem: Der Löwe wollte nicht mehr König sein. Deswegen stritten sich das Nilpferd, der Elefant und die schlaue Schildkröte, wer jetzt König werden würde. Doch niemand wusste, wer es verdient hatte. Da schlug die schlaue Schildkröte vor, Seil zu ziehen. Sie ging zum Elefanten, gab ihm das Seil in die Hand und sagte: „Auf mein Kommando beginnst du zu ziehen." Der Elefant lachte nur. Was wollte die Schildkröte bei ihm machen? Diese jedoch ging durchs Schilf zum Nilpferd. Sie gab ihm das andere Ende vom Seil und sprach ebenfalls: „Auf mein Kommando ziehen." Die Schildkröte gab das Signal zum Ziehen. Der Elefant zog und zog. Auch das Nilpferd zog an, aber keiner schaffte es. Beide wunderten sich wie stark der andere war. Der Elefant und das Nilpferd zogen bis in die Nacht, bis sie einschliefen. Da kam die schlaue Schildkröte aus ihrem Versteck, nahm das Seil und weckte die Tiere auf. Diese erkannten sie als neuen König. An diesem Tag schrieb sie den klaren Satz in ihr Tagebuch: Manchmal muss man nicht stark in den Muskeln, sondern im Kopf sein.

Valentin Ziegler
Schmuttertal-Gymnasium Diedorf, Klasse 5b

Die Gedanken in meinem Kopf

In der Wildnis ganz allein,
weg von dem Grauen, in Ruhe sein.
Gedanken in meinem Kopf
wirbeln hin und her,
suchen eine Antwort,
aber es gibt keine mehr.
Die innere Ruhe gefunden,
an keine Gedanken gebunden.
Es ist verständlich,
die Wildnis ist unendlich.

Sarah Rößle, Tanja Marcksteiner und Ceyda Purc
Staatliches Gymnasium Königsbrunn, Klasse 7a

Wer bin ich?

Wie ist mein Name?
Wer spricht hier mit dir?
Errate es, errate es,
ich bin kein Tier!

Manchmal bin ich kunterbunt,
und manchmal bellt mich an ein Hund.
Ich bin überall,
auch wenn du es nicht denkst.
Trotzdem wäre ich froh, wenn du mir mehr Aufmerksamkeit schenkst!
Ich mach doch so viel für euch!
Und trotzdem verseucht ihr mich …
Es ist nichts mehr zu tun.
Wieso könnt ihr nicht einfach in euern Häusern ruhen?
Ich hoffe, dass mich irgendwann doch noch jemand erhört.
Aber bitte schnell!
Ich bin jetzt schon ganz verstört.
Du weißt schon, wer ich bin?
Ja, ich bin die Wildnis.

Magdalena Müller
Staatliche Realschule Zusmarshausen, Klasse 5c

Der geheimnisvolle Garten

Spannend
Wilder Garten
Das leckere Obst
Gute Orte zum Verstecken
geheimnisvoll

Fabian
Christophorus-Schule Königsbrunn, Klasse 3a

Fuchs Lukas

Der Fuchs Lukas gräbt seinen Bau allein, weil seine Familie es warm haben wollte. Von Montag bis Sonntag jagen sie Rehkitze, Mäuse und Hasen. Nach dem Essen gehen sie langsam spazieren.

Tobias Schartel
Helen-Keller-Schule Dinkelscherben, Klasse 4b

Der kleine Bär und die Wildnis

Es war einmal ein kleiner Bär, der wollte so gerne einmal, auch wenn es nur ein einziges Mal war, die Wildnis sehen und nicht immer nur in dem kleinen Bärenland sitzen. Es gab zwar auch hier leckere Früchte, und mit seiner Mama ging er auch hin und wieder in den Bärenwald, aber der kleine Bär wollte nichts lieber als die Wildnis sehen. Deswegen wurde der kleine Bär auch von allen Wildling genannt. Doch immer, wenn er Mamabär oder Papabär fragte, ob er eines Tages dorthin dürfe, sagten beide bloß: „Hier ist es doch schön, hier sind deine Familie und Freunde, warum möchtest du nur in die Wildnis?"

In einer sehr kalten Nacht kam Wildling auf die Idee, die Wildnis selbst zu entdecken. Er öffnete das kleine Fenster der Bärenhöhle und kletterte auf das Fensterbrett. Er drehte sich zu seiner schlafenden Bärenfamilie um und wollte gerade überlegen, ob er nicht doch lieber dableiben sollte. Da kam ein kräftiger Luftzug und riss den kleinen Bären in den Garten. Damit war es beschlossen, es gab kein Zurück mehr. Wildling nahm noch schnell eine kleine Taschenlampe vom Fensterbrett und startete sein Abenteuer. Er verließ das Bärenland, wobei er noch einigen Proviant einsammelte.

Nach einer langen Reise kam der kleine Bär in Afrika an. Weit und breit sah er zuerst nur die Savanne. Da kam ein kleiner Löwe. Der Löwe begrüßte den Bären freundlich: „Guten Tag, ich bin Brüllo, willkommen in Afrika. Wie ist dein Name?" „Hallo, ich bin Wildling aus dem Bärenland", stammelte der kleine Bär etwas ängstlich, schließlich hatte er noch nie einen echten Löwen gesehen. Da kam noch ein Elefant mit großen Schritten an. „Wer ist das?", fragte der kleine Bär den Löwen. Der antwortet etwas knurrend: „Das ist Emma, das Elefantenmädchen, jeder hier kennt sie. Wir streiten eigentlich fast immer." „Stimmt gar nicht!", hörte man gleich das Elefantenkind aus der Ferne rufen. „Ich gehe dann lieber weiter", sagte der kleine Bär. „Ich erkunde nämlich die Wildnis." „Ich komme mit!", meinte der Löwe. „Ich komme auch mit!", schrie Emma gleich dazwischen. „Dann kommt ihr halt beide mit!", erwiderte Wildling. Brüllo und Emma packten noch einen großen Vorrat für alle ein. Dann machten sich die drei neuen Freunde auf den Weg. Das Elefantenkind wollte unbedingt die hohen wilden Berge sehen, also gingen sie dorthin. Nach drei anstrengenden Tagen waren sie da. „Hier gibt es ja überall Berge", staunten sie. Die Tierkinder kletterten einen Berg hoch, auch wenn es sehr schwierig war. Wer hat auch schon mal gesehen, wie ein Elefant auf einen Berg geklettert ist? Oben angekommen konnten sie sogar ein Edelweiß bewundern. Sie gingen ein bisschen umher und entdeckten eine große Hütte. Ein alter Mann erschrak sehr, als er vor sich einen Bären, einen Elefanten und einen Löwen sah. Er flehte: „Bitte, bitte, bitte, fresst mich nicht. Ihr könnt dafür auch in meiner Hütte bleiben!" Die Tiere freuten sich sehr darüber, auch wenn sie den Mann sowieso nicht gefressen hätten. Sie schauten sich in der Hütte um: Da standen genau drei große Betten im Schlafzimmer, daneben gab es eine Küche, ein Badezimmer und ein gemütliches Wohnzimmer. Keiner von ihnen hatte schon mal in einer Hütte gestanden und alle fanden es hier sehr schön. Wildling bereitete in der Küche einen dicken Fisch aus dem Bergsee zu. Brüllo machte ein Nickerchen, und Emma pflückte ein paar Blumen. Danach aßen sie gemeinsam das Mittagessen, allerdings schmeckte es nur dem Bären so richtig. Nach einer Wanderung am Nachmittag gingen alle in den Betten schlafen.

Aber schon am zweiten Tag in den schönen Bergen bekam der kleine Bär großes Heimweh. „Na gut, dann drehen wir halt um", sagte Emma verständnisvoll zu Wildling.

Wieder in Afrikas Savanne angekommen, verabschiedeten sich die drei Tiere voneinander. Der Weg war aber nicht umsonst, Emma und Brüllo, die vorher ständig miteinander im Streit gelegen hatten, waren bei dem Abenteuer richtig gute Freunde geworden. Und der kleine Bär hatte die Wildnis gesehen. Als Wildling nach ein paar weiteren Tagen wieder im Bärenland ankam, freuten sich alle riesig. Die Bärenfamilie und alle Freude hatten ihren kleinen Wildling sehr vermisst. Es wurde ein großes Fest gefeiert und alle hörten sich gespannt die Geschichten über die Wildnis an.

Fiona Klamer
Grundschule Schwabmünchen, Klasse 3b

Der Kampf um die Freiheit

Mein Herz pochte. Jetzt, vor allem jetzt, durfte nichts schief gehen. Wir hatten diesen Plan perfekt ausgearbeitet. Ich flüsterte zu Matt, der sich in der Nebenzelle befand: „Es ist soweit, wir müssen los!" Der Plan war eigentlich ganz einfach: durch die Fenster, über den Zaun und dann – ohne, dass die Wachen uns entdecken – verschwinden. Doch das war leichter gesagt als getan. Vorsichtig nahmen wir die Gitter, die wir Stück für Stück mit der reingeschmuggelten Nagelfeile aufgesägt hatten, aus den Fensterrahmen heraus. Und schon ging es los. Es musste schnell gehen. Zu unserem Pech war in dieser Nacht Vollmond. Jedoch hatten wir das zum Glück einkalkuliert. Ich dachte mir nur: „Jetzt müssen wir besonders unauffällig sein." Wir zogen wie geplant unsere Kleidung bis auf die Unterwäsche aus und schwärzten mit der vorbereiteten Zahnpasta-Kohle-Mischung unsere Haut. Somit waren wir fast „unsichtbar". Endlich am Zaun angekommen, zog ich den aus der Knastwerkstatt geklauten Bolzenschneider heraus. Nach und nach durchtrennten Matt und ich Masche für Masche, bis wir ein perfektes Loch herausgeschnitten hatten. Jetzt hatte ich nur noch eins im

Blick: die Freiheit. Ich schnappte mir einen Stein und setzte die Kamera, die am Wachposten platziert war, außer Gefecht. Als ich gerade zum Sprint ansetzen wollte, hörte ich ein leises „Ah". Ich drehte mich um und bemerkte, dass Matt eine Schnittwunde am Oberschenkel hatte. Sofort kam mir ein Geistesblitz. Da wir ja mitten im Dschungel waren und sich neben uns direkt ein kleiner Teich befand, griff ich zum Seetang, der an der Wasseroberfläche schwamm. Matt biss auf die Zähne und versuchte keinen Ton von sich zu geben, während ich die Pflanze um den von Blut überströmten Oberschenkel band. Ich fragte Matt, ob er einigermaßen rennen könne. Er nickte zuversichtlich. Genau in diesem Moment ertönte der Gefängnisalarm. Wir mussten weg! Wir nahmen unsere Beine in die Hände und rannten, so schnell wir konnten. Nach ein paar Minuten, die mir wie Stunden vorkamen, trauten wir unseren Augen nicht. Vor uns befand sich eine riesige Schlucht. Im Hintergrund hörten wir die bellenden Hunde. Völlig planlos grummelte ich zu Matt: „Und was jetzt?"

Luca Wetter und Christoph Keller
Staatliches Berufliches Schulzentrum Neusäß, Klasse 10GHa

Elefantenspuren – Auf Abenteuerreise durch Namibia

Tag 1
Wir kommen am Flughafen in Windhoek an, holen unser Auto für den Urlaub ab (Toyota Hillux), fahren zum ersten Campingplatz und freuen uns auf das Übernachten im Dachzelt auf dem Auto.

Tag 2
Wir stehen um 4:45 Uhr auf, um den Sonnenaufgang auf der Düne 45 in der Namibwüste mitzuerleben. Dort sehen wir auch unsere ersten afrikanischen Tiere: zwei Oryxantilopen, das sind pferdeartige Tiere mit langen Hörnern. Es ist sehr windig.

Tag 3
Wir laufen in einer Affenhitze zur „White Lady", einer berühmten Felsmalerei der Ureinwohner Afrikas. Ganz unerwartet begegnen wir hier unserem ersten Elefanten, der in einem ausgetrockneten Flussbett nach Futter sucht.

Tag 4
In Swakopmund machen wir eine Katamaran-Tour und hoffen, dass wir Delfine sehen. Und tatsächlich! Wir entdecken die süßen, lustigen Mee-

resbewohner. Außerdem können wir einen Buckelwal, ganz viele hungrige Pelikane und Robben beobachten.

Tag 5
Mit einem coolen Land-Rover geht es wieder in die Wüste zur Living-Desert-Tour. Wenn wir Glück haben, sehen wir die „Little Five". Das sind kleine, in der Wüste lebende Tiere. Dazu gehören die Dancing White Spider (eine Riesenspinne), ein Lazard, ein Gecko, ein Chamäleon und eine giftige Wüstenschlange. Wir haben wieder Glück und entdecken alle diese Tiere.

Tag 7
Unsere nächste Station ist die Palmwag-Lodge, zu der ein riesiges Wildreservat gehört. Wir fahren früh mit einem Land-Cruiser in das Gebiet, um Elefanten zu beobachten. Unser Guide zeigt uns ihre Spuren und wir folgen diesen. Tatsächlich treffen wir sie an einem Wasserloch beim Trinken. Wir stellen Tische und Stühle auf und genießen ein leckeres namibisches Essen zusammen mit den Elefanten.

Tag 8
Ein weiterer Höhepunkt ist der Etosha-Nationalpark. Wir fahren mit unserem Auto durch das riesige Gebiet, dürfen aber wegen der Tiere nicht aussteigen. Wir steuern Wasserlöcher an, wo wir unglaublich viele Tiere sehen, unter anderem: Oryx- und Kuhantilopen, Springböcke, Strauße, Elefanten, Giraffen, Zebras, Warzenschweine, Nashörner – AFRIKA PUR!

Tag 9
Wir sind immer noch im Etosha-Nationalpark. Heute stehen wir früh auf, gehen noch einmal zum Wasserloch und werden mit einer riesigen Elefantenherde belohnt. Sie trinken und baden, wir können uns gar nicht sattsehen! Später entdecken wir auch noch zwei Löwenmännchen und drei Löwenweibchen. Unglaublich!

Tag 10 – 12
Zum Abschluss verbringen wir drei ruhige Tage auf der Kambaku-Lodge, wo wir noch eine Reitsafari machen und den Urlaub ausklingen lassen.

Simon Vogelgsang
Staatliches Gymnasium Königsbrunn, Klasse 5e

Lights Out

Hier, auf dem Dach des größten Gebäudes von New York City, stehe ich im Jahr 4030. Menschen gibt es hier schon lange nicht mehr und das erkennt man an den Pflanzen und Bäumen, die quer durch die Wolkenkratzer wachsen, die einmal diese große Stadt geprägt haben. Alles ist still. Fast schon zu still für die Stadt, die nie schlief. Die großen Lichter der Stadt scheinen schon lange nicht mehr. Kälte und Dunkelheit sind in die einst schönste Stadt der Welt eingekehrt. Kein Lärm von Autos mehr. Keine strahlenden Lichter mehr. Kein Großstadtdschungel, sondern nur die ruhige Stadt. Es ist neblig und jeden Tag sehe ich, vom One World Trade Center aus, die Sonne auf- und untergehen. Es scheint fast so, als hätte die Stadt ihre Ruhe gefunden. Doch schaut man einmal genauer hin, erkennt man unten, unter den Bäumen und Pflanzen, einen ganz neuen Dschungel. Es gibt zwar keine Menschen mehr, aber dafür leben mittlerweile verschiedene Arten von Tieren hier, die man in New York City nie vermutet hätte. Und so erwacht die Wildnis hier in New York City jeden Tag aufs Neue.

Ella Devizorov
Staatliches Berufliches Schulzentrum Neusäß, Klasse 10IKa

Tiere im Dschungel

Der große Elefant,
mit einer blauen Kappe auf,
ist durch den Dschungel gerannt
bei einem Dschungel-Wettlauf.
Die lange grüne Schlange,
die mal laut, mal leise zischt,
hat ein wenig Schoko an der Wange,
die sogar mal Fische fischt.
Bei dem Bambus ist ein Panda,
der sehr gerne Tennis spielt,
er trinkt in der Pause Fanta,
die jeder gerne trinkt.
Ein Affe hängt an einem Baum,
er schläft ganz tief und fest,
er hat einen schönen Traum,
über einen Dschungel-Test.

Zoe Jarosch
Staatliche Realschule Zusmarshausen, Klasse 5c

Das gruselige Geräusch

Es war einmal ein kleiner Junge Namens Simon. Er ging mit seinem Pferd „Kleiner Donner" gerne in den Wald. Simon konnte langsam schon die Sprache der Tiere und er bekam Tierfreunde. Einer davon war ein Fuchs namens Tim und ein anderer ein Eichhörnchen namens Jonas. Er spielte auch immer mit ihnen, wenn sein Vater Leon auf Bison-Jagd war. Es war ein windiger Herbsttag. Auf einmal kam ein Knall: „Bumm, bämm, bamm". Simon sagte: „Was war denn das?" Er sah sich mit seinem Pferd „Kleiner Donner" um. Nun meinte Simon: „Das war eine Höhle, die eingestürzt ist." Als sie zurückreiten wollten, hörten sie komische Geräusche aus der Höhle. „Ich gehe da mal hinein. Kommst du mit, Kleiner Donner?", fragte Simon sein Pferd. „Nein, ich habe ein komisches Gefühl bei der Sache. Ich warte hier draußen!", entgegnete Kleiner Donner. „Ok, dann gehe ich eben alleine", antwortete Simon. Er suchte sich erst noch Holzstöcke, damit er eine Fackel machen konnte. Als sie brannte, ging er in die Höhle hinein. Immer weiter und weiter. Plötzlich rutschte er aus. „Aua!", schrie er. Er sah sich um und entdeckte lauter Salzkristalle. Sie glitzerten so sehr. Er stand auf und ging weiter, bis er müde wurde. Nun setzte er sich auf den Boden und schlief ein. Als er wieder aufwachte, nahm er seinen Lederbeutel aus Bisonfell. Darin war getrocknetes Bisonfleisch zum Essen. Er aß ein Stück und ging mit seiner brennenden Fackel wieder weiter. Plötzlich sah er, wie ein kleiner Junge weinend auf dem Boden saß. Er fragte ihn: „Was ist passiert und wie heißt du?" Der Junge antwortete: „Ich heiße Elias. Ich hörte plötzlich ein komisches Geräusch. In diesem Moment stürzte die Höhle auf dem Weg, auf dem ich kam, ein. Nun finde ich nicht mehr hinaus." Simon sagte darauf: „Komm, ich helfe dir. Wir gehen gemeinsam den Weg zurück, auf dem ich hierherkam." Nach einer Weile kamen sie erschöpft und erleichtert an dem Ausgang der Höhle an. „Hurra, hurra!", schrien beide. „Wir haben es geschafft!" Das Pferd Kleiner Donner war erleichtert, als es Simon wiedersah und fragte ihn: „Wer ist denn der kleine Junge und was ist passiert?" Simon antwortete: „Sein Name ist Elias. Er konnte die Höhle auf dem Weg, von dem er kam, nicht mehr verlassen. Da nahm ich ihn mit." Aufgeregt erzählte er noch, dass es wohl rollende Felsbrocken waren, die das Geräusch ausgelöst hatten. Voller Erschöpfung stiegen sie auf das Pferd. Kleiner Donner brachte beide glücklich und erleichtert wieder nach Hause. Elias bedankte sich. Sie schlossen Freundschaft und wollten sich baldmöglichst zu einem neuen Abenteuer wiedersehen.

Simon Wiedemann
Grundschule Gablingen, Klasse 4a

Eine gefährliche Safarifahrt

Als ich das Geld bezahlt hatte und in mein Hotelzimmer gegangen war, bereitete ich mich auf meine Safarifahrt vor. Ich war sehr aufgeregt, denn ich war zum ersten Mal in Afrika. Pünktlich um 9 Uhr kam ein kleiner Safaribus vor die Hoteltür und ich stieg ein. Ich setzte mich schnell auf einen freien Platz. Im Bus saßen noch eine ältere Frau, die einen lustigen bunten Hut auf dem Kopf trug, ein junges Paar, das sich ständig umarmte, und ein schwarz gekleideter Mann, der gerade eine Sonnenbrille aufsetzte. Plötzlich gab es einen kleinen Ruck und der Bus setzte sich in Bewegung. Auf der Fahrt sah ich viele verschiedene Tiere. Wir durften sogar ein Zebra streicheln. Spät am Abend fuhren wir durch einen kleinen Regenwald. Überall hörte man lauten Vogelgesang. Noch wussten wir nicht, was uns hier erwartete. Wir waren ungefähr in der Mitte des Waldes, als es passierte. Ein Vorderrad löste sich vom Bus und wir kamen völlig vom Weg ab. Blätter raschelten ganz laut, während wir durchfuhren. Alle schrien ganz laut: „Aaaaaaaaaaaahhh!" Wir versuchten, die Tür aufzumachen, doch sie war voll mit Blättern verstopft. Der Fahrer geriet in Panik und schaffte es nicht zu bremsen oder zu lenken. Auf einmal wurden alle still, denn vor uns lag eine tiefe, tiefe Schlucht. Die anderen Leute im Bus und ich rüttelten noch fester an der Tür, aber sie ging nicht auf. Ich bekam einen Kloß im Hals und dachte: „Bitte, fühlt es sich gerade nur so an, als ob wir die Schlucht hinunterfliegen!" Doch wir stürzten wirklich die Schlucht hinunter. Kurz danach hörte ich ein lautes Knallen, dann war alles schwarz vor meinen Augen. Als ich wieder zur Besinnung kam, hatte ich tosende Kopfschmerzen. Ich schaffte es aufzustehen, um mich ein wenig umzusehen. Überall lagen kaputte Einzelteile vom Bus und alle Menschen, die vorhin im Bus gesessen hatten, waren verschwunden. An einer Stelle entdeckte ich sogar den lustigen bunten Hut der älteren Frau. Ich hörte ein lautes Knurren aus meinem Bauch. Erst jetzt merkte ich, wie hungrig ich war. Auf der linken Seite der Schlucht sah ich einen Busch mit Beeren. Mit einem sehr langsamen Tempo kam ich schließlich am Busch an. Ich aß mich schnell satt und packte auch noch ein paar Beeren ein. Als ich mir gerade eine Hand voll Beeren in den Mund stopfte, hörte ich ein lautes Brüllen hinter mir. Langsam und leise drehte ich mich um und sah einen riesigen Löwen vor mir. Jetzt musste ich schnell entscheiden, was ich machen sollte. „Entweder ich renne laut schreiend weg, oder ich bleibe ganz leise und unbeweglich stehen", dachte ich mir. Ich entschied mich für die zweite Möglichkeit. Es war anscheinend die falsche Entscheidung, denn der

Löwe merkte, dass ich gute Beute für ihn war. Gerade als ich anfangen wollte, laut schreiend wegzurennen, sprang mich der Löwe an und zerkratzte mir das ganze Gesicht. Genau als er wieder mit seiner Pranke ausholen wollte, klingelte mein Wecker und ich wachte auf. Ich schwitzte sehr und dachte mir im Kopf: „Zum Glück war das alles nur ein Traum."

Arthur Peil
Staatliches Gymnasium Königsbrunn, Klasse 5f

Der arrogante Löwe und sein neuer Freund

Vor langer, langer Zeit lebte ein Löwe namens Leonardo in der Steppe Südafrikas. Er hatte eine zottelige Mähne und wohnte allein in einer einsamen Höhle. Denn er hatte kaum Freunde, weil er sehr arrogant und eingebildet war. Niemand konnte ihn richtig leiden.

Eines Tages ging er aus seiner Höhle hinaus und wollte auf Beutejagd gehen. Er lauerte gerade hinter einem Felsen auf eine dicke, fette Gazelle. Doch plötzlich stupste ihn etwas an seinem Bein an. Was ist das, dachte er sich und drehte sich um, sah aber niemanden. „Hallo, was machst du da?", piepste eine kleine graue Maus. Der Löwe erschrak und wäre fast umgefallen. „Hallo", brummte Leonardo, „wegen dir ist jetzt mein Mittagessen weggerannt!" „Entschuldigung", murmelte die Maus. Leonardo war ziemlich sauer und meinte nur: „Eigentlich sollte ich nun dich dafür fressen." Die kleine Maus namens Ida schaute an sich herunter und antwortete nur: „Mit mir wirst du nicht satt werden." In diesem Moment knurrten die Bäuche von den beiden gleichzeitig laut. Sie schauten sich mit großen Augen an und fingen an zu lachen. „Wie du hörst, habe auch ich Hunger", erklärte die kleine Ida. „Wir könnten uns doch zusammen auf die Jagd machen, denn vier Augen sehen mehr als zwei." Leonardo verdrehte die Augen und fragte sich, was er mit so einer Gefährtin solle. Plötzlich wurde die Maus sehr unruhig und piepste laut los. „Schnell weg, ich höre Menschenstimmen und die klingen nicht freundlich." Die kleine Maus sauste los und Leonardo folgte ihr in schnellem Tempo. Sie versteckten sich hinter einem großen Affenbrotbaum und waren ganz leise. Sie sahen einen Jeep mit zwei Männern, die Gewehre in der Hand hatten und wild herumschossen. Sobald diese weg waren, kamen die beiden wieder hinter dem Baum hervor. „Siehst du", sagte Ida, „du brauchst mich." Damit begann eine wunderbare Freundschaft. Und wenn sie nicht gestorben sind, laufen sie noch heute nebeneinander durch die Steppe Südafrikas.

Rebekka Fendt
Staatliche Realschule Zusmarshausen, Klasse 6c

Von der Wildnis der modernen Welt in ein Stück Wildnis des Einfachen

2019 – ein moderner Planet, der so langsam an seine Grenzen kommt. Alles soll besser und größer werden. Aber zu welchem Preis?

Wir haben von allem viel zu viel, egal ob Lebensmittel in den verschiedensten Arten oder hunderte Technikvarianten in rauen Mengen. Brauchen wir denn alles in Massen?

Wie viele Rohstoffe werden jeden Tag für unseren „Konsum" verbraucht, welche Mengen Lebensmittel oder Gebrauchsgegenstände werden jeden Tag vernichtet, nur weil sie nicht mehr „in" sind oder unserem hohen Standard nicht mehr entsprechen?

Wir sollten uns wieder ein bisschen zurückbesinnen. Zurück in das Einfache, in die Natur – die Wildnis. Man braucht oft nicht viel, um glücklich zu sein. Es bringt am Ende meist mehr für einen selbst und für die ganze Welt.

Janine Drexel und Emre Kahraman
Staatliches Berufliches Schulzentrum Neusäß, Klasse 10GHa

Ausflug mit Elefant

Eneko, Paula, Pauline und Moritz fuhren nach Afrika. Sie wollten eine Safari machen. Sie hatten alles dabei, was man so für eine Safari braucht. Neben Kleidung hatten sie noch Mückenspray und Hüte im Gepäck. Also fuhren sie mit einem Bus zum Flughafen und flogen nach Windhoek in Namibia. Sie verschliefen fast den ganzen Flug.

Am Flughafen holte die vier Kinder ein Ranger ab, der die Safari leiten sollte. Trotz ihrer Aufregung spürten sie die warme, feuchte Luft und freuten sich noch mehr auf ihr bevorstehendes Abenteuer. Der Ranger hatte einen Sohn, der Samido hieß. Samido war zwei Jahre älter als Enkeo, Paula, Pauline und Moritz. Sie mussten auf die Rückbank und der Ranger gab Gas. Eneko fragte: „Was gibt es denn hier für Tiere bei euch?" Samido antwortete: „Sehr viele." Paula fragte: „Glaubst du, wir sehen die Big Five (die großen Fünf)?" Samido sagte: „Es kommt darauf an, ob ihr Schlafmützen oder Frühaufsteher seid." „Warum das denn?", fragte Pauline. Noch bevor Samido antworten konnte, rief Moritz: „Das weiß ich! Weil es den meisten Tieren im Laufe des Tages zu heiß wird." „Richtig", lobte Samido. „Steht morgen früh auf, dann werdet ihr was erleben."

Diesen Ratschlag nahmen sich die Abenteurer zu Herzen und gingen in ihrem Lager zeitig schlafen. Pauline war als erstes wach und weckte ihre Freunde. Da kam auch Samido und sagte: „Jetzt geht es los! Frühstück gibt es auf der Safari!" Eneko nuschelte: „Es sind doch Ferien, ich wollte mal länger schlafen." Alle lachten und stiegen in den Jeep. Auf ihrer Abenteuerreise begegneten sie Löwen. Die Herzen der Kinder klopften bis zum Hals. Sie hatten keine wirkliche Angst, weil sie sich bei dem Ranger und Samido sicher fühlten.

Samidos Vater hielt an und forderte die Truppe auf zu frühstücken. Aber was war denn das? Da kam ein Elefant auf sie zu gelaufen. Unglaublich, er schnappte sich Moritz' Frühstücksbrot. Samido und sein Papa lachten und beruhigten die Kinder, die starr vor Schreck waren. „Das ist Nanu", erklärte Samido. „Er ist eine Handaufzucht und zahm. Seine Eltern wurden von Wilderen erschossen." Die vier Freunde hatten noch viel Spaß mit Nanu und fühlten sich dabei sehr glücklich. Sie folgten ihm zu einem Wasserloch und sahen ihm beim Baden zu. Samido hatte noch ein paar Erdnüsse in seiner Tasche. Das roch Nanu und stupste mit dem Rüssel gegen Samidos Tasche. Dieser warf nun die Erdnüsse einzeln durch die Luft und Nanu fing sie geschickt mit dem Rüssel auf. Was für ein Spaß!

Zufrieden und glücklich wollte die Truppe nach Hause fahren. Aber Eneko musste noch mal. Samidos Vater hielt an und Eneko stieg aus. Ein bisschen Angst hatte er, wer weiß, vielleicht saßen hinter dem Busch ja Löwen. Samido beruhigte ihn, er ging aber trotzdem mit zittrigen Knien und schweißnassen Händen hinter den Busch. Zum Glück waren keine Löwen in der Nähe. Eneko atmete tief aus. Er war wirklich sehr erleichtert. Auf dem Weg in die Büsche sah er Gott sei Dank auf den Boden, sonst wäre er in eine Falle getreten. Er bekam einen riesen Schreck und erzählte den anderen atemlos davon. Samido sagte sofort: „Wir müssen die Falle abbauen und es dann der Polizei melden." Die vier Freunde fragten, wie man eine Falle abbaut und waren unwahrscheinlich aufgeregt. Sie bauten die Falle so ab, wie Samido es ihnen erklärte und fühlten sich dabei heldenhaft. Moritz durfte mit dem Funkgerät des Rangers die Polizei informieren. Zufrieden, aber auch reichlich müde fuhren sie zurück in ihr Lager.

Moritz Knöpfle
Grundschule Schwabmünchen, Klasse 3d

Die böse Hexe

Es war einmal eine böse Hexe, sie wohnte in einem gruseligen Wald. Es war Herbst. Als sie im Wald umherlief, um Laubholz zu sammeln, entdeckte sie zwei Kinder, die im Wald spielten. Die Kinder hießen Tim und Lena. Die böse Hexe wollte die beiden einfangen und versuchte, sie anzulocken: „Ich habe in meinem Haus ganz viele Süßigkeiten, wollt ihr mitkommen?"

„Ja! Wir haben eh Hunger!", sagten sie. Tim und Lena folgten der bösen Hexe in ihr Haus. Als sie reingingen, klappte die böse Hexe die Tür zu. „Pech gehabt, jetzt habe ich euch gefangen und ihr müsst mir jeden Tag beim Haushalt helfen und meine Füße massieren!", giftete sie die Kinder an.

Tim und Lena schufteten und erledigten alles, was die Hexe wollte. „Können wir jetzt gehen?", fragten sie. „Nein, ihr müsst erst meine Füße massieren", fauchte sie.

Lena begann die Füße der bösen Hexe zu massieren. Auf einmal krümmte sich die böse Hexe vor Lachen. Jetzt hatte Tim eine Idee. Er flüsterte Lena zu: „Mach weiter, ich binde ihre Füße fest, damit sie nicht mehr laufen kann." Dann nahm er ein Seil und schnürte die Füße der bösen Hexe zusammen. Die böse Hexe bemerkte es nicht und die Kinder liefen davon. Sie waren sehr glücklich und wenn sie nicht gestorben sind, dann leben sie noch heute.

Defne Özcan
Grundschule Diedorf, Klasse 4b

Durch die Wildnis

Ich öffnete die Augen und blinzelte den Sonnenstrahlen entgegen. Ich hieß Luna und war ein kleiner Zwergspitz mit cremefarbenem Fell. Ich lebte bei einer alten Oma. Doch heute war die Wohnung leer. Ich sprang auf und schnüffelte durch die Gegend. Mein Futternapf war leer! Entrüstet schnaubte ich. Wo war meine Oma? Und noch wichtiger: Wo war mein Futter?!

Es ist eine Woche her, seit Oma verschwand. Menschen hatten mich abgeholt und in ein Tierheim gesteckt. Was war geschehen? Wo war meine Besitzerin?

Ich lag wimmernd hinter dem Gitter meines Zwingers und beobachtete mit traurigen Augen das Geschehen: immer mehr der süßen Hundewelpen vom Zwinger nebenan wurden abgeholt und bekamen so ein neues Zuhause. Gegenüber von mir hockte ein riesiger, schwarzer Hund mit schlabbernden, triefenden Lefzen. Er knurrte: „Warum machst du dir denn Sorgen um dein Herrchen?! Es ist bestimmt schon längst tot!" „Tot?!", mein Kopf schnellte erschrocken nach oben. „Meine Oma ist tot?", dachte ich. Das konnte nicht sein. Das durfte nicht sein! Plötzlich hörte ich eine Türe krachen. Dann wurde es dunkel. In der Ferne bellten Hunde. Der schwarze Hund fuhr mit dunkler Stimme fort: „Das ist oft so. Die alten Besitzer müssen in das riesige, graue Haus am Ende der Stadt. Die meisten Menschen kommen da nie wieder raus. Ich will nicht wissen, was die Menschen da mit den schwachen Leuten machen! Auf jeden Fall werden dann die Hunde in irgendein Tierheim gesteckt oder getötet. Ich muss es wissen!" Er erhob sich und humpelte in den hinteren Bereich seines Zwingers, wo er sich mit lautem Ächzen im Schatten niederließ. Nur seine Augen glühten in der Dunkelheit. Sein rechtes, hinteres Bein fehlte! Seine dunkle Stimme dröhnte in meinen Ohren, sodass ich sie anlegen musste, um etwas verstehen zu können: "Ich warte schon seit Jahren auf jemanden, der mich holt. Aber wegen meines fehlenden Beines will mich niemand." Er schloss die Augen. "Bald werde ich von den Leuten des Tierheimes getötet. Ich habe sie durch ein offenes Fenster über mich reden hören. Ich bin 32 Jahre alt", brummte der Schwarze. "Ich bin schon mit 25 Jahren in dieses Tierheim gekommen und habe bis heute hier gelebt. Das sind jetzt 7 Jahre. Du bist noch jung. Du musst von hier weg. Nur so kannst du ein schönes Leben führen!" "Bei meiner Oma war es schön. Sie war gutmütig und immer nett zu mir", antwortete ich traurig. Neue Trauer überkam mich. Ich drehte mich von dem schwarzen Hund weg und vergrub meine Schnauze unter meinem Schwanz in mein weiches Fell.

„Mama, Mama! Will Hund haben!" So wurde ich geweckt. Es war Nachmittag. Das verriet die Sonne, die durch ein ganz kleines Fenster in der Wand schien. Zu meinem Entsetzen stand vor meinem Zwinger ein fünfjähriges Mädchen in einem grellpinken Prinzessinnenkleid und deutete mit dem Finger auf mich. Ihre Mutter kam mit gerümpfter Nase zu ihr. Sie hatte gerade den schwarzen Hund angeschaut und fand sein Bein „eklig". Das Mädchen hatte eine Außenzahnspange und rote Zöpfe, die waagrecht von ihrem Kopf abstanden. Ihre Mutter lächelte bei meinem Anblick und sagte: „Wenn du diesen Hund willst, bekommst du diesen Hund. Wie willst du sie denn nennen?" „Prinzessin Flocke!", kreischte das Mädchen aufgeregt. „Pscht, Marlene! Komm, wir holen das Personal, damit es uns den Pass von Flocke und eine passende Leine für ihr Halsband gibt!" Die zwei verschwanden. „Siehst du!", knurrte eine bekannte, tiefe Stimme. Der schwarze Hund hatte den Kopf gehoben und schaute mich mit finsteren Augen an. „Jetzt lebst du bei solchen Trotteln. Das Mädchen wird ihren Spaß mit dir haben. Aber du wirst keinen Spaß mit ihr haben." Ich ließ meinen Blick über die Hunde schweifen. Sie alle hatten traurige Augen, und in ihren Köpfen schwirrten ihre Erinnerungen auf und ab. In einem Zwinger saß ein kleines Kätzchen. Im nächsten war ein kleiner Pomeranian Zwergspitzrüde. Dann waren da noch Schäferhunde, Französische Bulldoggen, Terrier, Siamkatzen, Langhaarkatzen und viele andere Hunde und Katzen. Die

Türe am Ende des Ganges wurde wieder geöffnet, Licht strömte in den langen Raum, wo links und rechts neben der Mittelgasse Zwinger standen. Ich wurde aus meinem Käfig geholt und von Marlene nach draußen gezogen. „Das ist nur ein Traum! Nur ein böser Traum!", versuchte ich mir einzureden. Mit angsterfüllten Augen drehte ich meinen Kopf zu dem Schwarzen, als ich weggeführt wurde, und jaulte: „Was soll ich tun?!" Die Stimme des Hundes war schon fast nicht mehr zu hören. „Zeig ihnen, wer du bist!", jaulte er. „Du musst wild sein! Böse! Unberechenbar! Zeig ihnen, dass deine Bestimmung nicht bei ihnen ruht!" Dann stand ich draußen und die Türe fiel ins Schloss.

Es ist eine Woche her, seit ich aus dem Heim geholt wurde. Marlene und ihre Mutter lebten zusammen mit Marlenes Vater in einer großen Villa mit großem Rundumgarten. Marlenes Mutter, Irina, fand mich sehr hübsch und fand den Kringel um mein Auge sehr niedlich. Marlenes Vater, Günther, war sehr streng und mochte es nicht, wenn ich mich im Wohnzimmer zu den Menschen auf das Sofa hocken und beim Fernsehschauen dösen wollte. Meine neuen Hausleute, so nannte ich meine Besitzer, gingen nie mit mir spazieren. Wenn ich mal musste, konnte ich durch eine Katzenklappe (Hundegott sei Dank, dass ich so klein war!) nach draußen in den Garten. Ich durfte mich immer frei in der Villa bewegen, nur nach dem Mittagessen sollte ich leise sein, da die Hausleute da ein Schläfchen halten wollten. Irina mochte ich am meisten. Sie kaufte immer das beste Futter für mich, und wenn sie mal in der Früh zum Joggen ging, durfte ich mit ihr mitlaufen. Sogar ohne Leine! Nur der Nachmittag gefiel mir bei ihnen nicht. Marlene nahm mich mit auf ihr Zimmer und verkleidete mich und flocht mir Zöpfen in die langen Haare! Eine Unverschämtheit. Aber dann kam das Tollste: Irina richtete für mich ein eigenes Zimmer ein! Mit einem richtigen Bett, bloß in viel kleiner, einem Futternapf und einer Katzenklappe nach draußen in den Garten! Das ist das Tollste, was mir je passieren konnte! Hier ist der beste Ort der Welt!

Hier ist der schrecklichste Ort der Welt! Ich darf nicht mehr ins Haus kommen, sondern soll immer in meinem Zimmer bleiben! Das ist doch der reinste Horror! Wer macht denn so was?!

Mir ging es überhaupt nicht gut. Ich glaube, ich war krank. Doch meine Hausleute bemerkten nichts. In meinem Futternapf war noch das Futter der letzten paar Tage. Marlene, die mich immer fütterte, schüttete immer das neue Futter einfach drauf. Doch auch das fraß ich nicht. Mir war schlecht und ich war andauernd müde. Keiner meiner Hausleute bemerkte etwas davon – wahrscheinlich, weil sie mich fast nicht mehr besuchten, nur noch, um mich zu füttern. Ich erhob mich mühsam auf zittrigen Beinen von meinem Bett, um die Abendrunde zu machen. Diese führte einmal ganz um die Villa herum, ganz am Zaun entlang. Ungefähr bei ¾ des Weges war ein Loch im Zaun. Es lockte mich so an, dass ich hindurch schlüpfte und am Rande eines Waldes stand. Ich lief los, erfreut, frei zu sein, und trabte in den Wald. Ich war auch – ohne wild zu sein – freigekommen. Ich folgte einem Menschenpfad mit Kieselsteinen tief in den Wald hinein. Vor Aufregung plusterte ich freudig das Fell auf und preschte los. Die frische Luft füllte meine Lungen und ich fühlte mich völlig gesund und frisch. Ich stand nicht mehr auf zittrigen Pfoten, sondern stark und stabil. Bald schon kam ich zu einem Bach. Ich trank das frische, kristallklare Wasser. Auf dem Grund des Baches flitzten kleine Fische hin und her. Ich kauerte mich hin und fixierte mit meinen Augen die kleinen Elritzen. Ich bewegte mich kaum und gab keinen Laut von mir. Als eines der kleinen Tiere in meine Nähe schwamm, schnellte meine Pfote nach vorne und fischte den Fisch aus dem Wasser. Er zappelte auf dem Ufer, doch nach einiger Zeit erschlaffte er und lag ganz still da. Ich kauerte mich hin und fraß den Fisch. Ich hatte so einen Hunger, dass ich mir noch zwei weitere fing und auffraß. Dann sammelte ich neben einem Busch Äste zusammen und verkeilte sie in dem Brombeerbusch. Dann scharrte ich Laub zusammen und schob es ins Innere des Dornenbusches. Ich kroch nach innen. Dort war Platz für einen Hund in meiner Größe. Ich drehte mich noch ein paar Mal, scharrte das Laub zurecht und legte mich hin. Es dämmerte bereits.

Ich wachte auf, als Sonnenstrahlen in meinen provisorischen Bau schienen. Nach einem ausgiebigen Strecken schlüpfte ich durch das kleine Loch nach draußen. Vor mir hörte ich den Bach leise gurgelnd plätschern. Ich trank etwas von dem Wasser, fing mir eine FORELLE, verspeiste sie, trank etwas und verbesserte den Bau. Gerade schob ich einen Ast beim hinteren Teil meines Baus hinein, als sich meine rechte Vorderpfote in einer Dornenranke verfing. Ich jaulte auf, als sich die Dornen in meine Pfote bohrten, als ich versuchte, meine Pfote herauszuziehen. Die Ranke riss ab und machte einen Durchgang frei. Neugierig schlüpfte ich hindurch und fand mich inmitten eines Brombeerdickichts wieder. Vor mir erstreckte sich ein weiterer Bau wieder, ungefähr zehn Zwergspitzlängen lang und fünf Zwergspitzlängen breit. Es war der perfekte Bau! Inmitten des Baus war ein Baumstumpf. Ich sprang auf die spiegelflache Fläche und staunte. Ich konnte von hier oben bis zum Menschenpfad sehen! Ich sprang wieder hinunter. Und erstarrte. Von dem Menschenpfad aus waren Stimmen zu hören. Ich lauschte. Es waren zwei Männer und eine Frau. Die Frau kreischte! Ich raste aus meinem Bau und Richtung Menschenpfad. Die zwei Männer hatten die Frau gepackt und zerrten sie vom Weg. Die zwei Männer hatten ganz schwarze Kleidung und eine Gesichtsverdeckung nur mit zwei Löchern für die Augen. Obwohl ich mich nicht so gut mit Menschen auskannte, wusste ich, dass diese Frau Hilfe brauchte. Das erkannte doch jede Ameise. Die Männer versuchten, der Frau die Handtasche wegzunehmen. Ich kläffte laut, als der eine Mann sie zu Boden zerrte und der andere versuchte, die Handtasche zu greifen. Laut kläffend raste ich auf den Mann zu, der die Frau zu Boden drückte, und biss ihm mit meinen spitzen Zähnen ins Bein. Der kreischte auf, ließ die Frau los und wankte. Ich ließ los und sprang auf die Seite, als der Mann mit einem lauten Krachen zu Boden ging. Fast wäre er auf mich drauf gefallen! Aber nur fast. Ich war noch rechtzeitig zurückgesprungen. Der Mann roch komisch. Nach Veilchen, Pollen und Fisch. Der musste ein Parfum draufhaben! Ich sprang weg, als der zweite mich packen wollte. Dabei fiel ihm die Tasche auf den Boden. Schnell schnappte ich sie mir und rannte hoch erhobenen Hauptes und laut kläffend davon, um die Männer von der Frau wegzulocken. Doch das Problem war, dass sie nun hinter mir her waren! Ich raste weiter, doch die Männer mit den langen Beinen waren schneller als ich. Bald schon hatten sie aufgeholt. Ich wich von dem Pfad ab, Speichel tropfte aus meinem Maul. Ich verließ den Weg und rannte in den Wald. Plötzlich tat sich vor mir ein Loch auf. Das war doch die Kanalisation! Ich schlüpfte durch das kleine Loch, tappte langsamer weiter. Die Stimmen der Männer, die wütend die Köpfe in das Loch steckten und hineinbrüllten, verklangen bald. Ich machte kehrt, doch kurz vor dem Eingang schnupperte ich noch einmal, doch die Männer waren verschwunden. Ich kehrte zu dem Weg zurück. Die Frau lag immer noch zitternd auf dem Weg. Ihre Arme waren von den Kieselsteinen zerkratzt. Ich trabte auf sie zu. Als sie mich sah, blickte sie überrascht auf. Dann sah sie die schlammverschmierte Handtasche und seufzte erleichtert. Ich legte die scheinbar wertvolle Handtasche vor ihr ab, die sie mit zittrigen Händen aufnahm. Dann setzte ich mich vor ihr auf den Weg und beobachtete, wie sie langsam aufstand und ihre Hose abklopfte. Als sie loslief, folgte ich ihr. Vielleicht kamen die Männer wieder, dann brauchte sie meine Hilfe. Die Frau sagte freundlich: „Du kannst mit zu mir kommen."

Es war erst ein paar Tage her, seit ich bei der Frau wohnte. Sie hieß Jenny, war 22 Jahre alt und wohnte in einer Wohnung in einem Zweifamilienhaus in der Stadt. Sie hatte ihre Wohnung auch für mich eingerichtet, hatte mir ein schönes Halsband und eine dazu passende Leine gekauft und nannte mich „ihren kleinen Helden". Heute waren wir in einem

Haus, das „Polizei" hieß. Da die Täter verschwunden waren, die Jenny überfallen hatten, wurden Verdächtige festgenommen. Die standen jetzt in einer Reihe vor uns. Jenny sagte zu einem Polizisten: „Tut mir leid, aber die Täter hatten Sturmhauben an" und zuckte mit den Schultern. Plötzlich stieg mir der Geruch nach Veilchen, Pollen und Fisch in die Nase. Diesen Geruch kannte ich doch von irgendwo her. Aber woher?! Da wurde es mir schlagartig klar. So roch der Mann, dem ich ins Bein gebissen hatte! Kläffend raste ich auf den Mann mit dem Geruch zu. Jenny konnte mich gerade noch rechtzeitig an der Leine festhalten, sonst hätte ich mich auf ihn gestürzt. Dabei rutschte die Hose des Mannes hoch und die Wunde, die ich ihm beim Beißen zugefügt hatte, kam zum Vorschein. Jenny verschlug es die Sprache. Sie deutete auf die zwei Männer und sagte zu dem Polizisten: „Ich erinnere mich noch genau daran, dass diese Hündin den Mann gebissen hat! Sie ist plötzlich aus dem Wald gerannt gekommen, und ich glaube, sie ist ein Straßenhund! Sie hat sich die Handtasche geschnappt und ist damit weggerannt!" Sie deutete mit dem Finger auf die zwei Täter und sagte: „Diese zwei sind die Täter!" Sie streichelte mir über den Kopf und sagte: „Gut gemacht! Ich glaube, ich nenne dich Luna!"

Anna-Lena Streng
Schmuttertal-Gymnasium Diedorf, Klasse 6d

Der schwarze Panther

Im Dunkel schleicht ein Tier heran.
Es hat ein dichtes Fellkleid an.
Der schwarze Panther ist sehr stark.
Er kommt zurück von seiner Jagd.
Im Maul trägt er die Beute,
die reicht ihm aus für heute.
Da hast du aber Glück!

Fabian Biber und Matthias Holme
Staatliche Realschule Zusmarshausen, Klasse 6c

Das alte Afrika

Ich bin Toni, ich bin ein Erdmännchen. Wie alt ich bin, kann ich euch nicht sagen, da wir Erdmännchen keine Zahlen kennen. Ich habe noch Geschwister. Sie heißen: Moni, Carlo und Joseppe. Dann gibt's da noch Onkel Walter, der ist schon ziemlich alt, und meine Eltern.

Meine Geschichte fing an, als wir alle zusammengekuschelt in unserer Höhle lagen und Onkel Walter wieder eine seiner Geschichten aus dem alten Südafrika erzählte: „Früher, da gab es schöne Schmetterlinge. Die sind mir immer um die Schnauze geflogen und Insekten gab es! Mmmh! Lecker!"
Später träumte ich von riesigen Insekten und Käfern, was Schmetterlinge waren, wusste ich nicht.

Der nächste Tag verlief wie jeder andere auch: Joseppe, mein großer Bruder, passte auf uns auf und immer, wenn ein Greifvogel im Anflug war, pfiff er laut und wir versteckten uns schnell in unserer Höhle. Während wir dort in Sicherheit warteten, bis die Luft wieder rein war, musste ich die ganze Zeit über an die Schmetterlinge denken. Abends, als Onkel Walter und meine Eltern von der Futtersuche zurückkamen, aß ich schnell meinen Skorpion auf und kuschelte mich zu meinen Geschwistern.

Ich hatte einen Plan: Wenn alle schliefen, wollte ich losziehen und das alte Afrika suchen. Auch, wenn ich dafür die ganze Savanne durchqueren müsste! In der Nacht war es dort für uns Erdmännchen besonders gefährlich. Aber mir war das egal. Ich war ja ein mutiges Erdmännchen!

Leise schlich ich davon, immer der Schnauze nach! Geradeaus! Wenn die Sonne aufging, wollte ich längst wieder zu Hause sein. Ich suchte nach ein paar Insekten, die ich mitnehmen wollte, aber der Vorrat war leer. So zog ich ohne Proviant los.

Geduckt wuselte ich durch das hohe Gras. „Ist hier das alte Afrika?", fragte ich eine alte Elefantendame, die unter einem Baum döste. „Nein! Und du wirst es auch nie finden, Kleiner!", sagte sie ruhig. Das verstand ich nicht, traute mich aber auch nicht, die alte Dame noch länger zu stören.

„Kannst du mir sagen wo ich das alte Afrika finde?", fragte ich den Wüstenfuchs. „Ach! Das alte Afrika! Das waren schöne Zeiten! Genügend Futter und Wasser für alle", antwortete der, „und nein, das alte Afrika kann man nicht suchen, kleines Erdmännchen. Aber wenn du groß bist, verstehst du das." Aber ich wollte nicht warten, bis ich groß war! Also musste ich weiter.

Auf meinem Weg hatte ich nun schon bestimmt ein Dutzend Tiere gefragt, aber alle gaben mir immer die gleiche Auskunft, wie schon die Elefantendame und der Wüstenfuchs. Verwirrt schlich ich davon.

„He, du da! Was machst du in unserem Revier?", raunzte mich eine unfreundliche Stimme an. Oh nein, eine andere Erdmännchensippe! Schnell raste ich los – die ganze Meute hinter mir her. So schnell ich konnte, rannte ich durch die Savanne, als meine Verfolger plötzlich eine andere Richtung einschlugen, um sich in ihren Höhlen zu verstecken. „Graar!", schoss ein Greifvogel auf mich zu. „Hier ist nirgends ein Versteck! Egal! Renn!", dachte ich panisch. Doch da, ein Baum! So schnell ich konnte lief ich dorthin. Im letzten Moment konnte ich den Greifvogel zum Glück abgeschüttelt. Mit klopfendem Herzen saß ich da und versuchte wieder Luft zu bekommen. "Hallo Kleiner, sss, wer bisst du denn?" Oh nein, eine Schlange! Wo sollte ich nur hin? Einfach weg! "Buhuu!", schluchzte ich, "Mami! Papi! Wo seid ihr?" "Toni? Warte, wir kommen!", hörte ich ganz aus der Nähe mir vertraute Stimmen. Verwundert und erleichtert fragte ich: "Mama, Papa, warum seid ihr hier?" "Wir waren auf Futtersuche!", erklärte mein Vater. Da verstand ich plötzlich, warum sie immer so lange unterwegs waren. "Aber jetzt gehen wir erst einmal schnell nach Hause", schlug meine Mama vor. "Warum bist du eigentlich hier?", fragte Papi. "Ich wollte das alte Afrika suchen, von dem Onkel Walter immer erzählt hat!", sagte ich leise. "Das alte Afrika kann man nicht suchen! Es ist verloren! Durch die Menschen und ihre Fabriken!", schnaubte Onkel Walter. "Aber da können wir doch nichts dafür!" Ich war bestürzt. "Ja, genau! Erklär das mal denen!", rief mein Onkel. "Durch die Verschmutzung der Fabriken sterben die Insekten aus, also unser Futter!" Bedrückt schlich ich mit Onkel Walter und meinen Eltern nach Hause, wo mich schon meine Geschwister stürmisch begrüßten. "Wir haben uns voll Sorgen gemacht, als du am nächsten Morgen nicht mehr bei uns in der Höhle lagst!", empörte sich Moni. Ich nickte nur und verschwand in unserer Höhle, ich wollte niemanden sehen und niemand sollte mich sehen, so enttäuscht war ich, dass es das alte Afrika durch die Menschen nicht mehr gab. Eines wusste ich: Wenn ich groß bin, werde ich Stellvertreter der Erdmännchen von der ganzen Welt, um mich auf Seminaren der Menschen, das habe ich von Onkel Walter, für die Erdmännchen und deren Lebensraum voll und ganz einzusetzen! Irgendwas muss man doch tun können! Oder?

Mit dieser Geschichte möchte ich darauf hinweisen, dass wir Menschen, mit unserer Gier nach mehr, das Leben unschuldiger und süßer Tiere gefährden und in Gefahr bringen. Manchmal bis hin zum Aussterben! DIE ROTE LISTE WIRD IMMER LÄNGER!

Elena Bucher
Leonhard-Wagner-Gymnasium Schwabmünchen, Klasse 5a

Ein spannender Spaziergang im Wald

Eines Samstagsmorgen fragte ich meine Mama: "Darf ich heute den ganzen Tag in den Wald gehen?" "Ja", antwortete meine Mama. Ein paar Minuten später nach dem Frühstück machte ich mich bereit für den langen

Ausflug. Ich packte eine Karotte, ein Brot und ein Getränk ein. Ich ging durch die wunderschöne Gegend auf einen sehr hohen Berg bis zum Wald. Im Wald angekommen schnappte ich nach Luft. Ich war schon aus der Puste und der Tag hatte gerade erst angefangen! Anschließend setzte ich mich auf eine Bank, die am Wegrand stand. Danach hörte ich den Vögeln zu, wie sie sangen. Auf einmal hüpfte mir ein kleines Häschen entgegen. Ich schaute ihm in die Augen. Es sah so aus, als ob es Hunger hätte. Ich gab ihm eine Karotte und das Häschen knabberte daran. Als das Häschen die Karotte abgeknabbert hat, war es ganz, ganz still! Doch plötzlich zerriss ein Knacken die Stille, ein Fuchs rannte den Waldweg entlang. Als der Fuchs näherkam, hüpfte das Häschen in einen Busch und der Fuchs hinterher. Ich dachte mir, dass es gut gewesen war, dem Häschen eine Karotte zu geben, damit es wieder zu Kräften kommen konnte! Während ich weiterlief, fiel mir etwas Hartes auf den Kopf. Ich schaute auf und sah ein Eichhörnchen, das seine Nuss verloren hatte! „Es wird bald Nacht!", flüsterte ich. Auf einmal raschelte es im Gebüsch! Ein Igel spazierte fröhlich aus seinem Versteck. Danach aber huschte ein Schatten hinein! Ich fragte mich: „Wer ist der Schatten? Hat der Igel Igelbabys? Will der Schatten die Igelbabys fressen?" In meinem Kopf schwirrten lauter Fragen! Danach dachte ich: „Egal, ich muss die Igelbabys retten! Wenn er Igelbabys hat. Als ich die Blätter beiseiteschob, sah ich, dass der Schatten ein Dachs war und dass er wirklich die Igelbabys fressen wollte. Somit war die letzte Frage auch geklärt: Er hatte Igelbabys! Als der Dachs mich sah, verschwand er auf Nimmerwiedersehen. Die Igelbabys waren gerettet und ich schaute auf meine Uhr. Ich erschrak sehr, als ich sah, wie spät es war. Es war nämlich viertel vor acht Uhr! „Meine Mama wartet sicher auf mich!", flüsterte ich. Danach rannte ich so schnell ich konnte nach Hause.

Felix Petz
Grundschule Dinkelscherben, Klasse 3a

Der Wald

Der Wald ist grün und braun.
Er ist groß und schön.
Er ist die Heimat der Tiere und Pflanzen.
Er duftet nach verschiedenen Gerüchen im Wald.
Der Wald ist schön.
Im Wald leben Vögel.
Sie zwitschern und singen.
Sie bauen ihre Nester in großen Bäumen.

Sie fliegen über die Blumen und Bäume des Waldes.
Der Wald ist schön.
Im Wald leben Eichhörnchen.
Sie klettern von Baum zu Baum.
Sie sammeln Haselnüsse und verstecken sie.
Sie leben in großen Löchern in Bäumen.
Der Wald ist schön.
Im Wald leben Rehe.
Sie hüpfen und springen.
Sie fressen das Gras und trinken das Wasser.
Sie laufen und rennen.
Der Wald ist schön.
Im Wald gibt es Flüsse und Quellen.
Im Wald gibt es Bäume und Pflanzen.
Im Wald laufen Tiere und Menschen spazieren.
Im Wald gibt es Wildnis, Entdeckungen und Gefahren.
Der Wald ist schön.

Nina Leutenmeyer
Staatliches Gymnasium Königsbrunn, Klasse 6e

Die Tierkonferenz

Eines Tages im Walde „Wäldchen" in Welden versammelten sich alle Tiere an einem riesigen, fetten Baum. Dort kletterten alle Eichhörnchen hoch, um einen geheimen Knopf zu betätigen. Dieser öffnete eine Tür, die dort versteckt war. Diese Tür führte die Tiere zu einer Wendeltreppe, die in einen riesigen Parlamentssaal führte. Dort angekommen, setzten sich alle Tiere auf die aufgereihten Stühle, welche auf die große Leinwand ausgerichtet waren. Dann, nach einer halben Stunde, als sich alle 3795 Tiere einen Platz gesucht hatten, begann die Tierkonferenz. Ein prächtiger, stolzer Hirsch trat auf die Bühne und eröffnete die große Runde. Er sagte: „Liebe Tiere aller Arten, ich freue mich sehr, dass ihr den Weg zu uns gefunden habt. Heute sprechen wir über das Thema Umweltschutz. Wie vielen von euch vielleicht aufgefallen ist, wird unser Wald ‚Wäldchen' immer dreckiger. Das verdanken wir den Menschen! Heute seid ihr alle zu uns gekommen, um eine Lösung zu finden. Wer eine Idee hat, bitte sofort melden!" Da schoss rasch eine karamellbraune Pfote hinauf. Es meldete sich ein kleines flauschiges Kaninchen, das darauf Folgendes erklärte: „Wir könnten den Menschen ihren Müll in ihre Gärten tragen. Eben genau dasselbe, wie sie es machen." „Gute Idee, liebes Kaninchen. Wenn jemand anderes noch eine Idee hat, solle er sich jetzt erheben", sagte der Hirsch. Nichts. Niemand gab auch nur einen Laut von sich. „Na gut, dann nehmen wir die Idee des Kaninchens an", verkündete der Hirsch mit kräftiger Stimme. So begaben sich alle Tiere auf den Weg nach draußen, nachdem sie noch ein paar letzte Besprechungen abgehalten hatten. So liefen, hüpften, flogen oder sprinteten die Waldbewohner in ihren Lebensraum, sammelten allerlei Müll und trugen ihn zu den Menschen in die Gärten. Ein Jahr nach diesem Aufstand gab es nie wieder Müll im Walde „Wäldchen" in Welden.

Phillip Lipowsky
Staatliche Realschule Zusmarshausen, Klasse 5c

Absturz in der Wildnis

Es war ein sonniger Wandertag, wie immer,
wenn ich mich recht erinner'.
Ein paar Wolken verdeckten zwar die Sicht,
aber das Strahlen verließ nicht unser Gesicht.
Wandern ist unsere große Leidenschaft
und natürlich am liebsten in Gemeinschaft.
Doch an diesem Tage,
stellten wir uns die Frage,
ob wir wirklich zu zweit aufbrechen sollten,
auf den Gipfel, auf den wir wollten.
Das Wetter schaute komisch aus,
ach was, wir sind ja wieder rechtzeitig zu Haus`.
Außerdem sind wir keine Anfänger mehr,
wandern Wege mit Schwierigkeiten von leicht bis schwer.
So brachen wir bei Sonnenschein auf,
und stiegen den ausgesuchten Berg hinauf.
Im Wald,
waren wir bald.
Im Schatten der vielen Bäume,
begannen wir von anderen Welten zu träumen.
Es ging nun in weiten Kreisen,
mit unterschiedlichen Wanderweisen,
langsam Meter für Meter zum Gipfel hinauf,
dabei sahen wir auch einen Ameisenhauf'.
Hier können wir noch in Ruhe die Natur genießen,
und hören sogar ein kleines Bächlein fließen.

Die pure Wildnis ist schön,
daran könnt man sich echt gewöhnen.
Doch Bäume werden gefällt,
Hauptsache für viel Geld,
bis einem auffällt,
woher kommt der Sauerstoff der Welt?
Oben am Gipfel angekommen,
hätten wir eigentlich die schönste Aussicht bekommen,
doch heute verdeckten Wolken die Sicht,
deshalb sahen wir selbst unseren Startpunkt nicht.
In den Wolken steht man nicht oft,
deshalb hab ich mir ein schönes Selfie erhofft,
trat ein kleines Stück nach hinten,
um die beste Position zu finden.
Am Rande zur Tiefe angekommen,
hab ich Schwindelgefühle bekommen.
Mein Handy fiel mir auf einmal aus der Hand,
ich konnte zusehen wie es unter mir verschwand.
Irre, wie ich vor Panik war,
wollte ich schnell wieder hoch zur Freundin – klar,
vor Erschütterung hielten die Steine unter mir nicht mehr,
sich festhalten und den Sturz verhindern war schwer.
Mit einem lauten Schrei gings nach unten,
hoffentlich werde ich bald gefunden…
Ein dumpfer Ton
und schon spürte ich ihn schon,
den harten Boden unter mir,
von oben hörte ich nur: „Alles gut bei dir?"
Schon setzten Schmerzen am rechten Bein ein,
ich dachte nur: „Oh nein, oh nein!"
Aufstehen konnte ich nicht,
zudem versperrten Bäume und Büsche meine Sicht.
Auch mein Handy konnte ich nicht sehen,
und somit selber keinen Notruf wählen.
Mit Hoffnung auf Rettung lag ich nun da,
ich hatte keine Ahnung, wo ich genau war.
Langsam trübte sich mein Bewusstsein,
ich konnte an Nichts mehr denken außer an die Schmerzen im Bein.
Auf einmal wurde ich an den Schultern gepackt,
und mein Name wurde immer wieder laut gesagt.

Ich hatte meine Augen geschlossen,
und der Schmerz kam immer wieder hochgeschossen.
Diese zu öffnen brauchte viel Energie,
woraufhin ich schrie.
Als Erstes sah ich eine Frau mit rotem Anzug,
und einem Rucksack, den sie bei sich trug.
Sie gab mir ein Mittel gegen die Schmerzen,
schon spürte ich ein Stechen in meinem Herzen.
Auf das Spineboard wurde ich gelegt,
mit diesem bin ich zum Helikopter hochgeschwebt.
Oben angekommen,
hat der Flug zum nächsten Krankenhaus begonnen.
Die Zeit war kostbar,
denn das Wetter war alles andere als wunderbar.
Stürme und Regen setzten plötzlich ein,
besser konnte es nicht sein.
An viel erinnere ich mich nicht mehr,
den Einsatzkräften der Höhenrettung ein großes Dankesehr!
Dank der schnellen Rettung geht es mir wieder gut,
doch liebe Wanderer seid auf der Hut,
nicht überall unüberlegt ein Selfie zu machen,
oder andere waghalsige Sachen,
das kann mit dem Tod enden,
lasst uns die Lebenszeit lieber anders verwenden.
Macht einen Spaziergang durch unsere schöne Natur,
oder auch eine Radl- und Wandertour.

Daniela Witt
Leonhard-Wagner-Gymnasium Schwabmünchen, Klasse Q11

Bericht aus der Zukunft

Ich schließe meine Augen und stelle mir vor wie es früher war. Früher. Jeder würde an vergangene Jahrhunderte denken, doch ich nur an die letzten Jahre. Wie schön es doch war, so grün, so belebt. Die Menschheit war am Höhepunkt ihrer Geschichte: die fortgeschrittene Technik, die medizinische Forschung, einfach alles. Doch es wurde zerstört, alles in einem Augenblick. Zack – weg. Von heute auf morgen war Nichts mehr da. Die Wälder mit den hohen Bäumen und den verschiedenen Tieren. Das vermisse ich am meisten. Aber auch das Summen der Bienen und der Wind, der durch die Baumkronen und Blättern strich. Der Duft der Wiesen und Wälder, der Blumen

195

und der feuchten Erde. Dieses Gefühl, wenn man in den Wald gehen konnte, um über das weiche Moos zu laufen, um einheimische Tiere zu beobachten und um einfach mal abzuschalten vom Alltag.

Ich kann mich noch erinnern, wie meine Geschwister und ich durch den Wald gerannt sind und uns hinter Bäumen versteckt haben. Das leise Knacken unter den Füßen, wenn man auf einen kleinen Ast gestiegen ist. Das Lachen, das durch den Wald geschallt ist. Wie wild und einzigartig die Lichtung war, auf der wir uns immer gesetzt haben und die zuvor gesammelten Erdbeeren und Himbeeren zusammen gegessen haben. Dabei haben wir immer die Insekten beobachtet, wenn sie in die vielen verschiedenen Blumen gekrabbelt sind.

Doch mittlerweile ist alles anders.

Ich weiß ganz genau, wie alles anfing. Der Abend war schön, nichts Besonderes war geschehen, bis auf einmal mehrere Militärflugzeuge den Himmel bedeckten. Ich wusste nicht, was das darstellen sollte, vielleicht war es eine kleine Übung oder so. Doch meine Einstellung änderte sich, als ich auf den Flugzeugen Flaggen eines anderen Landes erkennen konnte. Warum sollten Fremde über unser Land fliegen? Ich stand auf und lief zu meinen Eltern, um zu fragen, was los sei, sie meinten aber nur, ich habe mir das nur eingebildet. Ich selbst war aber der Überzeugung, dass da etwas sehr faul war. Meine Eltern nahmen mich aber nicht ernst. Also schnappte ich mir meine Jacke und lief aus der Stadt hinaus, um den Himmel besser beobachten zu können. Doch so weit kam es gar nicht. Als ich an der Schule vorbeilief, auf die ich ging, war ein lauter Knall zu hören. Und dann noch einer. Der Himmel war dunkel geworden. Überall war Staub und Dreck in der Luft. Dann hörte ich die ersten Schreie. Ich sah noch mehr Flugzeuge in der Luft, aber ich konnte sie zu keinem Land zuordnen. Ich drehte mich panisch um, und bemerkte, wie mehrere Menschen in Richtung der Schulturnhalle rannten. Ich folgte ihnen, weil ich nicht wusste, wohin ich sonst laufen sollte. Die Luft wurde immer dichter und es waren weitere Explosionen zu hören. Ich merkte gleichzeitig, wie mir Tränen an der Wange hinunter kullerten. Ich war am Eingang der Sporthalle angekommen und ging hinein. Da standen mehrere Menschen in jeglichem Alter und waren gerade dabei eine Stahltür zu öffnen, als ich dazustieß. Sie redeten alle durcheinander. Ich sah einen älteren Mann verständnislos an. Er meinte nur: „Das ist der Anfang vom Ende." Ich kapierte als erstes nicht, was er da sagte, doch war ich nicht in der Lage, ihn darauf anzusprechen. Als die Tür nun endlich offen war, strömten alle Leute hinein und stiegen die Treppen hinunter – auch ich schloss mich ihnen an. Wir folgten einem dunklen Gang, der in einem kahlen Raum mit Stockbetten führte. Dort lagerte ein großer Vorrat an

Wasser und einfachem Essen. Ich setzte mich auf eines der Betten und machte meine Augen zu.

Jetzt öffne ich meine Augen und sehe mich langsam um. Meine Sicht ist sehr eingeschränkt, weil ich eine Gasmaske tragen muss. Ohne diese würde ich sterben, da die Luft zum Atmen tödlich ist. Ebenso trage ich einen Schutzanzug, der mich vor der radioaktiven Strahlung schützt, aber auch alle Bewegungen erschwert. Unser jetziges Leben bzw. das Leben derer, die überlebt haben, also gerade noch 4 % der ehemaligen Weltbevölkerung, ist sehr beschwerlich. Wir leben in besonderen Wohnbauten unter der Erde und nur dort, wo nicht bombardiert wurde. Diese Regionen sind kaum vorhanden, deshalb gibt es weltweit nur noch sieben solcher Städte. Von den ursprünglichen Kontinenten können zwei nicht mehr betreten werden. Die Atombomben und alle anderen Hilfsmittel des Krieges machten alles kaputt.

Die große Artenvielfalt der Tiere und Pflanzen auf der Erde – alles ist zerstört.

Die Welt ist nur noch trost- und farblos.

Die bunten Blumen und grünen Wälder sind verschwunden – die saftigen Wiesen und bewirtschafteten Felder sind verbrannt. Alle Früchte- und Gemüsesorten sind ungenießbar oder vernichtet.

Es ist so still geworden, kein Vogelgezwitscher und Summen von Bienen, kein Bellen und Miauen.

Es fühlt sich nun alles so leblos an.

Früher war alles besser.

Wenn ich die Zeit zurückdrehen könnte, würde ich die Erde vor der Menschheit schützen.

Rettet die Natur und die Wildnis, bevor es zu spät ist …

Stephanie Witt
Leonhard-Wagner-Gymnasium Schwabmünchen, Klasse 8a

Lili und der Tiger

Es war einmal eine kleine Stadt in der Nähe eines Waldes. Die Bewohner waren immer friedlich miteinander. Doch auf einmal tauchte ein Tiger auf. Die Menschen waren darüber sehr erschrocken. Eines Tages sagte die Mutter zu ihrer Tochter: „Bring mir meine Lieblingsblumen!" Lili ging los und suchte überall. Schließlich war sie mitten im tiefen Wald, obwohl die Mutter es verboten hatte. Schon raschelt es im Gebüsch und Lili wurde es unheimlich zumute. Da sah sie eine Lichtung vor sich. Unter einem großen Felsen standen wunderschöne Blumen. Als Lili die Blumen pflückte, kam ein riesiger Schatten über sie. Der Tiger sprang vom Stein herunter und Lili bekam große Angst. Doch der Tiger sprach: „Ich tue dir nichts." Da ging Lili mit ihm und der Tiger zeigte ihr die Wunder der Natur. Sie waren zusammen beim Wasserfall und sind da fröhlich geschwommen. Auf dem Heimweg traf Lili den Jäger. Er sprach: „Der Tiger hat genug Schrecken verbreitet. Ich habe ihn erschossen!" Lili rannte zurück in den Wald. Ihr Freund lebte noch und sagte leise: „Ich bin nicht tot, ich lebe weiter in deinem Herzen." Lili weinte sehr. Aber sie hat sich bald beruhigt, weil sie daran dachte, was der Tiger ihr gesagt hatte: „Das Leben ist wunderbar und schön."

Dorka Héja
Grundschule Fischach-Langenneufnach, Klasse 3a

Wildnis aus Gold

Ich sehe Vögel und Pilze. Und hinter den Bäumen sehe ich große Berge. Hinter dem Busch läuft ein kleiner Fuchs herum. Ich gehe weiter und finde einen Bach, in dem Fische herumschwimmen. Doch plötzlich ein lauter Knall! Dort drüben ist ein Ufo gelandet und ein Alien kommt aus dem Raumschiff. Der Außerirdische steigt aus und berührt eine Blume. Diese wird golden. Alles, was der Marsmensch berührt, erstarrt zu Gold. Er berührt einen Apfel und der wird golden. Er fasst einen Baum an und der wird goldig. Er berührt Gras, das sofort zu Gold erstarrt. Der Außerirdische schlendert weiter durch die Wildnis und berührt Blätter, Äste, Tannennadeln, Zapfen. Alles wird zu Gold. Selbst der Bach erstarrt zu Gold. Aber was wäre das für eine Welt, wenn alles aus Gold wäre? Niemand könnte mehr einen Apfel essen, gemütlich im Gras liegen oder aus dem Bach trinken. Soll das so sein?

Lucas Fuchs
Grundschule Leitershofen, Klasse 4a

Wie Peter und Ferdinand Freunde wurden

Ganz tief drinnen im dunklen Wald lebte der kleine Fuchs Ferdinand mit seiner Familie. Er schlich sich immer heimlich aus der Höhle und wollte den Wald erkunden. Die Eltern bekamen es nicht mit. Er sah sich immer alles genau an. Es gab viel zu entdecken – schöne Blumen, große Bäume und viele andere Tiere. Eines Tages, als er wieder so einen Spaziergang machte, hörte er plötzlich einen Hilfeschrei. Er sprang sofort dahin, um nach zu schauen, was los war. Ein kleiner Hase war in ein tiefes Loch gefallen. „Bitte, Fuchs, hilf mir!" Ferdinand tat der kleine Hase leid und er überlegte, wie er ihn herausholen könnte. „Ich suche einen langen Ast und hole dich damit raus." Er fand einen und steckte ihn in das Loch. Der Hase war froh, dass er wieder herausgekommen ist. Er sprang auf Ferdinand zu und umarmte ihn. „Danke, Fuchs, dass du mich gerettet hast! Ich heiße übrigens Peter. Und du?" „Mein Name ist Ferdinand." „Wollen wir zusammen über die Felder springen?", fragte Peter. „Auf jeden Fall!", antwortete Ferdinand. Ab da waren Ferdinand und Peter beste Freunde und haben noch so manches Abenteuer erlebt.

Lea-Sophie Ellenrieder
Grundschule Fischach-Langenneufnach, Klasse 3c

Der magische Ball

„Hey, wirf zu mir, Rico!", feuerte Marco seinen Freund an. Endlich hatten sie mal wieder Zeit gefunden, in Marcos Garten Ball zu spielen. „Oh nein, du Pflaume!", schrie David, als Marco den Ball verfehlte und er in ein Dickicht aus Büschen ganz hinten im Garten flog. Während die Sonne an diesem heißen Julinachmittag auf sie herunterbrannte, krochen die Drei mühsam in das Gebüsch. Doch was als langweilige Suche begann, sollte zum Abenteuer ihres Lebens werden.

„Da hinten liegt er!", jubelte Rico. Alle Drei stürzten sich gleichzeitig auf den vermeintlichen Ball. Sie berührten ihn im selben Moment. Da gab es einen Knall. Sie erschraken fürchterlich. „Was war das?", flüsterte Marco seinen Freunden zu. Sie sahen sich um. „Kommt, wir gehen schnell wieder raus!", forderte Rico seine Freunde auf. Langsam arbeiteten sie sich rückwärts aus dem Gebüsch heraus. „Was macht Ihr denn hier?", fragte plötzlich eine Stimme hinter ihnen. Sie drehten sich um und David wäre fast der Stein vor Schreck aus der Hand gefallen. Ohne es zu merken, hatte er ihn mit nach draußen gezogen. Vor ihnen stand ein schmächtiger Junge in ihrem Alter. Er trug seltsame Klamotten aus Tierfell und ein Messer an seinem Gürtel. „Was soll die Frage? Was machst du in meinem Garten?", fragte Marco erbost zurück. „Welcher Garten? Was ist das?", erwiderte der Junge. Da erst sahen sich die Drei um und erschraken: „Wo sind wir? Hier sieht alles anders aus, aber irgendwie auch vertraut. Was stehen hier für seltsame Hütten?", wunderte sich Rico. „Das ist mein Dorf. Ich bin übrigens Johann. Woher kommt ihr und wer seid ihr?"

„Eigentlich steht hier drüben unser Haus", stellte Marco verwundert fest. „Was ist hier los? Ich versteh das nicht. Kannst du uns helfen? Wir sind übrigens David, Marco und Rico." „Ich helfe euch gerne, aber vielleicht könnt ihr mir auch helfen. Mein Dorf hungert seit vielen Wochen. Das Wild ist verschwunden und wir haben kaum mehr etwas zu essen. Auch wenn ihr komisch ausseht mit euren seltsamen Fellen, ich finde euch sympathisch." Da zog David ein paar Karamellbonbons aus seiner Jeans und gab sie Johann. „Was ist das?", fragte der verblüfft und wickelte langsam das erste Bonbon aus. „Der stammt doch echt aus einer anderen Zeit", wisperte Rico seinen Freunden zu. „Langsam glaube ich eher, wir sind in einer anderen Zeit gelandet", raunte Marco. „Wir müssen ihm helfen, damit er uns den Weg zurück zeigt", riet David. „So was Verrücktes!"

Johann hatte inzwischen alle Bonbons verputzt und strahlte glückselig. „Danke, meine neuen Freunde! Das hat gutgetan. So was Leckeres habe ich noch nie gegessen!" „Wie können wir dir helfen?", wollte Rico wissen.

„Wir müssen das Wild finden, das heißt, vielleicht könnt ihr das Wild finden. Ich muss Wasser für die Alten holen und auf die Kleinen aufpassen. Alle Erwachsenen sind unterwegs und versuchen, was Essbares zu finden. Kommt mit ins Dorf. Ich gebe euch Ausrüstung und sage euch, worauf ihr achten müsst." „Wow, Pfeil und Bogen, Speere und kleine Messer für uns – da kann uns ja nichts mehr passieren", sagte Marco wenig später, als Johann ihnen die Sachen gegeben hatte. Die Freunde wiederholten, worauf sie alles achten sollten: „Wir verlassen nicht die Trampelpfade, damit wir nicht im Moor versinken. Wir machen kein Feuer außer auf einer Lichtung", erinnerte sich Marco. „Und wir markieren Abzweigungen, damit wir den Rückweg finden", ergänzte David. „Doch in welche Richtung gehen wir los?", fragte er, während er gedankenlos den Stein aufhob, den er vor Johanns Hütte abgelegt hatte, um sich den Köcher umzuhängen. Er wusste selber nicht, warum er ihn immer mit sich herumschleppte. Irgendwie war er im Moment die einzige Verbindung nach Hause.

„Das gibt's doch nicht." David starrte fassungslos auf den Stein. Dort war ein Pfeil erschienen, der sich wie bei einem Kompass drehte. Schließlich blieb er stehen und zeigt auf einen Trampelpfad, der vom Dorf in Richtung Westen wegführte: „Ich glaube, wir sollten ihm folgen, auch wenn dieser Weg wohl schon lange nicht mehr benutzt worden ist." Sie kämpften sich durch das grünste Grün, das sie je gesehen hatten. Plötzlich wendete sich der Pfeil. Nun zeigte er nach Süden. Sie hatten den Abzweig gar nicht gesehen. Der Weg war noch schlechter zu erkennen und der Wald wurde immer dichter. Dornen zerkratzten ihre Beine und zerrissen ihre Hosen. Nach etlichen Richtungsänderungen verschwand der Pfeil plötzlich. „Was soll das? Wir sind mitten in der Wildnis! Wo geht's jetzt weiter?", sorgte sich David. Sie schauten sich um. „Wer von euch hat eigentlich die Abzweigungen markiert?", fuhr er seine Freunde an. Die beiden schauten betreten zu Boden. „Ihr seid doch die Letzten!", wollte

David auf seine Freunde losgehen, als Marco ihm schnell den Mund zuhielt: „Pst, schau doch da vorne. Auf der Lichtung sind Rehe, Hirsche und da drüben suhlen sich Wildschweine. Wir müssen sofort zurück und Johann Bescheid geben. Aber wo geht's zurück?"

„Kommt Euch dieser Ort nicht auch bekannt vor?", fragte David. Diese alte Eiche, die sich oben in drei Teile gabelt ..." „... die steht auf unserem Schulhof", ergänzte Rico flüsternd. „Stimmt, jetzt erkenne ich es auch: Die Lichtung ist unser Pausenhof. Wo jetzt die Wildschweine äsen, essen wir ein paar Jahrhunderte später unsere Pausenbrote. Ist das abgefahren."

„Dann finde ich den Weg zum Dorf zurück. Es ist ja mein täglicher Schulweg", jubelte Marco. Tatsächlich waren sie bald darauf wieder im Dorf und erzählten Johann, was sie entdeckt hatten. „Wir sind diesen Weg tatsächlich schon lange nicht mehr gegangen, weil zwei unserer Dorfbewohner – unsere besten Jäger, unter ihnen mein Vater – im Nebel von ihm abgekommen waren und im Moor versunken sind. Aber schaut, da kommen die Jäger zurück. Sie werden eurem Weg folgen", freute sich Johann, während er auf Marcos Zeichnung und Wegbeschreibung schaute. „Leider haben wir es nicht über uns gebracht, ein Tier für euch zu schießen. Wir sind einfach verweichlichte Stadtkinder, die ihr Fleisch im Supermarkt kaufen. Vielleicht kannst du es uns ja irgendwann mal beibringen", antwortete David betreten. Schon bald kehrten die Jäger jubelnd mit ihrer erlegten Beute ins Dorf zurück. Kurz darauf zog ein himmlischer Duft durchs Dorf und es wurde ein ausgelassenes Fest gefeiert. Rico, David und Marco waren die Ehrengäste und wurden immer wieder von den Dorfbewohnern bejubelt.

Es war schon dunkel geworden, als Johann die Drei zurück zu dem Busch brachte, wo sie sich zum ersten Mal begegnet waren. „Als Andenken für eure Zeitreise schenke ich euch die Waffen. Dann könnt ihr schon mal üben", lächelte Johann. „Kommt mich bald wieder besuchen. Oder ihr nehmt mich mal mit und zeigt mir dieses Superding, wo ihr euer Fleisch holt." Alle mussten lachen. Dann berührten die Drei mit allen sechs Händen gleichzeitig den Stein. „Tschüss", riefen sie gerade noch, als es knallte und ein Ast Marco in den Rücken pikste. Sie krochen bei strahlendem Sonnenschein aus den Sträuchern und fanden sich in Marcos Garten wieder. Der Stein in ihren Händen war erneut zum Ball geworden. David riss ihn an sich und warf ihn in Richtung Marco: „He, du Pflaume, fang!" Sie prusteten los, bis ihnen die Bäuche wehtaten. „Diesen magischen Ball verliere ich bestimmt nie mehr!", versprach Marco und hielt ihn ganz fest.

Joram Seidel
Staatliches Gymnasium Königsbrunn, Klasse 5f

Gedicht Wildnis

Ein atemberaubender Ort
voller Geheimnisse und Gefahren
Doch was steckt hinter all dem?
Ruhe, Frieden
Kälte, Krankheit und Tod
Siehst du die Schönheit der Natur?
Sie soll sich in allen ihren Farben zeigen
Gerechtigkeit soll hier leben
Ich will atmen mit der klaren Luft
Ich möchte flüchten in die Wildnis hinein

Lena Ketzer
Staatliches Berufliches Schulzentrum Neusäß

Die überraschende Tierversammlung

An einem stürmischen und regnerischen Sonntagmorgen ging eine kleine Maus den Waldbach entlang. Sie überlegte, wo sie Schutz vor dem Regen finde konnte. Endlich fand sie einen großen Pilz und stellte sich darunter.

Da sah sie, dass vor ihr eine große Höhle war. Sie dachte, dass die Höhle verlassen sei, aber das stimmte nicht. Aus der Höhe drangen durchdringende, dumpfe Töne. Sie hatte erst Angst, aber dann kam ein kleiner Babybär heraus. Er sah sehr nett und süß aus. Die Maus und der Bär beschnüffelten sich. Dann rannte der Bär davon und die Maus folgte ihm, weil sie dachte: „Vielleicht will er mir etwas zeigen." Als die beiden anhielten, standen sie auf einer großen Lichtung voller Tiere. Es gab Igel, die am Rand schliefen, Vögel, die auf Ästen saßen, Bären, Eichhörnchen und viele mehr. Die Maus und der Babybär waren umringt. Alle sahen sie an. Die Maus wunderte sich: „Warum starren mich alle an?" Es sah so aus, als wäre hier eine wichtige Tierversammlung. Die Maus drehte sich um und erschrak. Hinter ihr stand plötzlich ein Menschenkind, das sie alle anglotzte. Dann öffnete das Kind den Mund und fragte: „Was macht ihr denn alle hier?" Erst jetzt bemerkte es, dass Tiere nicht sprechen können und war darüber sehr traurig. Da meinte es: „Wenn ihr nicht sprechen könnt, dann muss ich mit euch sprechen." Das Kind redete eine Weile mit den Tieren und erzählte, dass es in die dritte Klasse ging, neun Jahre alt war und sehr musikalisch. Dann sagte es: „Ich bin hergekommen, um Pilze zu suchen, und dann fand ich euch. "

Bald war es Abend und es hatte aufgehört zu regnen. Das Kind verabschiedete sich von den Tieren und versprach, bald wiederzukommen. Als es nicht mehr zu sehen war, gingen auch die Tiere nach Hause.

Anika Wiener
Grundschule Dinkelscherben, Klasse 3a

3012

Wir schreiben das Jahr 3012. Die Roboter sind gerade dabei, die Weltherrschaft an sich zu reißen, und viele Menschen sind gerade auf der Flucht in die Wildnis. So auch Ben Digson. Er ist ein Amerikaner. Er wollte einfach nur überleben. Er wohnte früher in Ohio (Amerika), bis ein paar Wissenschaftler Roboter entwickelten, die selbst denken können. Aber, da sie selbst denken konnten, bauten diese Roboter mehr Roboter, und irgendwann gab es so viele Roboter, dass sie aufhörten andere Roboter zu bauen. Sie bewaffneten sich und wollten die Weltherrschaft an sich reißen. Anfangs wehrten sich die Menschen noch, aber dann gaben sie auf. Ben Digson floh mit ein paar Freunden in die Wildnis. Sie mussten ums Überleben kämpfen. Bisher sahen sie das nur in Filmen, aber jetzt war es grausame Realität. Sie hatten nur das Allernötigste mitgenommen und mussten sich durchschlagen. Viele Roboter suchten sie schon, und sie konnten nie lange an einem Ort bleiben, da sie dann entdeckt worden wären. Sie hatten schon ein paar Wochen überlebt, als schließlich ein Roboter sie fand. Sie rannten und rannten, doch sie wurden ihn nicht los. Es schien schon, als ob sie es nicht schaffen würden, da wachte Ben Digson schweißgebadet auf und merkte, dass es nur ein Alptraum gewesen war.

Vinzent Schöler
Staatliches Gymnasium Königsbrunn, Klasse 6e

Die wunderbare Wildnis

In der Wildnis ist es wunderschön,
da kann ich wilde Tiere seh'n.
Jetzt sitze ich mit dir,
in der schönen Wildnis hier
und jeder hängt seinen Träumen
nach unter den Bäumen.
Wir schlecken ein Eis
und ich weiß,
dass unter den Bäumen,

man mehr kann als nur träumen.
Ich erzähl es dir
und nun wollen wir
ein Tipi bauen
und mit Gräsern von den Auen,
polstern wir es aus.
Endlich ist es gemütlich,
in unserem Tipihaus.
So ist die Wildnis.

Joana Kadow Nogueira
Grundschule Diedorf, Klasse 4d

Parkbänke kommen aus der Wildnis

Er sah Füchse,
Er sah Wölfe,
Er roch Wald.
Plötzlich – dort, vor ihm – standen Kreaturen mit Sägen. Sie machten
Lärm und … und sie fingen an, an ihm herumzuschneiden.
Er wehrte sich, doch da war er schon tot!
Er wurde in Stücke geschnitten und aus dem Wald in einen lauten großen
Park getragen. Die Holzbalken wurden angemalt und … zu einer Parkbank
zusammengebaut! Seitdem hat der tote Baum keinen Fuchs und keinen
Wolf mehr gesehen und schon gar nicht den Waldduft gerochen!

Miriam Otto
Leonhard-Wagner-Realschule Schwabmünchen, Klasse 5f

Der Dschungel

Es waren einmal drei Mädchen, die hießen Franziska, Leonie und Melisa.
Sie waren zusammen im Kinderheim aufgewachsen. Die drei hatten schon
immer einen großen Traum! Sie wollten in den Dschungel. Aber die Be-
treuerin sagte: „Wenn ihr ausgewachsen seid, dürft ihr in den Dschungel
gehen." Eines Tages gingen sie dann in den Dschungel. Dort sahen sie
Bambussprossen, Pandas, Kolibris, Tiger, Schmetterlinge, Giraffen, Luchse,
Füchse und Bären. Plötzlich sahen sie ein Tor! Dabei dachten sie, dass es
zum Ausflug gehöre. Als sie aber hineingingen, schloss sich das Tor. Das
Tor sprach dann zu ihnen: „Wenn ihr das Rätsel nicht löst, dann kommt ihr
hier nicht mehr heraus." Franziska, Leonie und Melisa fragten: „Was ist das
Rätsel?" „Ihr müsst in der Höhle suchen", antwortete das Tor. Die drei liefen

los, um das Rätsel zu finden. Aber sie liefen und liefen und fanden das Rätsel nicht. Sie gingen wieder zum Tor zurück. Sie fragten das Tor: „Wir finden das Rätsel nicht, hilf uns bitte." „Ist okay, ich helfe euch", antwortete das Tor. „Ihr müsst 13 Meter geradeaus gehen, dann rechts und dann nochmal rechts, dann liegt das Rätsel vor euch." Die drei liefen los und sie fanden das Rätsel. Leonie las vor: „Wenn du lachst, lache ich auch, wenn du wütend bist, bin ich es auch, aber dein rechts ist immer mein links." Die drei riefen: „Das ist ein Spiegelbild!" Sie gingen zum Tor zurück und sagten: „Wir haben das Rätsel gelöst. Es ist ein Spiegelbild!" Das Tor sagt zu ihnen: „Dann gebt das Spiegelbild bei mir ein, und ich werde mich öffnen." Sie gaben „Spiegelbild" ein und das Tor öffnete sich. Die drei rannten sofort raus und riefen: „Wir sind frei!" Und so besuchten die drei das Tor immer und immer wieder. Und lebten glücklich bis an ihr Lebensende.

Franziska Niederhofer, Leonie Seemann und Melisa Elmas
Grundschule Altenmünster, Klasse 4b

Wasserfall

Wasserfall.
ist schön.
Wasser stürzt tief.
Das Geräusch ist laut.
Donner.

Fabienne Burmester
Helen-Keller-Schule Dinkelscherben, Klasse 6G

Der Wald der verlorenen Kinder

Es gibt Wälder in verschiedenen Arten, Größen, Formen und noch vieles weiter. Aber es existieren nicht nur die Dinge, die man sieht oder zu sehen glaubt, es existieren auch Dinge, die man nicht zu erkennen vermag.

Nah an einem kleinen Dorf liegt ein Wald. Über diesen Wald gibt es viele Geschichten von Elfen, Feen und Trolle. Diese Geschichten waren wunderbar, aber nach einiger Zeit wurde es verboten, diese zu erzählen. Ihr fragt euch sicherlich warum? Den Kindern haben die Geschichten so gut gefallen, dass sie sich auf den Weg in den Wald gemacht haben. Ich kann euch leider nicht erzählen, ob sie die Feen, Elfen oder Trolle gesehen oder gefunden haben, weil nie eines der Kinder zurückgekommen ist, außer einem Mädchen namens Mary. Sie ist zurückgekehrt.

Mary

Ich war bei meiner Oma auf einem Dachboden und habe ein Buch gefunden. Ich las natürlich darin. Und war sofort verzaubert von den Geschichten der Elfen, Feen und Trolle. Als meine Oma mich mit diesem Buch entdeckte, flippte sie aus. Sie sagte, ich solle nie auf die Idee kommen, je einen Fuß in diesen Wald zu setzen. Ich war natürlich verwirrt, was meine Oma an diesem Wald so schlimm fand, es war doch nur ein Wald, und es waren nur Geschichten, oder? Natürlich wollte meine Oma mir nicht verraten, was daran so schlimm sei, in diesen Wald zu gehen. So schlich ich mich eines Nachts aus dem Haus

und lief zu dem Wald. Als ich ankam, sah der Wald von außen ganz normal aus, aber umso weiter ich hineinging, umso mehr veränderte sich die Atmosphäre. Einmal dachte ich, ich würde Kinder lachen hören, es hörte sich glücklich und zufrieden an. Als ich weiterging, löste sich plötzlich der Boden unter meinen Füßen, und ich fiel. Einen Aufprall auf den Boden gab es nicht, weil kurz bevor es ihn gegeben hätte, schwebte ich sanft auf den Boden. Ich stand immer noch im gleichen Wald, aber er sah anders aus. Dort, wo vorher nur Bäume gestanden hatten, waren jetzt Häuser. Es sah aus wie ein kleines Dorf. Da kam ein Mann auf mich zu, dieser begrüßte mich freundlich und bat mich, ihm zu folgen. Er führte mich in ein Schloss. Das Schloss war wunderschön. Ich fühlte mich wie in einem Märchen. Innen drin wurde mir dann von dem König höchstpersönlich erklärt, dass ich jetzt ein Teil von hier sei. Ich war zu aufgeregt, um zu fragen, wie lange ich eigentlich bleiben müsse und wann ich wieder gehen dürfe. Denn hätte ich nachgefragt, wüsste ich, dass ich für immer hierbleiben muss.

Zwei Jahre später

Ich bin jetzt 16 Jahre alt und lebe jetzt schon seit zwei Jahren hier in diesem Wald unter Elfen, Feen und Trollen. Das Volk ist zwar sehr nett und ich habe viele Freunde, aber ich vermisste mein Zuhause sehr. Deswegen ging ich zum König, um mit ihm darüber zu reden, ob ich nicht wieder nach Hause zu meiner Oma und Mutter darf. Aber als ich das fragte, war er sehr erschrocken. Er rief einen Arzt. Ich hatte keine Ahnung, warum, weil ich ja eigentlich gesund war. Der Arzt fragte mich Sachen über meine Familie und mein Zuhause, die ich ihm natürlich alle richtig beantworten konnte. Der Arzt bestätigte dem König, dass ich mich noch an alles erinnerte. Der König war verzweifelt. Ich verstand natürlich das ganze Theater nicht, denn es war doch gut, dass ich noch alles wusste. Oder? Als ich gerade gehen wollte, sagte der König, dass sein Sohn Liam mich nach Hause bringen würde. Als Liam hereinkam, fühlte ich mich plötzlich so geborgen, als würde ich ihn schon immer kennen. Und so kam es dazu, dass wir nach einem Monat heimlich zusammen waren, weil sein Vater von sowas nicht gerade begeistert war, schließlich bin ich ja keine Prinzessin, und weil Liam ja eigentlich einer Elfe namens Viktoria versprochen war. Aber nach einem Monat ging alles kaputt. Wir trafen uns nur noch selten, weil ich ständig diese Arzttermine hatte, und weil er sehr verplant war wegen seiner baldigen Krönung. Wir trafen uns meist heimlich. An einem Abend kam Liam zwar, aber er machte ein sorgenvolles Gesicht. Er erzählte mir etwas, was ich gar nicht wissen durfte. Ich glaube, ich hatte einen riesen Schock. Er sagte, dass die Menschen, die hier in diesen Wald gehen, alles vergessen. Sie vergessen ihre eigentlichen Familien, ihr wahres Zuhause und für sie selber waren die Menschen nur noch eine Geschichte. Aber ich war der erste Mensch, der nicht alles vergaß. Und daher stellte ich eine Gefahr für den Wald und das Volk dar, dachte sein Vater Jaspar. Und deshalb überlegte er, mich umzubringen. Ich weinte. Liam blieb deshalb die ganze Nacht bei mir, um mich zu trösten und mir Schutz zu geben. Aber er erzählte mir nicht nur das. Denn er erzählte auch, dass es bei seinem Volk die Seelenverwandtschaft gibt, und er nie gedacht hätte, dass es das auch zwischen Menschen und Elfen geben kann, denn Liam und ich waren Seelenverwandte. Als ich am nächsten Tag aufwachte, war er weg. Er hatte mir aber ein Zettel hinterlassen, dass ich meine Sachen packen solle, da sein Vater die Entscheidung getroffen hatte, mich töten zu lassen und dass ich nur noch diesen Tag hätte, da sie mich, während ich schlief, zur Strecke bringen wollten. Das machte mir Angst. Ich packte mir eine kleine Tasche, in der auch nur das Wichtigste drin war. Als Liam an diesem Abend kam, brachte er mich zum Tor, wo er sich von mir verabschiedete. Ich wollte, dass er mit mir kommt, aus diesem verdammten Wald raus. Aber er sagte, er müsse hierbleiben, und dass er nachkomme. Er küsste mich. Dieser Kuss fühlte sich nach Abschied an. Er sagte, wenn ich durch das Tor gegangen sei, müsste ich rennen und dürfte erst wieder aufhören, wenn ich aus dem Wald draußen bin. Ich sollte ihm auch versprechen, nie wieder einen Fuß in diesen Wald zu setzen, weil das dann so sei, als würde ich mein eigenes Todesurteil fällen. Ich sah ihm das letzte Mal in diese wunderschönen, kastanienbraunen Augen und ging dann durch das Tor. Als ich auf der anderen Seite wieder ankam, befolgte ich, was er gesagt hatte, und rannte aus dem Wald. Als ich draußen war, verließen mich meine Kräfte und ich brach weinend zusammen. Irgendwie schaffte ich es, mich auf den Weg zu meiner Oma zu machen. Das Haus hatte ich endlich kraftlos erreicht. Ich hörte drinnen, wie sich meine Oma mit Mama stritt, weil sie auf mich hätte aufpassen sollen. Ich hatte Mitleid mit meiner Oma, weil sie ja nichts dafürkonnte, dass ich in den Wald gegangen war. Ich klopfte an der Tür, Mama machte mir die Tür auf. Als sie mich sah, fiel sie mir weinend um den Hals. Ich erzählte ihnen von nichts und sie akzeptierten es so. Weil sie einfach bloß froh waren, ihr kleines Mädchen wiederzuhaben.

Ich war jetzt seit fast einem Jahr wieder zuhause, und ich vermisste den Geruch des Waldes, einfach den ganzen Wald. Aber am meisten vermisste ich Liam, meinen Seelenverwandten. Ich lief jeden Tag an dem Wald vorbei in der Hoffnung, Liam wiederzusehen. Doch ich sah ihn nicht mehr. Dafür fand ich einen Brief von ihm am Waldrand. Und wir begannen, uns heimlich Briefe zu schreiben.

10 Jahre später

Ich bin jetzt 26 Jahre alt und dieser Wald hat immer noch eine große Bedeutung für mich, da er zwei Jahre lang mein Zuhause war und ich dort viele Freunde hatte. Und weil dort mein Geliebter wohnt. Der Drang, nicht in den Wald zu gehen, wird von Tag zu Tag schwerer zu bekämpfen, da ich ihn sehr vermisse. Kein Mensch versteht diese Anziehungskraft zwischen dem Wald und mir und warum ich dort jeden Tag hingehe, das wussten nur Liam und ich. Denn wir schrieben uns ja jeden Tag Briefe, die ich am Waldrand abholte und daließ. Aber an diesem Tag war kein Brief da. Und auch am nächsten Tag nicht, ich machte mir große Sorgen. Doch als ich einen Tag darauf wieder hinging, um zu schauen, ob jetzt endlich ein Brief daliegt, sah ich ihn, Liam kam hinter einem Baum hervor, auf mich zu und küsste mich. Dieser Kuss drückte all unsre Sehnsucht nach einander aus. Er sagt, dass ich zurückdürfe. Da er jetzt König sei, dürfe er entscheiden, wer ginge und wer bleibe. Und so lebte ich den Rest meines Lebens in zwei Welten.

Saskia Springer
Mittelschule Fischach-Langenneufnach, Klasse 8b

Der Wald unter meinem Bett

Es war einmal ein Junge, er hieß Luca. Immer wenn er am Einschlafen war, hörte er komische Stimmen. Als wären unter seinem Bett ein paar Vögel. Mitten in der Nacht wachte Luca auf. Er hörte wieder diese komischen Stimmen. Luca dachte sich, sind da wirklich Vögel? Er guckte nach – und siehe da: Unter seinem Bett war ein kleiner Dschungel. Plötzlich schrumpfte Luca. Als er wieder zu sich kam, war er in dem Dschungel, den er gesehen hatte. Da fragte ein Vogel seine Mutter: „Was ist das für ein Ding?" Sie

antwortete: „Keine Ahnung, vielleicht ein Außerirdischer oder so was?"
Luca staunte, als er die sprechenden Vögel sah. Luca ging langsam auf sie
zu und fragte: „Wo bin ich und was mache ich hier?" „Du bist hier in der
Nähe von Wildlife natürlich, aber was du bist du?", fragten die Vögel ver-
dattert. Er antwortete: „Ich bin ein Mensch und ihr seid Vögel. Aber ihr
könnt doch nicht in echt reden oder?" „In Wildlife ist alles möglich", sagte
der Vogel. Plötzlich stürzte ein Adler vom Himmel. Die Vögel flogen weg
und Luca folgte ihnen vom Boden aus. Der Adler verfolgte sie erbar-
mungslos. Dann verschwanden die Vögel in einem riesigen Baum. Luca
kletterte mühsam den Baum hinauf, bis er oben ankam. In dem Baum war
eine ganze Stadt. Plötzlich griffen noch mehr Adler an. Sie nahmen Luca
und einen anderen Vogel mit. Sie brachten sie zu einem hohlen Baumstumpf. Die Adler brachten ihn zu ihrem König. Der fragte: „Wer bist du
und was machst du hier?" „Ich bin Luca und das war ein Versehen, dass ich
hier bin, bitte lasst mich frei!" Der König antwortete: „Bringt sie in den
alten, vermoosten, dreckigen Kerker." Sie brachten ihn in den Kerker zu
den anderen Vögeln. „Nein, ich will nicht für immer hier eingesperrt sein",
rief Luca. Plötzlich brach Chaos aus, die anderen Vögel kamen, um sie zu
retten. Sie nutzten dieses Chaos, um zu entkommen. Sie flogen zurück in
den großen Baum. Plötzlich wachte Luca auf – das war alles nur ein Albtraum. Er lag in seinem Bett.

Luca Steffen
Mittelschule Zusmarshausen, Klasse 5a

Mäuserettung

Ich, mein Bruder Willem und unsere Freundin Josefine haben eine Maus
vor unserem Haus entdeckt. Auf einmal kam aber unsere Katze Luna, hat
die Maus gepackt und sie schwer verletzt. Wir waren alle drei sehr aufgeregt und haben versucht, die Maus zu retten und haben es schließlich
auch geschafft. Die Maus war schon fast tot und wir haben sie in einen
leeren Vogelkäfig mit Gras gelegt. Den Vogelkäfig haben wir immer bei
uns zu Hause, weil manchmal in unserem Garten junge Vögel irgendwo
abstürzen, die gerade fliegen lernen und es noch nicht so richtig können.
Die Maus war also jetzt im Vogelkäfig und konnte sich ausruhen. Nach ein
paar Stunden haben wir sie dann zurück in die Wildnis gebracht und ihr
auch noch ein Stück Käse hingelegt. Dann sind wir nach Hause gegangen.
Hoffentlich hat sie ihre Familie gefunden und es geht ihr wieder gut.

Erik Groenewolt
Grundschule Gessertshausen, Klasse 2b

Ein Abenteuer im Dschungel

Es war ein wunderschöner Tag im Frühling, die Sonne schien und die Vögel zwitscherten. Bei diesem tollen Wetter bekam ich Lust, einen Spaziergang im Dschungel zu machen. Schnell holte ich meinen Rucksack, packte etwas zu essen und zu trinken ein, und machte mich auf den Weg. Ich lief im Dschungel zu einer Lichtung und setzte mich auf einen Holzstamm, um Pause zu machen. Da merkte ich, es wurde dunkel. Die Bäume standen ganz dicht beieinander und ein kalter Wind kam. Plötzlich raschelte es hinter einem großen Busch. Ängstlich blieb ich stehen und meine Knie zitterten. Nachdem ich mich nach allen Seiten umgeschaut hatte, nahm ich meinen ganzen Mut zusammen und lief trotzdem weiter. Fünf Minuten später raschelte es wieder. Erschrocken machte ich noch drei Schritte weiter, als plötzlich ein großer Tiger aus dem Gebüsch sprang. Er fauchte mich an und riss sein Maul weit auf. Wie gelähmt stand ich da. Zum Glück entdeckte ich am Boden einen kleinen Stock und warf ihn so weit, wie ich konnte. Der Tiger rannte dem Stock hinterher. Ich drehte mich schnell um und rannte aus dem Dschungel heraus. Mein Herz klopfte wild. Als ich nochmal zurückschaute, war der Tiger weg. Außer Atem kam ich zu Hause an und erzählte alles meiner Mutter. Sie drückte mich ganz fest und ich versprach ihr, nie mehr wieder alleine in den Dschungel zu gehen.

Antonia Lump
Grundschule Thierhaupten, Klasse 3a

15 statt 24

Ich war noch nie in meinem Leben campen und hatte es ehrlich gesagt nicht vor. Deshalb war ich auch sehr überrascht, als mein Vater mir aus heiterem Himmel anbot, mit ihm campen zu gehen. Eigentlich war ich dagegen, doch irgendetwas in mir sagte, ich solle es mal versuchen. Also sagte ich ihm am nächsten Tag, dass ich mitkommen würde. Ich half meinem Vater, alle unsere Sachen, die wir bräuchten, aus dem Kofferraum unseres Autos zu holen und brachte sie vor die Hütte, in der wir übernachten sollten. Ich weiß zwar nicht, ob man das als campen bezeichnen kann, aber ich nahm es so hin.

„Das müsste alles gewesen sein", sagte mein Vater verschwitzt, was mich wunderte, da der Weg vom Auto bis zur Hütte keine zehn Meter betrug. Mein Vater stand mit verschränkten Armen vor unserem künftigen Heim für die nächsten zwei Tage, aber in seinen Augen erkannte ich seine

Freude, und das Lächeln, welches sich aus seinem Gesicht ausbreitete, verstärkte meine Befürchtung.

„Okay, jetzt müssen wir nur noch alle Sachen in die Hütte bringen und sie einsortieren." Ich nahm mein Rucksack mit dem Nötigsten (na ja, es sollte das Nötigste sein, aber …). Mein Vater stand immer noch mit einem Lächeln vor der Hütte und sagte: „Dein Zimmer ist den Flur entlang, letzte Tür rechts." Ohne ein Wort von mir zu geben, ging ich mit keinen großen Erwartungen in mein Zimmer. Ich öffnete die Tür langsam und schaute hinein. So wie ich es mir gedacht hatte! Mein Zimmer war dreckig, um genau zu sein sogar schmutzig, und um ehrlich zu sein, war das Zimmer schlechter, als ich es mir vorgestellt hatte, obwohl meine Erwartungen niedrig waren. Nach ein paar Sekunden des Schreckens beruhigte ich mich mit dem Gedanken, dass ich sowieso die meiste Zeit draußen verbringen würde und mein Zimmer nur mein Schlafplatz war. Schlagartig ging es mir wieder besser. Ich machte mich auf die Suche nach meinem Vater und entdeckte ihn draußen, wie er noch etwas aus seinem Kofferraum holte. Eine Musikbox. „Ich hab schon fast befürchtet, ich hätte sie vergessen. Ich hab gerade so einen Schreck bekommen. Puh …" Ich lachte nur leise. Ich muss sagen, ich war auch froh, dass er sie nicht vergessen hatte. Er nahm noch Decken mit und machte sich mit mir auf den Weg auf die andere Seite der Hütte. Dort breiteten wir die Decke aus und schalteten die Musikbox an. Wir hörten ein Queen-Album bis die Dämmerung anbrach und wir ein Lagerfeuer anzündeten.

Es war ein unbeschreiblich schönes Gefühl in der Nacht, mitten im Wald, vor einem Lagerfeuer unsere Lieblingsmusik zu hören und laut mitzusingen. Ich hoffe wirklich, dass uns niemand gehört hat, dass will ich keinem Menschen zumuten.

Nachdem wir gesungen und Marshmallows gegessen hatten, gingen wir wieder zurück in die Hütte und versuchten zu schlafen. Mir gelang das aber nicht. Ich wälzte mich stundenlang hin und her und versuchte einzuschlafen. Aber plötzlich hörte ich ein Knacksen, ich bekam zunächst zwar Panik, aber nach ein paar Minuten war diese wieder weg. Sie kam aber nach wenigen Minuten wieder, als ich leise Schritte hörte. Ich kam ins Schwitzen, als ich Stimmen hörte. Ich versuchte mich zu beruhigen, mir etwas einzureden, um mich in Sicherheit zu wiegen, aber mir fiel nichts Plausibles ein, außer dass jemand gerade da draußen sei. Muss das was Schlimmes sein?

Es konnten auch Spaziergänger sein. Aber nicht so früh, welcher Mensch würde sich dazu entscheiden, mitten in der Nacht in einem Wald zu herumzulaufen? Die Angst machte mich schwach und ich wollte zu meinem Vater rennen, doch ich entschied mich dagegen und musste mich zwingen nicht wegzurennen, das wäre nämlich dumm, denn

1. wenn das wirklich Einbrecher waren, würden sie mich vielleicht sehen und ich wüsste nicht, was sie dann machen würden.

2. es stand nicht fest, daß da wirklich jemand war.

Deshalb entschied ich mich dafür abzuwarten und erst dann eine Entscheidung zu treffen, wenn ich mir 100-prozentig sicher wäre.

„Du Vollidiot! Du willst mir gerade nicht wirklich sagen, dass du deinen verdammten Handschuh vergessen hast! Du willst mich auf den Arm nehmen, oder? Wenn sie uns deswegen bekommen, weiß ich nicht, was ich mit dir tun werde!" Meine Hände zitterten und meine Beine machten es ihnen nach. Jetzt war der Zeitpunkt gekommen, wo ich mir 100-prozentig sicher war, dass da jemand hinter der Hütte war. Aber was sollte ich nun machen? Ich kroch aus meinem Schlafsack, stellte mich an die Wand und lauschte der Männerstimme.

„Es tut mir Leid, aber …"

„Was, aber? Du Idiot. Wie kann ich dir vertrauen? Ich kann dir gar nicht vertrauen. Argh…"

„Mein Fehler, ich weiß, aber es kom…"

„Ich hoffe für dich, dass das nicht vorkommt!"

„Jetzt müssen wir in diese Hütte und abwarten. In 80 Prozent der Fälle werden alle Gefängnisausbrecher nach 24 Stunden gefasst."

Moment was? Gefängnisausbrecher? Hatten sie vor reinzukommen? Verdammt! Warum musste mir sowas passieren? Ich musste von hier weg, so schnell ich konnte, doch es war zu spät. Ich hörte schon, wie die Eingangstür geöffnet wurde. Mist! Mir kam nichts in den Kopf, was ich machen sollte. Deswegen legte ich mich flach auf den Bauch und wartete. Abgesehen davon, dass mein Herz gerade pochte, als hätte ich mir Koffein gespritzt, zitterte ich wieder, bloß diesmal am ganzen Körper.

„Diese Hütte ist ja mal voll geil! Der Aufenthalt hier könnte mir sogar gefallen! Moment mal?Hier ist ja jemand."

Dann hörte ich jemand laut aufschreien, wahrscheinlich meinen Vater. Den hatte ich vergessen! Wie konnte ich ihn bloß vergessen. Das konnte nicht wahr sein?

„Mist!", hörte ich einen der Männer verzweifelt schreien. „Durchsuch das restliche Haus, vielleicht ist hier ja noch jemand."

Ich stand sofort auf und wägte ab, wo ich mich verstecken könnte, doch ich fand nichts. Dann musste ich also fliehen! Sofort kam mir das Fenster ins Gedächtnis, welches mir mit ein bisschen Glück helfen könnte, in die Freiheit zu kommen. Ich trat ans Fenster heran und versuchte es zu öffnen, doch es klemmte. Mehr Zeit blieb mir aber nichts, da sich die Tür schon öffnete und für mich überraschend ein kleiner Mann hereintrat. Er hatte einen blauen Overall an und wenn er kein Bart gehabt hätte, hätte man ihn mit einem Jugendlichem verwechseln können.

„Hier ist noch jemand! Ein Kind."

„Bring den Bengel zu mir!"

Wie lang lag ich hier? Es könnten Minuten, aber auch Stunden gewesen sein. Meine Erinnerungen lassen mich im Stich, seitdem der kleine, aber bedrohlich aussehende Mann mich mit einem Holzklotz, welcher am Boden lag und eigentlich für den Kamin gedacht war und nicht um 13-Jährige bewusstlos zu schlagen, niedergestreckt hatte. Mein Vater lag neben mir. Ich konnte aufgrund der Dunkelheit kaum etwas erkennen.

„Wir müssen uns eine andere Hütte suchen, sie wissen eh zu viel", entnahm ich aus der Dunkelheit und vermutete, dass sie dem Kleinen gehörte, da sie sich etwas jünger anhörte.

„Spinnst du! Wir müssen sie zum Schweigen bringen und können dann hierbleiben." „Kaum sind wir raus aus dem Knast, willst du wieder jemanden abmurksen." „Wir haben keine Wahl. Der Bengel und sein Vater müssen schweigen und es gibt nur eine Möglichkeit dies anzustellen …"

Ich musste hier so schnell weg, wie ich nur konte! Dann fiel mir ein, dass in meinem Rucksack noch ein Taschenmesser liegen sollte. Ich konnte zwar nicht aufstehen, aber ich rollte mich in mein Zimmer. Ich versuchte es zumindest, da ich nicht alles genau erkennen konnte und somit alle paar Sekunden irgendwo anstieß. Nach fünf Minuten der Frustration war ich endlich angekommen. Das nächste Hindernis wartete auf mich. Ich musste es schaffen, das Taschenmesser aus meinem Rucksack zu holen. Dies war schwerer als gedacht und ich stufte es schon als hart ein. Nach weiteren Minuten der Panik, Schweißausbrüche und Rasen des Herzens hatte ich es endlich und schnitt mich frei. Ich hatte in die ganze Zeit über Angst, dass die Ausbrecher jede Sekunden auftauchen würden. Langsam schlich ich zu meinem Vater und hoffte, dass die Männer immer noch draußen stehen würden. Und zu meinem Vorteil taten sie das auch. Ich befreite meinen Vater auch. Ohne eine Sekunde zu verschwenden, gingen wir zur Hintertür raus und nach einem anstrengendem Lauf durch den Wald, der an unseren Kräften zehrte, kamen wir in ein kleines Dorf und riefen von dort aus die Polizei. Nachdem die Polizei uns befragt hatte, durften wir dann auch schon in ein Hotel gehen, das uns von der Polizei für einen Tag zur Verfügung gestellt wurden. Am nächsten Morgen bekamen wir eine Zeitung mit der Schlagzeile: Verbrecher nach 15 Stunden gefasst.

„Nachdem zwei Verbrecher, die beide für Mord eine Haftstrafe von sieben Jahren erhalten hatten, aus dem nahegelegenen Gefängnis ausgebrochen waren, wurden sie nach 15 Stunden wieder gefasst und der Polizei von einem mutigen Vater-Sohn-Duo ausgeliefert … ", las ich meinem Vater während des Frühstücks in unserem Zimmer vor. Wir beide lachten und waren froh, dass der Horror endlich ein Ende gefundden hatte. Wie gesagt, ich hatte beim Campen kein gutes Gefühl.

Evander Utkin
Staatliches Gymnasium Königsbrunn, Klasse 8

Wildnis überall

Wildnis gibt's in jeder Form, überall, groß oder klein, leise oder laut.
Die Wälder Schwedens, mein Garten zu Hause, Steppen in Afrika, der Park in der Stadt, alles Wildnis. Ich bin gerade auf einer Expedition im Regenwald in Afrika, jetzt sehe ich vor Ort, was alles durch Brandrodung zerstört wird, wie schrecklich das ist. Damit ihr's euch besser vorstellen könnt, beschreibe ich es euch so genau wie möglich: Ich sehe exotische Pflanzen, bunte Vögel, schillernde Käfer, lustige Gorillas, gefährliche Tiger, wunderschöne Schmetterlinge.
Wildnis gibt's in jeder Form, überall, groß oder klein, leise oder laut.
Ich höre Orang-Utans brüllen, Schlangen zischen, Nashörner schnaufen, Papageien sprechen, Elefanten trompeten, Faultiere gähnen.
Wildnis gibt's in jeder Form, überall, groß oder klein, leise oder laut.
Ich fühle den kühlen Wind, der durch das Unterholz streift, den warmen Regen, die Gegenwart der unterschiedlichsten Tierarten, die unbegrenzte Freiheit.
Wildnis gibt's in jeder Form, überall, groß oder klein, leise oder laut.
Ich rieche das Wasser, das schwüle Wetter, die Erde, die vielen Tiere, die süßen Früchte und Beeren, die Orchideen und andere Blumen.
Wildnis gibt's in jeder Form, überall, groß oder klein, leise oder laut.
Ich schmecke den etwas salzigen Regen auf meiner Zunge, die süßen Mangos und Kokosnüsse, und hoffentlich nichts Giftiges.
Wie einzigartig der Regenwald ist, ich kann's nicht glauben, hier zu sein, alles wirkt so unwirklich, die vielen Farben und Formen der Pflanzen und Tiere, alles wie in einem Traum.
Einmal kurz gekniffen, es ist kein Traum, ich atme tief durch, nehme alles auf einmal in mich auf, was ich sehe, höre, fühle, rieche und schmecke.
In der Ferne höre ich Geräusche, die wie die Baustelle vor meiner Haustür klingen, doch ich weiß, dass sie von der Regenwaldabholzung sind.

Auf einmal überkommt mich die Traurigkeit, alles hier wird zerstört, das darf nicht wahr sein.

Jetzt bin ich zu Hause und denke an meine Expedition zurück, denn der Regenwald ist wichtig, wichtig fürs Klima und damit für jeden wichtig, für all die unterschiedlichen Pflanzen- und Tierarten, viele sind schon vom Aussterben bedroht.

Wildnis gibt's in jeder Form, überall, groß oder klein, leise oder laut, aber wie lange noch?

Elisa Atterer
Schmuttertal-Gymnasium Diedorf, Klasse 8a

Wildes Elfchen

Dschungel
Lautes Affengekreische
Gigantische Wasserfälle Nebel
Geheimnisvolle Pfotenspuren im Sand
Rascheln

Nora Faber
Grundschule Neusäß Bei St. Ägidius, Klasse 4a

Die zehn Füchse und die flinke Maus

Es waren einmal zehn Füchse, die unter großem Hunger litten.
Der Oberfuchs witterte eine Maus. Er fiepte es zu seinem Rudel.
Das Rudel erwiderte die Rufe und sie nahmen gemeinsam die Fährte auf.
Der Oberfuchs entdeckte die Maus und jagte ihr hinterher. Das Rudel folgte ihm.
Sie rannten und rannten, doch dann sprang die Maus in das Mäuseloch.
Die Maus war froh, dass sie nicht gefangen wurde.
Und die zehn Füchse hatten Pech und mussten ohne Beute weiterziehen.

Philina Sophie Schneider
Grundschule Gessertshausen, Klasse 2b

Simis Abenteuer im dunklen Dschungel

In einem Dschungel in Australien lebte ein Koala. Er war traurig, dass er ganz alleine und ohne Freunde lebte. Da es so ruhig war und er sich einsam fühlte, beschloss der kleine Koala namens Simi eines Tages zu wandern. Er wollte schon immer mal einen Freund haben und einen Regenbogen sehen. Simi musste sich bei seiner Wanderung durch Lianen kämpfen, einen Fluss mit wilden Krokodilen überqueren und sich vor einem gemeinen Jäger verstecken. Der kleine Simi konnte nicht mehr, er wollte eine Pause machen. Doch dann hörte er etwas. Es war ein trauriger, schwarzer Puma, er hatte großen Hunger und wollte den kleinen Simi auffressen. Simi rief: „Nein! Bitte friss mich nicht!" Der Puma antwortete: „Ich habe Hunger!" Doch Simi schlug ihm vor, dass sie Freunde sein könnten. „Ich bin so alleine und du doch auch", sagte Simi. Der Puma stimmte dem zu. Er erzählte, dass alle seine Vorfahren von den Menschen erschossen worden waren. „Ich heiße Jimmy und du?", fragte der Puma. „Ich heiße Simi", sagte der kleine Koala und bot dem Puma ein paar Beeren zum Essen an. „Die kannst du gerne haben!" Jimmy antwortete grimmig: „Nein, ich bin doch kein Vogel! Ich muss Fleisch essen!" Simi bot dem Puma an ein paar Fische mit ihm zu fangen; also gingen die beiden auf die Jagd. Die beiden suchten sich einen bequemen Felsen und Jimmy verschlang seine Fische und Simi aß genüsslich seine Beeren. Dann kam Simi auf eine Idee: „Komm, lass uns reisen und einen Regenbogen suchen!" Der Puma fragte: „Ist das nicht gefährlich außerhalb des Dschungels?" „Ich weiß es ehrlich gesagt nicht, aber im Dschungel versuchen wir es erst gar nicht, weil die Bäume den ganzen Himmel verdecken. Aber einen Versuch ist es doch Wert", sagte Simi. Dann zogen die beiden los. Sie mussten wieder den großen Fluss überqueren und trafen auf ihrer Reise einen Pandabären. Jimmy hatte leckeres Mittagessen, er schnappte sich nämlich einen Jäger, welcher die beiden erschießen wollte. Der schmeckte ihm richtig gut. Endlich kamen sie an das Ende des Dschungels. Der Himmel war dort so wunderschön blau, nicht so düster wie im Dschungel, in dem sie sich kennengelernt hatten. Da trafen sie wieder den Panda, der an einem Bambus knapperte. Der Panda erschrak, doch Jimmy fragte ihn gleich, ob er ihr Freund sein wolle. Der Panda namens John fragte: „Wer seid ihr?" „Wir heißen Simi und Jimmy!" John sagte: „Okay, dann lasst uns Freunde sein, ich bin John und was machen wir jetzt?" „Lasst uns etwas essen und uns ein bisschen besser kennenlernen!" Sie unterhielten sich über den Himmel, wie wunderschön blau er doch sei. Nach dem Essen wanderten sie noch eine Stunde. John fiel auf, dass der Himmel ohne Bäume komplett blau war, nur ein paar Wolken, die aussahen wie kleine Schäfchen, verdeckten das schimmernde Blau. Doch plötzlich hörte man ein Donnern und es begann ganz leicht zu regnen. Auf der einen Seite schien nun die Sonne und auf der anderen regnete es. Die Freunde liefen wieder ein kleines Stück zurück und suchten Unterschlupf unter einem Baum. Auf einmal kam ein Regenbogen. Er strahlte in Rot, Orange, Gelb, Grün, Blau und Lila.

Simi rief mit funkelnden Augen: „Meine Freunde schaut her, endlich ein Regenbogen, mein ganzes Leben lang wollte ich ihn sehen und jetzt ist er noch schöner als in meiner Vorstellung!" John, Jimmy und Simi genossen die Aussicht und beschlossen zusammen dort zu bleiben. Wer weiß, welche Abenteuer die drei noch gemeinsam erleben werden.

Alexander Mahn
Christophorus-Schule Königsbrunn, Klasse Stütz- und Förderklasse

Dschungel Trip

Endlich war es soweit! Wir saßen im Flugzeug und ich hatte solche Vorfreude auf unseren Familienurlaub. Ich war müde, sehr müde und genervt von der sich immer wiederholenden Frage meiner kleinen Schwester. Ungefähr alle zehn Minuten fragte sie: „Wann sind wir endlich da?" Doch plötzlich verstummten die Stimmen. Es war sehr leise. Und als ich mich umblickte, war da das ganze Flugzeug leer. Ich stand auf und ging zur Tür. Als ich sie öffnete, blieb mir der Mund offen stehen. Ich war in einer anderen Welt! In einem Dschungel! Vorsichtig drehte ich mich um und sah, dass das Flugzeug hoch oben auf einem Ast eines Baumes gelandet war. Aber wie komme ich jetzt da runter? Erst überlegte ich und wollte dann mit einem gewagten Sprung zum nächsten Ast springen, als ich mit dem Fuß abrutschte. Ich fiel und fiel, bis ich es schaffte, mich mit meinen Armen an einem Ast festzuhalten. Geschockt zog ich mich hoch. Dann bemerkte ich, dass es nur noch ein paar Meter bis zum Boden waren, klammerte mich mit letzter Kraft an den Baumstamm und rutschte herunter. Erschöpft plumpste ich zu Boden. Ich landete auf weichem Moos und machte eine kurze Pause. Danach stand ich auf und sah, dass es schon dunkel geworden war. Als ich mich umblickte, schauten mich vier leuchtende Augenpaare an. Ich starrte zurück. In diesem Moment hörte ich, wie viele Tiergeräusche zu hören waren. Es waren sehr viele. Es gab leise und laute. Manche waren schriller und manche tiefer. Mit einem Ruck sprangen die Tiere mit den leuchtenden Augen auf mich zu. Sie stießen schrille Töne aus. Ich hatte solche Panik, dass ich irgendwohin lief. Ich rannte so lange, bis ich keuchend stoppte. Ängstlich dachte ich, dass ich sie abgehängt hatte. Kurz passierte nichts, doch plötzlich tippte mich etwas von hinten an. Ich war angsterfüllt. Mir blieb der Atem weg, denn ich vermutete, dass es ein Gorilla war. Jetzt rüttelte er so stark an meiner Schulter, dass ich wieder Stimmen hörte. Sie wurden immer lauter. Ich riss die Augen auf und sah meine Mutter. Sie fragte: „Willst du noch eine Cola haben?" Erleichtert atmete ich tief durch. Es war zum Glück nur ein Traum gewesen! „Ja", sagte ich. „Und wieso hast du noch immer deine Zeitschrift über Dschungel in Afrika auf deinem Schoß?", fragte sie. Ich blickte herab. „Oh", sagte ich und dachte mir: Das erklärt so einiges.

Katja Dinkel
Staatliches Gymnasium Königsbrunn, Klasse 6e

Waldgeschichte

Ich ging mit meiner Familie in den Wald, um Pilze zu sammeln. Als wir schon ein Stück im Wald waren, hörten wir auf einmal ein komisches Geräusch. Das Geräusch kam aus dem Gebüsch. Meine Familie und ich schauten, was das war. Es raschelte immer wieder. Als ich mich zum Gebüsch umdrehte, war da ein kleines Wildschwein. Meine Eltern sagten zu mir, ich solle das kleine Wildschwein nicht anfassen, da ich nicht wisse, wo sich die Mutter von dem Kleinen befindet. Wildschweine sind sehr gefährlich und können Menschen angreifen. Darum sollte man keine Wildschweine anfassen. Wir gingen weiter und aus der Ferne sahen wir eine Rehfamilie und sie aßen Gras. Wir konnten eine ganze Weile zuschauen, wie sie gefressen haben. Ein Junge kam in den Wald und hat die Rehfamilie verscheucht. Meine Familie war sauer, weil der Junge die Rehfamilie verscheucht hatte. Meine Familie ging wieder nach Hause, weil wir noch zusammen zu Abend gegessen haben. Wir haben auch über den Tag geredet.

Selina Igbinosa
Franziskus-Schule Gersthofen, Klasse 8b

1000 Gefahren im Dschungel

Seite 1
Du fliegst nach Südamerika in den Dschungel, um ein neues Lebewesen zu entdecken. Nach einer Weile kommst du an Sträucher, aber du hast kein Messer dabei, um durchzukommen.
Rufst du den Piloten an, dann lies weiter auf Seite 2!
Kommst du allein zurecht, dann lies weiter auf Seite 3!

Seite 2
Du rufst den Piloten an. Dir rutscht das Handy aus der Hand, und du willst es suchen. Du rutschst aus und stirbst an einer Gehirnerschütterung. Ende.

Seite 3
Du hast Glück und kommst weiter. Außerdem kommst du an eine alte Brücke.
Läufst du über die Brücke, dann lies weiter auf Seite 5!
Oder suchst du dir einen anderen Weg, dann lies weiter auf Seite 4!

Seite4
Du suchst einen anderen Weg. Nach einer Weile hörst du im Gebüsch
etwas rascheln. Blitzschnell rennt dir ein Tiger hinterher. Du rennst und
rennst vor dem Tiger weg.
Rennst du zum Dorf, dann lies weiter auf Seite 6!
Oder springst du den Wasserfall hinunter, dann lies weiter auf Seite 7!

Seite 5
Du läufst über die Brücke, aber ein Brett bricht ein und du brichst dir das
Bein. Anschließend rutschst du nochmal aus, und du liegst im Wasser
und ertrinkst. Ende.

Seite 6
Du rennst in ein Haus, aber es bricht ein und du stirbst. Ende.

Seite 7
Du springst den Wasserfall hinunter und bist patschnass. „Glück gehabt!
Der Tiger ist weg!", sagst du. Du siehst eine Höhle, gehst hinein und bist
jetzt in einer Goldgrube, und dein Wunsch ist in Erfüllung gegangen. Ende.

Lorenz Kaiser, Raphael Klauser, Jonas Wiedemann,
Lukas Thiergärtner und Philipp Brandl
Grundschule Altenmünster, Klasse 4a

Also doch Wildnis!

Auf einmal krachte es laut! Irgendetwas fiel neben mir zu Boden. Es war
dunkel, sehr dunkel. So dunkel, dass ich über etwas stolperte und hinfiel.
Ah, ein großer Ast? Als ich wieder aufstand, peitschte mir der Wind Re-
gentropfen ins Gesicht. Wo war ich denn hier eigentlich?
Auf einmal vertrieb der Wind die Wolken und der Mond leuchtete am
Himmel. Ich erkannte einen langen Weg vor mir. Links und rechts war
Wald, beleuchtet in den unheimlichen Farben des Mondlichtes.
Der Wind ließ nach und ich hörte auf einmal unheimliche Geräusche im
Wald. „Bleib ruhig!", sagte ich zu mir. Bei uns im Wald sind die Tiere
harmlos und scheu und haben doch eher Angst vor mir. Wir sind doch

hier nicht in der Wildnis. Oder doch? Die Rehe, also das Wild, lebt doch auch hier im Wald und der Name ‚Wild' kommt doch von Wildnis? Eigentlich gibt es viele Wildtiere bei uns.

Also doch Wildnis!

Meine Angst wurde größer und ich wollte hier unbedingt weg - möglichst schnell! Ich begann zu laufen. Erst langsam, dann immer schneller und schneller. Je schneller ich lief, desto mehr bildete ich mir ein, dass ich verfolgt wurde.

Auf einmal waren alle Tiere hinter mir her, die man sich nur vorstellen konnte. Auch Wildtiere, die es bei uns gar nicht gibt. Löwen, Tiger, aber auch Wölfe und Füchse waren mir auf den Fersen. Ich wurde immer schneller und schneller. Der dunkle Wald flitze links und rechts nur so an mir vorbei. Trotzdem schien der Weg kein Ende zu nehmen. Mein Herz schlug immer schneller und meine Arme und Beine flatterten nur noch so an meinem Körper, bis alles durcheinanderkam und ich stolperte.

„Hilfe, ich werde gefressen!", schrie ich. Da hörte ich auf einmal meine Mutter sagen: „Bis jetzt hat dich noch niemand gefressen, obwohl es dafür schon öfter gute Gründe gegeben hätte." Mann, war ich froh! „Jetzt steh auf, der Bus wartet nicht", sagte meine Mutter.

Lena Dietmair
Justus-von-Liebig-Gymnasium Neusäß, Klasse 7a

Allein im Großstadt-Dschungel

Max schaute zum wiederholten Male auf seine Armbanduhr.

„Sie hatte doch gesagt, dass wir uns um Punkt 12:00 Uhr am Rathaus treffen. Wo bleibt Mama bloß?!", überlegte der Junge und sah sich hilflos um. Er wartete jetzt schon zwanzig Minuten, dass seine Mutter ihn vor dem Rathaus abholte, aber sie kam einfach nicht. „Hier sind so viele Menschen, ich kann gar nichts erkennen. Es ist schon 12:30 Uhr und sie ist immer noch nicht da."

Kurz darauf wird Max plötzlich von einem jüngeren Mann angerempelt. Der entschuldigte sich zwar, aber dann merkt Max, dass dieser sein Handy geklaut hatte! „Mist! So ein Dieb!" Max versuchte zwar ihn in der Menge zu entdecken, aber bei solchen Menschenmassen hatte er keine Chance.

Mittlerweile hatte Max richtig Angst, dass seiner Mutter etwas zugestoßen sein könnte. Selbst wenn sie in der Nähe wäre und sie ihn rufen würde, könnte er sie nicht hören, da überall um ihn herum Menschen miteinander redeten und laute Straßenbahnen fuhren. Er kam sich noch nie so verloren und allein vor.

„Hoffentlich hat sie mich nicht vergessen!", dachte Max.

„Hallo Max", sagte eine Stimme hinter ihm.

Schnell drehte er sich um und sah seine Mutter hinter sich. „Da bist du ja! Wo warst du die ganze Zeit?!", rief Max erleichtert.

„Auf dem Weg hierher war ein ewiger Stau!", erklärte seine Mutter entschuldigend. Max fiel ein Stein vom Herzen, als er auf dem Weg nach Hause war. Das Handy bekam er zum Trost von seiner Mutter ersetzt.

Felix Schreiber
Staatliches Gymnasium Königsbrunn, Klasse 6e

Hai

Hai
ist riesig
lebt im Wasser
greift keine Menschen an
gefährlich

Michael Schmid
Helen-Keller-Schule Dinkelscherben, Klasse 6G

Die zwei Seiten der Wildnis

Kaum fällt die Wohnungstür ins Schloss, hört man von nebenan die zerbrechliche und erschöpfte Stimme der zierlichen Nachbarsfrau, die sich wieder mit ihrer Tochter streitet – wegen schlechter Noten, falscher Freunde oder über was man sich sonst so mit seiner Mutter streiten kann. Meine Mutter und ich stritten uns nie, auch wenn ich es mir wünschen würde, wird das nie passieren. Ich ziehe mir meine Kapuze tief ins Gesicht, gehe an der Tür vorbei, wo die Stimmen nur so kämpften, die Treppen hinunter und laufe in Richtung Bahnhof, um den nächsten Zug in die Stadt zu nehmen. Noch schnell das Ticket lösen und schon ertönt die altbekannte Stimme aus dem uralten und kaputten Lautsprecher und der Zug fährt ein. In der Stadt angekommen, steigt mir der Geruch von verbranntem Benzin, Zigarettenrauch und der aufdringlich süße Geruch von Weihnachtspunsch und Plätzchen in die Nase. Zwischen quengelnden Kindern, Sirenen eines Krankenwagens und dem tobenden Verkehr stehe ich. Der Lärm wird immer lauter und ich versuche ihn mit Musik zum Schweigen zu bringen. Mein Blick fällt auf die Uhr und der Druck ist wieder da. Immer dieser Zeitdruck. Die Leute sind in der Weihnachtszeit besonders aufdringlich und aufgeregt, aufgeregter als sonst. Das Gedränge in der Menschenmasse gleicht dem Sonderschluss-verkauf einer Luxusmarke und auch der Letzte kommt ein paar Tage vor Weihnachten auf die Idee, Geschenke zu besorgen. Weihnachten, Weih-nachten das Fest und die Zeit der Liebe und so was, doch gleicht es wohl eher einem Fest der Gier und des Geizes, die Menschen wollen haben, haben und noch mehr haben, aber geben kaum. Meine Gedanken wer-den von einer altbekannten Stimme unterbrochen, die mir sagt, dass mein Zug einfährt. Gerade noch den letzten Platz im Zug erwischt. An mir ziehen große, kleine, farbenfrohe und triste Häuser vorbei. Meine Augen werden schwer, ich kämpfe mit mir, doch die Müdigkeit siegt. Die Musik dröhnt in meinen Ohren und so bekomme ich nichts von den Menschen in meinem Umfeld mit, nichts vom Verpassen meiner Halte-stelle, nichts von diskutierenden Eltern, die ihre Kinder zur Vernunft bringen wollen. Bis ein Mann mit einer Uniform meine Schulter berührt und versucht, mich aus meinem Schlaf zu holen. Meine Augen öffnen sich und ich ziehe die Kopfhörer aus meinen Ohren und die Musik ver-stummt. Der Mann mit der Uniform hat eine raue und tiefe Stimme, sein Bart erinnert mich etwas an meinen Vater, der sich damals zum Weih-nachtsfest immer als Weihnachtsmann verkleidet hat. Die raue und tiefe Stimme versucht mir klarzumachen, dass das die Endstation sei. Ich reibe meine Augen und merke an dem Blick, der auf mir liegt, dass ich sehr verwundert wirke. Der Mann bittet mich freundlich den Zug zu verlas-sen, was ich auch tue. Draußen angekommen, erkundige ich mich nach einem Fahrplan. Dieser zeigt, dass der nächste Zug erst in ein paar Stun-den fährt, da es technische Probleme gibt. Doch das dauert viel zu lange, was für eine Zeitverschwendung. Für so etwas habe ich keine Zeit. Ich schaue mich gestresst um und atme tief aus, wobei kleine Wolken aus meinem Mund steigen. Ich erblicke ein Schild, auf dem steht, wie viele Kilometer es zu meiner Heimat sind – nicht allzu weit. Ich marschiere los und folge dem Pfeil. Nach vielen Schritten stehe ich vor einem Wald, etwas fasziniert und verzaubert mich an diesem, doch viel mehr sitzt mir der Zeitdruck im Nacken und ich mache mich auf. Doch mit der Zeit kommt mir der Wald unheimlich vor, angstauslösend. Etwas hat dieser Wald an sich, was ich so nicht kenne und was mir doch so bekannt vor-kommt. Die Gerüche von Fichte und morschem Holz legen sich in meine Atemwege. Ich nehme meinen warmen Atem wahr, der mit der Eiseskäl-te tanzt und sich langsam durch den sanften Nebel schwingt. Die einzel-nen Äste, die unter mir nachgeben, bis auf manche, die sich durch ein leises, fast stummes ‚Knack' bemerkbar machen und der knirschende Schnee, der vom Vortag angefroren ist und noch unberührt am Boden liegt. Das leise Flüstern der Blätter, der eiskalte Wind, der durch die Tannen weht und den glitzernden Schnee von den Spitzen pustet, das Wasser, das im Fluss vor sich hinplätschert. Und schlagartig wird mir klar, was ich so angstauslösend an diesem Wald finde. Es ist die Stille. Ich bin ganz allein, ganz leer. Keine Sirenen, keine quengelnden Kinder, keine aufdringlichen Menschen. Nur die Stille und ich, die an mir nagt. Diese Leere, dieses Alleinsein. Diese Stille fühle ich seit deinem Tod, seit deinem Tod, Mama, jeden Tag trage ich dich mit mir überall hin. Auch wenn ich es nicht sollte, doch ich lasse dich nicht gehen! Dieser Wald gibt der Stille eine neue Bedeutung, ich war niemals so leer wie dieser Wald, doch an manchen Tagen kommt es nahe dran. Tage, Wochen, Monate und auch Jahre, an denen jeder Tag dem nächsten gleicht. Aber ich komme schon ganz gut klar, denke ich. Papa versucht seitdem zwar sein Bestes, doch das wird dich niemals ersetzen. Wir hatten nicht viel Zeit und ich wünschte, nicht nur die Bilder wären eine Erinnerung an dich und an uns. Doch das Leben schreibt die Geschichte und wie so oft endet sie im Drama. Doch dein Ende der Geschichte veränderte meine Geschichte. Diese Sekunden nahmen dich mir, ein Leben lang. Auch wenn Papa versuchte mir zu erklären, dass du für ein paar Tage weg bist, arbeiten meinte er. Doch du würdest nie gehen, ohne deiner kleinen Prinzessin tschüss zu sagen. Tage vergingen und du kamst nicht. Ich wartete jeden Tag an der Tür. Hoffte den Schlüssel in die Schale fallen zu hören und dein „Hallo, bin zu Hause" zu hören. Bis das Telefon klingelte. Ich rannte auf das Telefon zu und nahm ab. „Mama bist du es? Mama …" Eine Stimme sagte: „Nein, hier ist das Krankenhaus, gibst du mir mal deinen Vater?" Papa kam schon um die Ecke und schaute mich an. Ich erwiderte seinen Blick und für einen Moment blieb alles stehen. Ich meinte nur leise: „Es ist nicht Mama, es ist irgendjemand aus dem Krankenhaus." Mein Vater blickte mich geschockt und wütend an und schickte mich auf mein Zimmer. Ich ging nicht auf mein Zimmer, ich blieb oben an der Treppe stehen und schaute zu, schaute zu, wie er tief durchatmete und sich mit seinem Namen meldete und besorgt nach dir fragte. Sekunden vergingen, ihm liefen Tränen hinunter und er legte schließlich auf. Ich lief schnell zu ihm und umarmte ihn. Er wollte mir erklären, was passiert war. Doch ich verstand gar nichts, außer dass Mama nie wieder da sein würde und wir nie wieder „normal" zusammen Weihnachten feiern können. Nichts wird mehr gleich sein. Keine Umarmungen von Mama, keine Gutenachtküsse und auch keine Gutenachtgeschichten, nichts dergleichen. Der Duft deines Parfüms verblasst und ich komme heute genauso wenig damit klar wie damals. Jahre später schaute ich mir die Unfallfotos heimlich unter der Decke im Internet an, weil Papa es mir verboten hat, um mich zu schützen. An diesem Abend zerbrach meine ganze Welt in tausend Teile. Mit diesen Gedanken kehre ich zurück in die Gegenwart. Mir fällt dabei auf, dass mir heiße, fast schon brennende Tränen über meine kalten Wangen rinnen und ich Mamas Kette, die ich seit dem Autounfall um meinen Hals trage, berühre und meine Hände sich schon fast verkrampft um den Anhänger krallen. Ich vergesse alles um mich herum, ich habe keine Ahnung, wie lange ich schon hier stehe. Ich habe kein Zeitgefühl mehr, keinen Druck, der mich durch den Tag hetzt. Ich stehe dort noch für einige Minuten, bis ich beschließe umzudrehen und doch auf den Zug zu warten. Der zuckerwattefarbene Himmel hat seine Maske abgelegt und die Dunkelheit zeigt ihr wahres Gesicht. Am Bahnhof angekommen, schaue ich wieder auf den Zugfahrplan und dabei dröhnt wieder die altbekannte Stimme aus den Lautsprechern, die meinen Heimatort nennt und meint, dass der nächste Zug dorthin in ein paar Minuten einfährt. Im Zug sitzend, verfalle ich wieder in meine Gedanken. Währenddessen fährt der Zug in Richtung Großstadt-Dschungel, wo der Druck die Menschen kontrolliert. Gedanken, welche sich um meine Mutter drehen und auch an das Mädchen von nebenan, das sich jeden Tag mit seiner Mutter streitet, anstatt sie zu lieben und ihr zu danken, kommen auf.

Stefanie Rebecca Mimler
Fachoberschule Neusäß, Klasse VK FOS

Eichhörnchen

_____1_____2_____3_____
so schnell springt das Eichhörnchen vorbei.
Ab ins Wildnisabenteuer,
vielleicht wird das ungeheuer?

Linus Mach
Grundschule Leitershofen, Klasse 4a

Allein im Dschungel

Es war einmal ein Mädchen, das allein im Dschungel lebte.
Sie hatte eine besondere Gabe, sie verstand die Sprache der Tiere.
Ihr Name war Marie. Sie hatte auch viele Freunde im Dschungel. Ihr bester Freund war ein Affe, er hieß Max. Er war sehr witzig, weil er immer Witze machte und Marie erschreckte.

Dem Mädchen lief das Wasser über das Gesicht, weil es einfach sooo heiß war! In diesem Augenblick sprang laut schreiend Max auf ihren Rücken.

Marie erschrak und schrie ganz laut. Als sie bemerkte, dass es der kleine Affe war, fing sie zu lachen an. Max sagte: „Wir brauchen ein Abenteuer. Es ist so langweilig!" Marie hörte auf zu lachen. „Du hast recht. Es ist viel zu langweilig. Gehen wir fort." Aber der Affe fragte: „Wie meinst du das?" „Ich weiß auch nicht, lass uns einfach mal die Welt da draußen erkunden", antwortete das Mädchen. Max sagte: „Komm, lass uns losgehen zu den Menschen. Da wartet schon unser Abenteuer." Wenige Augenblicke später krabbelte er auf Maries Schulter und sie lief los. Der Affe fragte: „Wie kommen wir hier überhaupt raus?" Aber Marie antwortete nicht und lief einfach geradeaus weiter. Nun antwortete Marie: „Ich habe eine Idee. Du kletterst auf einen hohen Baum und schaust, ob du den Ausgang siehst. Und wenn du ihn nicht siehst, dann laufen wir einfach geradeaus weiter. „Okay", stimmte Max zu und sprang auf einen Baum. Nach einiger Zeit rief Marie: „Und hast du was gefunden?" „Ja, da hinten!" Max kletterte wieder runter und lief auf einmal weg. Sie rannte so schnell wie möglich hinterher. Nun sah sie etwas, das sie noch nie gesehen hatte: freien Himmel, Felder, Häuser und Max, der dastand und in den Himmel starrte. „Da sind wir", sagte Max. „Wow, das ist so schön, hier können wir viele Abenteuer erleben." „Dann mal los!", sagte Marie. Sie lief los und dachte sich: „Was wohl noch passiert?" Da sahen sie eine Stadt und als sie ankamen, waren überall Häuser und Autos, die herumfuhren. Da fiel Marie ein: „Komm lass uns einen Schlafplatz suchen!" Nun antwortete Max: „Okay! Oh, da sind Bananen auf der Wiese da hinten!" Der Affe rannte so schnell er konnte zu den Bananen. Als er gerade einen Bissen machte, flog von oben ein Käfig auf den Boden und Max war eingesperrt. Plötzlich kamen Männer, die trugen den Käfig in ein Auto und fuhren los. In diesem Augenblick kam Marie und schrie: „Halten sie an! Das ist mein Affe!" Marie fiel zu Boden und dachte: „Was soll ich denn jetzt tun?" Das Mädchen stand auf und rannte los in die Richtung, in die das Auto gefahren war. In dem Moment sah sie ein riesengroßes Haus. Sie öffnete die Tür langsam und spitzelte hinein. Da waren richtig viele Käfige mit Tieren drin. Da, in dem hintersten Käfig saß Max! Sie flüsterte: „Max, wir müssen hier so schnell wie möglich raus!" Nun flüsterte der Affe: „Den Schlüssel hat der Mann. Der ist glaube ich im Raum."

Marie antwortete: „Okay, ich hab da so eine Idee." Das Mädchen nahm die Flasche, die bereits am Boden stand, und öffnete leise die Tür. Sie sah den Mann, der Max entführt hatte.

Marie schlich auf leisen Sohlen zu dem Mann mit dem Schlüssel. Sie nahm die Flasche fester in die Hände, schwang die Flasche in der Luft und schlug sie ihm auf den Kopf. Mit einem „Klirr! Bum!" zerbrach die Flasche und der Mann fiel in Ohnmacht. Sie nahm den Schlüssel, der auf dem Tisch lag, und ging aus dem Raum. Als sie bei Max war, fragte der Affe: „Wow, wie hast du das denn hinbekommen?" Das Mädchen antwortete: „Ach, das willst du lieber gar nicht wissen. Und jetzt lass uns wieder in den Dschungel gehen!"

Sie machte die Käfige mit den anderen Tieren drin auf und sie gingen miteinander nach Hause in den Dschungel.

Lena Schmid
Grundschule Thierhaupten, Klasse 3a

Der Wolfspfad

Saskia und Leo liebten die Natur, sie spazierten gerne oder spielten im Park. Doch das, was sie am meisten an der Natur mochten, waren die vielen Tiere. Also machten sie sich eines Tages auf den Weg. Ihr fragt euch bestimmt, wohin die kleine Reise ging. Sie ging in den Wald in der Nähe der Ortschaft. Keiner der beiden war jemals in diesem Wald gewesen, weil man sagte, der Wald sei verzaubert. Doch das glaubten die beiden eher weniger. Vor dem Wald überlegten die beiden, ob sie doch lieber umkehren sollten. Leo sagte mit ängstlicher Stimme: „Woll..., woll..., wollen wir nicht doch lieber umkehren?" „Mmh, NEIN!", sagte Saskia, obwohl auch sie überlegte umzukehren. Als sie im Wald waren, sahen sie eine glitzernde Spur. Sie folgten natürlich der Spur. Als sie ungefähr in der Mitte des Waldes waren, hörten sie Tiergeräusche. „Du, du, Leo, da, da, das war doch ein Kn..., Knu..., Knurrr... EIN KNURREN!", rief Saskia! Leo sagte: „Hast du dein Handy dabei?" „Ja, hab ich. Ich rufe jetzt meine Mama an!", sagte sie. „ECHT JETZT?! Kein Empfang! So ein Mist!", zischte Saskia wütend. Das Knurren kam näher und näher! Leo bedankte sich schon bei Gott für sein schönes Leben, weil er dachte: „Jetzt ist es vorbei!" Und auf einmal, BAM, warte, das ist ja ein süßer Wolf. „Hm, das ist ja ein süßer Wolf!", riefen beide im Chor. Der Wolf sprang auf die beiden zu und umarmte sie. Es sah aus, als hätte er sehr viel Hunger. Sie hatten in ihrem Rucksack Wurst dabei und gaben sie ihm. Nach der dritten Wurst war er satt. Es war schon 15:35 Uhr, sie hatten für den Notfall ein Zelt dabei, falls es zu spät würde. Sie bauten es in etwa fünfzehn Minuten auf, ja sie waren eben nicht die besten Zeltaufbauer. Sie suchten Holz, damit sie Feuer machen konnten, sie hatten nämlich Streichhölzer und ein Taschenmesser dabei. Mittlerweile war es schon

16:47 Uhr. Sie bauten ein Lager auf mit Zelt, Lagerfeuer und ein kleines Lager aus Blättern für den Wolf. Sie hatten noch etwas Wurst, zwei Bananen und zwei Flaschen Wasser. Sie teilten sich eine Wurst, weil das Essen sehr kostbar war. Der Wolf brauchte aber noch einen Namen. Und der Name war, dam, dam, dam: BELLA. Es war spät, 19:13 Uhr, sie hatten einen langen Tag hinter sich. Sie sagten sich noch gegenseitig gute Nacht und natürlich zu Bella auch. Sie schliefen eigentlich wirklich gut, doch um 03:21 Uhr wachte Saskia auf, weil sie schon wieder ein Knurren hörte. Aber Bella schlief und Vollmond war auch nicht. Das Knurren wurde bösartiger und lauter. Sie nahm die Taschenlampe und guckte hinter den Busch! Es war ein anderer Wolf. Jetzt waren auch Bella und Leo aufgewacht. Bella sagte: „Geht zurück, das ist sehr gefährlich!" „Was, du kannst reden?", fragte Saskia. Und Leo, naja, der war irgendwie noch nicht ganz wach. Bella schrie: „GEHT!" und der andere Wolf sprang auf Bella zu! Der andere Wolf schrie: „Du wirst es nie schaffen!", und dabei bemerkten Saskia und Leo, dass ihm ein Auge fehlte! „Gib auf, du Feigling!", schrie Bella. Der andere Wolf drehte um und schrie ihr zu: „Wir sehen uns wieder, aber ohne die Rotzlöffel!" „Wer war das?", fragte Saskia. „Lorenzo, der Anführer des Wolfspfades!", sagte Bella ängstlich. Saskia fragte: „Wie ist es zu dem Streit gekommen?" „Also, es war so: Wir, meine Mutter, mein Vater und ich, waren auch in dem Pfad. Mein Vater hatte sich mit Lorenzo gestritten, aber keiner weiß, wieso. Jedenfalls hat mein Vater ihm ein Auge ausgekrallt und schlussendlich hat er meinen Vater umgebracht! Danach wurden meine Mutter und ich getrennt! Als meine Mutter und ich flohen, habe ich sie verloren!", sagte Bella sehr traurig. „Oh, das tut mir für dich sehr leid!", sagte Saskia! „Und woher kommt der Name?", fragte Leo. Bella antwortete: „Ganz früher hat der Weg Wolfspfad geheißen und dann kamen wir in das Gebiet." „Ah!", sagten beide. Es war jetzt früh am Morgen. Sie hatten kein Auge mehr zubekommen und hatten noch lange geredet! Sie beschlossen, dass sie zum Wolfspfad gehen würden! Als sie da waren, hatte sie Lorenzo schon bemerkt und rief: „Traut ihr euch wirklich hierher? Ja, dann lasst uns den Kampf beginnen!" Er sprang auf Bella und die anderen gingen auf Saskia und Leo los! Saskia und Leo konnten sich relativ gut wehren. Saskia kickte einem Wolf in den Bauch und Leo haute einem Wolf mit der Faust ins Gesicht. Bella schlug Lorenzo die Krone herunter und sagte: „Jetzt bist du nicht mehr der King, huh!" „Es tut mir so leid. ABER GIB MIR MEINE KRONE WIEDER!", sagte Lorenzo und winselte Bella an! Bella antwortete: „Nur, wenn wir endlich in Frieden leben können!" Da, das ist doch Bellas Mutter! Sie sieht wie Bella aus! Sie rief: „Ich gebe meiner Tochter recht. Wir wollen doch alle Frieden!" „He, he, he, Jane, du hier? Ich hatte dich gar nicht erwartet!" Lorenzo hatte sehr große Angst vor Jane, weil sie sehr mächtig war. Sie hatte viel Kraft und würde wahrscheinlich Lorenzo vom Thron kicken! „Ich mache euch ein Angebot. Ihr dürft hier im Pfad leben, aber dafür gibst du mir meine Krone!", bat Lorenzo Bella! Bella sagte: „Ok, ich möchte aber in Frieden leben!"

Als er seine Krone wiederhatte, wollte er Leo, Saskia, Bella und Jane verjagen! Jane erinnerte Lorenzo: „Wir hatten eine Abmachung!" „Ok! Na gut, aber ich schwöre euch, macht einer nicht das, was ich sage, dann...!" „Bella, ich muss dir etwas gestehen. Lorenzo ist dein Onkel. Dein Vater und Lorenzo waren Brüder, die sich wegen einer dummen, wertlosen Krone gestritten haben und es ist so, wie es jetzt ist!", erzählte Jane. Da erinnerte sich Lorenzo an den Vorfall und er hatte Mitleid: „Ihr hab nicht nur einen Vater und einen Mann verloren, NEIN, ich habe auch meinen Bruder verloren. Ich war so dumm, was habe ich mir nur gedacht! Ich werde euch versprechen, ihr werdet hier in Frieden leben können, und die Kinder dürft ihr auch mal mitbringen!", sagte Lorenzo mit trauriger, aber auch gleichzeitig fröhlicher Stimme. Saskia und Leo mussten nach Hause, aber besuchten zweimal in der Woche den Wolfspfad und alle konnten in Frieden leben!

Mirija Fuhrmann
Grundschule Altenmünster, Klasse 4a

Elfchen: Die süßen Rehe

Rehe
Große Augen
Rehe sind schnell
Ich schaue ihnen nach
Süß

Marina Dominkovic
Helen-Keller-Schule Dinkelscherben, Klasse 3G

Krankhafte Wildnis

Ich rannte immer weiter. Ich wusste nicht, wie lange ich schon durch die Wildnis des Waldes rannte. Allerdings wusste ich, dass ich nicht anhalten durfte. Sonst würde ER mich einholen. ER würde mich kriegen und das durfte nicht passieren. Plötzlich stolperte ich über eine Wurzel und fiel hin. Ich musste weiter! ER durfte mich nicht kriegen! Bevor ich mich aufrappeln konnte, stand ER bereits über mir. Das wusste ich, da ich nun SEINEN kalten Atem in meinem Nacken spürte. Als ich mich auf den

Rücken drehte, sah ich IHN in SEINEM Umhang vor mir stehen. SEINE Kapuze hatte ER, wie immer, wenn ich IHN sah, tief ins Gesicht gezogen, sodass ich nicht erkennen konnte, wer darunter steckte. Mir fiel auf, dass ich, in all der Zeit, in der ich IHN – zumindest glaubte ich, dass es ein ER war, allerdings konnte es durchaus auch eine SIE sein – bisher gesehen hatte, IHN noch nie … wirklich gesehen hatte. Zumindest was sein Gesicht anging. ER riss mich aus meinen Gedanken, als ER mir mit seiner röchelnden Stimme – die mich ein wenig an Darth Vader erinnerte (nur ohne Maske) – zurief: „Jetzt hab ich dich!" Nun stand ER über mir, sodass ich nicht mehr fliehen konnte, hob eine Hand zu seiner Kapuze, um sie sich aus dem Gesicht zu reißen …

Das Schrillen meines Weckers weckte mich aus meinem schrecklichen Traum. Einerseits erleichtert, andererseits enttäuscht, da ich geglaubt hatte, der Antwort, wer oder was mein mysteriöser Verfolger war, näher denn je zuvor zu sein, und es nun doch immer noch nicht wusste, stieg ich aus dem Bett und rieb mir verschlafen über mein Gesicht. Zwei Wochen lang hatte ich nun schon den gleichen schrecklichen Traum. Seit dem Zeitpunkt, an dem mir verkündet wurde, dass ich …

Mittlerweile wusste ich auswendig, was als nächstes passieren würde. Und jedes Mal, wenn sich mein geheimnisvoller Verfolger zu erkennen geben wollte, wachte ich auf.

Mein Blick fiel auf das hölzerne Kreuz, das meinem Bett gegenüber hing. „Jonas, aufstehen!", kam es aus der Küche. Also stand ich auf, zog mich an und ging in die Küche, wo bereits zwei frisch gemachte Brote und ein volles Glas mit frischem Orangensaft auf mich warteten.

Während ich herzhaft in eines der Brote biss und einen großen Schluck Orangensaft trank, erinnerte mich meine Mutter: „Denk daran, ich hole dich heute nach der Schule ab, weil wir ja heute direkt nach der Schule noch ins Krankenhaus müssen." „Schon wieder …", murmelte ich. „Ja, schon wieder, die Ärzte haben gesagt, sie wollen dich regelmäßig zur Kontrolle dahaben, wenn du schon daheimbleiben willst!", erwiderte meine Mutter tadelnd. „Schon gut", beruhigte ich sie. „Also, ich muss los in die Arbeit, bis mittags!", rief mir meine Mutter hektisch zu, bevor sie im nächsten Moment zur Haustür hinaus verschwand.

Ich machte mich nun auch fertig für die Schule und war nach fünf weiteren Minuten ebenfalls draußen.

In der Schule angekommen, klatschte ich mich erst mit meinen beiden besten Freunden Alex und Leo ab. Und dann kam wieder der alltägliche Spruch, den ich nun schon auswendig kannte: „Jonas, wenn ich bemerken darf: Dein Kopf sieht heute ja mal wieder ganz besonders kahl aus."

Beide lachten und grinsend erwähnte ich: „Ach ja, noch kahler als gestern!? Und als vorgestern!?" „Kahler als alle Tage davor!", kam die Antwort. „Ach, werde ich denn auch schon blasser!?", fragte ich grinsend weiter. „Häh? Nein, vielleicht ein ganz kleines bisschen, wieso?", erkundigte sich Alex verwirrt. „Naja, ich hab Krebs im Endstadium, ihr könnt jetzt dann vielleicht bald damit rechnen, dass ihr mit nem Geist redet, solange ich in die Schule darf", scherzte ich. Betroffene Stille. Als mir die Ruhe irgendwann zu lang wurde, bemerkte ich: „Hey, Leute, ich weiß, der Arzt hat gesagt, er würde ab jetzt nur noch in Wochen rechnen und dass es rein theoretisch jeden Tag passieren kann, aber anstatt zu trauern, sollten wir doch die restliche Zeit, die wir noch haben, genießen. Jeden einzelnen Augenblick." Nach einer Weile räusperte sich Leo und entgegnete: „Du hast recht, Jonas. Tut mir leid." „Ja, mir auch. Es ist nur so … du bist unser bester Freund und dass du plötzlich nicht mehr da sein könntest …", äußerte sich nun auch Alex. „Schon gut, ich verstehe euch ja, mir macht der Gedanke auch Angst, aber eben weil wir nicht mehr viel Zeit haben, sollten wir jede Sekunde zusammen nutzen", signalisierte ich ihnen nochmal. „Kommt, lasst uns reingehen, sonst kriegen wir wieder Ärger von Frau Knecht." „Die Olle mit ihrem Mathe", stöhnte Alex. Ich lachte nur, dann machten wir uns auf den Weg rein. „Hattest du wieder diesen Traum von dem mysteriösen Verfolger mit dem Umhang und der Kapuze?", erfragte Leo. „Natürlich, so wie jeden Tag halt", teilte ich ihm mit. „Und, weißt du jetzt, wer oder was er ist?", forschte Alex weiter. „Nein, aber ich sag euch, irgendwann finde ich es heraus", verkündete ich ihnen. „Meine Therapeutin meinte ja, dass mein Verfolger meine Ängste signalisieren und an der Stelle, an der ich stolpere und er mich einholt, das auch meine Angst zu sterben signalisiert, und da der Krebs mich ja mittlerweile schon fast umschlingt, wie die Wildnis ein verfallenes Haus, spielt sich mein Traum auch immer in der Wildnis unserer Wälder ab … und so was halt." „Okay, das klingt einerseits logisch und andererseits echt creepy …", entgegnete Leo. Wir lachten alle und verschwanden dann schnell im Schulhaus.

Nach der Schule blieben wir noch eine Weile zusammen auf dem Pausenhof, um auf meine Mutter zu warten. Es war Freitag, das heißt, nach dem Termin im Krankenhaus wartete bis Montag wieder die Freiheit auf uns. Ich atmete die frische Luft tief ein und genoss die warmen Sonnenstrahlen auf meiner Haut. Da sah ich meine Mutter kommen. „Also, ich muss dann mal", verabschiedete ich mich. Dann lief ich in Richtung meiner Mutter. Nach ein paar Metern wurde mir auf einmal furchtbar schwindlig und bevor ich irgendwas dagegen tun konnte, lag ich bereits auf dem warmen Boden. Ich hörte noch das panische Kreischen meiner Mutter, dann wurde mir schwarz vor Augen.

Irgendwann wachte ich in einem fremden Bett wieder auf. Als ich mich umsah, erkannte ich, dass ich im Krankenhaus war. Neben dem Bett stand eine Stange mit einer Transfusion, auf der anderen Seite neben meinem Bett stand ein Stuhl, auf dem saß meine schlafende Mutter. Ich registrierte die getrockneten Tränenspuren in ihrem Gesicht, die davon zeugten, dass sie geweint hatte. Als ich mich aufsetzen wollte, schreckte sie auf. „Mum", beruhigte ich sie. „Jonas!", schrie sie erleichtert, umarmte und küsste mich stürmisch. „Wie lange hab ich …", fragte ich sie vorsichtig. „Beinahe zwölf Stunden …", informierte sie mich und ihr liefen neue Tränen über ihr Gesicht. Ich sagte nichts, da ich die Information erst mal verarbeiten musste. „Und … wann kann ich wieder nach Hause?", erkundigte ich mich zögerlich. Meine Mutter schüttelte bedauernd den Kopf. „Sie sagten, dir ginge es jetzt immer schlechter und daheim könnten sie dir nicht mehr richtig helfen, also …" „Muss ich hierbleiben", beendete ich ihren Satz und schluckte. Mein Blick streifte das hölzerne Kreuz, dass dem Bett gegenüber hing. Ich seufzte leise.

Die nächsten Tage ging es mir tatsächlich immer schlechter, ich hatte allmählich den Eindruck, ich würde mich wirklich in einen Geist verwandeln. Ich wurde immer erschöpfter und konnte mich bald überhaupt nicht mehr bewegen.

Eines Tages, als der Arzt mich mal wieder untersucht hatte, sprach er den Satz aus, denn ich schon solange gefürchtet hatte: „Es ist soweit …", dann ließ er mich und meine Mutter alleine. „Mum", flüsterte ich kraftlos. Sie schüttelte den Kopf. „Ist schon gut. Wir wussten doch, dass der Tag kommen würde." Sie nahm meine Hand und drückte sie ganz fest. „Alles wird gut …" Sie versuchte zu lächeln, was ihr aber nicht gelang. Tränen liefen über ihr Gesicht. „Mum, ich … ich habe keine Angst mehr." „Das ist gut. Das ist gut …", bemerkte sie. „Ich bin so stolz auf dich." Sie küsste mich auf die Stirn. „Mum, ich … ich bin so müde." „Es ist okay, schlaf ruhig ein, ich bin bei dir. Ich bin bei dir …", schluchzte sie. Ich sah ihr verheultes Gesicht noch einmal, dann schlief ich ein.

Jennifer Meier
Dr.-Max-Josef-Metzger-Realschule Meitingen, Klasse 9e

Der Überfall der schwarzen Raben

Als ich drei Jahre alt war, haben wir im Frühling die Terrasse selbst gebaut. Opa, Papa und zwei Onkel mussten ganz schön schwitzen, weil die Steinplatten ganz schön schwer waren.

Meine Mama und ich fuhren einkaufen. Wir mussten sehr viel einkaufen.

Wir hatten nichts mehr im Kühlschrank, aber die Terrassenbauer hatten sehr viel Hunger. Wir haben besorgt: Salat, Karotten, Brot, Gurken, Äpfel, Käse und Fleischbällchen. Unsere Einkaufskörbe waren sehr voll, ganz oben lagen die Fleischbällchen. Die Körbe haben wir nur kurz vor der Haustür abgestellt. Die Fleischbällchen hat ein Rabe gesehen. Auch er hatte wohl viel Hunger. Als meine Mama im Haus war, griff der Rabe an! Er kam im Sturzflug vom Dach heruntergedüst und schnappte sich die Packung mit den Fleischbällchen! Damit flog er dann auf das Dach zurück. Dort warteten schon seine Komplizen. Jeder der räuberischen Raben schnappte sich ein Fleischbällchen und die Verpackung ließen sie wieder zu uns vor die Haustür fallen. Alles ging so schnell, ich konnte den Überfall der diebischen Vögel nicht verhindern. Seit dem passen wir auf unser Essen draußen besser auf. Bei uns wohnen inzwischen nämlich noch mehr Raben. Wahrscheinlich warten die auf neue Fleischbällchen :-)

Tim Mayr
Grundschule Adelsried, Klasse 1c

Die Kraft der Wildnis

Natur
Stückchen Heimat
Ich gehe Jagen
Wald, Natur und Schatten
Lebenskraft

Kaiser Marlon
Franziskus-Schule Gersthofen, Klasse 8b

Der geheimnisvolle Schatten

Die Geschichte begann damit, dass im Sommer in Afrika alle Tiere eine Tierkonferenz veranstalteten. Es war abgemacht, dass sich alle Tiere friedlich verhalten mussten. An der Konferenz nahmen unter anderem Löwen, Gazellen, Giraffen und Elefanten teil. Die Konferenz dauerte schon einige Stunden. Einer kleinen Gazelle wurde es sehr langweilig. Sie schlich sich unbemerkt davon. Unterwegs bemerkte sie, wie leer die Savanne plötzlich war. Plötzlich kannte sie sich nicht mehr aus und bekam fürchterliche Angst. Sie roch nur noch Aas und Elefantenkot. Als die Gazelle dann auch noch einen Schatten vorbeihuschen sah, schlotterten ihr die Knie. Kurz darauf entdeckte sie, dass der Schatten von einem Panther stammte. Die Gazelle rannte schnell weg. Der Panther nahm die

Verfolgung auf. Die anderen Tiere hatten mittlerweile bemerkt, dass die kleine Gazelle verschwunden war. Sie machten sich auf die Suche. Die Tiere fanden die kleine Gazelle schnell und konnten sie vor dem gefährlichen Panther retten. Danach ging die Tierkonferenz friedlich weiter.

Luis Geißler
Grundschule Schwabmünchen, Klasse 3d

Das Geheimnis

Es war ein frischer Sommermorgen und auch die Vögel zwitscherten schon fröhlich.

Meine Mom weckte mich früh auf, da es ein Samstagmorgen war und wir im Wald Pilze suchen wollten.

„Nellie, aufstehen!", rief meine Mama laut. Ich kuschelte mich noch einmal in meiner flauschigen Bettdecke zusammen und erst dann stand ich gemütlich auf. Ich zog mich rasch an. Danach frühstückte ich und putze flux meine Zähne.

„Fahren wir jetzt los?", fragte ich ungeduldig. „Ja, wir können los", rief mein Dad.

Wir fuhren etwa eine Stunde zum großen Wald und stellten dort am Waldrand unser Auto ab. „Hier ist aber wenig los. Ehrlich gesagt, gar nichts", stellte meine Mutter fest. Aber das war komisch, weil dieser Wald zu den größten Wäldern im Umkreis gehörte.

„Ich laufe schon mal vor in den Wald und sehe mir mal an, was hier los ist!", sagte ich zu meinen Eltern. Ich lief also vor und entdeckte ein Gebäude. Es sah aus wie ein Wirtshaus, außerdem sah ich auch noch ein Schild. Auf diesem stand: SPERRZONE. „Man darf also den Wald nicht betreten", dachte ich. Schade! Aus dem Augenwinkel nahm ich eine Bewegung wahr. Es war blitzschnell und die Farben, die ich auf die Schnelle erkannte, waren orange und weiß. Ich wollte unbedingt wissen, was dahintersteckte, ob es ein Eichhörnchen oder ein anderes Tier war. War es überhaupt ein Tier? Ich musste es einfach wissen. Meine Eltern erkundeten zwischenzeitlich die Gegend und hatten vor, gegen Mittag die Gastwirtschaft zu besuchen. Ich hatte den perfekten Plan!

Brav begleitete ich meine Eltern bis Mittag. Während des Essens im Restaurant entschuldigte ich mich, um die Toilette aufzusuchen. „Mama, sorry, ich muss kurz auf die Toilette", sagte ich also mitten während des Essens.

„Ok, kein Problem, aber bitte komme dann wieder zurück", sagte mein Papa.

Das konnte ich natürlich nicht versprechen. „Ja klar", behauptete ich, während ich hinter meinem Rücken die Finger kreuzte. Unauffällig versuchte ich mich an der Toilette vorbeizuschleichen in Richtung Ausgang. Aber es gelang nicht. „Nellie, hier unten ist die Toilette!", rief mein Papa total peinlich durch die ganze Wirtschaft.

„Es ist hoffnungslos, ich werde hier nie rauskommen", dachte ich mir leicht säuerlich. Also ging ich in Richtung Toilette. Aber bekanntlich stirbt die Hoffnung ja immer zuletzt, sagte zumindest meine Oma immer.

Oh super, da war doch tatsächlich ein Fenster! Ich öffnete dieses behutsam und kletterte ins Freie. „Ah geschafft! Ich bin draußen!", flüsterte ich mir selbst zu. Nun ging ich zum Wald und hoffte, etwas zu sehen.

Doch zunächst war es ziemlich langweilig und ruhig. „Aber ich wäre nicht ich, wenn ich jetzt aufgeben würde", sagte ich leise vor mich hin. Plötzlich blieb etwas einfach vor meiner Nase stehen. Es war kein Eichhörnchen … Ach, du dickes Ei, ein Fuchs!

Aber Füchse sind scheue Waldbewohner und bleiben normalerweise nicht einfach so vor der Nase eines Menschen stehen. Mir wurde ganz warm und meine Knie fühlten sich ganz weich an. Angst. Ich hatte Angst. Was sollte ich tun?

Der Fuchs stand einfach da. Auf einmal jedoch bewegte er sich und stand direkt neben mir. Jetzt waren meine Knie inklusive meiner Beine echter Wackelpudding und zwar nicht der von der leckeren Sorte. Ich schwöre, ich hatte mich nicht bewegt! Keinen Millimeter.

Auf einmal hörte ich eine Stimme: „Hallo! Ich weiß, es ist ungewöhnlich, dass Füchse sprechen. Hab aber keine Angst, kleines Mädchen, ich werde dir nichts tun."

Starr vor Schreck drehte ich mich zu ihm hin. Ich hatte panische Angst, meine Knie schlotterten. Und ich fühlte meinen eigenen Herzschlag bis zum Hals. Zögerlich stammelte ich: „Ha…, hall…, hallo! I…, ich bin die Ne…, Nellie." „Oh, wie schön! Ich bin sehr erfreut dich kennenzulernen", antwortete der Fuchs gelassen. „Wollen wir zwei spazierengehen und uns etwas beschnuppern?", schlug der Fuchs mir freundlich vor. „Ja, na gut, sicher", flüsterte ich unsicher. „Und wie heißt du eigentlich?", fragte ich nun etwas selbstsicherer. „Ich heiße Oscar", meinte der Fuchs stolz. „Und wo sind deine Eltern?", wollte ich nun wissen. „Ach, meine Eltern sind schon seit Langem an Tollwut gestorben", erwiderte Oscar traurig. Langsam kullerte eine Träne über seine pelzige Wange. Das machte nun auch mich sehr traurig und ich sagte zu ihm: „Das tut mir sehr leid, kleiner Oscar." „Es muss dir nicht leidtun", gab er zurück. Wir liefen zusammen ein

Stück auf dem Waldweg, während wir uns miteinander unterhielten. „Erzähle mir doch ein wenig von deinem Leben und wie es so ist, in einem Wald zu wohnen", bat ich ihn. „Mhm, ich habe zwei wunderbare Freunde. Max, den Bär, und Lissie, das Eichhörnchen. Sie kümmern sich um mich. Ein wenig so wie Eltern es machen würden. Und einmal im Jahr machen wir sogar einen Ausflug und sehen uns die witzigen Zirkusmäuse an", erzählte mir Oscar. Je länger wir nebeneinander herliefen und uns unterhielten, desto vertrauter wurde mir Oscar. Wie ein wahrer Freund. Doch irgendwann blickte ich auf meine Armbanduhr. „Huch", dachte ich mir, es waren bereits 30 Minuten vergangen. „Oh nein, Oscar! Was mache ich jetzt nur?", stöhnte ich. Ich zeigte ihm meine Uhr und auch er erschrak über die Uhrzeit. Er kruschelte in seinem wunderschön, glänzendem Pelz und zog eine kleine Kette mit einem Herzchenanhänger hervor. Diese gab er mir. „Wenn du etwas brauchst oder einfach nur mal reden möchtest, dann leg diese Kette in warmes Wasser", flüsterte mir Oscar sanft zu. „Und jetzt lauf, liebe Nellie! Lauf!"

Ich rannte so schnell wie noch nie zuvor in meinem Leben zum Wirtshaus zurück. Als ich ankam, sah ich, wie meine Eltern vor Erleichterung zu strahlen begannen.

Sie riefen mir entgegen: „Kind, wo warst du? Wir haben dich gesucht! Und uns Sorgen gemacht … Heieiei! Aber gut, dass du Lauser wieder da bist!" Ich erzählte ihnen nichts von meinem neuen Freund. Keine Silbe kam über meine Lippen. Wahrscheinlich würden sie eh nur denken, dass ich ihnen einen Bären aufbinde. Dies sollte unser Geheimnis bleiben.

Abends legte ich die Kette von meinem Füchschen ins Wasser. Sie fing an zu strahlen und ich konnte auf einmal eine Stimme hören. Oscar! Es war Oscar! Von nun an redeten wir jeden Abend miteinander. Bis heute. Und so soll es auch weiterhin sein.

Nellie Sharon Bauer
Grundschule Untermeitingen, Klasse 4a

Wildchen

Wildnis
Tiere, Natur
wild und frei
Tiere jagen andere Tiere
Pflanzen

Maja Weilhammer
Grundschule Neusäß Bei St. Ägidius, Klasse 4a

Der Fuchs jagt das Reh

Der Fuchs lauerte im Gebüsch. Er sah ein Reh. Er lauerte, sprang und landete daneben. Das Reh lief erschrocken davon. Der Fuchs jagte dem Reh hinterher. Doch da hüpfte ein Hase über die Strecke. Der Fuchs war verwirrt. Wen sollte er jagen? Den Hasen oder das Reh? Er blieb stehen und dachte nach. Er brauchte eine Minute, dann wusste er, wen er jagen sollte. Er wollte das Reh jagen.

So ging es weiter. Der Fuchs jagte das Reh und der Hase hoppelte hinten mit. Sie kamen zu einer Lichtung. Sie rannten und hoppelten weiter. Doch da hielt das Reh an und fragte, ob sie Freunde sein wollten. Der Fuchs und der Hase dachten nach. Da lief der Fuchs im Kreis und der Hase machte es ihm nach. Danach sprang der Fuchs in die Luft und der Hase machte es schon wieder nach. Der Fuchs sagte: „Ja, klar wollen wir Freunde sein!" Der Hase war auch einverstanden. So passierte es, dass sie Freunde wurden. Von da an trafen sie sich jeden Tag und spielten zusammen.

Julian Effinger
Grundschule Gessertshausen, Klasse 2b

In der Wildnis überleben

Ein Survival-Abenteuer hilft Ihnen, dem Alltag zu entfliehen und das eigene Selbstbewusstsein zu stärken. Es sollte eigentlich leichtfallen, in der Wildnis zu überleben, da es ja die Heimat unserer Vorfahren war. Heute aber ist uns die Natur fast schon fremd. Deswegen lesen Sie nun fünf Tipps, um in der Wildnis zu überleben:

1. Vorbereitung
Auch wenn Survival die Kunst des „Überlebens mit nichts" ist, sollten Sie sich gut vorbereiten. Tragen Sie Ihre Kleidung im Zwiebel-Schicht-System, sodass Sie auf jede Temperatur vorbereitet sind. Außerdem ist es wichtig, dass Sie eine Wasserflasche, ein stabiles Messer, Notnahrung und eine Iso-Matte dabeihaben.

2. Gefahren kennen
Die meisten Menschen denken dabei an Tiere, wobei diese nicht Ihre größte Angst sein sollten. Diese sind meist scheu, wenn man sich ruhig und respektvoll verhält. Das sollten Ihre größten Ängste sein: Durst, Kälte, Hitze und Verletzungen. Versuchen Sie, sich so gut wie möglich vor diesen Situationen zu schützen.

3. Nahrung finden

In Mitteleuropa gibt es rund 1800 verschiedene essbare Wildpflanzen. Jedoch müssen Sie darauf achten, dass nicht alle Pflanzen essbar sind. Daher sollten Sie ein Bestimmungsbuch dabeihaben.

4. Feuer machen

Die ursprüngliche Form des Feuermachens ist das Feuerbohren. Es erfordert allerdings viel Übung und Schweiß. Deswegen sollten Sie für den Anfang ein Feuerzeug oder einen Funkenschläger mitnehmen.

5. Wasser entkeimen

Bei Ihrem Abenteuer sollten Sie unbedingt darauf achten, dass Sie KEIN Wasser aus Flüssen, Bächen oder Seen trinken, welches nicht entkeimt wurde. Nur frisches Quellwasser kann bedenkenlos getrunken werden. Um Wasser zu entkeimen, sollte man es zuvor abkochen.

Alex Laskowski
Staatliches Gymnasium Königsbrunn, Klasse 10d

Der Wald

Der Wald ist schön, der Wald ist grün, im Frühling fängt er an zu blühen. Wenn ich durch den Wald spazieren geh, erblicke ich mit Glück ein Reh. Man kann noch viel mehr Tiere finden, manchmal verstecken sie sich hinter Birken und Linden. Die Luft im Wald, sagt man, ist die Beste und Spaß macht es auch, wenn man klettert auf die Äste. Im Herbst kann man im Wald auch Pilze sammeln oder einfach mit Freunden dort rumgammeln. Am schönsten im Wald ist es, wenn die Sonne scheint, dann fühle ich mich mit der Natur vereint. Im Herbst werden die Pflanzen kunterbunt, da geh ich besonders gerne Gassi mit dem Hund. Im Winter, wenn es schneit, ist es auch schön, auch wenn die Blumen und Bäume verblühen.

Alina Stanik
Staatliches Gymnasium Königsbrunn, Klasse 5f

Wunder in der Wildnis

Es war an einem sonnigen Wintertag. Der 3-jährige Armin spielte mit seiner Schwester Lissy und seinem Cousin Max im Hinterhof seiner Großmutter, während die Erwachsenen im Wohnzimmer Kaffee tranken. Opa Peter erzählte gerade eine Geschichte aus seiner Jagdzeit, als plötzlich Lissy und Max im Wohnzimmer standen: „Tante Corra, Armin ist verschwunden!", schrie Lissy und fing an zu weinen. Sofort sprangen die Eltern auf, durchsuchten das ganze Grundstück. Nach einer Stunde informierten sie die Polizei. Die rückte sofort mit Spürhunden, Rettungstauchern und Drohnen an, denn der kleine Junge konnte nur am nahe gelegenen See oder im Wald sein, der genau an das Grundstück grenzte. Nach vier Stunden meldeten sich die Taucher, dass der Junge nicht im See sei und die Suche im Wald blieb erfolglos. Es wurde langsam dunkel und immer kälter. Schwere Wolken verdunkelten den Himmel. Es sollte dicken Schnee und Sturm geben. Ein Wettrennen mit der Zeit hatte begonnen, denn in der Nacht konnte es zu dieser Jahreszeit bis zu minus 8 Grad kalt werden. Das wäre das Todesurteil für den kleinen Armin. Es war Abend geworden. Inzwischen war es stockdunkel und dichter Schnee fiel. Die Rettungskräfte mussten schweren Herzens die Suche für diesen Tag abbrechen. Armins Mutter schrie und bettelte, weinte und brüllte, sie sollten die Suche fortsetzen, doch es war für die Polizisten bei diesem Wetter einfach zu gefährlich. Die ganze Familie verbrachte die Nacht wach am Kamin und betete, dass der Kleine wiedergefunden werden würde. Am nächsten Tag hatte sich das Wetter wieder beruhigt und die Rettungskräfte konnten weitersuchen. Sie hatten schon eine Zeit lang gesucht, als sie plötzlich Kinderschreie hörten. Zwei Polizisten folgten den Schreien und fanden den kleinen Armin. Er hatte sich in einem Dornenbusch verlaufen. Er hatte nur wenige Kratzer und Schürfwunden. Überglücklich nahm die Mutter ihren Sohn in die Arme. „Mama" sagte er, „kann ich morgen den Bären wieder besuchen? Er hat mich letzte Nacht gewärmt und geschützt!" Alle staunten über diese Geschichte und sie hat uns gezeigt, dass in der Wildnis immer wieder Wunder passieren.

Dalal Jundi Mirza
Staatliches Berufliches Schulzentrum Neusäß, Klasse 10GHa

Die Wildnis — etwas völlig anderes

Die Wildnis – man muss aufpassen!
Die Wildnis ist sooo gefährlich! Überall Wölfe oder sogar Tiger!
So denkt doch fast jeder über die Wildnis. Doch für mich ist sie völlig anders, als man immer denkt. Ich weiß es, denn ich war dort …
Die Wildnis ist etwas Wunderbares und Unvorstellbares. So, als wärst du in deiner eigenen kleinen Welt.
Vielleicht stehen in deiner Wildnis Bäume, an denen keine roten Kreuze eingeritzt sind, damit man sie später fällen kann.

Vielleicht entspringt in deiner Wildnis eine Quelle, in der nicht unzählige Plastikgabeln oder leere Coladosen schwimmen.

Vielleicht laufen in deiner Wildnis aber auch Tiere, die weit weg von Tierquälerei sind.

All das zusammen ist meine Wildnis. Ein Paradies auf Erden. Keine Müllhalde, keine Gefahrenzone, kein Jagdgebiet.

Einfach nur die wunderschöne und unbezahlbare Freiheit.

Paula Wiedemann
Leonhard-Wagner-Gymnasium Schwabmünchen, Klasse 5a

Die Unterwasserwelt

Zwei Taucher wollen heute im Pazifischen Ozean tauchen. Sie freuen sich auf die Unterwasserwildnis. Als sie unten sind, sehen sie gleich einen Schwarm Regenbogenfische. Doch da sehen sie, dass sich ein Fisch verfangen hat. Schnell tauchen sie runter und befreien ihn. Da entdeckt einer der Taucher eine Schildkröte. Beide staunen. Und tauchen weiter. Was sie da sehen, ist wahnsinnig! Ein Tintenfisch paart sich gerade mit einem Weibchen. Und auch Delphine schwimmen vorbei. Die beiden Taucher sehen sich fröhlich an und beschließen, wiederaufzutauchen. Als sie wieder an Land sind, beschließen sie, wieder hierherzukommen.

Moritz Sturm und Jonas Heichele
Grundschule Neusäß Bei St. Ägidius, Klasse 4k und 3k

Du bemerkst mich nicht!

Ich bin da, aber du bemerkst mich nicht.
Ich arbeite für dich, aber du zahlst mir nichts.
Ich schenke dir Luft und Kraft, aber du respektierst es nicht.
Wenn du nicht anfängst auf mich aufzupassen, werden deine Kinder die Zukunft nicht mehr miterleben.
Denn ich, dein Ernährer und Aufpasser, ich bin die Natur.

Sophia Steppich
Staatliche Realschule Zusmarshausen, Klasse 5c

Das Gruselhaus

Tom und Tina gingen in den Wald, weil sie Nüsse und Pilze zum Backen brauchten. Nachdem sie eine halbe Stunde durch den Wald gelaufen waren, sah Tom plötzlich ein altes Haus. Tina rief Tom zu: „Willst du in das Haus reingehen?" Tom antwortete gleich: „Natürlich!" Die beiden rannten zu der Hütte und Tom klopfte an der Tür. Eine alte Frau machte die quietschende Tür auf und sagte mit ihrer tiefen Stimme: „Kommt rein!"

In der Mitte des Raumes hing ein Kochtopf über einem lodernden Feuer und ein altes Gewehr hing über einem gemauerten Ofen. „Setzt euch doch auf das Sofa, ich hole uns eine Torte", sagte die Frau. Langsam ging sie eine uralte Treppe nach oben. Die Stufen knacksten fürchterlich und Tina erschrak. Tom flüsterte ihr ins Ohr: „Hast du Angst?" Tina erwiderte darauf: „Ja, komm wir hauen ab, das ist bestimmt eine Hexe." In diesem Moment kam die Alte mit der Torte wieder runter. Als sie die ängstlichen Gesichter der Kinder sah, sagte sie: „Ich bin keine Hexe, ich bin nur eine alte Frau, die so aussieht wie eine Hexe. Alle rennen immer weg, weil sie denken ich will ihnen etwas Böses tun. Ich will nur Freunde finden!" Tina und Tom setzten sich wieder auf das Sofa und zusammen aßen und unterhielten sie sich. Am Abend gingen sie wieder. Tom drehte sich um und rief der alten Frau zu: „Wir kommen morgen wieder!"

Benedikt Krebs
Grundschule Diedorf, Klasse 4b

Die Delfinschule

Ich wohne direkt am Meer. Es ist Sommer. Ich frage meine Mutter, ob ich alleine schwimmen darf. „Ich darf alleine schwimmen," jubelte ich ein paar Minuten später, als ich zum Strand ging. Ich breitete mein Handtuch aus und atmete die frische Meeresluft ein. Ich schloss die Augen. Das Meer rauschte und die Vögel zwitscherten. Es war wunderschön. Ich öffnete meine Augen wieder. Das Meer funkelte in allen Farben. Die Sonne brachte das Meer zum Glimmen und Schimmern. Mit großer Freude sprang ich ins Meer. Bevor es schwarz wurde, sah ich eine riesige Welle auf mich zukommen. Als ich meine Augen öffnete klappte mir der Mund auf. Ich war unter Wasser. Viele Fragen stiegen in mir auf. Warum konnte ich atmen? Wieso war ich hier? Wie bin ich hierhergekommen? Ich konnte mich nur noch an eine Welle erinnern. Aber als ich merkte, dass alles eigentlich bestens war, schaute ich mich um. Die Sonne schien auf den Meeresgrund. Er war sandig. Das Wasser war hellblau. Korallen und Wasserpflanzen ragten da und dort aus dem Sand. Es war eine traumhafte Unterwasserwildnis. Unzählige Tiere schwammen und krabbelten hin und her: Krebse, Schildkröten und Fische. Mir stockte der Atem. Eine Delfinschule tauchte auf. Ich war begeistert. Die Delfine kamen auf mich zu. Ein Delfin sprach:

„Du bist unsere neue Hüterin." Ich stotterte: „Ihr könnt sprechen?" „Ja, das können wir", kam die Antwort. „Hör zu, unser kleiner Delfin ist in einer Koralle gefangen und du sollst uns helfen. Willst du?" Ich sagte: „Ja, selbstverständlich." „Los geht's!", rief der Delfin den anderen zu! Einer von Ihnen schwamm zu mir. „Steig auf, der Weg ist lang", forderte er mich auf. Ich schwang mich auf ihn und los ging es. In der Ferne sah ich eine große Koralle. Das Wasser in der Umgebung war dunkel. Als wir ankamen, hörte ich ein ängstliches Quieken und sah eine kleine Delfinschnauze aus einer Spalte hervorlugen. Ein Hai tauchte auf. Ein großer Delfin stellte sich entgegen. „Hau ab!", rief er wütend. „Unsere zweite Hüterin wirst du nicht auch verschlucken!" Ich konnte meinen Ohren nicht trauen. Deswegen sollte ich jetzt die Hüterin sein. Schnell flüsterte ich dem kleinen Delfin zu: „Nase rein". Der kleine Delfin reagierte schlagartig. Einige Minuten später gab der Hai auf und verschwand. Ich fragte den kleinen Delfin: „Wie ist das passiert?" Der kleine Delfin erzählte: „Ich bin in die Felsspalte reingeschwommen. Dann hörte ich ein Geräusch und der Spalt wurde enger." Ich tastete mit meiner Hand die Koralle ab. Als ich an einer spitzen Ecke entlangfuhr, klickte es und der Spalt öffnete sich wieder. Der kleine Delfin schwamm schnell zu seiner Mutter. Nach der ganzen Aufregung fragte ich einen Delfin: „Warum kann ich unter Wasser atmen?" Der Delfin antwortete: „Ganz einfach, weil du als Hüterin auserwählt bist." „Und wie bin ich hierhergekommen?" Der Delfin lachte: „Die Welle hat dich hierhergetrieben. Aber komm jetzt! Ich bringe dich wieder zurück." He, Katharina! Aufwachen, die Schule", rief meine Mutter. „Och, ich hatte soooo einen schönen Traum." Ich ging zum Fenster und sah das Meer in mattem Blau daliegen.

Katharina Regner
Grundschule Neusäß Bei St. Ägidius, Klasse 3K

Der Wald

Beim Blick nach oben sieht man Licht.
Es blendet nicht,
weil davor schützend Blätter tanzen.
Der Blick nach unten zeigt das Leben
in seinem ganzen Streben:
Ameisen, Moose, Käfer, Pflanzen.
Der Mensch genießt die Ruhe dort.
Er findet hier den Ort,
den er an andrer Stelle so vermisst.

Vögel zwitschern, Spechte hämmern, rauschender Wind.
Er freut sich wie ein Kind
so sehr, dass er Lärm und Hämmern zuhause vergisst.
An der Pforte seines Baus sitzt der Fuchs.
Er macht keinen Mucks,
während er, den Menschen im Blick, in Ruhe wartet.
Wann er wohl den Wald verlässt,
damit Familie Fuchs zu guter Letzt
Erholung findet?

Valentin Braun
Staatliche Realschule Zusmarshausen, Klasse 5c

Die Wiese

Grün
Die Wiese
so schön weich
ich liege gerne darin
frei

Aron Hanke
Helen-Keller-Schule Dinkelscherben, Klasse 5

Wildnis ist Freiheit

Wildnis ist Freiheit
keine Schranken, keine Regeln
kein Zuschnitt, kein Züchten
kein Nein und kein Aber
keine Grenzen, keine Regeln – nur Wildsein eben
such nicht an allen Orten
such nicht nach vielen Worten
such nicht nach Wildnis im Wald
such nicht nach Wildnis in Warm und Kalt
such die Wildnis in dir – die Wildnis in dir
nicht woanders - in dir
sie ist nur in dir – nicht woanders – in dir.
es ist nicht woanders
nicht fern, nur verborgen
liegt hinter den Sorgen
es ist tief in dir

es ist wie ein Tier, das raus will ins Leben
such die Wildnis in dir – die Wildnis in dir
nicht woanders - in dir
sie ist nur in dir – nicht woanders – in dir.
es ist deine Freiheit
deine Meinung dein Leben
im Nehmen und Geben
Wildnis ist Freiheit
es geht um dein Leben
genieß es und sei es
dein Freisein ist Wildsein
such die Wildnis in dir – die Wildnis in dir
nicht woanders - in dir
sie ist nur in dir – nicht woanders – in dir.

Gemeinschaftsarbeit
Mittelschule Fischach-Langenneufnach, Klasse 9a

Der Revierkampf

An einem Freitagnachmittag ging ich in den Wald. Dort sah ich den Wolf, dem ich schon oft begegnet war, vor einem Baumstamm liegen, und auf mich warten. Ich streckte meine Hand aus, um ihn zu streicheln. Ich fragte: „Geht es dir gut?" Der Wolf nickte stumm. „Wollen wir verstecken spielen?", erkundigte ich mich. Der Wolf nickte. Ich versicherte ihm, dass ich zählen würde.

Der Wolf rannte los. Dreißig Sekunden später rief ich: „Ich komme!" Eine Stunde später war ich erschöpft, aber der Wolf lief immer noch um mich herum.

Schließlich meinte ich: „Ich gebe dir einen Namen. Hmm, wie soll ich dich nennen? Ah, ich weiß, ich nenne dich Leon." Der Wolf nickte begeistert. „Komm, Leon! Lass uns einen Spaziergang machen", meinte ich. Ich ging drei Schritte und Leon war schon neben mir.

Als wir an einer Kreuzung vorbeikamen, fragte ich: „In welche Richtung gehen wir? Nach links oder nach rechts?" Leon lief nach rechts, also folgte ich ihm. An beiden Seiten wucherten Pilze und Dornenbüsche. An der nächsten Kreuzung wollte Leon nach rechts. Plötzlich raschelte es im Gebüsch und ein großer zerzauster Wolf mit fettigem Fell sprang hervor. Leon lief zuerst um den anderen Wolf herum. Auf einmal ging Leon auf den anderen Wolf los und biss ihm in den Nacken. Der Wolf heulte auf und floh so schnell er konnte ins Unterholz.

Endlich konnten wir nach rechts den Hang hinunter. Als wir unten waren, standen wir auf einem sonnigen Feldweg. Auf einmal blieb Leon stehen und spitze die Ohren. Er drehte sich um und verschwand.
Hinter mir rannten Andi, Aitor und Tim. Tim fragte: „Wo warst du denn Max?" Ich antwortete: „Ich habe einen Spaziergang gemacht."

Maximilian Hafner
Grundschule Dinkelscherben, Klasse 3a

Wilde Tiere (Elfchen)

Gefährlich
Die Kreuzotter
Fällt in Winterstarre
Sie sonnt sich gern
Scheu

David
Christophorus-Schule Königsbrunn, Klasse 3a

Wildnis

W üste
I nsekten
L öwe
D schungel
N atur
I mpalas
S teppe

Maja Weilhammer
Grundschule Neusäß Bei St. Ägidius, Klasse 4a

Wildnistraum

Im Wald ist es still,
wie der Hirsch es will.
Doch plötzlich ertönen Geräusche,
die Schnecken in den Hecken verstecken sich im Gehäuse.
Der Dachs fängt einen Lachs,
erschrickt sich ganz fürchterlich
und läuft geschwind wie der Wind.

Trotz Hunger brummt der Bär
und zieht von dannen mit roten Wangen,
der Magen ist leer.
Neugierig rümpft der Hase,
seine kleine Nase
und spitzt die langen Ohren um zu hören,
den Ort des Störens.
Es kommt ein Bagger mit lautem Geklapper mit Männern und Sägen,
den Wald wollen sie töten.
Übrig bleibt kein Tier, kein Baum,
vorbei ist der Wildnistraum.

Emily Wiedemann
Grundschule Neusäß Bei St. Ägidius, Klasse 3k

Der weiße Löwe

Ich bin in der Natur in Afrika. Da brüllt und knurrt es. Sofort schleiche ich
mich hinter einen Busch. Ich luge zwischen den Blättern hindurch und
sehe einen weißen Löwen, der eine Gazelle verfolgt. Nach einer Weile
kommt er mit der Gazelle im Maul zurück. Ich sehe, wie er in eine Höhle
geht. Ich wundere mich, aber dann fällt mir ein, dass Löwen nur in Höhlen gehen, wenn sie Babys haben. Jetzt warte ich keine Sekunde länger.
Ich stürme sofort in die Höhle hinein. Als ich ungefähr einen Kilometer
gelaufen bin, sehe ich, wie der weiße Löwe gegen eine Python kämpft.
Ich kenne Pythons sehr gut. Wenn der Löwe ausatmet, zieht sich die
Python fester zu. Daher nehme ich mein Betäubungsgewehr und schieße. Sofort sinkt die Python zu Boden. Ich und der weiße Löwe gehen zu
den Löwenbabys. Es sind zwei. Zum Schluss gebe ich den zwei Babys
und der Mutter Namen. Die zwei Babys heißen „Zähnchen" und „Tätz-
chen". Die Mutter bekommt den Namen „Mary". Ich verabschiede mich
von allen. Doch da sehe ich einen Tiger-Schatten. Plötzlich springt er auf
mich zu. Im letzten Moment schieße ich die letzte Betäubungsmunition
ab. Zum Glück treffe ich ihn. Jetzt kann ich gegen.

Anton Eser
Grundschule Gablingen, Klasse 2a

Ein kleines großes Wunder in der Savanne

Es war ein heißer Tag in der Savanne in Botswana. Was auch sonst. Seit
Tessa mit ihren Eltern angereist war, um den lang ersehnten Urlaub hier

zu genießen, waren die Tage so heiß gewesen, wie sie es noch nie erlebt hatte. Und auch bei der zweitägigen Safari, die sie gerade starteten, war das Wetter unverändert geblieben: brütend heiß. Sie wischte sich den Schweiß von der Stirn und spähte in Richtung der trockenen Ebene, die sich vor ihr erstreckte. Mit den lärmenden Touristen im Rücken ging sie zögernd ein paar Schritte darauf zu. Sie hatte sicher nicht vor, hier verloren zu gehen, sie konnte darauf verzichten, von Löwen gefressen zu werden oder schlicht und ergreifend zu verdursten. Und doch, irgendetwas an der Landschaft hier zog sie magisch an, faszinierte sie. Aber kaum hatte sie sich noch ein paar Schritte vorgewagt, riefen ihre Eltern nach ihr. Als wäre sie ein kleines Kind. Tessa verdrehte genervt die Augen, bevor sie sich von der afrikanischen Wildnis losriss und zu den Zelten der Gruppe, die für die Nacht aufgebaut wurden, zurückstapfte. Dort wurden schon fleißig Fotos ausgetauscht und wurde geplaudert, während die Führer das Essen zubereiteten. Es duftete nach fremdländischen Gewürzen, die Tessa noch nie gerochen hatte, die ihr aber ein leckeres Abendessen versprachen. Bei ihren Eltern angekommen, suchte die Familie sich einen Platz, um ein hell loderndes Lagerfeuer und holte sich eine Portion der, wie es schien, traditionellen Speisen. Die waren, so nebenbei gesagt, wirklich so gut wie sie gerochen hatten. Ihre Eltern waren ganz begeistert gewesen von den Speisen und von eigentlich von allem, was ihnen auf der Reise Neues begegnet war. Sie waren also ganz aus dem Häuschen, als die Einheimischen, die mitgereist waren, vorschlugen, ein bisschen Musik zu spielen. Tessa lachte in sich hinein, denn hier ergab sich endlich die Gelegenheit, sich wegzuschleichen und die Gegend allein zu erkunden. Sie war sich im Klaren darüber, wie gefährlich das unter Umständen werden konnte, aber sie sagte sich, wenn sie sich nur nicht zu weit entfernte, gäbe es schon nichts, worüber sie sich Sorgen machen müsste. Ihre Mutter bezeichnete sie schließlich nicht grundlos als lebensmüde, wenn es zu solchen Dingen kam. Also ergriff Tessa ihre Chance und erklärte ihren in Eltern, sie sei müde und gehe ins Bett, wofür sie nur ein abwesendes Nicken erhielt. Ihre Eltern waren offensichtlich zu beschäftigt mit der Show, um ihre Umwelt groß wahrzunehmen. Also ging sie durch die Zelte hindurch auf die Savanne zu. Bei den Zelten konnte sie das Gefühl nicht loswerden, sie würden sie einengen und bedrängen. Mit jedem Schritt besserte sich ihre Laune ein bisschen mehr. Inzwischen war es Nacht geworden und unter freiem Himmel, mit gebührendem Abstand zu den Zelten, konnte sie endlich wieder frei atmen. Unter dem wolkenlosen Sternenhimmel fühlte sie sich frei. Davon beflügelt entschied sie sich doch ein bisschen mehr

Abstand zum Zeltlager zu gewinnen und einen kleinen Spaziergang zu unternehmen. Was war schon dabei? Die Luft war merklich abgekühlt, aber das bemerkte Tessa kaum, während sie in ihren Gedanken versunken umherschlenderte. Bei einem Geräusch, das wie eine Art Schnurren geklungen hatte, schreckte sie auf. Ein Schauer lief Tessa über den Rücken. „Was war das?", fragte sie sich nun doch etwas ängstlich und schaute sich argwöhnisch um. Zu ihrer Erleichterung war es nur ein Büschel Gras im Wind. Erst da bemerkte sie, wie sie fröstelte. Wie lang war sie schon weg? Fünf Minuten? Eine halbe Stunde? Sie besann sich eines Besseren, als bei Nacht in der Steppe umherzuirren, und wollte zu ihrer Touristengruppe zurückkehren. Aber dafür war es schon zu spät. Denn sie musste erkennen, dass sie zu weit vom Lagerfeuer und der Musik weggegangen war. Statt in Richtung der behelfsmäßigen Unterkünfte für die Nacht zu blicken, sah sie nur die Weite der flachen Steppe. Weit und breit kein Hinweis, von woher sie gekommen war. Kein Zurück mehr. Bei diesem Gedanken packte sie die Angst. Was sollte sie denn jetzt machen? Eigentlich sollte man an einem Ort bleiben, wenn man sich verlaufen hatte, aber der Gedanke, tatenlos rumzusitzen, während die Löwen und Hyänen näher kamen, behagte Tessa ganz und gar nicht. Gerade als sie diesen Gedanken zu Ende gebracht hatte, erblickte sie leuchtende Augen in der Dunkelheit. Ihre vorher schon große Angst wuchs ins Unermessliche. Sie erstarrte. Ganz im Gegenteil zu den Löwen, die nun näherkamen und interessiert in ihre Richtung schnüffelten. Und sie konnte sich vor Angst nicht bewegen. In ihrem Kopf rauschte es. Immer und immer näher rückten die großen Raubtiere, aber noch nicht in Angriffshaltung. So kam es Tessa jedenfalls vor. Aber was wusste sie schon von Löwen? Auf jeden Fall nicht genug, um das einschätzen zu können. Nun waren die Löwen schon fast nah genug, dass Tessa sie hätte anfassen können. Sie erwartete den Angriff mit vor Angst weit aufgerissenen Augen. Ihr Herz raste. Die Sekunden fühlten sich an wie Stunden. Dann, als die Löwen Tessa so schrecklich nah waren – sie konnte die bernsteinfarbenen Sprenkel in deren Augen sehen –, ruckte das größte Tier den Kopf in eine Richtung. Er schien sie geradezu zu drängen dorthin zu gehen. Er blickte die jetzt vollkommen verwirrte Tessa erwartungsvoll an. Und wie durch Magie bewegten sich ihre Beine tatsächlich. Sie war selbst überrascht über die Bewegung, aber sie taten es, ohne dass Tessa ihnen den Befehl dazu gegeben hätte. Die Löwen blickten ihr nach, ohne ihr zu folgen. Mehr wie Wächter, die auf ihren Schützling aufpassten. Also lief sie. Ihre Beine trugen sie immer weiter. Sie war ganz und gar perplex. Was zur Hölle war gerade passiert? Es trug nur zu ihrer

Fassungslosigkeit bei, dass sie bald Lichter und Zelte sah. Oh, Gott sei Dank! Aber … hatten die Löwen ihr tatsächlich den Weg gewiesen? War das gerade eben nur ein Traum gewesen? So sicher war Tessa sich da nicht. Endlich kam sie bei ihren Eltern an, die vor Sorge ganz verrückt waren. Nach einigen Schimpftiraden über ihre Leichtsinnigkeit und ihr Glück fragten sie: „Was ist denn bloß passiert?" Während sich ein kleines Lächeln auf ihre Lippen stahl, antwortete sie nur: „Ein Wunder."

Marie Jehra
Staatliches Gymnasium Königsbrunn, Klasse 8d

Ein unbekantes, wildes Land

Es gibt da ein Land, das keiner kennt und dort war auch noch nie jemand. Dieses Land gehört der Wildnis. Dort leben die Tiere und Pflanzen. Die Wiesen sind saftig grün, dort wo die Rehe sich versammeln, um zu fressen, und die Hasen bauen eifrig an ihrem Bau. Die Vögel zwitschern, die Bienen sammeln Blütenstaub und Biber bauen an ihrem Damm. Die Blumen sprießen auf den Wiesen und die Bäume tragen ein schönes grünes Kleid. Es muss ein Paradies sein, dort zu leben, aber es gehört der Wildnis.

Johanna Band
Mittelschule Zusmarshausen, Klasse 7aM

Wildnis?

Erdbewohner des Jahres 2019!
Dies ist ein Notruf aus dem Jahr 2197. Vor 93 Jahren ist das komplette Klimasystem des Planeten Erde zusammengebrochen. Die Erde besteht nur noch aus drei Teilen, die nahezu nahtlos ineinander übergehen. Es gibt nur noch Eis, Wüsten und abgeholzte Wiesen, auf denen einst die Regenwälder ihren Platz hatten. Wildnis ist nicht mehr vorhanden, es gibt nur noch wenige Tiere. Bereits mehrmals haben wir versucht, Landwirtschaft zu betreiben, doch der verbrauchte, übersalzte Boden lässt keinen Pflanzenwuchs zu. Bereits in unserer Kindheit war kaum noch Wildnis vorhanden, doch in diesen wenigen Jahren hat sich die Lage immer noch mehr verschlimmert:
Wo einst Flüsse Süßwasser mit sich führten, sind heute ausgetrocknete, staubige Gräben.
Wo einst Felder und Wiesen mit Gras und anderen Pflanzen die Erde bedeckten, sind heute nur noch staubtrockene Wüsten.

Wo einst die prachtvollen und artenreichen Regenwälder wuchsen, sind jetzt nutzlose Felder.

Jeder Tag ist ein einziger Kampf ums Überleben. Wir sind die letzte Gruppe von Überlebenden. Wir leben in einer Gemeinschaft von acht Männern und fünf Frauen. Vor 21 Jahren sind die reichsten und einflussreichsten Personen in einem Raumschiff geflohen, da ihnen die Situation auf der Erde zu heikel wurde. Sie haben uns alle dem Schicksal überlassen, sie haben unsere Familien und unsere Freunde sterben lassen.

Nur eure Generation hat noch die Chance, die endgültige Vernichtung des Planeten Erde aufzuhalten.

Das hier ist unsere letzte Hoffnung. Wir wissen nicht, ob diese Nachricht irgendjemanden erreicht, aber bis auf die Hoffnung auf Rettung ist uns nichts mehr geblieben.

„Ändere die Welt, sie braucht es."
Bertolt Brecht

Rebecca Zwerger
Leonhard-Wagner-Gymnasium Schwabmünchen, Klasse Q11

Lukas und der Luchs

Es war gerade Schulende. Die zwei Neuntklässler Finn und Benn schleppten gerade den Fünftklässler Lukas hinter die Schule. Niemand bemerkte, dass sie ihn in den verbotenen Wald zerrten. Lukas schrie wie am Spieß. Doch niemand hörte ihn. Finn und Benn führten ihn in den Wald und warnten Lukas: „Es gibt hier wilde Tiere, die dich zerfleischen wollen. Du findest hier nie wieder heraus!" Dann rannten Finn und Benn zurück. Lukas rannte hinterher, doch nach der halben Strecke zurück sank er zusammen. Völlig erschöpft schlief er ein. Nach ein paar Stunden wachte er auf. Er blickte sich um, doch er sah weder Benn noch Finn. Lukas lief ein Stück. Plötzlich spürte er ein Krabbeln auf dem T-Shirt. Vorsichtig tastete er sich mit der Hand ab. Er konnte es genau spüren. Eine Spinne! Er hasste Spinnen über alles. Lukas griff die Spinne mit der Hand und schleuderte sie blitzschnell von sich weg. Langsam brach die Dämmerung herein. Er legte sich hin. Am nächsten Morgen wachte er auf und musste aufs Klo. Er suchte sich den nächstbesten Busch und entleerte sich. Danach hatte er mächtig Hunger. Aber wo konnte er etwas essen. Lukas lief eine Weile um etwas Essbares zu finden. Er fand einige essbare Beeren und Pilze. Nach einem langen Marsch ruhte er sich aus. Er schloss die Augen. Als er sie öffnete spürte er einen warmen Atemzug von hinten. Er drehte sich um und erstarrte. Hinter ihm stand ein großer Wolf mit blutroten Augen und spitzen Zähnen. So schnell er konnte, rannte er weg. Doch der Wolf war schneller. Lukas sprang auf einen Ast am Baum. Der Wolf versuchte, am Baum hochzuklettern, doch er schaffte es nicht. Dem Wolf wurde es nach einer Weile langweilig und er verschwand. Lukas kletterte langsam hinunter. Er lief eine Weile geradeaus. Da hörte er Autos hupen. Er bekam Hoffnung, aus dem Wald herauszufinden. Er rannte immer weiter, bis er die Straße sah. Er war überglücklich, es geschafft zu haben, und lief auf dem schnellsten Weg nach Hause. Als seine Eltern ihn sahen, fielen sie sich in die Arme. Lukas erzählte ihnen alles. Seine Eltern kochten vor Wut, als sie hörten, dass Finn und Benn dafür verantwortlich waren. Sofort stiegen alle ins Auto und fuhren zur Schule. Als sie angekommen waren, gingen sie hinein. Die Direktorin empfing sie. Als Lukas Eltern alles erzählt hatten, wurden Benn und Finn von der Schule verwiesen.

Maike Arnhold
Grundschule Schwabmünchen, Klasse 4b

Ein abenteuerliches Erlebnis im Schwarzwald

Im Schwarzwald war einmal ein kleiner Junge. Er hieß Tom. Tom und sein bester Freund Tim waren alleine am Waldrand unterwegs. Plötzlich raschelte es im Gebüsch. Tim schrie ganz erschrocken auf: „Oh nein, da drüben ist irgendetwas." Beide Jungs hatten große Angst. Sie holten vorsichtshalber einen Stock. Aber es war nur ein Eichhörnchen, das aus dem Gebüsch lief. Tom und Tim lachten ohne Ende. Aber dann hörten Sie etwas Furchteinflößendes. Es machte: „Auuwauuu!" Tom und Tim wussten nicht, was das war. Da kam es auf die beiden zu gerannt. Von Weitem sah es aus wie ein großer Wolf. Die beiden Jungs liefen davon und Tim stürzte. Er hatte kein Glück, denn er verletzte sich an der Hand. Dann kam das Tier näher und sie erkannten, dass es der Nachbarshund war. Tom und Tim waren sehr erleichtert. Das war ein sehr aufregender Tag!

Gabriel Zaha
Grundschule Gessertshausen, Klasse 2b

Im Eulenhexenwald

Eines Abends ging ich, weil ich alles andere als ängstlich bin, alleine in einen Wald. Überall war es spinatgrün und überall hingen Spinnennetze von den Bäumen. Wenn ich mit meinem Fuß auf das Moos trat, fühlte es sich komischerweise nicht weich an, sondern es knisterte. Langsam wurde mir das Laufen zu blöd. Also setzte ich mich auf einen hohlen Baumstamm. Aber kaum saß ich, fing der Wald an, seine Farbe zu verändern. Zuerst wurde er schwarz, dann weiß, dann wieder schwarz und schließlich weiß. Auf einmal kam dichter Nebel auf. Und genau im gleichen Moment sprang etwas hinter einem Busch hervor. Es sah aus wie eine Hexe. Wahrscheinlich war es eine Eulenhexe. Auf ihrer Schulter saß nämlich weder ein kohlschwarzer Rabe noch eine kohlschwarze Katze, sondern eine Eule. Eine Eule? Eine Eulenhexe! Ich erschrak. Doch schon packte sie mich und brachte mich an einen verwunschenen Ort. Dieser Ort war lila, wie lila Flieder und überall saßen Eulen auf den Bäumen. Die Eulenaugen waren riesig. Und das komische daran war, dass die Hexe aussah wie meine Tante Frida.

Annika Török
Grundschule Thierhaupten, Klasse 2a

Scream

Fuß vor Fuß. Nachziehen. Schritt. Fuß nach Fuß. Unendlich lang erstrecken sich die Bäume um mich herum in die Höhe und kratzen an so mancher vorbeiziehenden Wolke. Meine Füße hinterlassen eine Spur aus unregelmäßigen Schritten im Schnee. Meine Hände streichen leicht die Kräuter, welche sich in abstrakten Formen dem Himmel entgegen winden, die Farben ergeben einen bunten, chaotischen Kampf um die letzten Sonnenstrahlen. Ich laufe, der Schnee knirscht, berührt fast meine Knöchel, doch ich kann die Kälte nicht fühlen. Große, ovale Bäume lassen sich von kargen, steifen Ästen ablösen. Bald werde ich da sein. Fuß vor Fuß. Nachziehen. Schritt. Fuß nach Fuß. Ich weiß, was mich erwartet, und trotzdem bildet sich ein immer größerer Klumpen in meinem Bauch, haarig, dunkel, verwirrt. Er frisst sich durch mich hindurch und hinterlässt wie meine Füße im Schnee eine Spur aus Leere in meinem Bauch. Und bevor ich überhaupt das Ende des Weges realisiere, baut sich vor mir eine große Wand auf. Da spiegelt sich mein Gesicht, immer wieder, lachend, lächelnd, freudestrahlend, freundlich. Nett. So nett. Leicht flimmern die Bilder vor mir auf, die Wand erscheint dezent transparent, doch was hinter ihr erscheint, ignoriere ich gekonnt. An ihr entlang bahnen sich innere Konflikte als Ungeziefer ihren Weg, wollen gesehen, wollen gehört werden. Na dann, los geht's! Fuß vor Fuß. Nachziehen. Schritt. Fuß nach Fuß. Meine Hand gleitet durch die Wand, doch überrascht von der Kälte ziehe ich sie wieder zurück. Es wird Zeit. Also kneife ich die Augen zu und trete hindurch. Unter meinen Füßen quietschen die Ungeziefer erschrocken auf, bevor sie zermatscht werden, und vor mir entfaltet sich eine Landschaft, ja fast eine Wildnis. Es ist trotzdem relativ leer. Einzelne katzenähnliche Geschöpfe kriechen wehleidig über den Boden. Augen zu. Augen auf. Weiter. Zielstrebig ignoriere ich alles, was ich fühle und denke und schreite los. Mein Blick wird nicht vom Boden abgewendet, möchte nicht erblicken, was sich um mich herum aufbaut. Verlust. Bilder von Vergangenem, was nicht mehr ist, nicht mehr sein soll. Der Wind wird kälter, die Sträucher kürzer, die Leere in mir von Wut ersetzt, kochende Wut. „Na komm schon! Komm raus! Ich weiß doch, dass du hier irgendwo bist. Verdammt!" Meine Nägel brennen kleine Mulden in meine Handfläche. Dagegen ist die Fläche vor mir leer. Noch. Ich kann es spüren.

Das Gefühl als würde alle Luft aus meinem Atem gezogen.

Ich habe mich zulange selbst belogen
und du mich betrogen,
als würde mein Körper erfrieren,
und währenddessen dehydrieren,
mein Bauch sich nach innen ziehen,
in mir spielen tausend Sinfonien.

Ich habe Angst.

„Meine Fresse! Komm doch her! Das hier ist meine Heimat, mein Kopf, und du weißt genau, dass du hier nichts mehr zu suchen hast."

Ein Schatten streift meinen Arm. Er hinterlässt eine Gänsehaut, entfernt sich wieder und ist plötzlich doch ganz nah. So nah, dass ich wegen seines brennenden Atems die Augen zukneife. Während seine Augen mich anstarren. Eiskalt, blau, die Zähne groß und gefletscht, seine Haare, rotbraun gefärbt, werden vom Wind stürmisch hin und her gezerrt. „Du bist nichts, deine Existenz gleicht dem Nichts." Nichts … nichts … nichts – sein Mantra pulsiert in mir und erfüllt sogar meine Fingerspitzen mit Taubheit. Doch ich strecke ihm meine Nase entgegen, richte mich trotz meiner schweren Beine auf volle Größe auf und fange an. Und ich schreie und schreie erst leiser und schüchtern, dann werde ich immer lauter, immer penetranter. Ich schreie mir allen Frust von der Seele, alles Leid aus dem Bauch, allen Schmerz aus meinen Augen. Alle nostalgischen Erinnerungen, alle herausgeschrienen Gefühle fangen an, um mich und die Gestalt einen Wirbel aus schwarzen Schlieren zu bilden, sie kleben aneinander, lösen sich, kommen wieder zusammen und verlassen einander doch für immer. Doch langsam fängt mein Atem an zu stocken. Die Gestalt starrte mich die ganze Zeit nur an, in ihrem Gesicht kleben schwarze Überreste. Selbstsicher gebe ich ihm einen Stupser auf die Schnauze. Sie ist fast schon weich, leicht rosig. „Du machst mir keine

Angst mehr." Ich drehe mich um. Mein Bauch fühlt sich frei an, mein Kopf entlastet. Ich habe es endlich geschafft. Es ist vorbei, vorbei! Also laufe ich los. Und laufe und laufe. Fuß vor Fuß. Nachziehen. Schritt. Fuß nach Fuß. Und bleibe vor der großen, flimmernden Wand stehen. Fuß vor Fuß. Nachziehen. Schritt. Fuß nach Fuß. Fuß vor Fuß. Nachziehen. Schritt. F…

Doch das waren nicht meine Schritte.

Und gerade als meine Finger die Wand durchstechen wollen, ist er wieder da. Ganz nah.

Nina Tuchscherer
Staatliches Gymnasium Königsbrunn, Klasse 11e

Der Wald Tobi

Am Anfang war der Wald Tobi schön und wild. Da wohnten Füchse und Vögel, Biber und Dachse, Schmetterlinge und Wildschweine. Die Tiere lebten echt gut und fühlten sich wohl.

Dann kam die Baustelle und zerstörte alles. Die Bäume wurden gefällt und die Tiere sind abgehauen.

Ich finde das unfair.

Lukas Pölz
Helen-Keller-Schule Dinkelscherben, Klasse 4b

Feinde und Freunde in der Wildnis

Es lebten einmal vier Tiere in einem finsteren Wald. Die Wölfin Juli, die Waldmaus Chilli, die Eule Eulalia und der Fuchs Lala. Sie konnten sich nicht leiden. Eines Tages flog Eulalia über die dichten Bäume des Waldes und sah ein Reh. „Schnell, dorthin", dachte Eulalia. Als sie bei dem Reh war, rief sie: „Was machst du in meinem Wald?" Das Reh stotterte: „Ich … ich wusste nicht, äh, äh, dass es dein Wald ist." Die Eule antwortete: „Tja, jetzt weißt du es!" Eulalia flog weiter.

Am Mittag dachte sich die Wölfin Juli, sie könnte der Waldmaus Chilli einen Streich spielen. Sie stellte eine Mäusefalle auf die Rennstrecke der Maus (die Mäusefalle war nicht gefährlich). Chilli wusste nichts davon. Am Mittag lief sie wie immer ihre Rennstrecke, als sie plötzlich eingesperrt war. Da kam Juli aus ihrem Versteck heraus. Sie sagte: „Ich hatte heute noch kein Mittagessen und habe Hunger auf MÄUSEFLEISCH!" Jetzt kam der Fuchs Lala, schubste Juli weg und brüllte: „Hallo, Chilli Vanilli! Ich hatte auch noch kein Mittagsessen, also geh weg, Juli." Da knackte es im Gebüsch und das Reh kam hervor. Da regten sich die anderen auf. So konnte sich Chilli befreien. Chilli rannte so schnell sie konnte, als sie in eine Grube fiel. Die anderen merkten sofort, dass die Waldmaus ausgebüxt war. Sie rannten ihr hinterher. Eulalia sah es und flog mit. Sie rief plötzlich: „Stopp, da ist eine Grube!" Die anderen blieben abrupt stehen. Sie hörten leise Hilferufe aus der Grube. Lala sagte: „Wir müssen Chilli retten." Sie beschlossen, dass Eulalia hineinflog, Chilli rausholte und sich an Julis Schwanz festhielt, die sich an Lalas Schwanz festhielt. Am nächsten Tag trafen sich die fünf Tiere auf der Lichtung mit der Grube. Plötzlich sahen alle ein Licht. Es leuchtete in Orange, Gold, Braun, Silber und Rot. Sofort rannten sie dorthin. Endlich kamen sie an. Dort war eine große Höhle. Sie gingen hinein und sahen eine glitzernde Truhe, ihnen blieb der Mund offenstehen. Zusammen öffneten alle die Truhe. In der Truhe waren fünf Herzketten in den Farben, in denen die Höhle leuchtete. Sie nahmen die Ketten, Lala nahm die orange Kette, Juli nahm die goldene Kette, die braune Kette nahm Chilli, Eulalia die silberne Kette und Reh Lulu die rote Kette. Sie verabschiedeten sich schnell, um sich zuhause die Ketten anzuschauen und dann ins Bett zu gehen, weil sie sich am nächsten Tag auf der Lichtung treffen wollten. Am nächsten Tag trafen sich die Freunde wie ausgemacht auf der Lichtung. Doch Eulalia kam nicht. Juli rief: „Meine Kette leuchtet silbern, eure auch!" „Ja, unsere auch! Da ist auch ein Bild, wo sie ist!", antwortete Lulu. „Sie ist in der Grube!", brüllte Lala. Alle rannten sofort zu Eulalia. Sie holten ein langes Seil und zogen Eulalia hoch. Als sie wieder auf der Lichtung waren, erzählte Eulalia, wie sie gestürzt war: „Ich wollte wie ausgemacht zum Treffpunkt an der Lichtung, doch da hatte mich ein Eichhörnchen mit einer Haselnuss getroffen, und dann lag ich in der Grube. Aber wie habt ihr mich gefunden?" Chilli erklärte Eulalia, wie sie Eulalia gesehen hatten. Eulalia dankte den vier Rettern: „Danke, dass ihr mich gerettet habt!" „Das ist doch klar! Übrigens, ich bin Lulu", meinte Lulu. „Schöner Name!", lobten die anderen. „Sind wir jetzt Freunde?", fragte Juli. „Ja, klar, wir sind jetzt unzertrennlich!", piepste Chilli. Und seither lebten sie zu fünft vergnügt zusammen.

Emilia Pyrlik, Emma Müller, Svenja Winkler, Lena Herdin, Jule Demharter
Grundschule Altenmünster, Klasse 4a

Siehst du?

Siehst du die Schönheit der Wildnis?
Ihre unbarmherzige Weite?
Sie schreit nach deiner Aufmerksamkeit.

So still, aber gleichzeitig so laut.

So nah, aber doch so fern.

So gefährlich, aber doch so aufregend.

Siehst du die Löwen?

Sie streifen mit eleganten Schritten durch die Prärie.

Liegen, geschützt von der unerbittlichen Hitze der Sonne, unter dem dürren Geäst der Bäume.

Den Blick aufmerksam auf die ewige Weite der Savanne.

Mit hocherhobenem Kopf, zeigt der König der Tiere, sein wahres Haupt.

Siehst du den Büffel?

Sein schwerer muskulöser Körper streift durch die Buschsteppe.

Aufmerksam trinkt er aus einem fast gänzlich leeren Wasserloch.

Doch so groß, aber den Löwen weit unterlegen.

In der Gruppe stark.

Aber als einzelnes Glied, außerhalb der Gruppe,

ein schwaches und ungeschütztes Ziel für die Könige der Savanne.

Siehst du die Erdmännchen?

Klein und flink sind sie.

Schlüpfen durch die von ihnen gegrabenen Erdlöcher.

Hellhörig und in atemloser Spannung beobachten sie das Spiel zwischen Löwen und Büffel.

Der Kampf zwischen Leben und Tod.

Sarina Zehentbaur
Staatliches Berufliches Schulzentrum Neusäß, Klasse 10IKa

Die wütende Eisbärin

Die Forscher Sven und Hannes machen eine Expedition zum Nordpol, um dort die Eisbären zu beobachten. Sie wohnen in einer kleinen Hütte, nahe bei den Eisbären. Früh am Morgen gehen sie raus. Sie wollen den ganzen Tag Eisbären beobachten. Wenig später sehen Sven und Hannes eine Eisbärenmutter mit ihrem Baby. Sie wissen, dass sie vorsichtig sein müssen, denn die Mutter wird ihr Baby beschützen. Hannes macht einen Schritt zu laut. Die Eisbärenmutter schreckt auf. Wütend bäumt sie sich auf. Sven und Hannes denken nicht mehr nach und rennen weg. Nun rennt die Eisbärin hinter den Forschern her. Sie schlägt mit ihrer Tatze, verfehlt Hannes aber haarscharf. Die Verfolgungsjagd geht weiter. Ausgerechnet jetzt bleibt Sven mit dem Fuß im Schnee stecken. Hannes, der das bemerkt hat, bleibt stehen. Die Eisbärenmutter kommt näher, näher und noch näher. Sven denkt: „Jetzt hat mein letztes Stündlein geschlagen." Nur noch eine Haaresbreite ist zwischen Sven und der Eisbärin. Da hört die Eisbärin ein ängstliches Heulen. Das Eisbärenbaby. Sie dreht gemächlich ab und geht zu ihrem Kleinen zurück. Später in der Hütte sind die Forscher froh, ihr Abenteuer bestanden zu haben. Hannes meint: „Ich hatte so eine Angst, Sven. Ich glaube, morgen ruhen wir uns erst mal aus." „Ja, du hast recht", sagt Sven. „Ich mache jetzt Abendessen", antwortet Hannes. Eine Stunde später sitzen die beiden glücklich beim Abendessen.

Carla Doll
Grundschule Schwabmünchen, Klasse 4b

Das rettende Käsebrot

Es war ein schöner sonniger Frühlingstag als Familie Steinert in ihren Betten aufwachte. Jana war erst etwas benommen und wusste nicht genau, wo sie war. Dann sah sie Papa, Mama und ihren kleinen Bruder Dennis. Schlagartig kehrte ihre Erinnerung zurück. Gestern war sie mit Papa, Mama und Dennis ins Zillertal nach Österreich gefahren. Sie waren fünf Stunden zu dieser Hütte hinaufgewandert. Langsam setzte sie sich auf und sah auf die große Wanduhr. Es war 5.30 Uhr. Schlaftrunken zog sie sich an und ging hinunter zum Frühstück. Dort saß fröhlich grinsend ihre Familie. Jana ging zum Buffet und belegte sich ein Wurstbrot. Als sie fertig war, setzte sie sich zu ihrem kleinen Bruder. „Wo pfandern wir pfeute eigentlich hin?", fragte Dennis laut schmatzend über sein Müsli gebeugt. „Zur nächsten Hütte selbstverständlich!", antwortete Papa. Als alle ausreichend gegessen und getrunken hatten, ging es los. Zuerst über einen breiten Kiesweg, dann über einen Trampelpfad im Gras und so ging es immer weiter. Jana kam es wie eine halbe Ewigkeit vor. Besonders wenn Dennis ununterbrochen maulte: „Mama, ich will endlich eine Pause machen!" oder: „Papa, wann sind wir da?" Als sie noch eine Weile gelaufen waren, hörte Dennis aber endlich auf, alle zwei Sekunden das Gleiche zu jammern. Plötzlich blieb Mama stehen und zückte ihre Kamera. Jana und Dennis rannten zu ihr und erkannten, dass sie ein Rehkitz fotografierte. Nach drei Stunden, die sich für die beiden Kinder wie eine Ewigkeit anfühlten, schlug Papa vor: „Machen wir eine Pause. Ich habe Durst. Wie wäre es dort auf diesem Felsen?" Sie setzten sich auf den Felsen und genossen den Ausblick. Unter dem Felsen weideten einige Kühe. Mama holte belegte Brote und Kekse für alle aus ihrem Rucksack. Auf einmal hörten Dennis und seine Schwester ein Rascheln im Gebüsch. Ihren Eltern sagten sie, dass sie sehen wollten, ob es hier irgendwo Beeren gebe. In Wahrheit wollten sie allerdings dem Geräusch nachgehen. Dennis hatte noch sein Käsebrot in der

Hand und weigerte sich, es wegzulegen, als Jana ihn dazu aufforderte. So gingen sie einen flachen Hang hinab. Als sie unten ankamen, erlebten sie eine Überraschung. Da lag ein kleines Steinbockjunges. Es war sehr dünn und sah kränklich aus. Die beiden beschlossen, es mitzunehmen und abzugeben, damit es wieder zu Kräften kommen konnte. Sie gingen den Hang halb hoch und standen plötzlich vor einem Busch. Aus dem Gestrüpp ragten zwei riesengroße Hörner. Wie gelähmt standen sie da. Da sprang das Etwas aus dem Busch. Es war ein riesiger Steinbock! Jana und Dennis rannten los. Den Hang wieder hinunter. Erstaunlicherweise spurteten die beiden durch lauter Kühe hindurch. Dem Steinbock gingen die Kühe alle aus dem Weg. Nun rannten Jana und Dennis auf eine massive Felswand zu. „Das war's!", rief Jana mit dem Rücken zur Wand gepresst. Der Steinbock schritt nun langsam auf die Geschwister zu. Als sein Horn nur noch wenige Zentimeter von Dennis Kopf entfernt war, ließ dieser vor Schreck sein Käsebrot fallen. Auf einmal rannte eine riesige Kuh auf den Steinbock und die beiden Kinder zu. Schnell sprang der Steinbock ihr aus dem Weg. Jana und Dennis glaubten schon an ihren Tod, als die Kuh plötzlich stoppte, sich dem Käsebrot zuwandte und es mit einem Happs verschlang. Jana war so erleichtert. Dennis jedoch war wütend auf die Kuh, weil sie sein selbst belegtes, wertvolles Käsebrot allein aufgefuttert hatte. Mit Mühe und Not zerrte Jana ihn von der Kuh weg. So schnell sie konnten, rannten sie zu ihren Eltern und erzählten alles. Mama und Papa hatten sich schon Sorgen gemacht und waren überglücklich ihre Kinder wiederzuhaben.

Dorothea Grießl
Grundschule Schwabmünchen, Klasse 4b

Fotos in der Wildnis

Es lebte einmal ein Fotograf, der nicht Bilder von Menschen, sondern Bilder von der vielfältigen Natur machte. Von Löwen in Madagascar bis hin zu Eisbären am Nordpol. Dieser Fotograf reiste oft und wollte die Welt erkunden. Jedes Mal faszinierte ihn die Wildnis. Außerdem war er sehr abenteuerlustig und neugierig. Deshalb erlebte er an allen Orten, an denen er war, außergewöhnliche und atemberaubende Abenteuer. Diese schrieb er in einem speziellen Tagebuch auf. Eine von seinen Abenteuern lautet so: Heute war mein großer Tag! Ich war so aufgeregt, weil ich nach Brasilien an den Amazonas flog. Um mich gut vorzubereiten, hatte ich mich im Internet erkundigt. Dort gibt es exotische Tiere und prachtvolle Pflanzen.

Nach fünfzehn Stunden war ich endlich angekommen und war schon mit dem Auto auf dem Weg zum Regenwald, um viele und vor allem schöne Fotos zu schießen. Der Wald mit seinen Bäumen, Sträuchern, Blumen und Tieren ist so schön!

Doch auf dem Weg stach mir ein Baum ins Auge. Ich hielt an und als ich näherkam, sah ich einen Knopf am Baum. Aus Neugier drückte ich auf den Knopf. Plötzlich ging der Baum nach unten auf und bildete Stufen. Ohne nachzudenken, ging ich nach unten. Was ich dort sah, werde ich nie vergessen. Unter meinen Füßen spürte ich eine weiche Wiese, als würde ich auf einer Wolke laufen. Auf dieser Wiese wuchsen Blumen, die ich noch nie in meinem ganzen Leben gesehen hatte: Die Stiele der Blumen waren nicht grün, sondern golden und silbern. Die Blüten könnten mit Kamillen verglichen werden, nur dass sie bronzefarben und roségolden waren, in der Mitte blinkten Edelsteine. Diese Wiese war voll mit solchen Blumen und sie funkelte so toll, dass sie den ganzen Raum beleuchtete, aber es war nicht nur die Wiese, die mich faszinierte, sondern auch die Fabelwesen, die ich sah. Wie zum Beispiel ein Löwe, dessen Fell bunt war, oder ein Mischwesen aus Adler und Stier, welches mit Diamanten besetzt war. Es hatte den Körper vom Adler und den Kopf vom Stier. Alle anderen Tiere, die ich sah, hatten entweder eine außergewöhnliche Farbe oder das Fell war mit Diamanten und Edelsteinen besetzt. Manche Tiere hatten sogar eine Krone auf. Obwohl das schon genug war, ging ich trotzdem weiter und sah einen Wasserfall. Neben dem hing ein pinkes Schild, worauf „Entrada" stand, was übersetzt „Eingang" heißt. Also ging ich durch den Wasserfall, obwohl ich wusste, dass ich nass würde. Dort sah ich einen Regenbogen-Jaguar, der mit mir sprechen konnte. Er sagte: „Hallo, schön, dass du hierhergefunden hast, doch wir bitten dich, dass du die Fotos, die du geschossen hast, löschst. Wir haben Angst, entdeckt zu werden, weil die Menschen mit uns sonst grausame Experimente durchführen würden. Kannst du das, was du gesehen hast, geheim halten?" Darauf antwortete ich mit einem vertrauenswürdigen „Ja!" Er bedankte sich und versprach, dass ich sie immer wieder besuchen könne. Kurz vor dem Ausgang rief ich: „Adeus!", was „Auf Wiedersehen" heißt und ging zum Auto. Draußen war es schon dunkel, also machte ich mich auf den Weg zum Hotel. Doch ich dachte nur an das Geschehene. Ob jemand auch von dieser „Welt" wusste? Das war nur eine Geschichte des weitgereisten Fotografen. Leider ist er gestorben, doch er gab das Tagebuch an seinen Enkel und teilte somit sein Geheimnis mit ihm. Jan, sein Enkel, führte das Hobby seines Opas weiter.

Melek Berk
Paul-Klee-Gymnasium Gersthofen, Klasse 7b

Ich sprang, so schnell ich konnte, auf den nächsten Baum. So schnell war ich noch nie gerannt und doch gab ich noch nicht auf. Allein hin oder her, ich muss es schaffen! „Wo ist sie?", brummte eine tiefe Stimme. Zwei Männer tauchten auf. Einer war dunkelhäutig mit schwarzen Locken, die ihm auf den Schultern lagen. Der andere hatte fast zu helle Haut und auf der glänzenden Glatze prangte eine Tätowierung wie eine Trophäe. Suchend blickten sie sich um. Auf einmal juckte meine Nase. Nicht jetzt, bloß nicht … „Hatschi!" Noch bevor ich zu Ende denken konnte, hatte ich geniest und die Männer drehten sich um. „Da, Jack! Dort hin!", schrie der Dunkelhäutige und sein Finger zeigte auf den Baum, auf dem ich saß. „Ja, glabsch'n, i konn's Maderl ned seha?", kam sofort die pfiffige Antwort. „Doch … doch … was stehen wir eigentlich noch hier rum? Hol den Jeep, sonst haut sie uns noch ab!" In dem Moment rannte ich los. Es vergingen per Armbanduhr 37 Minuten Rennzeit. Da ragte eine Wurzel aus dem Boden. Ich war so mit Rennen beschäftigt, das ich sie erst bemerkte, als ich drüber gestolpert war. Alles, was ich jetzt noch spürte, waren mein schmerzendes Knie und das Netz, das über mich gelegt wurde. Das Netz inklusive mir wurde in den Jeep geworfen und dann ratterten wir los.

Da saß ich nun in dem eng zugebundenen Netz auf der Rückbank und dachte daran, wie das ganze passiert war: Ich sollte von den beiden einen Umschlag an meine Tante Augusta überbringen, mit der Anweisung, nicht hineinzugucken. Und was machte ich? Reingucken. Ich kann auch nichts dafür, dass die Typen mich verfolgen, um zu sehen, ob ich tatsächlich den Umschlag nicht öffnete. Glücklicherweise war der eine so doof gewesen, auf die Hupe zu drücken, sodass ich sie bemerkt hatte. Komischerweise dachte ich jetzt an mein schönes Zimmer zu Hause, meine Eltern und an Lena, Tobi und Carina, die sich alle bestimmt große Sorgen machten. Da bildete sich in meinem Kopf die beste Idee aller Zeiten.

Ich schrie aus voller Kehle. Der Wagen legte eine Vollbremsung hin, ich riss die Türe auf, hatte aber das Netz vergessen, das mich augenblicklich zu Boden riss. Aber schon da sah ich das Dach eines Ferienhauses zwischen den Bäumen aufblitzen. Ich legte mich auf den Boden und rollte darauf los. Außer Atem kam ich an. Ich stellte mich auf und klingelte Sturm, doch niemand war daheim. Auf einmal bekam ich einen heftigen Schlag auf den Kopf und mir wurde schwarz vor Augen.

Als ich aufwachte, saß ich in einem muffeligen, kleinen Raum in … ach, keine Ahnung, wo ich hier war. Es stand allerdings fest, ich musste hier raus. Ich streifte das Netz ab und blickte mich um. „Mädchen, noch sieben Stunden und deine Zeit ist abgelaufen, denn dann kommen Onkel Hans und Onkel Jack her", säuselte einer der beiden. Hektik ergriff mich. So wie ich die beiden kannte, kamen sie in SIEBEN MINUTEN. Ich brauchte eine Superidee.

Ich knipste das Licht aus. Tatsächlich strahlte ein kleiner Lichtstrahl aus einer Luke. Ich jubelte innerlich. Jetzt musste ich nur noch die steilen Wände hochklettern. Kein Problem. Sie hatte viele Dellen, Vorsprünge und so. Schnell war ich oben. Doch in dem Moment hörte ich Schritte auf dem Gang. Ich schaute zur Luke. Mist, ich hatte vergessen, das Licht anzuschalten, damit die Leute die Luke nicht sehen.

Ich schreckte aus dem Schlaf hoch. Was für ein Traum! In echt wäre ich einfach abgehauen … es IST aber nicht echt – zum Glück. Draußen glänzen die Bäume des Dschungels. Aber, warum sollte ich nicht so ein Abenteuer wagen? Nein, danke!

Amelie Skiba
Grundschule Großaitingen, Klasse 4a

Der kleine Fuchs Joschi und der große böse Wolf

An einem schönen sonnigen Herbsttag war der kleine Fuchs Joschi mit seiner Familie in ihrem gemütlichen Fuchsbau. Aber Joschi und seinen zwei Geschwistern Jana und Julius war so langweilig. „Was sollen wir tun?", fragten sie sich. Da hatte Joschi eine Idee: „Lasst uns im Wald spazieren gehen. Es wird schon nichts passieren. Was meint ihr?" „Super Idee! Wir sagen schnell Mama und Papa Bescheid." Ok, los geht's. Sie gingen an vielen großen Bäumen vorbei! „Wollen wir nicht ein Wettrennen machen? Dann macht es doch viel mehr Spaß!", sagte eines der Geschwister. „Ja, ok", sagten Joschi und seine Schwester Jana. „Bis zum nächsten Baum. Seid ihr alle bereit? Auf die Plätze, fertig, los!" Als erste rannte Jana nach vorne. Aber dann kam Joschi von hinten und überholte Jana. Plötzlich war vor Joschi Füßen eine riesige Wurzel. Er sah sie nicht und stolperte darüber. Dann kam Julius von hinten und stürmte als erstes zum Baum und gewann. Joschi lag noch immer auf dem Boden. Er stand auf und kam als Letzter ins Ziel. Sie lachten gemeinsam über das lustige Rennen.

„Kommt, lasst uns noch weiter in den Wald gehen", sagte Jana. „Au, ja", sagten Joschi und Julius gemeinsam. So gingen sie und gingen. Die Füchslein verstecken sich und erschreckten sich gegenseitig. Sie machten komische Grimassen und lachten darüber. Eine von Joschis Grimassen war besonders dämlich. Sie merkten nicht, wie es immer dunkler wurde und die Schatten der Bäume immer grusliger wurden. Auf einmal stand etwas Großes, Schwarzes vor ihnen. Sie erschraken. Es hatte große, lange Beine und leuchtend grüne Augen. Ein großes Maul und ein zotteliges Fell. Es war ein böser Wolf. „Hilfe!", schrien alle drei. Auf einmal ging der Wolf auf sie zu. Sie wussten alle nicht, was sie tun sollen. Nur Joschi wusste, er muss etwas unternehmen. Wenn nicht, würde sie der Wolf verspeisen. Aber was wohl? Wir haben doch Mama und Papa versprochen, dass nichts passiert. Er hatte aber nur noch wenig Zeit, der Wolf kam nämlich immer näher. Und auf einmal hatte er eine Idee. Er sprang auf den Rücken des Wolfes, um ihn abzulenken und rief seinen Geschwistern zu. „Kommt, wir rennen so schnell wir können durch das dichte Gebüsch. Dort wird er uns nicht sehen und wir sind viel schneller als der Wolf." Erst weigerten sie sich, aber dann rannten und rannten sie. Sie rannten durch den dunklen Wald, durch dichtes Gebüsch und über schlammigen Boden. Immer weiter und weiter. Und auf einmal hatten sie keine Puste mehr. Die Fuchskinder versteckten sich hinter einem großen Baum. Der Wolf rannte vorbei und entdeckte sie nicht. Sie warteten einige Minuten, bis sie sich aus ihrem Versteck wagten. Dann liefen sie nach Hause und kamen heil in ihrem gemütlichen Fuchsbau an. Sie erzählten alles ihren Eltern. Beim nächsten Mal sollen Mama und Papa lieber mitkommen, war ihre Meinung. Dann gingen sie alle gemeinsam schlafen und weil sie so erschöpft waren, schliefen sie gleich ein.

Lena Spatz
Grundschule Straßberg, Klasse 3

Eine Wildnis die niemand bemerkt

Wenn ein Herz verwuchert ist und es niemand bemerkt
Wenn ein Gesicht lächelt, aber die Ranken das Herz zudrücken
Wenn eine Entscheidung für jemanden so schwer wird, dass das Herz zerdrückt wird
Braucht es jemand, der die Ranken entfernt
Und wenn dieser jemand kommt und diese Ranken entfernt, ist man überglücklich
Doch dieser Jemand...
Woher weiß er, wo die Ranken sind?
Woher weiß er, dass es so stark wehtut?
Woher weiß er, dass dieses Lächeln gefälscht ist?
Das liegt wohl daran, dass man diese Ranken als Held selber hat

Viele davon!
Unzählige
MILLIONEN
Doch niemand fällt es auf
Das liegt auch daran, dass sie selber es nie zugeben wollen
Sie denken aber nicht an sich selbst
Sie wollen immer helfen
So kann aus der glücklichsten Person, ein schmerzvoller Knoten kommen.
Wir alle müssen diese Ranken aus jedem nehmen!
Die Ranken der Retter werden immer fester …
Wir müssen aufpassen …

Sarah Jakobovic
Mittelschule Meitingen, Klasse 8dm

Der lebendige Wald

Es war einmal vor nicht allzu langer Zeit, da trafen sich ein Marienkäfer und ein Rehkitz. Sie verstanden sich auf Anhieb sehr gut und blieben von da an immer nah beisammen.

Eines Tages gingen die beiden Freunde durch den Straßberger Wald. Ihnen war sehr langweilig, weil sie den ganzen Wald schon in- und auswendig kannten. Aber auf einmal standen sie vor einer geheimnisvollen Höhle, die sie bisher noch nie gesehen hatten und die unter den Wurzeln eines großen Baumes versteckt lag.

Neugierig erkundeten sie jeden Winkel und jede Spalte der Höhle. Auf einmal rief der Marienkäfer: „Schau mal, da ist eine geheime Tür unter der großen Wurzel! Komm, wir gehen durch, dort gibt es bestimmt etwas zu entdecken!"

Der Marienkäfer flog durch den kleinen Eingang, aber das Rehkitz musste sich klitzeklein machen, damit es durchpasste. Hinter der Türe war es sehr hell und die beiden waren geblendet. Aber nach einiger Zeit gewöhnten sich ihre Augen an das grelle Licht und sie sahen Bäume, Sträucher und Pflanzen, die sie noch nie gesehen hatten. Auch viele fremde Tiere konnten sie im Gebüsch erkennen.

Plötzlich erschrak das Rehkitz, denn als es genauer hinschaute, sah es, dass nicht nur die Tiere Gesichter hatten, sondern auch viele Bäume, Sträucher und sogar die kleinsten Pflanzen. Die beiden fanden es sehr unheimlich, von allen Seiten beobachtet zu werden. Der kleine Marienkäfer wollte sofort wieder nach Hause, denn er hatte Angst, von einer Pflanze gefressen zu werden.

Sie suchten und suchten nach dem Eingang zur Höhle, aber ohne Erfolg. Deswegen fragten sie die knorrigen Gesichter der Bäume nach dem geheimen Rückweg. Ein alter, dicker Baum mit grünem Moosbart antwortete: „Ihr müsst euch beeilen, denn wenn es dunkel wird, kommen die bösen Waldbewohner. Ihr müsst euch vor den schnellen Hüpfklettis in Acht nehmen, denn sie sind die anhänglichsten Tierchen, die ihr euch vorstellen könnt. Die bekommt ihr nie wieder los! Oh, da hör ich sie schon heranhüpfen!" Da rief der Marienkäfer zum Baum: „Schnell! Sag uns den Weg zur Höhle!" Der Baum antwortete ruhig: „Ihr seid schon am Ziel. Ihr müsst mir nur den blauen Pilz von dort drüben füttern, dann lass ich euch durch das Tor zurück! Denn ich bin der Torwächter!" Schnell liefen sie zu dem blauen Pilz, pflückten ihn und brachten ihn zu dem alten Baum, der ihn sich in den Mund stopfte.

Das Rehkitz und der Marienkäfer sahen, wie im Baum plötzlich eine hölzerne Tür wuchs. Sie schlüpften schnell durch, denn sie sahen schon ganz nah die Hüpfklettis auf sich zu hüpfen. Als sie wieder zu Hause im Straßberger Wald waren, hörten sie alle Tiere rufen: „Wo seid ihr denn gewesen, wir haben euch schon gesucht!" Aufgeregt erzählten sie den Waldtieren, was geschehen war, und sagten, dass sie nie wieder in fremde Höhlen gehen werden.

Und wenn sie nicht gestorben sind, dann sind Marienkäfer und Rehkitz noch immer Freunde.

Till König
Grundschule Straßberg, Klasse 4

Ein spannendes Erlebnis in den Bergen

Liliane und Lala reiten auf Kühen hoch auf einen Berg. Als sie auf dem Berg angekommen sind, packen sie aus den Satteltaschen ihr Essen und machen es sich auf Kissen gemütlich. Danach gehen sie zu einer kleinen Hütte. Dort übernachten sie. Die Kühe bringen sie in den Stall nebenan. In der Nacht wachen die beiden auf. Ein Brüllen hat sie aufgeweckt. Als Liliane aus dem Fenster kuckt, sieht sie einen Grizzlybären mit seinem Baby. Vor lauter Schreck schlafen sie lange nicht ein. Am nächsten Morgen sind sie müde. Aber sie machen sich trotzdem Pfannkuchen über dem Lagerfeuer. Da fällt Lala etwas auf: Der Pfannkuchen, den sie gestern draußen vergessen haben, ist weg!

Dann machen die Mädchen einen Spaziergang. Auf dem Weg sehen sie das Grizzlybärbaby wieder. Es läuft ihnen sogar bis zur Hütte nach. Aber die Mädchen nehmen es nicht mit rein. Zunächst kümmern sie sich um ihre Kühe. Sie geben ihnen Wasser, Heu und frisch gepflücktes Gras. Danach gehen sie ins Bett. In dieser Nacht schlafen sie besser als in der letzten Nacht, weil sie niemand aufweckt. Es weckt sie niemand auf, weil sie nichts vom Essen draußen vergessen haben.

Miya Eng
Grundschule Neusäß Am Eichenwald, Klasse 2a

Unser Urlaub auf Hawaii

„Es gibt nichts Schöneres, als die Sommerferien auf Hawaii zu verbringen!", stellte ich fest. Meine kleine Schwester Clara stimmte mir zu: „Ja. Du hast recht. Es gibt nichts Besseres! Morgen fliegen wir mit dem Hubschrauber zum Vulkan!" „Wau, wau, wau!", bellte Lussi, obwohl sie nicht mitfliegen durfte. Lussi war eine kleine Schäferhündin.
Den restlichen Tag verbrachte unsere Familie am Strand. Wir spielten im Sand und schwammen im warmen und klaren Wasser.
Am nächsten Morgen ging es los. Wir fuhren mit dem Auto zum Flughafen. „Juchu!", rief ich „Endlich sind wir da!" Mama, Papa, Clara und ich mussten unsere Pässe zeigen. Als wir die Anweisung bekamen, stiegen wir in den Hubschrauber. Das erste, was ich bemerkte, waren die vielen Knöpfe und Hebel. Der Kapitän fragte Clara und mich: „Wollt ihr mit dem Hubschrauber abheben?" „Ja", riefen wir im Chor. „Also", sagte der Pilot und erklärte: „Zuerst schiebt ihr diesen Hebel hoch, danach diesen Knopf drei Sekunden gedrückt halten und wir heben ab!" Ich drückte den Hebel ganz hoch. Auf einmal begannen sich die Rotoren zu bewegen. Clara drückte den Knopf drei Sekunden lang. Wir hoben langsam ab. „Gut gemacht", sagte der Pilot.
Den Rest des Weges flog er. Wir genossen die Aussicht, aßen einen Riegel Schokolade und schauten uns die schönen Vogelbilder im Magazin an. „Was ist das für ein Vogel?", fragte ich den Piloten. „Das ist ein Tukan!", antwortete er. „Wir können vielleicht einen sehen." Auf dem Bild sah man einen Tukan, der auf einem hohen Baum saß. „Wir sind da!", rief der Pilot durch das Mikrofon. Wir schauten aus dem Fenster. Ich konnte meinen Augen kaum trauen. „Schaut mal, der Vulkan!", rief ich. Es war das Schönste, was ich je gesehen habe.
Als wir über den Vulkan flogen, sah man wie im Inneren des Vulkans die Lava brodelte. Bald landete der Hubschrauber auf dem Landeplatz. Da erwartete uns ein Führer, der uns zum Vulkan bringen sollte. Er erklärte: „Ich heiße Lukas. Ich werde euch heute zum Vulkan führen!" Ich freute mich darauf. Wir stiegen in den Jeep ein. Das Auto fuhr in den dichten

Dschungel. Wir sahen verschiedene seltene Pflanzen und Tiere, doch leider keinen Tukan. Aber auf einmal hielt der Jeep an und wir stiegen aus. Der Dschungel war voller ungewöhnlicher und trotzdem schöner Tierlaute. Plötzlich ertönte lautes Vogelgeschrei hinter einem Baum. Lukas flüsterte: „Wartet hier. Ich komme gleich zurück." Wir warteten aufgeregt auf ihn. Auf einmal kam er mit einem großen Vogel im Arm hinter dem Baum hervor. Der Vogel hatte einen großen Schnabel mit vielen bunten Farben. Ich bemerkte eine Eisenfalle am Fuß von dem Tukan. „Was ist das?", fragte ich Lukas. „Das ist ein Tukan, der ist aber verletzt. Wilderer haben eine Falle ausgelegt. Wir müssen schnell zur Tierklinik." Wir sprangen in den Jeep und fuhren mit Vollgas los. Wir rasten durch den dichten Dschungel. Nach einer halben Stunde stoppte unser Auto vor einem großen Gebäude, in welchem sich die Tierklinik befand. Wir gingen alle mit dem Tukan hinein. Lukas gab den verletzten Vogel bei der Tierärztin ab. „Wird er wieder gesund?" flüsterte Clara Lukas zu. „Bestimmt", sagte Lukas. Leider mussten wir den Vulkanbesuch abbrechen, da es schon dunkel geworden war. Trotzdem war es ein unvergesslicher Tag gewesen.

Alexnder Evers
Grundschule Westheim, Klasse 4a

Der verwunschene Urwald

Hallo, ich heiße Lilli und bin 4 Jahre alt. Ich bin aber kein Mensch, sondern ein Fuchs. Ich werde euch heute die Geschichte von dem verwunschenen Urwald erzählen. Es war an einem Morgen, als mich die ersten Sonnenstrahlen an der Nase kitzelten. Ich öffnete meine Augen und sah nicht meine Höhle. Ich lag auf einer kleinen Lichtung. Ich fragte mich: „Wo bin ich?" Da antwortete eine laute Stimme: „Du bist im verwunschenen Urwald, Lilli." Ich wollte gerade fragen, woher die Stimme meinen Namen kannte. Da stand plötzlich ein Eichhörnchen vor mir. Ich erschrak fürchterlich. Das Eichhörnchen fragte mich: „Wer bist du? Ich habe dich hier noch nie gesehen." Ängstlich stotterte ich: „I… ich h… heiße L… Lilli. Wie heißt du?" Das Eichhörnchen antwortete: „Ich heiße Lina. Willst du erst einmal mit zu mir kommen?" „Ja, aber nur wenn es für dich okay ist!" Lina antwortete nicht, sondern flitzte los. Ich hatte Mühe, ihr zu folgen. Schließlich waren wir da, bei einem kleinen Baum. Ich fragte Lina: „Mit was ist der Urwald eigentlich verflucht?" Lina antwortete schaudernd: „Eine Hexe wurde von dem Zauberer, dem dieser Urwald gehört, beleidigt. Nach 12 Uhr verwandeln sich alle Tiere, die noch draußen sind, in Monster und greifen jedes Tier an, das ihnen in die Klauen fällt. Du musst mit in meinen Baum. Er sieht nur so klein aus, ist innen aber riesig." Also quetschte ich mich durch die kleine Öffnung und saß in einem riesigen Raum. Ich hörte, wie Lina kam. Lina sah ängstlich aus. Sie quietschte: „Monster!" Ich fragte: „Haben sie dich gesehen?" Lina nickte. Wir hörten, wie Klauen über den Baumstamm fuhren. Ich nahm meinen ganzen Mut zusammen und ging hoch zu den ganzen Monstern, aber sie griffen mich nicht an, sondern wurden wieder zu Tieren. Ich hatte den Fluch gebrochen. Die Tiere bedankten sich bei mir und ich war einfach nur glücklich. Ich legte mich auf den Boden und schlief sofort ein. Als ich aufwachte, lag ich wieder in meiner Höhle. Ich fragte mich: „Hab ich das nur geträumt?"

Kimberly Wehrmeister
Pestalozzi-Grundschule Gersthofen, Klasse 4a

Der Zauberer und der Prinz

Es war einmal ein Prinz, der wollte das verwunschene Land erlösen. Aber dafür musste er erst an dem bösen Zauberer Kato, der in einem Schloss wohnte, vorbei. Jedoch war der sehr mächtig. Also heckte er einen Plan aus, wie er ihn überlisten könnte. Schließlich fiel ihm etwas ein. Er könnte zu ihm gehen und ihn fragen, ob er fähig sei, sich in ein Tier zu verwandeln. Damit der Prinz ihn überwältigen könnte, wenn sich Kato verwandelt hatte. Das tat er auch, er ging zum Schloss und fragte: „Kannst du dich auch in ein Tier verwandeln?" Der Zauberer antwortete bestimmt: „Zweifelst du etwa an meiner Macht? Na klar kann ich mich in Tiere verwandeln." Der Prinz schmunzelte. „Das glaube ich dir aber nicht", meinte er. Wütend wurde der Zauberer lauter und fragte: „Wieso glaubst du, ich kann dies nicht?" Der Prinz seufzte: „Na ja, ich habe dich noch nie als Tier gesehen." Der Zauberer antwortete: „Wirklich?" Darauf sagte der Prinz: „Ja, aber sie können es mir doch zeigen." Kato antwortete: „Geht gerade nicht, ich habe meinen Zauberstab verloren." Daraufhin sagte der Prinz: „Oh, wie schade!" Und somit suchten sie den Zauberstab, sie suchten und suchten, aber fanden ihn einfach nicht. Dann kam dem Zauberer eine Idee, er könnte mit der magischen Wünschelrute den Zauberstab aufsuchen. Der Zauberer murmelte: „Warte kurz, ich bin gleich wieder da." Der Prinz verstand kein Wort und fragte: „Was haben sie gesagt?" Der Zauberer wiederholte sich noch einmal und sagte: „Warte kurz, ich bin gleich wieder da." Der Prinz sagte: „Okay, mach ich." Etwas später kam der Zauberer zurück, jedoch ohne die magische Wünschelrute. Der Prinz fragte: „Wo ist denn die magische Wünschelrute abgeblieben?" Daraufhin antwortete der Zauberer: „Ich habe sie auch verloren!" Der Prinz murmelte: „Wahrscheinlich ist sie in dem riesigen Saustall hier verschwunden." Das hörte der Zauberer und fragte den Prinzen: „Was hast du gerade gesagt?" Zuerst sagte der Prinz gar nichts, doch dann sagte er ängstlich: „Nichts, nichts!" Der Zauberer antwortete: „Das will ich auch meinen." Der Prinz dachte sich: „Gerade noch so davongekommen!" Auf einmal sah Kato etwas im Spiegel reflektieren. Es war die magische Wünschelrute. Der Zauberer war erleichtert und sagte: „Ein Glück! Die magische Wünschelrute ist aufgetaucht." Der Prinz war sehr glücklich, weil die magische Wünschelrute aufgetaucht war. Dann könnte das heute vielleicht doch noch etwas werden! Sobald der Zauberer die magische Wünschelrute in seine Hände nahm, begann sie zu zittern. Der Zauberer schrie so laut er konnte: „Es klappt, es klappt! Das ist ja fantastisch." Ein paar Minuten später kam der Zauberer, jedoch diesmal mit dem Zauberstab. Er zeigte ihm, dass er sich auch in ein Tier verwandeln konnte. Der Prinz wollte, dass er sich in eine Henne verwandelt, damit man sie schlachten lassen konnte! Das tat er auch, er sagte dem Zauberer, dass er sich in eine Henne verwandeln solle. Das machte er auch. Sobald er eine Henne war, nahm der Prinz den Zauberstab, zerbrach ihn und drehte der Henne den Hals um – und somit wurde das verwunschene Land von dem Zauber erlöst. Und wenn sie nicht gestorben sind, dann leben sie noch heute.

Anthony Herzig
Mittelschule Bobingen, Klasse 5a gzt

Der Schreck in der Wildnis

An einem schönen Sommertag gingen Leo und ich nach draußen zum Spielen. Wir trafen unsere Freunde an unserem Lieblingsplatz, einer großen Wiese mit vielen Spielmöglichkeiten, um Räuber und Gendarm zu spielen. Wären wir lieber daheim geblieben. Diese Wiese war sehr toll zum Spielen. Weil das Gras sehr hoch war, viele Hügel und Erdlöcher da waren und man sich gut verstecken konnte. Als wir anfingen zu spielen, war es sehr anstrengend, sich durch das hohe Gras zu kämpfen. Etwas später verloren Leo und ich uns und ich schrie: „Leo, wo bist du?" Doch er antwortete nicht. Ich fing an, ihn zu suchen. Dann hörte ich plötzlich etwas hinter mir. Mir lief es eiskalt den Rücken hinunter. Schnell überlegte ich, ob ich wegrennen sollte, doch ich war wie angewurzelt. Meine letzte Idee war, nach Leibeskräften zu schreien, aber mir steckte ein Kloß im Hals. Kurz darauf sah ich etwas Dunkles durchs Gras huschen. „Das wird doch kein Panter oder ein Wildschwein sein", dachte ich angsterfüllt. Dann hörte ich das Geräusch schon wieder und diesmal noch viel lauter. Fast gleichzeitig hörte ich Stimmen, die nach mir schrien: „Tobi, wo bist du?" Doch ich konnte vor Angst nicht antworten. Die Stimmen meiner Freunde kamen immer näher. Mir wurde warm ums Herz, denn die Rettung war nahe. Doch plötzlich pikste mir etwas in den Popo. Vor Schreck fiel ich fast in Ohnmacht. Mit letztem Mut drehte ich mich um und mir fiel ein Stein vom Herzen, denn es war nur Pauli, Leos Ziege. Anschließend waren meine Freunde auch da und wir brachten Pauli zurück ins Gehege. Wir verabschiedeten uns von unseren Freunden und gingen rein.

Tobias Wirth
Maria Ward Realschule, Klasse 5a

Krokodil

Krokodil
ist gefährlich
lange Zeit starr
Balancieren über einen Baumstamm
Überraschung

Justin Bobinac
Helen-Keller-Schule Dinkelscherben, Klasse 6G

Die Wildnis

Ich sitze nachdenklich auf einem Stein am Fluss. Ich schließe meine Augen und höre der gleichmäßigen Strömung zu. Es ist kalt und es nieselt und was ist das? Ein paar Schneeflocken trudeln vom Himmel herunter. Auf einmal spüre ich eine salzig-warme Meeresbrise. Ich spüre warme Sonnenstrahlen auf meiner Haut. Ich öffne die Augen und wie ich es mir gedacht habe, war ich am Meer. Aber ich wusste nicht, wo ich war? Also stand ich vom warmen Sand auf und blickte mich um. Auf dem Meer sah ich Schiffe. Hinter mir sah ich Wüste. Ich lief Richtung Wüste und, oh mein Gott, was war das? Ich sah zum ersten Mal in meinem Leben ein Zebra von ganz nah, aber das Zebra war nicht das einzige Tier, das ich sah. Mir fiel erst jetzt auf, dass das Meer hinter mir weg und ein See daraus geworden war, an dem sehr viele Tiere standen. Ich sah Nashörner, Elefanten, Giraffen und noch viele andere Tiere. Jedoch keine Löwen! Und in dem Moment als ich mich umschaute, fiel mir auf, dass alles nur ein Traum war …

Lucy Szalai
Anna-Pröll-Mittelschule Gersthofen, Klasse 8bM

Wer-bin-ich-Rätsel

Ich bin still und dennoch laut.
Ich bin nass und dennoch trocken.
Ich bin frei und dennoch gefährdet.
Ich bin groß und dennoch klein.
Ich bin eine eigene Welt.
Wer bin ich?
Dschungel

Ich bin groß und prächtig
und meine Farben leuchten.
Ich bin meistens in der Luft,
aber auch am Boden.
Manchmal spreche ich sogar.
Wer bin ich?
Papagei

Ich bin lang und breit.
Ich bin meistens im Wasser.
Aber auch an Land, wenn ich jage oder Eier lege.
Im Wasser verwechselt man mich oft mit einem Baumstamm.
und meine Haut ist schuppig und rau.
Wer bin ich?
Krokodil

Daniel Grandel
Mittelschule Gersthofen, Klasse 7M

Die Wildnis

Vor 3 Jahren:
Ich laufe über die Wurzeln der Bäume. Vor mir liegt ein See. Ich seufze erleichtert und setze mich auf einen umgefallenen Baumstamm. Mein Handy klingelt. Ich schalte es aus und fluche, weil ich auf eine wichtige Mail warte, die gleich kommen sollte. Aber das ist mir jetzt egal. Mir wird das alles zu viel. Ich will einfach mal die Natur spüren und entspannen. Ich will endlich Ruhe haben. Ich spüre die Wildnis. Da hinten irgendwo fliegt ein Vogel laut zwitschernd auf. Da spaziert ein Fuchs. Es ist einfach wunderbar. Meine Apple Watch vibriert. Ich nehme sie von meinem Handgelenk und werfe sie zusammen mit meinem Handy in meine

Tasche. Okay, das ist vielleicht etwas übertrieben, Handys und Smart-watches sind schon praktisch. Aber es ist ja eh schon alles egal. Ich habe die Nase voll von diesem ganzen Stress. Der einzige Ort, an dem ich sein kann, ist die Wildnis. Inmitten vieler Bäume stehe ich nun hier.

Vor 1 Jahr:
Ich kann es kaum glauben! Der Wald soll abgeholzt werden! Ich muss es verhindern! Keinen Menschen interessiert mehr die Natur. Die Menschen denken, ihnen gehöre die Welt. Tiere sind ihnen egal. Alle Rehe und Füchse werden abgeschossen. Es werden immer mehr Menschen er-kranken, die nur noch vor ihrem Computer sitzen. Irgendwann wird es nicht mal mehr die Schule geben. Ich warne euch: Werdet nicht so wie diese Menschen! Tut nicht nur das, was ihr wollt, sondern auch etwas der Natur zuliebe. In zehn Jahren werden die Menschen nur faul daliegen, während Roboter ihnen Essen bringen :`(.

Heute:
Okay. Ich habe es kapiert. Die Menschen davor zu warnen ist überflüssig. Es ist ihnen einfach zu kompliziert. Sie wollen nicht die Verantwortung dafür tragen, dass es keinen Platz mehr für Autobahnen gibt. Ich rede hier nicht von allen Menschen, nur den meisten. Ich mache es ja auch. Ich bin zurzeit auch nicht oft im Wald. Aber wir alle müssen sie retten. Die Wildnis.

Julia Wech
Gymnasium Wertingen, Klasse 5c

Das verlorene Kind im Dschungel

Als ich langsam erwachte und meine Augen öffnete, sah ich die großen Weiten des Dschungels. Ich stand etwas ruckartig auf und fiel aber wie-der hin. Beim zweiten Versuch aber gelang es mir und ich stand wieder auf beiden Beinen. Ich sah mich verdutzt um, sah eine Schlange und bewegte mich vor lauter Angst langsam rückwärts. Plötzlich riss mich etwas Graues an der Schulter nach hinten. Als ich mich aufrappelte, sah ich einen kleinen süßen Elefanten. Der schupste mich langsam aber vorsichtig vor sich her zu einer kleinen dunklen Höhle. In der Höhle lag die Mutter des Elefantenkindes am Boden. Sie schnaufte sehr stark. Ich sah genauer hin und erkannte, dass sie eine Bisswunde von der Schlange am Fuß hatte. Ich wusste nicht, wie ich dem Elefanten helfen soll. Der Elefant zeigte mit seinem Fuß auf ein Blatt, das sehr besonders aussah.

Ich nahm das Blatt in die Hand und sah es mir genauer an, es funkelte sehr schön. Ich hielt das Blatt vorsichtig an die Wunde des Elefanten. Es hörte sofort auf zu bluten. Der Elefanten nahm meine Hand mit seinem Russel und führte mich aus der Höhle raus zu einem Tunnel, der zu meinem Zimmer führte. Ich drehe mich um und schaute an meine Zimmerwand, wo vorher noch der Ausgang des Tunnels war, aber dort hing nur noch ein Bild von einem Elefanten. Dann klingelte mein Wecker.

Hannah Schmid und Zoi Zachari
Mittelschule Gersthofen, Klasse 7M

Ingo + Milla

Es war einmal ein kleiner Fuchs namens Ingo. Er rannte mit seinen kleinen Geschwistern durch den ganzen Wald und spielte mit ihnen fröhlich. Doch plötzlich hörte er Maschinen und Menschengerede. Er wollte sich und seine Geschwister in Sicherheit bringen. Da fiel ihm ein, dass der Bau gut wäre. Als sie dort ankamen, merkte er, dass der Bau zu klein war. Ingo sagte: „Bleibt hier und macht euch keine Sorgen um mich." Ingo war so neugierig, dass er wissen wollte, warum die Menschen im Wald waren. Er rannte los und sah nach. Der halbe Wald war abgeholzt. Er hatte Angst. Er rannte in die Nähe des Menschendorfes und sah dort Kinder. Ingo lief zu den Kindern und fing an zu sprechen. Sie hatten Angst und rannten weg, bis auf ein mutiges Mädchen. Sie kniete sich hin und sprach nervös: „Beruhige dich und erzähle dann nochmal." Er erzählte ihr, was geschehen war. „Wie heißt du?", fragte das Mädchen. Er antwortete: „Ich heiße Ingo, wie heißt du?" „Milla, was sollen wir jetzt machen?" Milla schaute verzweifelt Ingo an. Sie überlegten und überlegten, doch den Zweien fiel nichts ein. Plötzlich hatte Milla eine Idee. Sie rannte los in den Wald und schrie zu Ingo: „Komm!" Ingo schrie: „Was hast du vor?" „Wir holen jetzt als erstes deine Geschwister!", sagte sie laut. Als sie am Bau ankamen, steckte Milla die kleinen Füchse in ihren Rucksack. Sie hörten Maschinen und rannten so schnell wie es nur ging zu Milla nach Hause. Dort warteten schon Millas Eltern, Nicole und Markus. „Du bist schon wieder zu spät, Milla. Was ist dieses Mal deine Ausrede?", sagten ihre Eltern mürrisch. Sie wusste nicht, was ihre Eltern zu dieser Geschichte sagen würden. Deshalb zögerte sie, aber kurz darauf erzählte sie ihnen die ganze Geschichte. Ihre Eltern verstanden sie und sagten: „Hier sind die Füchse erstmal sicher." Milla war begeistert. Sie ging ins Haus und suchte ein schönes Plätzchen für Ingo und seine Geschwister. Ingo ging zu Nicole und Markus und sagte: „Danke, dass ihr mich und meine Geschwister aufnehmt. Millas Eltern erschraken. Sie sagten erstaunt: „Du kannst sprechen?" Ingo nickte. Nach dem Abendessen sagten Markus und Nicole: „Milla, wir müssen reden. Ingo und seine Geschwister können nicht für immer hierbleiben, sie gehören nach draußen in die Wildnis." Milla antwortete: „Wir müssen etwas gegen die Abholzung unternehmen. Es werden sonst so viele Tiere ihr Zuhause verlieren oder noch schlimmer, vielleicht sogar sterben!" Markus sagte: „Da hast du recht. Wir müssen etwas dagegen unternehmen. Ich werde gleich morgen früh mit dem Bürgermeister reden. Vielleicht kann der etwas dagegen unternehmen."

Zwei Tage später

Milla spielte mit Ingo und seinen Geschwistern. Sie wurden sehr gute Freunde. Der Vater kam gerade ins Haus, als Nicole anfing mit Milla zu reden. Der Vater sagte: „Es gibt gute Neuigkeiten, die Abholzung vom Wald wird nicht fortgesetzt und es werden neue Bäume gepflanzt. Die kranken oder verletzten Tiere werden mit Medikamenten versorgt und ab sofort steht dieser Wald unter Naturschutz!" Milla sprang vor Freude auf und schrie: „Hurra, die Tiere sind nicht mehr in Gefahr." Ingo fragte fröhlich: „Heißt das, ich kann wieder nach Hause?" „Ja, das heißt aber auch, dass du uns leider verlassen musst", sagte Nicole traurig. Milla sagte aufmunternd: „Dafür kann er uns immer besuchen."

Am nächsten Tag

Die Familie stand mit Ingo und seinen kleinen Geschwistern am Anfang des Waldes und verabschiedete sich von ihnen. Milla sagte nur noch: „Wir werden dich nie vergessen. Du gehörst jetzt zu unserer Familie und ich hoffe, du kommst uns mal besuchen. Dein Platz wird immer auf dich warten." Ingo antwortete darauf: „Danke, dass ihr für mich und meine Geschwister da wart." Ingo rannte mit seinen Geschwistern glücklich in den Wald und wenn sie nicht gestorben sind, dann leben sie noch heute …

Alina Michl und Lucy Schmidtbauer
Mittelschule Gersthofen, Klasse 7M

Gruselgeschichten

An einem kalten Abend saßen Emilia und Denisa auf dem Sofa, tranken Kakao und naschten Kekse. Ein Film über fremde Orte machte ihnen Lust auf ein Abenteuer. Also schlichen sie leise aus dem Fenster. So leise, dass die Eltern sie nicht hören konnten. Nichts war aufregender, als nachts durch den Wald zu gehen. Auf dem Weg dorthin erzählten sie sich unheimliche Geschichten, um es noch aufregender zu gestalten. Die eine wollte die andere übertrumpfen und so wurden die Gruselgeschichten immer schauriger. Natürlich wurde es dadurch immer aufregender, allerdings bekamen beide auch immer mehr Angst. Sie hörten Äste knacken und eigenartige Geräusche. Schon beim Betreten des Waldes waren sich die beiden Mädchen einig umkehren zu wollen, doch keine der beiden hätte dies zugeben wollen, so blieb es unausgesprochen und sie gingen voran. Beide hörten unabhängig voneinander ein Heulen und erschraken. Das Heulen schien näher zu kommen. Weder Denisa noch Emilia rührten sich vom Fleck. Ob man sich so etwas wohl nur einbilden kann? Eine Gestalt tauchte vor ihren Augen auf. Das ist doch nicht möglich! Aber sie kam näher. Die Gestalt war riesig und machte unwirkliche Geräusche. Durch die Aufregung liefen beide einfach los. Doch woher waren sie gekommen? Es half nichts, Denisa blieb stehen. Auch Emilia gesellte sich zu ihrer Freundin. Nicht nur eine Gestalt war nun zu erkennen, es waren ganz eindeutig zwei Personen. Je länger sich die Kinder im Wald befanden, desto mehr konnten sie trotz Dunkelheit erkennen. Keine Monster waren ihnen gefolgt, soviel war klar. Aber wer war es dann? Ein Kichern und Lachen der beiden Unbekannten löste das Rätsel schnell auf. Die Eltern hatten die Flucht der beiden Mädchen sehr wohl bemerkt und waren ihnen gefolgt. Es dauerte noch ein paar Momente, bis Emilia und Denisa bemerkten, was geschehen war. So froh waren die beiden schon lange nicht mehr und gingen glücklich nach Hause.

Emilia Al-Nazer und Denisa Mihai
Mittelschule Schwabmünchen, Klasse 5b

Verschwunden in der Stadt

Hier in unserer schönen großen Welt, gibt es eine Stadt der Bösen. Niemand weiß eigentlich genau, was mit der Stadt passiert ist, aber die Menschen haben die Stadt nicht verändert, sie war von Anfang an gefährlich. Jeder Mensch, der dort hingezogen ist, hat sich in ein gefährliches Tier verwandelt oder ist verschwunden. Wenn du durch die Straßen läufst, sind überall Schlingpflanzen, die dich auf die Seite ziehen, und es gibt fleischfressende Pflanzen, nicht die kleinen, die ihr so kennt, sondern riesige Pflanzen. Eine kleine Familie ist dort eingezogen. Die Eltern mit ihrem Kind. Man hat sie aber nur sehr kurz gesehen, denn plötzlich waren sie alle verschwunden. Genauere Informationen zu ihrem Verschwinden sind nicht bekannt, aber seltsamerweise wuchsen die fleischfressenden Pflanzen nach dem Verschwinden enorm, fast so als hätten sie frischen Dünger bekommen.

Amelia Dunajska
Mittelschule Stadtbergen, Klasse 5a

Chiara und der Regenwald

Chiara war ein ganz normales Mädchen, das gerne zur Schule ging.

Eines Tages mussten ihre Eltern ihr etwas erzählen: „Chiara", sagte der Vater, „wir müssen dir etwas sagen. Ich unterstütze ein Projekt im Regenwald, also müssen wir drei Jahre in den Regenwald ziehen und dort wohnen."

Chiara konnte es kaum glauben. Sie dachte sich, da gibt es doch sicher wilde Tiere! „Und wann müssen wir in den Regenwald?", fragte Chiara. Der Vater antwortete: „Ungefähr nächste Woche." „WAAS!", schrie Chiara. „Schon nächste Woche!" Die Mutter befahl: „Also pack schon mal deine Sachen!" Chiara liefen die Tränen über die Wangen. „Aber was ist mit meinen Freunden?" „Im Regenwald findest du sicher auch viele Freunde", ermunterte der Vater sie.

Chiara war nicht davon überzeugt und ging weinend nach oben. Sie schrieb ihren Freunden auf WhatsApp: „Ich komme diese Woche nicht mehr in die Schule, weil wir für drei Jahre in den Regenwald ziehen und darum noch meine Sachen packen muss." Die Freunde glaubten ihr nicht. Ihre beste Freundin Luisa schrieb: „Warum müsst ihr für drei Jahre in den Regenwald ziehen?" „Weil mein Vater da ein soziales Projekt unterstützt." Ihre Freundinnen waren sehr traurig, weil sie für drei Jahre in den Regenwald musste.

Nach einer Woche flogen sie mit einem Flugzeug in den Regenwald. Als sie angekommen waren, erforschte Chiara die neue Umgebung. Es flogen viele schöne Vögel um sie herum. Sie bekam Hunger und hatte keine Lust zu laufen. Sie dreht sich um und sah hinter sich einen großen Beerenbusch und aß ein paar Beeren. Hinter dem Busch hörte sie ein Jaulen. Chiara schlich hinter den Busch und sah ein kleines, weißes Tigerbaby mit blauen Augen. Seine Pfote war verletzt. Chiara bekam Mitleid. Gott sei Dank gab es in der Nähe eine Wasserstelle. Sie ließ den Tiger etwas trinken. Während der Kleine etwas trank, überlegte sich Chiara für den kleinen Tiger einen Namen. „Ja, ich hab's!", rief sie laut. „Ich nenn dich Mia." Mia gefiel der Name. Sie sprang zu Chiara und schleckte sie ab. Nach zwei Jahren wurden die beiden immer größer. Mia wurde vier und Chiara 14 Jahre alt. Eines Morgens ritt Chiara auf Mia zur Wasserstelle. Aber was hörten sie da? Eine riesengroße Hyäne! Sie schlich sich hinter Mia an. Chiara rief: „Mia, Vorsicht!

Eine Hyäne schleicht sich hinter dir an." Mia drehte sich um und gab der Hyäne eine Watschen. Währenddessen rannte Chiara in den Wald und versteckte sich hinter einem Baum. Mia gewann den Kampf und die Hyäne zischte ab. Mia erhielt ein paar Schürfwunden. Chiara rannte zu Mia und tröstete sie. Nach einer Weile ging es Mia wieder besser. Sie suchten das Camp, wo ihre Eltern waren. Sie liefen Tage, Monate und Jahre, um das Camp zu finden. Chiara fand auf einmal ein Zelt, wo ein jüngeres Ehepaar wohnte und diese schrien: „Wo ist unsere Tochter Chiara!" „Ich heiße Chiara und suche meine Eltern." Die Eltern fragten das Mädchen: „Bist du unsere Tochter und wer ist dieser weiße Tiger?" „Der weiße Tiger heißt Mia. Und ja, ich bin eure Tochter." Die Eltern rannten zu Chiara und umarmten sie. Sie gingen mit Mia und Chiara nach Hause und die Freunde von Chiara freuten sich, weil sie wieder da war. Am Abend feierten sie für Chiara eine Party und die Freunde liebten den kleinen Tiger und nahmen ihn überall hin mit.

Stella Ludewig, Abby Noack und Sarah Miller
Mittelschule Stadtbergen, Klasse 5a

Das Abenteuer der kleinen Schlange

Es war einmal eine kleine Schlange, die im Dschungel lebte und Sarah hieß. Sie lebte in einem kleinen ausgehöhlten Baumstamm. Eltern hatte sie nicht mehr und ihre Schwester war verschwunden. Angst hatte sie vor jedem außer ihren Schlangenfreundinnen Schalen und Sirena. Einmal wachte Sarah mitten in der Nacht auf. Sie hörte Geräusche. Schritte kamen auf sie zu und sie schlüpfte aus dem ausgehöhlten Baumstamm. Ein paar Meter entfernt stand ihre Schlangenschwester Mira. Beide Schlangen schlängelten aufeinander zu und umarmten sich. Da sie beide nicht mehr einschlafen konnten, fragte Sarah ihre kleine Schwester Mira: „Was hast du alles erlebt?" Mira antwortete: „Ich habe einen neuen Freund und zwar den kleinen Wolf." Sarah unterbrach sie: „Du hast einen Wolf als Freund?" Beide Schlangenkinder hörten Schritte. Sarah und Mira schlüpften nach draußen. Es war sehr kalt und dort stand ein Wolf, der freundlich „Hallo" sagte. Sarah hatte Angst. Mira stellte ihren neuen Freund sofort vor: „Also, der kleine Wolf heißt Sally und das ist meine Schwester Sarah." Der kleine Wolf sagte: „Vor mir braucht ihr keine Angst zu haben." Sarah fragte Sally, warum sie eigentlich da war. Die Antwort des kleinen Wolfes war, dass er nicht schlafen konnte und deshalb da war. „Wir auch nicht!", riefen die Geschwister im Chor. „Machen wir doch eine Nachtwanderung", schlug Sarah vor. „Au ja!", riefen die anderen. Sie gingen immer tiefer und immer tiefer in den Dschungel hinein. Und als dann alle drei müde waren, fiel Mira auf, dass sie sich verlaufen hatten. „Wir müssen uns aufteilen, dann findet einer vielleicht den Nachhauseweg wieder und kann den anderen Bescheid geben!", sagte Sally. Alle gingen in verschiedene Richtungen. Dort, wo Sarah hinging, waren überall große Löcher. Doch die kleine Schlange wusste nichts davon und fiel in das erste und somit auch in das größte Loch hinein. Sie rief laut um Hilfe und die anderen zwei kamen sofort herbeigerannt. Sie holten sie schnell wieder heraus und da sah Sarah einen kleinen ausgehöhlten Baumstamm, der aussah wie ihrer. Die drei gingen hin und weil sie schon so müde waren, schliefen sie ganz schnell wieder ein. Und ab diesem Tag passierte so etwas nie wieder.

Klara Schmid
Grundschule Thierhaupten, Klasse 3a

Die Wildnis in uns

Jede Sekunde, jede Stunde und jeder Tag, in denen seine leeren Augen diese kaputte Welt hier vor ihm betrachten, ist wertlos. In der Welt, in der er lebt, hat die Zeit ihre Bedeutung verloren. Vergangenheit und Zukunft verschmelzen zu einer zerbrochenen Gegenwart, zu diesem erbärmlichen Hier und Jetzt, und er ist der Einzige, der weiß, wie es früher einmal war, bevor die Menschen sich in ihrer eigenen Wildnis verloren. Er ist der Einzige, der weiß, dass die Menschen nicht immer so waren und dass nur sie alleine für diese verlorene Welt verantwortlich sind. Niemand sonst. Die bunten, aber grellen Lichter unter ihm, welche in der Dunkelheit der Nacht besonders herausstechen, spiegeln sich in seinen Augen wider. Er hat es geliebt, hier oben auf seinem Gebäude zu stehen und bei Tag oder Nacht die Menschen unter sich zu beobachten. Er war jung, besaß ein unglaublich großes Potenzial an Neugier und den ständigen Drang, neues Wissen in sich aufzusaugen, besonders was das Verhalten der Menschen anging. Es faszinierte ihn, wie der Mensch in bestimmten Situationen reagierte oder wie die Menschen miteinander umgingen. Respektvoll, hilfsbereit – zumindest war es das einmal. Es war eine Welt, in der die Liebe an erster Stelle stand. Es existierten keine Konkurrenzkämpfe, kein Egoismus und vor allen Dingen kein Hass. Jeder versuchte, auf die beste Art und Weise sich selber und seinen Mitmenschen ein Leben zu ermöglichen, in welchem jeder mehr als nur gerne leben wollte. Nicht nur in den Menschen, sondern auch um einen herum herrschte absolute Perfektion. Es war vollkommen. Genau das brachte jeden Tag aufs Neue seine Augen zum Leuchten. Die funkelnden Sterne über ihm waren nichts verglichen mit seinen jungen Augen, wenn er mal wieder feststellte, wie glücklich er sein konnte, in so einer Welt zu leben.

Eine Welle von Schmerz und Sehnsucht durchflutet seinen Körper, denn er verspürt das Bedürfnis, das Verlangen, wieder zurück in diese Zeit zu reisen, um die Gegenwart zu vergessen. Das Einzige, was ihm geblieben ist, sind seine Erinnerungen, und selbst diese werden immer weniger und weniger. Irgendwann in den letzten Jahren ist sein junges und starkes Ich zwischen Wahnsinn und Chaos verschwunden, und zurückgeblieben ist ein schwaches und kaputtes Ich. Er ist alt. Über seine grau gelbliche und knittrige Haut ziehen sich tiefe Falten, und sein ganzer Körper zittert schon bei der kleinsten Bewegung. Er weiß nicht, woher er die Kraft nahm, auf das Dach des Gebäudes zu kommen. Seine Augen haben sich ebenso verändert. Das helle Blau ist jetzt ein dunkles Grau und strahlt eine Kälte aus, in welcher er sich selber, sein früheres Ich, nicht mehr wiedererkennt. Aber noch nicht einmal das ist das Schlimmste, nein. Das Schlimmste sind die Nächte, in denen er versteht, dass das, was er so verabscheut, wenn er von seinem Gebäude nach unten schaut, auch tief in ihm selber sitzt. Nicht nur in ihm, in uns allen. Der Hass auf sich selbst ist unglaublich groß. Der Hass auf diese Wildnis, diesen Wahnsinn, dieses Chaos. Hass. Etwas, das früher undenkbar gewesen wäre.

Für den Moment also steht er einfach nur da und lässt seine Gedanken schweifen. Es ist nur eine Frage der Zeit, bis ihn einer von den Anderen entdecken wird. Eine unangenehme Gänsehaut breitet sich in ihm aus, vermischt sich mit einer aufkommenden Panik, aber er versucht sie gekonnt zu ignorieren und lauscht dem eisigen Wind, um sich abzulenken. Wie konnte es nur dazu kommen? Wie konnte sich aus so einer vollkommenen Welt so eine Wildnis entwickeln? Ihre Welt war perfekt, der Mensch hatte alles, was er brauchte. Und zwar nur das, was er wirklich brauchte und nicht alles, was er haben wollte oder dachte zu brauchen. Ein ironisches, hustendes Lachen verlässt seine Lippen. Er weiß es nicht, aber er glaubt, dass selbst ein Teil der Menschen in dieser perfekten Welt immer mehr haben wollte, weil ihnen das, was sie tatsächlich hatten, niemals genügte. Und vielleicht war genau das ihr Verhängnis. Vielleicht war genau das der Fehler, diese eine Tatsache, die sie alles gekostet hatte, denn die Menschen jetzt interessieren sich nicht mehr für die Gefühle eines Anderen. Nicht nur das. Sie wollen Böses, sie interessieren sich nur für das eigene Wohlbefinden, für das eigene Überleben. Es heißt, jeder gegen jeden, so wie in der Wildnis selbst. Sie strecken ihre Hände und fahren ihre Krallen aus, blecken ihre Zähne und fixieren mit ihren Augen ihr neues Opfer. Die Starken gewinnen, die Schwachen verlieren. Und das alles reicht ihnen noch nicht einmal. Nein. Sie bekommen nie genug und jagen immer weiter, sodass sie immer mehr den gläsernen Schutzschild der perfekten Welt, jetzt die Illusion einer Scheinwelt durchbrechen, zerstören, in Stücke schlagen und keine Rücksicht auf die fallenden Glasscherben nehmen. Sie laufen über diese hinweg. Unter ihren schweren Schritten knirscht das zersplitternde Glas und sie gieren weiter nach all den Dingen, welche in der perfekten Welt verachtet wurden. Das Bedürfnis, einen anderen Menschen leiden zu sehen. Die Sucht, bleibende zwischenmenschliche Beziehungen zerstören zu wollen, so dass am Ende wirklich jeder Mensch nur für sich kämpft. Tod. Schmerz. Hass. Nach diesen ganzen Dingen dürsten sie und niemand achtet mehr auf die Scherben, die auf dem Boden liegen. Niemand achtet mehr auf die erste Welt, auf die Menschen, die in dieser Welt lebten. Die, wenn sie nicht schon verloren oder ausgestorben wären, sich jetzt genauso fühlen müssten wie das zerbrochene Glas. Vergessen auf dem dreckigen Asphalt. Weil sie sich selbst, ohne es zu wissen, aus ihrer vollkommenen Welt gedrängt haben.

Seine Gedanken werden unterbrochen, als der Schmerz, welcher für ihn schon zur Gewohnheit geworden ist, jetzt seinen ganzen Körper für sich einnimmt und er ein Stechen auf der linken Seite seiner Brust spürt. Sein Blickfeld verschwimmt, die grellen Farben brennen sich in seine Netzhaut, bis er nur noch Schwarz sieht. Er hört verzerrte Schreie durch den rauschenden Wind, das Blut pumpt schwach durch seine Adern. Es ist, als würde sein Körper spüren, dass sie gleich bei ihm sein werden. Sie wissen, dass er schwach ist. Sie haben ihn gefunden, herausgefunden, dass er jeden Tag hierherkommt. Dass sie ihn hier finden würden, wenn sie den Gerüchten, welche dieses Mal tatsächlich wahr zu sein scheinen, vertrauen würden. Die Schreie, dumpfe Schritte und das helle aber bedrohliche Klirren der Waffen, die sie bei sich tragen, werden immer lauter. Bis jetzt hat er versucht, ihnen aus dem Weg zu gehen, um sein eigenes Leben zu retten, denn wenn sie ihn einmal gefunden haben, werden sie nicht mehr aufhören. Die pure Wildnis. Und obwohl er das alles weiß, versucht er diesmal nicht wieder aufzustehen, als seine Beine nachgeben und sein Körper gegen den harten, kalten Boden knallt. Er kann nicht mehr, aber er will auch nicht mehr. Sein Herz, sein Geist und sein Körper sind erschöpft. Seine Hoffnung, dass es so wird wie in seinen jungen Jahren, ist längst gestorben. Er vernimmt immer stärker die kleinen Wellen der Vibrationen auf dem Boden, als sie auf ihn zu stürmen. Seine Arme schlingen sich zitternd um sich selbst. Er zieht seine Knie zu seiner Brust und kauert sich zusammen, seine Augen schließen sich, er ist gefangen in der leeren Dunkelheit. Seine trockenen, rissigen Lippen ziehen sich zu einem Lächeln. Er hat keine Angst. Nein. Die Panik, welche noch vor einigen Sekunden Kontrolle über seinen Körper hatte, ist verschwunden. An ihrer Stelle hat sich ein verwirrendes, leichtes Gefühl breitgemacht, und er spürt auch keinen Schmerz, als raue Hände immer stärker an seinen grauen, zerfransten Haaren zerren. Auch nicht, als ihre scharfen Kallen sich immer tiefer in ihn graben und das machen, was sie mit jedem neuen Opfer anstellen, welches zu schwach ist, sich zu wehren. Der einzige Gedanke in seinem Kopf ist jetzt noch, dass es für ihn sowieso keinen Sinn machen würde, sich zu wehren. Diese Menschen hier in dieser für ihn absurden aber tatsächlichen Welt sind alle verloren. Jäger und Gejagte. Verloren. Alle.

Er war der Einzige, der die Wahrheit kannte. Er war der Einzige, der wusste, wie es früher einmal war, bevor die Menschen sich in ihrer Wildnis verloren. Er war der Einzige, der wusste, dass nur sie alleine für diese kaputte Welt verantwortlich sind. Aber er war auch der einzige, der hinterfragte, ob die Menschen das hätten verhindern können, wenn sie nur gewollt hätten. Wenn sie über ihre perfekte Welt hinaus nicht noch mehr gewollt hätten, die eigentlich wichtigen Dinge geschätzt und dafür gesorgt hätten, dass es auch so bleibt. Der Einzige, der sich selbst die Frage stellte, ob er und jeder andere im Hier und Jetzt in so einer Welt leben wollen würde.

Tamay Yildirim
Staatliches Gymnasium Königsbrunn, Klasse 10d

JUNGLEPARTY

Abends, 23:00 Uhr am Bahnhof. Meine Kollegen und ich sind auf dem Weg zum Club. Am Bahngleis stehen Jugendliche mit Deutschlandtrikots. Es ist laut, die Stimmung ist auf Party aus. Deutschland hat gerade gewonnen. Überall Schwarz, Rot, Gold. Die Siegerstimmung macht mich wieder munter. Durch den kalten Wind, der böig durch den asphaltierten Kreuzweg pfeift, öffnen sich meine Sinne und meine Auffassung ist scharf wie ein Haifisch-Zahn. Meine Bande besteht aus Gorillas und unsere Entourage besteht aus süßen Miezen. Kurz vorm Club dröhnt der Bass aus dem Gebäude und der Skybeamer strahlt grünes Licht in den Himmel, grün wie der Regenwald. Meine Bande betritt den Club. Die Gruppen aufgeteilt wie in der Wildnis. Emos sitzen in der Ecke und lamentieren darüber, wie schlecht die Welt im Moment ist. Der Club ist voll mit Rockern in Lederkutten, Ringen und Piercings. Mädels streiten sich darüber, wer den schönsten Mann hat. Wir sehen feiernde Menschen, die den DJ nicht mehr abwarten können. Man merkt sofort, dass hier eine richtig krasse Stimmung ist, die Luft ist feucht wie im Regenwald. Wir müssen uns durch die Menschenmenge wühlen, um zu unserem Platz zu kommen. Am Platz angekommen genehmigen wir uns eine Erfrischung. Die Musik zieht uns an. Als wir auf der Tanzfläche sind, bemerken wir, wie der Boden bebt. Es gleicht einem Erdbeben. Helles Licht, bunte Farben, intensive Atmosphäre. Die Jungleparty ist am Start.

Lukas Rauch und Jan Seifert
Staatliches Berufliches Schulzentrum Neusäß, Klasse 10EHd

Der Löwe

Ein junger Löwe lebte mit seiner Mutter in der Wüste Afrikas. Er war wie gesagt noch ziemlich jung. Er verlor seinen Vater kurz vor seiner Geburt. Sein Vater starb durch den Biss einer Kobra, die sehr giftig war. Sein Vater wollte, dass sein Sohn eines Tages König der Tiere werden solle, aber so konnte der junge Löwe es noch nicht, da er noch viel zu jung war. Daher gab es keinen König der Tiere, sondern eine Königin der Tiere, seine Mutter. Als auch seine Mutter starb, gab es keine Königin mehr für die Tiere. Der Löwe war am Boden zerstört, er hatte keinen Mut, sich um die Tiere zu kümmern. Er dachte, er schaffe es nicht. Bis dahin wusste er nicht genau, wie sein Vater gestorben war. Das mit der giftigen Schlange hatte seine Mutter ihm erzählt, damit er niemals die Wahrheit erfahre. Eines Tages ging er zum weisen Mann, das schlauste Tier. Die Tiere nannten ihn Dr. Blank. Er ging also dorthin und fragte: „Dr. Blank, wie ist mein Vater gestorben? Ich will keine Lügen hören. Die Kobraschlangen sind schon Längst ausgestorben." Daraufhin antwortete Dr. Blank: „Ich habe deiner Mutter versprochen, dir nichts vom Tod deines Vaters zu sagen." Der schlaue Löwe bemerkte schnell, dass er ebenfalls etwas vom Tod seiner Mutter wusste. „Sagen Sie sofort etwas über den Tod meiner Eltern, oder ich werde alles auf dem Kopf stellen", schrie er wütend.

„Ich werde dir alles erzählen, aber unter einer Bedingung", sagte Dr. Blank: „Du wirst König der Tiere!"

Der Löwe überlegte sehr lange. „Ok", sagte der Löwe nach einer Weile. Dein Vater starb nicht an einem Biss, sondern in einem Kampf mit dem größten Feind deines Vaters. Sybaro heißt er. Sie kämpften um den Thron. Obwohl alle Tiere deinen Vater wählten, tötete er deinen Vater. Am selben Tag versprach deine Mutter Sybaro, dass er nicht lange leben wird. Ein paar Jahre danach, wollte sich deine Mutter rächen und ging mit Sybaro in den Tod. Sie fielen von der tiefsten Schlucht Afrikas. Sybaro starb sofort, aber deine Mutter hatte noch einen einzigen Wunsch. Sie wollte, dass du König der Tiere wirst und den Thron besteigst. Zum letzten Mal ging der junge Löwe an das Grab seiner Eltern. Als er zurückkam, verkündete er der ganzen Stadt: „Ich bin jetzt König der Tiere." Es wurde mit Essen und Trinken gefeiert. So wurde er zum König der Tiere.

Erfan Ahmadi
Mittelschule Zusmarshausen, Klasse 7aM

Die Überraschung im Wald

Es ist der Abend des 3. Advent. Heftige Graupelschauer gehen auf den Straßen von Saulach nieder. Für einen Moment hinterlassen sie ein vorweihnachtliches Weiß auf den Straßen. Der Förster Günter telefonierte mit seinen Kollegen, Klaus und Franz, denn er hatte Spuren von Wildschweinen entdeckt. Sie trafen sich ein Stunde später am Waldrand zum Ansitz. Nach einer kurzen Absprache, entdeckten sie auch schon am Waldrand frische Fährten von Sauen. Sie änderten ihren ursprünglichen Plan und folgten sofort den Fährten. Der Förster Günter hörte neben sich ein Knacken. Mit einem Mal war er hellwach. Angestrengt lauschte er. War da nicht wieder ein Knacken? Er nahm sein Jagdgewehr in Anschlag. Plötzlich kam ein mächtiger Keiler aus der Fichtendickung hervor und rannte Förster Günter über den Haufen, so dass er kopfüber in den frisch gefallenen Schnee fiel. Völlig überrascht entfuhr es dem Förster: „Potzblitz, was für ein großes Schwein." Doch was hatte der Keiler auf dem Rücken dabei? War das nicht ein Christbaum? Klaus und Franz kamen aufgeregt angerannt und fragten, was los sei. Günter antwortete: „Der große Keiler hatte einen Christbaum auf dem Rücken." Klaus hatte einen Hirsch mit einem Schlitten voller Kastanien und Eicheln gesehen. Nun kam auch Franz zu Wort. Ihm war ein Fuchs mit Geschenken auf dem Rücken begegnet. Sie schauten sich an und sagten, sie hätten am Abend doch nur jeder ein Bier getrunken. Völlig überrumpelt von den Ereignissen, gingen sie zum Auto zurück. Sie wollten die Abkürzung über die alte Kiesgrube nehmen. Da endeckten sie auf einmal einen geschmückten Christbaum. Sie näherten sich vorsichtig. Da endeckten sie drei Geschenke, auf denen Namen standen. Woher kam der Christbaum mit den Geschenken? Sie wunderten sich. Franz fragte: „Machen wir die Geschenke auf?" Also gingen sie hin und packten die Geschenke aus. Nun kamen die Tiere des Waldes mit dem Pfarrer hervor und wünschten frohe Weihnachten. Die drei rieben sich die Augen. Es läuteten die Kirch-

281

englocken. Daher gingen die drei zum Pfarrer und den Tieren und bedankten sich für die Geschenke. Nun feierten alle noch bis in die Nacht. Spät gingen die drei wieder zu ihren Autos und fuhren heim. Eine Woche später trafen sie sich alle in der Kirche zur Christmette und der Pfarrer fragte: „War das nicht ein schöner Abend im Wald?" Alle drei schauten sich an und wussten, sie hatten es doch nicht geträumt. Und von nun wiederholten sie regelmäßig ihre „Waldweihnacht".

Manuel Mau
Mittelschule Zusmarshausen, Klasse 7aM

Jurymitglieder

Melanie Mannl	Realschule Königsbrunn
Melanie Bartl	Realschule Zusmarshausen
Susanne Hilgenfeld	Gymnasium Königsbrunn
Anita Becker-Schwaiger	Gymnasium Königsbrunn
Angelika Eberhard	Helen-Keller-Schule Dinkelscherben
Sebastian Aufheimer	Helen-Keller-Schule Dinkelscherben
Michaela Sandner	Parkschule Stadtbergen (MS)
Stefanie Dietrich	Berufliches Schulzentrum Neusäß
Sabina Rößle	Grundschule Fischach
Tanja Heufelder	Westpark Schule Pfersee
Sybille Walch	Grundschule-Nord Königsbrunn
Stefan Blümelhuber	Grundschule-Horgau
Peter Dempf	Justus-von-Liebig-Gymnasium Neusäß
Winfried Weiser	Justus-von-Liebig-Gymnasium Neusäß
Christa Bobinger	Grundschule Biberbach
Claudia Eibl	Leonhard-Wagner-Realschule Schwabmünchen
Regina Striegel	Christophorus-Schule Königsbrunn
Ulrike Barthel	privat
Margit Horsche	Laurentius Grundschule Bobingen

Schulen und Klassen

286